영어동사의 인지문법

이기동 지음

A COGNITIVE GRAMMAR OF THE ENGLISH VERB

KEE-DONG LEE

신아사

개정판 머리말

이 책을 쓴 목적은 인지 언어학에서 이루어진 통찰력 있는 분석을 정리하여 영어를 배우는 학습자들이 좀 더 깊이 있게 학습할 수 있도록 도와주는데 있다. 나아가서 이 책은 영어학을 공부하는 학생들에게도 큰 도움이 될 것이다. 이 책을 통해 영어학을 공부하는 학생들은 인지문법을 알게 되고, 이 문법과 전통문법이나 그 외의 다른 문법과도 비교할 수 있을 것이다.

이 책은 영어를 가르치는 선생님들에게 도움을 줄 것이다. 시중에는 영어시험을 치는 데 도움을 주는 수험서는 많지만 영어를 깊이 있게 이해하도록 해 주는 책은 많지 않다. 이 책을 영어 교사분들은 학생들에게 직접 가르칠 수는 없으나 이 책을 통하여 언어 연구의 인지적 접근 방법과 그 연구 결과를 이해하고 이 지식을 영어 교육의 바탕에 깔면 교수 방법이 더 풍부해질 것이다.

이 책을 통해서 특히 표현이 다르면 의미도 다르다는 원칙을 염두에 두고 썼다. 그러므로 이 책을 통해서 비슷한 문형의 미세한 차이도 알게 되어, 영어를 좀 더 정확하게 쓸 수 있을 것이다.

수정판의 책 제목은 초판의 제목 '영어동사의 문법'과는 조금 다르다. 문법에는 여러 가지의 종류가 있다. 몇 가지의 예를 들면 전통문법, 구조주의 문법, 변형생성문법 등이 있다. 이 책의 바탕이 되는 것은 인지문법이다. 이 핵심 개념을 개정판 제목에 포함시켰다. 새 제목은 다음과 같다: 영어동사의 인지문법, 그리고 영어 이름도 포함했다: A Cognitive Grammar of the English verb.

책 제목 외에 몇 가지를 더 수정 보완했다. 첫째, 각 장마다 전문용어가 쓰였다. 이 뜻을 좀 더 명확하게 하기 위해서 각 용어마다 영어를 함께 제시했다.

다음으로 수정이 필요한 것은 전제와 관련된다. 이 책을 쓸 때 어떤 개념은 독자들이 이미 알고 있다고 전제한 부분들이 있었다. 지금 와서 살펴보니 그 전제가 잘못이었다. 그래서 이러한 부분은 상세하게 설명하면서 도입했다. 대표적인 예가 은유와 환유 그리고 범주화 문제였다.

저자는 이 책을 통하여 독자들이 다음과 같은 점을 파악해 주시길 바란다. 즉 영어 공부를 위해서 많은 단어들과 문형을 외운다. 영어 공부를 위해서 이러한 외움은 꼭 필요한 일이다. 그러나 좀 더 깊은 의미에서 영어 공부는 외우기를 넘어서서 영어 현상 속에 규칙을 찾아가는 과정이다. 이러한 점에서 영어 공부는 다른 분야의 연구와 차이가 없다.

이 책은 완전한 것이 아니다. 그러나 앞으로 좀 더 많은 연구가 이루어질 수 있는 기틀로 볼 수 있다. 많은 분들이 이 문제에 관심을 갖고 좀 더 나은 연구가 이루어지길 바란다.

2013년 6월

이기동

머리말

지난 20여 년 동안 언어학에서는 조용한 혁명이 일어나고 있었다. 형식문법에 회의를 느낀 많은 학자들이 인지언어학을 새로이 이루어오고 있다. 이 문법의 특징은 언어 연구에 인지 능력이 반드시 고려되어야 한다는 주장이다. 인지문법은 짧은 기간 동안 앞선 이론에서 밝혀내지 못한 여러 가지 새로운 사실을 통찰력 있게 제시해주고 있다. 이러한 사실은 언어학을 연구하는 학자는 물론 영어를 외국어로 배우거나 가르치는 분들도 꼭 알아두어야 할 사실인 것으로 판단된다. 이러한 사실 가운데 동사에 관련된 것을 정리하여 많은 분들이 보다 쉽게 가치있는 사실에 접근할 수 있도록 해 보았다. 이러한 생각을 가지고 이 책을 썼으나 아직도 부족한 점이 많이 남아 있을 것으로 생각된다. 앞으로 계속 보완하면서 부족한 점은 보충하려고 한다.

이 책을 쓰는 데 직접·간접 도움을 주신 분들이 너무 많아 일일이 열거하기는 어렵다. 그러나 이 책의 재정적 뒷받침이 된 연세대학교 학술조성연구비를 빼놓을 수 없다. 이 연구비는 내게 크나큰 도움이 되었다. 물질적 뒷받침 못지않게 중요한 것이 정신적 뒷받침인데, 뒤에서 늘 보살펴 주시는 조성식 교수님께 깊은 감사를 드린다. 선생님께서는 몸소 실천하고 학문의 길을 가르쳐 주시면서 내가 학문의 길에 정진하도록 늘 독려해주셨다. 선생님의 격려는 큰 도움이 되었다.

그리고 어려운 가운데서도 외국어 어문학 교재를 출판하셔서 우리 나라 외국어 어문학 발전에 일익을 담당하시는 신아사의 정석균 사장님의 배려에도 감사를 드린다.

끝으로 가르치고 연구하는 일에 열중할 수 있도록 애써주는 가족들에게도 감사를 드린다.

1992. 5.

이기동

들어가는 말

1960년대부터 지배적인 형식문법에서는 의미와 구조 그리고 의미와 화용을 분리하는 식으로 언어를 연구해 왔고, 또 언어지식과 일반인지 능력은 구별되어야 하는 것으로 취급되어 왔다. 이러한 가정을 바탕으로 진행된 연구를 지금에 와서 보면 언어에 별다른 통찰력을 주지 못한 것으로 생각이 된다. 그러나 지난 20여년 동안 언어학에서는 조용한 혁명이 진행되어 오고 있는데, 이것을 인지문법이라고 한다. 이 문법은 언어 연구에서 일반인지능력을 떼어놓을 수 없다는 가정을 하고 있다. 이 문법은 그 역사는 짧지만 언어에 대한 많은 통찰력을 제시해 주고 있다. 이 책에 제시된 것도 인지문법의 틀에서 이루어진 연구를 요약 제시하여, 보다 많은 분들이 영어동사의 문법에 좀더 체계적인 이해를 할 수 있도록 꾸며 보았다.

이 책에서는 문형 연구의 기본이 되는 영어동사와 이에 관련된 문제를 인지문법의 틀 속에서 살펴본다. 이 책에 포함되는 과제는 다음과 같다 : ① 시제와 상 ② 양태동사 ③ 준양태동사 ④ 동사문형 ⑤ 다의어 동사 의미 분석 ⑥ 수동태 ⑦ 구절동사 그리고 ⑧전통문법과 인지문법의 대조이다. 이들 과제는 전통문법, 구조주의 문법, 형식 문법 등 여러 각도에서 다루어져서 문제가 제기된 바가 있다. 전통문법에서는 위의 문제가 상세하게 이루어지긴 하였으나 그 방법이 체계적이지 못하여 만족할 만한 결과를 내지 못했다. 전통 문법 다음으로 등장한 구조주의 문법의 틀 안에서도 위의 문제는 다루어졌으나 이 틀 안에서 이루어진 대부분의 연구는 의미와 구조를 분리시켜서 구조만을 연구의 대상으로 삼았기 때문에 의미의 문제가 소홀하게 다루어졌다. 언어란 소리를 내서 뜻을 전하기 때문에 구조의 연구만으로 언어의 전체적인 면을 파악할 수가 없음은 자명한 일이다. 구조주의 다음으로 등장한 변형문법에서도 구조와 의미를 분리하여, 구조만을 연구의 대상으로 삼은 점에 있어서 구조주의와 크게 다를 바가 없다. 그러나 최근에 와서는 의미와 구조를 동등하게 취급하는 이론이 등장하게 되었는데, 이것은 인지문법이라고 불린다. R. W. Langacker가 내놓은 인지 문법은 언어의 의미에 대해서 다음과 같은 가정을 갖는다 : ① 의미는 개념화이다; ② 자주 쓰이는 표현은 서로 관련된 의미의 망을 갖는다; ③ 의미 구조는 인지 영역과 관련을 지어서 특징이 주어진다; ④ 의미 구조는 바탕에 모습이 부과됨으로서 가치가 주어진다; ⑤ 의미 구조는 관습적 영상을 포함한다. 즉, 한 가지의 객관적인 상황을 여러 가지의 각도에서 볼 수 있는 능력이 우리에게 있다. 이 연구는 위에 열거된 가정에 따라서 영어동사 체계를 살펴본다.

제 1장은 시제와 상의 문제를 다룬다. 통상 시제는 현재, 과거 및 미래로 나누어져 왔다. 그러나 현재까지의 연구에서는 이들 개념들이 무엇을 의미하는지 정의가 되지 않은 채 정의가 되어 있는 것처럼 쓰여 왔다. 이 책에서는 이러한 개념들이 새로이 정의된다. 이 정의에 의하면, 화자가 어느 사건을 보고할 때 이 사건의 시제는 객관적으로 결정되는 것이 아니라 화자의 관점에 의해서 결정된다. 이것은 시제가 객

관적이 아니라 주관적임을 보여준다. 또 동사의 특정한 시제는 여러 가지의 의미를 나타내는 것으로 분석되어 있으나, 이들 사이의 관련성은 연구되지 않았다. 이 책에서는 이러한 관련성도 중요한 것으로 취급한다.

영어에서 상은 학자들에 따라서 인정되기도 하고 인정되지 않기도 하는데, 이 연구에 의하면 영어에서 상의 개념은 꼭 필요한 것으로 드러났다. 영어에는 완전상과 불완전상을 구별할 수가 있는데, 이들은 특정한 시제의 선택을 좌우하고, 또 특정한 시제의 풀이에 중요한 것으로 밝혀졌다. 하나의 예로, 동사 know가 미완전상으로 쓰이면 이것은 현재시제에는 자유롭게 쓰이나, 현재진행형에는 쓰일 수가 없다.

또 한 예로 동사 kick은 완전동사인데, 이 동사가 현재시제로 쓰일 때는 know와는 달리 습관이나 발화시와 동시에 일어나는 사건을 보고하는 것과 같은 특정한 뜻으로만 풀이된다. 지금까지 영어시제와 상은 화자를 고려하지 않고 정의되어 왔으나, 이 연구에 의하면 시제는 화자의 관점과 밀접한 관계가 있는 것으로 밝혀졌다.

제 2장과 3장은 양태동사와 준양태동사의 의미를 다룬다. 양태 동사의 각각은 여러 가지의 의미를 가지고 있는데 이들 동사의 의미 분석에는 전통적으로 크게 두 가지의 방법이 있다. 하나는 각 양태 동사의 의미를 사전에서와 같이 나열하는 것이고, 또 한 가지의 방법은 각 양태동사의 기본 의미를 설정하는 방법이다. 나열식 방법은 각 의미 사이의 관련성이 포착되지 않는 단점이 있고, 기본 의미 설정 방법은 기본 의미가 지나치게 추상적이 되는 단점이 있다. 그러나 무엇보다 중

요한 것은 이 두 분석 방법에는 화자가 포함되지 않는 문제점이 있었다. 즉, 모든 양태동사의 의미 분석에는 반드시 화자가 고려되어야 하는 것으로 드러났다. 예로, must의 의미 가운데 하나는 '의무'인데, 이 의미가 must와 연관되어 풀이되기 위해서는 누가 이 의무를 부과하는 것인지가 명시되어야 한다. 이 경우 의무를 부과하는 것은 화자이고, 이 의무를 실행해야 하는 것은 문장의 주어이다. 이와 같은 방법으로 다른 양태동사의 의미 분석에도 화자는 반드시 고려되어야 하는 것으로 밝혀졌다. 다음으로 각 양태동사는 뿌리 의미와 인식 의미의 두 가지로 나누어 볼 수가 있는데 이 연구에서의 인식 의미는 뿌리 의미에서 확대되어 나온 것으로 분석된다.

제 4장은 문형에 관한 연구이다. 전통 문법에서는 영어의 문형을 여러 가지의 방법으로 분석하고 있다. 어떤 학자들은 영어의 동사문형을 다섯 가지로 분석하는가 하면, 다른 학자들은 20가지 이상으로 분석하는 학자들도 있다. 이렇게 동사 문형의 수가 다른 것은 분석의 수준과 분석의 목적이 다르기 때문이다. 이 장의 목적은 영어의 동사 문형을 분석하는 데에 있는 것이 아니라, 각 문형의 의미-화용적인 특성을 밝히는 데에 있다. 그러므로 이 장에서는 다음과 같은 점이 중요시된다. 특정한 문형에 왜 특정한 형태소가 쓰이는가? 또 특정한 문형에 두 가지의 형태소가 쓰일 때 그 차이는 무엇인가? 예로, 동사 begin은 부정사와 동명사를 목적어로 가질 수 있는데 서로 다른 형태가 쓰이는 데서 오는 의미상의 차이는 무엇인가? 또 부정사만 목적어로 갖는 동사의 특성은 무엇이며, 또 동명사(V-ing)만 목적어로 갖는 동사의 특

성은 무엇인가? 또 영어 동사의 문형 가운데에는 어떤 형태소가 있고 없음에 의해서 서로 구별되는 것들이 있는데, 이러한 문형들은 의미상의 차이가 없는 것으로 다루어져 왔다. 그러나 형태가 다르면서도 그 뜻이 같을 수 있을 것인가? 이와 같은 질문에 대답을 구해 보는 것이 이 장의 주된 목적이다. 연구의 결과에 의하면 특정한 형태소의 선택은 언제나 의미와 깊은 관계가 있는 것으로 드러났다. 이로서 형태와 의미 사이에는 우리가 통상 생각해오던 것 이상으로 깊은 관계가 있음을 보여준다.

제 5장은 영어 다의어 동사에 관한 연구이다. 영어에서 빈도수가 높은 동사의 대부분은 여러 가지의 의미를 갖는 다의어이다. 이러한 다의어의 뜻을 잘 살펴보면, 이들은 서로 다르긴 하지만 서로 관련성이 있음이 곧 드러난다. 이 장에서는 이러한 다의어를 다루는 데 필요한 틀과 개념들을 다룬다. 첫째, 어느 한 동사가 서로 다르지만 관련된 의미를 가지게 되는 것은 범주화의 결과임을 밝힌다. 어떤 행동이나 사건이 다른 행동이나 사건과 꼭 같지는 않으나, 비슷한 점이 있다고 인지자에 의해서 판단될 때는 같은 동사로 표현된다. 즉, 어느 한 동사가 갖는 의미가 꼭 같지가 않은 것은 이러한 범주화의 결과이다.

다음으로, 어느 한 동사가 갖는 한 뜻과 다른 뜻 사이의 관련성을 포착하기 위해서는 배경과 모습의 개념이 필요한 것으로 드러났다. 어느 동사의 개념적 바탕에는 여러 가지의 요인이 포함되는데, 이러한 요인 모두가 표면으로 드러나지 않는다. 이들 요인 가운데 어느 것이 모습으로 드러나느냐에 따라서 의미와 기능이 달라진다. 한 동사가 자동사와 타동사, 모두 쓰일 수 있는데 이러한 용법도 바탕과 모습의 개념으로 설명이 된다. 다음으로, 어느 동사가 여러 가지의 뜻을 가지게 되는데는 의미 확장이 포함된다. 두 가지 종류의 의미 확장의 예가 상세하게 예시되어 있다. 그 가운데 하나는 장소 표현이 상태 표현의 형판이 되는 은유화 관계이고, 다른 하나는 객관적 상황을 묘사하는 동사가 주관적 과정을 묘사하는 데도 쓰이는 의미 주관화의 예이다.

제 6장은 영어 수동형에 관한 연구이다. 이에 관련된 연구의 수는 많으나, 그 대부분이 형식적 연구로서, 능동형 구조를 기계적으로 수동형 구조로 바꾸는 규칙과 그에 따른 제약을 밝히는 데에 역점이 주어졌다. 그리고 이들 연구의 대부분은 가장 타동성이 높은 동사만을 예로 들었기 때문에 연구의 일반성이 낮은 것으로 드러났다. 예로써, 영어 수동형이 가능한 것은 타동사뿐만 아니라, [자동사+전치사]의 구조도 적용이 된다. 그러나 모든 타동사나 모든 [자동사+전치사]의 구조가 수동형을 가지지 않은 점에 문제가 일어난다.

이러한 문제를 해결하기 위하여 이 장에서는 '타동성의 정도' 개념을 도입하여 문제를 해결해 본다. 타동성의 정도는 여러 가지의 요인에 의해서 결정이 되는데, 그 가운데 몇 가지는 주어의 행위성의 정도와 목적어의 영향성을 들 수 있다. 주어의 행위성이 높고 목적어가 크게 영향을 받는 과정은 타동성이 높고, 그렇지 않는 과정은 타동성이 낮은 것으로 정의된다. 영어 수동형은 이 타동성과 밀접한 관계가 있어서, 타동성이 높은 과정은 수동형이 가능하나, 타동성이 낮은 경우에는 수동형이 잘 성립되지 않는다. 다음으로, 한 언어에 능동형과 수동형이 있을 때 이 두 구조는 임의적으로 바꾸어 쓸 수 있는 것이 아니라 각각은 특정한 기능을 가지는 것으로 밝혀졌다. 이 두 구조는 정보구조와 밀접한 관계가 있는 것으로 드러났다.

제 7장은 구절동사의 연구이다. 종래 이것은 관용어로 취급이 되어 왔다. 구절동사가 관용어로 취급된 것은 구절동사를 이루는 동사와 불변사(particle)로부터 전체의 뜻을 끌어낼 수 없다고 믿었기 때문이다. 이 장에서는 구절동사에도 어느 정도의 규칙성이 있음을 보여주고 있다.

즉, 구절동사를 이루는 동사와 불변사(이 책에서는 전치사적 부사로 부르고 있음)는 각각의 뜻을 가지고 있다. 동사 get과 같은 것은 의미가 추상적이지만 이동의 개념을 가지고 있으며 불변사도 의미가 분명히 있음을 밝힌다. 전치사적 부사의 의미는 상응하는 전치사와 밀접한 관계가 있다. 전치사는 1차적으로 공간 관계를 나타내지만 은유화에 의해서 추상적인 의미를 갖게 된다. 이 장에서는 공간과 추상적 의미 사이의 관계를 상세하게 밝힌다. 구절동사는 동사와 전치사적 부사의 의미가 양립되어야 한다. 양립이 되지 않으면 구절 동사가 이루어지지 않는다. 새로이 생겨나는 구절 동사도 있다. 이러한 신조구절 동사도 동사와 전치사적 부사의 뜻이 양립할 수 있는 경우에 쓰인다. 또 신조구절 동사가 있다는 것은 구절동사가 굳어진 화석화 된 표현이 아닌 점도 보여준다.

제 8장은 Jespersen의 타동성을 인지문법에 대비시킨다. Jespersen은 타동성을 이루는 주어와 목적어를 제시하고 다음으로 타동사가 자동

사로 쓰이는 현상을 살핀다. Jespersen은 문법 관계인 주어와 목적어는 각각 하나 이상의 의미역을 갖음을 관찰했으나 이에 일관된 설명이 없다. Jespersen은 주어와 전치사구 그리고 목적어와 전치사구 사이의 교체 현상을 관찰했다. 그러나 설명이 없다. 이 현상에 대해서도 인지문법은 통찰력 있는 설명을 제시한다.

다음으로 Jespersen은 타동사와 타동사가 자동사로 쓰이는 두 동사 용법 사이의 차이, 능동형-수동 의미 동사의 설명을 정확히 하지 못하고 있다. 이에 대해서도 인지문법은 일관성 있는 설명을 제시한다.

이 책에 다룬 주제 가운데 구절동사와 전치사, 그리고 전치사적 부사는 저자가 쓴 영어 전치사 연구에 깊이 있게 다루어져 있다. 전치사 하나하나의 공간적 의미와 비유적 의미가 제시되어 있고, 전치사와 전치사적 부사의 차이도 설명되어 있다. 이 책에 제시된 동사의 문형과 다의어의 접근 방법은 실제 많은 동사에 적용되어 있다. 이러한 결과를 보면 인지문법은 이론에만 그친 것이 아니라 유용성이 입증됨을 보여준다.

이 책에서는 영어동사에 관련된 여덟 가지의 주제를 다루었다. 이 밖에 동사에 관련된 것으로는 신조어 동사와 그 생성 방법, 가정문에서 동사의 역할, 동사와 부정 등이 있으나, 이 책에서는 이들을 다루지 못한 것이 유감스럽다.

목차

제1장 시제(tense)와 상(aspect)

제2장 양태동사(modal verb)

제3장 준양태동사

제4장 동사의 특성과 문형(pattern)

제5장 다의어 동사 의미

제6장 수동형(passive)

제7장 구절동사(phrasal verb)

제8장 전통문법과 인지문법

제 1 장 시제(tense)와 상(aspect)

1. 시제와 상의 정의
2. 시제
3. 상
4. 완료상(perfect aspect)
5. 완료진행상
6. 과거완료상
7. 마무리

1 chapter 시제(tense)와 상(aspect)

1. 시제와 상의 정의

시제는 언어로 묘사되는 상황의 시간과 발화시의 관계를 나타내는 동사의 형태다. 어느 사건이 있을 때 이것은 발화시를 포함하는 현재 영역에서 일어나는 것이나, 현재 영역 밖에서 일어나는 것으로도 볼 수가 있다. 영어에는 크게 두 가지의 시제가 있다. 학자들에 따라서 현재, 과거, 미래의 세 가지의 시제가 있는 것으로 보고 있으나 여기서 미래 시제는 양상의 일부이기 때문에 시제로 다루지 않겠다. 시제의 하나는 현재형이고 다른 하나는 과거형이다. 현재형은 동사의 원형(예: walk) 이나 원형에 s가 붙은(예: walks) 형태로 표현되고, 과거형은 규칙적인 형태와 불규칙적인 형태가 있는데 규칙적인 형태는 동사의 원형에 -ed 가 더해져서 만들어 진다(예: walked).

현재시제는 발화시를 포함하는 영역에 어느 사건이 포함되어 있다고 화자가 판단할 때 쓰이며, 과거시제는 발화시를 포함하는 영역에서 사건이 벗어나 있다고 판단될 때 쓰인다. 이것을 그림으로 나타내면 그림 1과 같다. 그림에서 보면 화자의 위치(G)가 있고, 엄격하게 보면 화자가 말을 시작해서 끝내는 시간이 현재가 된다. 그러나 꼭 그렇게만 풀이되지는 않는다. 다음의 그림에서 굵은 선으로 그려진 작은 원

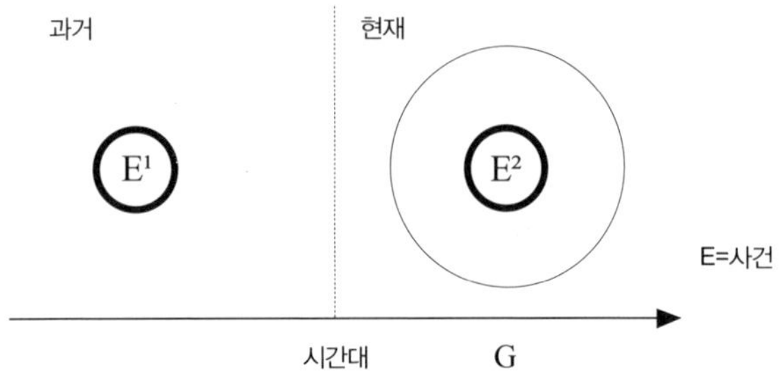

그림 1

은 상황을 나타내고, 가는 선으로 그려진 큰 원은 현재의 영역을 나타낸다. 그림의 밑부분에 있는 긴 화살표는 시간대를 나타내며, 사건 E^1은 현재 영역에서 벗어나 있기 때문에 과거시제로 표현되고 사건 E^2는 현재 영역 안에 있는 것으로 개념화되기 때문에 현재형으로 표현된다.

그러나 시제에서의 현재와 과거는 자연 시간과 다르며, 어떤 객관적인 기준에 의해서 결정되는 것이 아니라, 화자의 판단에 의해서 결정된다. 예로, 발화시를 기준으로 하는 현재 영역이 넓게는 몇 십년 전도 포함될 수 있으나 좁게는 단 몇 초 전만이 포함될 수도 있다. 그러므로 현재시제와 과거시제의 구분을 위해서 시간은 시제와 반드시 구별되어야 한다. 이렇게 구별되어야 하는 이유들 중에 하나는 언어의 시제와 자연 시간 사이에는 반드시 일대 일의 관계가 존재하지 않는다는 점이다. 현재시제는 현재뿐만 아니라 미래나 과거를 가리킬 수도 있고, 과거시제는 과거뿐만 아니라 현재나 미래도 가리킬 수 있다. 이러한 관계를 다음과 같이 나타낼 수 있다.

1. 시제와 시간의 관계

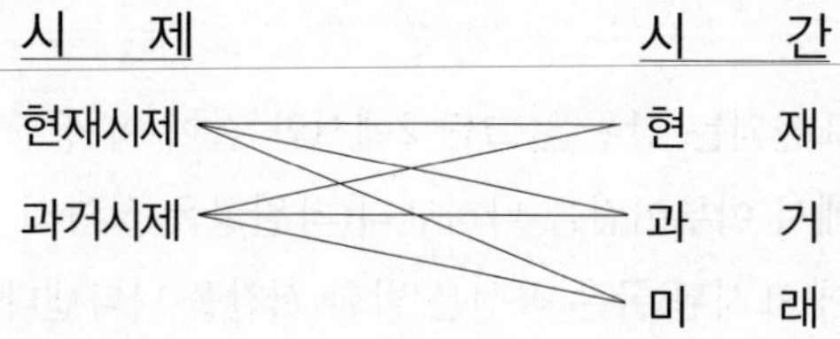

예로 다음 문장 2.는 현재시제로 표현되었으나, 이 문장은 현재에 일어나고 있는 상황만을 묘사하는 것이 아니라 과거에도 일어났고 현재에도 일어나며, 미래에도 일어날 수 있는 상황을 묘사한다. 그러므로 현재형이 반드시 현재시만을 나타내는 것이 아님을 볼 수 있다.

2. He takes a walk every morning.
그는 매일 아침 산책을 한다.

그리고 과거시제가 반드시 과거만을 나타내는 것이 아니라 현재를 나타내는 것도 다음 예에서 살펴볼 수 있다.

3. I was wondering if you could look at this.
나는 당신이 이것을 볼 수 있을지 궁금합니다.

4. If I were you, I wouldn't go there.
내가 당신이라면, 나는 그 곳에 가지 않겠다.

3.에서 was wondering이 쓰였지만 실제 궁금하게 여기는 것은 이 문장을 말하는 순간에 일어나는 감정이다. 4.에서 과거시제 were가 쓰였으나 이것은 현재 내가 네가 아님을 나타낸다.

위에서 간단히 살펴본 바와 같이, 시간과 시제는 반드시 구분 지어서 생각해야 할 필요가 있다.

2. 시 제

2.1. 현재시제

현재시제로 표현되는 상황은 그림 2에서와 같이 이 상황의 전체가 현재의 영역안에서 이루어짐을 나타낸다(타원형은 상황의 전개를 나타내고, 시간대에 표시된 굵은 곡선은 발화 시간을 나타낸다).

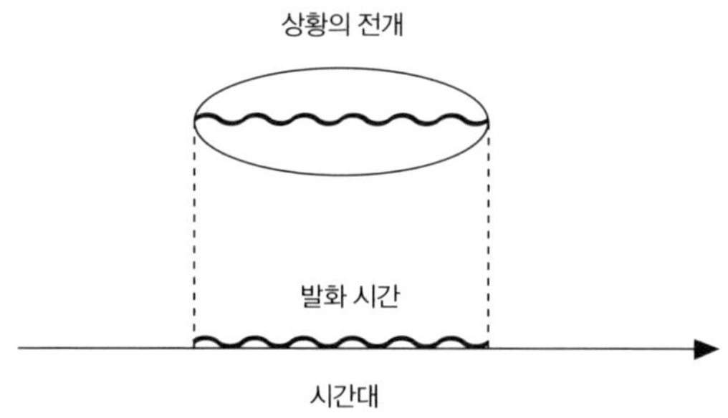

그림 2

좁은 의미에서 현재의 영역이란 화자가 발화하는 시간이다. 이러한 시간안에 어떤 상황의 전체가 일어나는 것은 별로 흔하지 않으므로 현재시제의 쓰임에는 여러 제약이 있다. 이 제약은 동사를 크게 두 가지로 나누면 좀더 쉽게 살펴볼 수 있다.

동사 가운데는 시작과 끝이 분명하고 시작과 끝 사이에는 변화가 있는 과정을 가리키는 것이 있다. 이러한 동사는 완전동사(perfective)라 불린다. 완전동사는 다음 그림 3(a)와 같이 나타낼 수 있다. 양쪽은 한정이 되어있고 그 안은 곡선으로 표시되어 있는데 이것은 변화를 나타낸다. 이 완전동사의 부류에는 다음과 같은 동사가 있다 : cry, jump, speak, dance,……. 또 동사 가운데는 시작과 끝이 분명하지 않고 같은 상태가 변화없이 계속되는 과정을 가리키는 것도 있다. 이러한 동사를 불완전동사(imperfective)라 한다. 이러한 불완전동사는 그림 3(b)와 같이 나타낼 수 있다. 그림 3(b)에는 양 쪽의 한계가 분명하지 않고 직선으로 표시된 부분은 상태가 아무런 변화 없이 일정하게 계속됨을 나타낸다. 이러한 동사에는 know, resemble, like 등이 있다.

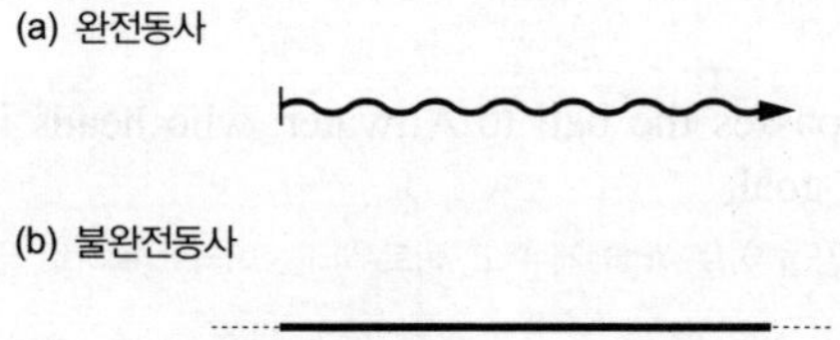

그림 3

아래에서는 현재시제에 대한 Leech의 연구를 살펴봄으로써 어떠한 점이 밝혀져 있고, 어떠한 점이 문제되는가를 알아본 다음, 이 모든 것을 통합할 수 있는 분석을 제시하여 보겠다.

현재시제의 용법을 Leech는 다음과 같이 나누어 놓고 있다.

2.1.1. 순간적 시제

현재시제는 어느 사건이 발화시와 동시에 일어남을 가리킨다. 발화시와 동시적 사건은 언어 수행, 경기의 실황 중계, 실물 설명에서 볼 수 있다. 이들은 사건과 언어 사건이 거의 동시에 일어나는 상황이다.

2.1.1.1. 수행문

5. a. I beg your pardon.
   용서해 주십시오.

b. We accept your offer.
우리는 당신의 제안을 받아들입니다.

c. I dare you to tell him that.
그에게 그것을 말할 수 있으면 해 보세요.

예문 5에서 말 자체가 사건이 된 예이다.

2.1.1.2. 실황 중계

6. Napier passes the ball to Attwater, who heads it straight into the goal.
나피어는 공을 아트워터에게 주고, 아트워터는 머리로 똑바로 골인시킨다.

6.에서는 사건을 따라 발화가 동시에 전개가 된다.

2.1.1.3. 시범이나 실물 설명

7. I take this card from the pack and place it under the handkerchief.
나는 이 카드를 팩에서 꺼내서 손수건 밑에 놓는다.

7.에서는 행동과 발화가 동시에 전개 된다.

2.1.2. 비제한적 상태

현재시제는 또 상태를 나타내는 서술어와 쓰이면서 이 서술어가 현재는 물론 과거와 미래에도 뻗칠 수 있음을 나타내는데, 이러한 상태는 잠정적인 것에서부터 영구적인 것에 이를 수 있다.

8. a. He is hungry.
그는 배가 고프다.

b. Twice two is four.
둘의 두 배는 넷이다.

c. Gold is heavier than silver.
금은 은보다 무겁다

d. Hydrogen is the lightest element.
수소는 가장 가벼운 원소다.

2.1.3. 습관적 상태

개개의 사건의 연속이 상태를 이루고, 이 상태가 과거에서 현재까지 이름을 나타낼 때에도 현재형이 쓰인다.

9. a. He walks to work.
그는 걸어서 일터에 간다.

b. I buy my shirts at Harrods.
나는 나의 셔츠를 해로즈에서 산다.

c. He who hesitates is lost.
주저하는 자는 패한다.

2.1.4. 미래나 과거를 나타내는 현재시제

현재시제는 과거에 일어났거나 미래에 일어날 일을 표현하는 데에도 쓰인다.

10. a. I start work next week.
나는 내주에 일을 시작한다.

b. The train leaves at eight o'clock.
그 기차는 여덟 시에 떠난다.

과거에 일어난 일이라도 현재시제로 표현하여 생동감을 나타낼 수 있다.

11. At that moment in comes a message from the Head Office.
그 때에 한 전언이 본부로부터 온다.

At that moment는 상황이 과거에 있었음을 알려준다. 이때 현재시제가 쓰인 것은 화자가 이 사건이 일어나는 시점에 이동시켜서 마치 사건이 일어나는 것을 실제 보는 것처럼 기술한다. 그래서 이 문장 11.은 현장감과 생동감을 준다.

위에서 Leach가 제시한 현재시제의 용법을 살펴보았다. 우리는 이제부터 현재시제의 제약이 무엇이며, 또 이 시제가 나타낼 수 있는 용법들 사이의 공통성을 살펴보기로 한다. 전개의 편의를 위해 현재시제의 용법을 동사의 특성에 따라서 살펴보기로 하자.

2.1.5. 완전(Perfective)동사

엄격한 의미에서 현재는 점이 되겠지만, 언어 표현에 있어서 현재는 화자의 발화가 계속되는 기간이다. 이것을 그림으로 나타내면 앞에서 본 **그림 2**와 같다. 완전동사의 현재형은 이 동사가 나타내는 과정이 처음부터 끝까지 발화시간과 동시에 실현됨을 나타낸다. 그런데 짧은 발화 시간 안에 어떤 과정이 다 이루어지는 예는 많지 않다. 그러므로 현재시제에 쓰이는 동사에는 제약이 따르게 마련이고 현재형에 쓰이는 동사를 특수한 예로 취급하는 경향이 있다. 그러나 현재형에 쓰이는 예를 살펴보면, 모두가 **그림 4**에서 살펴볼 수 있는 경우들이다. 즉 엄격한 의미의 현재에 상황이 실현되는 예들이다.

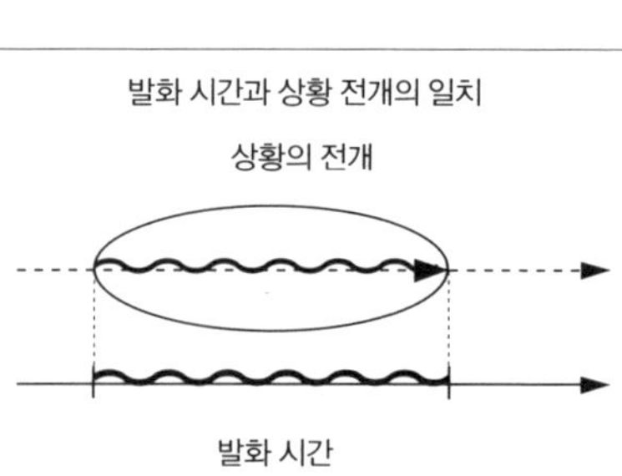

그림 4

발화 시간과 사건 시간이 완전히 일치하는 경우는 수행문이다. 이 수행문에서는 발화 그 자체가 사건이 된다. 다시 말하면 발화 시간과 사건이 완전히 일치하게 된다. 그러므로 수행문은 현재시제로 자연스럽게 표현된다.

5.a에서 I beg your pardon은 발화 자체가 사건이 되므로 발화 시간과 사건 시간이 완전히 일치되는 예다. 또 수행문의 특징으로 다음 예에서 볼 수 있는 바와 같이 주어는 I이고, 간접목적어는 you이며, 화자의 의도를 나타내는 동사는 언제나 현재형이다.

12. a. We accept your offer.
    우리는 당신의 제안을 받아들입니다.

    b. I say that you are right.
    나는 당신이 옳다고 말합니다.

다음으로 발화 시간과 상황이 거의 일치하는 예는 시범이나 경기의 실황 중계 방송에서 들을 수 있는 말이다. 특히 빨리 진행되는 농구나 배구와 같은 경기 진행은 중계자의 발화시와 거의 동시에 일어나는 동작이 많다. 또 시범이나 실물 설명도 설명과 거의 동시에 시범이 이루어질 수가 있다. 그러므로 이들은 현재시제로 표현된다.

2.1.5.1. 시 범

13. a. Look, I take the handkerchief from the can and place it under the box.
    보세요, 나는 통에서 손수건을 꺼내어서, 그것을 상자 밑에 놓습니다.

2.1.5.2. 실황 중계

    b. John passes the ball to Bill, and Bill throws it into the goal.
    존은 공을 빌에게 주고, 빌은 그것을 골에 던져 넣는다.

13.a에서 주어가 통에서 손수건을 꺼내는 시간과 발화 시간이 거의 일치하고, 그 다음 그것을 상자 밑에 놓는 시간과 이것을 말하는 시간이 거의 일치한다. 다시 말하면, 발화 시간과 사건 시간이 거의 일치한다. 그러므로 위의 상황은 현재시제로 표현된다. 13.b의 실황 중계에서도 묘사와 상황은 거의 일치된다. 그러므로 이것도 현재시제로 표현된다.

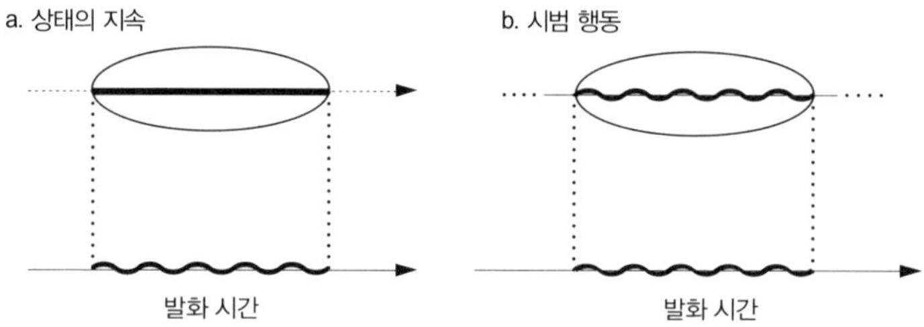

그림 5

2.1.6. 불완전(imperfective)동사

불완전동사는 완전동사와는 달리 현재시제로 쓰이는 데에 있어서 별 제약이 없다. 왜냐하면 불완전 동사가 나타내는 과정은 동질적이기 때문에 어느 순간에 이 과정을 확인하더라도 확인된 부분은 전체를 대표할 수 있기 때문이다(그림 3 (b)참조).

14. a. He knows the boys well.
그는 그 소년들을 잘 안다.

b. She resembles her father.
그녀는 그녀의 아버지를 닮았다.

그림 a에서 그가 아는 상태는 한결같이 이어져 나간다. 이의 어느 한 부분을 확인하더라도 이렇게 확인된 부분은 전체를 대표할 수 있다. 완전동사와는 달리 불완전동사는 발화 시간 안에 전 과정이 실현되어야 할 필요가 없다. 14.a에서, 누가 무엇을 한 번 알고나면, 그 아는 상태는 변화없이 시간속에 계속된다. 변화가 없으므로 어느 한 순간에 그것을 확인해도 이 확인은 모든 영역에서 유효하다. 또한 14.b에서도 누가 누구를 닮아 있는 관계는 큰 변화없이 한동안 계속되는 것이다. 그러므로 이 관계를 다른 어느 시점에서 확인하더라도 유효한 것이다. 그러므로 불완전동사는 현재시제에 자유롭게 쓰일 수 있다.

2.1.7. 완전동사의 불완전 용법

완전동사로 표현되는 상황도 이것이 반복되면 꼭 같은 상황이 시간속에 지속되는, 불완전한 과정을 나타내게 된다. 다음 예를 살펴보자 :

15. a. He comes to the school everyday.
    그는 매일 학교에 온다.
    b. The earth moves round the sun.
    지구는 태양의 주위를 돈다.

15.a에 쓰인 come은 완전 과정을 나타낸다. 그러나 주어진 문장에서 이것은 완전 과정을 나타내지 않고 불완전 과정을 나타낸다. 이러한 불완전 과정은 다음과 같은 변형에 의해서 생겨난다. 어느 누가 학교에 한 번 가는 일은 완전 과정이다. 그런데 이와 같은 완전 과정이 매일 반복되면, 이러한 반복은 처음과 끝이 분명하지 않는 연속적인 선을 이루게 된다. 즉, 불완전 과정으로 풀이된다. 이것을 다음과 같이 그림으로 나타낼 수 있다.

그림 6 (a)는 완전과정을 나타낸다. 시작과 끝이 있고, 이 둘 사이에

는 변화가 있다. 그림 6 (b)는 그림 6 (a)의 완전과정이 일련으로 나타나서 상태를 이루는 관계이다. 이와 같은 상태는 구조적인 사실을 나타낸다. 즉, 어떤 상황이 실제 일어남을 나타내는 것이 아니라, 구조적으로 어떤 상황이 일어나게 되어있음을 나타낸다.

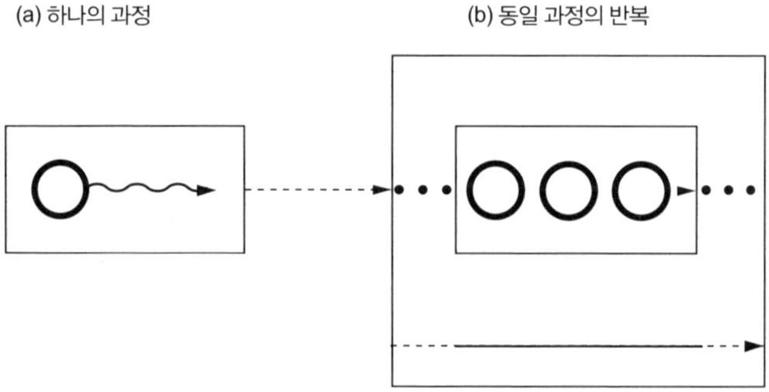

그림 6

다음 16.a와 16.b의 문장의 상황은 위의 문장과는 달리 매일 규칙적으로 일어나는 상황이 아니다. 그러나 이들 문장도 적당한 조건이나 기회가 주어지면 어떤 상황이 일어나게 되는 구조적인 사실을 나타낸다.

16. a. Bill speaks Korean well.
    빌은 한국어를 잘 한다.
    b. The man speaks loudly.
    그 남자는 시끄럽게 말을 한다.

16.a에서는 빌의 능력, 16.b에서는 the man의 성질이나 본래적인 습성을 나타낸다. 능력이나 성질은 어느 사람의 구조적인 특성으로 볼

수 있고 이 특성은 변함없이 지속되는 상태로 간주된다. 16.의 두 상황은 15.의 상황만큼 규칙적은 아니지만, 적당한 조건과 기회가 주어지면 16.의 상황이 구조적으로 나타남을 표현할 때 쓰이는 문장이다.

16.에서는 어느 특정 개인의 성질이나 습성에 대한 것을 묘사하고 있다. 그러나 다음에서와 같이 주어가 어떤 부류의 전체를 가리키면 이 문장은 그 부류 전체의 구조적 속성을 나타내는 통칭적인 문장이 된다.

17. a. Beavers build dams.
    비버는 둑을 만든다.
    b. Cats chase mice.
    고양이는 쥐를 쫓는다.

17.a는 비버가 둑을 만드는 사건을 나타내는 것이 아니라 비버가 둑을 만드는 습성이나 능력이 갖추어져 있다는 구조적인 사실을 나타낸다. 17.b도 고양이가 현재 쥐를 쫓는 상황이 아니라 본래적으로 그런 행동을 하는 구조적 사실을 나타낸다.

또한 이렇게 구조적 사실을 나타내는 현재형은 영구적인 진리나 속담도 현재시제로 표현된다.

18. a. The area of a circle is *pi* times the square of its radius.
    한 원의 면적은 반지름의 제곱에 파이를 곱한 값이다.
    b. Actions speak louder than words.
    행동은 말보다 크게 말한다.

현재시제는 어떤 기계의 작동법이나 절차를 묘사하는데, 이것은 구조적 사실을 현재시제와 잘 양립될 수 있는 용법이다.

19. To turn off the machine, you move the lever all the way to the left.
    그 기계를 끄기 위해서, 여러분은 손잡이를 왼쪽 끝까지 민다.

19.에서 move는 어떤 동작이 일어남을 묘사하는 것이 아니라, 주어진 기계를 작동하는 방법을 이루는 여러 사건의 구조적인 과정의 부분이 됨을 나타낸다.

이렇게 현재시제가 구조적인 사실을 나타내는 것을 보면 이 시제가 미래를 나타내는 용법도 자연스럽게 설명이 된다. 물리적 힘이나 속성이 물체의 정상적인 행동을 결정하는 것과 같이 계획, 예정, 그리고 의도는 인간 활동의 예정된 과정을 결정한다. 현재시제로 미래사건을 묘사한다는 말은 묘사된 상황이 세계가 움직이게 되는 각본의 일부라는 것이다. 다음 두 문장을 비교해 보자.

20. a. The sun rises at 6 : 00 tomorrow.
내일 해가 6시에 뜬다.

b. The games starts at 8 : 00 tomorrow evening.
그 경기는 내일 저녁 8시에 시작된다.

내일 아침 6시에 해가 뜬다는 것은, 그렇게 되도록 세상의 구조가 만들어져 있음을 나타낸다. 마찬가지로 경기가 내일 저녁 8시에 시작된다는 것은 모든 계획이 그렇게 짜여져 있으므로 예상하지 못한 일이 생기지만 않는다면 경기는 8시에 시작된다는 것을 현재시제가 나타내는 말이다. 그러므로 자연 법칙이나 계획으로 결정될 수 없는 상황일 때는 현재시제가 미래를 나타낼 수 없다.

21. a. *He is sick tomorrow.
그는 내일 아프다.

b. *He has a nervous breakdown next week.
그는 다음 주 신경쇠약을 갖는다.

(*표는 뒤에 오는 문장이 문법에 어긋남을 나타냄)

다음으로 현재시제가 과거상황을 묘사하는 데 쓰이는 예를 살펴보면 다음과 같다.

22. Bassanio wants to go to Belmont to woo Portia. He asks his friend Antonia, the merchant of Venice to lend him money.

Bassanio는 Portia를 구원하기 위해서 Belmont로 가기 원해서 베니스 상인인 그의 친구 안토니아에게 돈을 꾼다.

22.에서는 역사적으로 과거 상황을 묘사하는 데 현재시제가 쓰였다. 물론 과거시제로서도 위의 사건이 묘사될 수 있지만 현재시제로 묘사되면 좀더 생생한 느낌을 전하게 되는 것이다. 이와 같은 생생함은 화자가 관점을 현재의 영역에서 과거로 옮기고 옮긴 새 관점에서 사건이 직접 일어나고 있는 것처럼 묘사되기 때문이다.

이것은 개략적으로 다음과 같이 나타낼 수 있다.

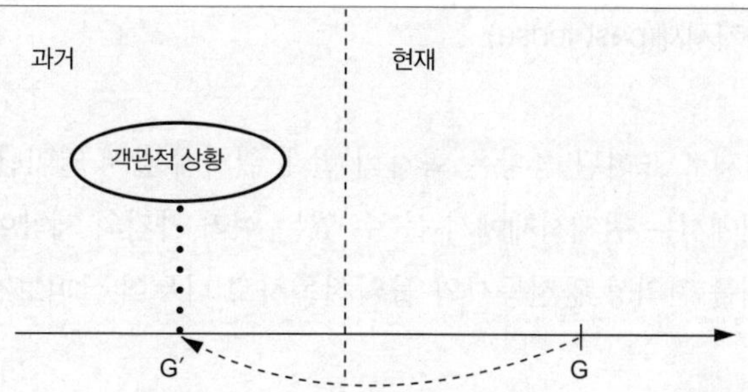

그림 7

화자의 실제 위치는 G이다. 그러나 화자는 현재의 G에서 벗어나서 과거 G′에 자신을 위치시키고 보고되는 상황을 옮긴 시점에서 보는데, 이때 전개되는 사건을 G′에서 보는 것 같이 제시한다.

과거에 일어난 사건은 상당히 오랜 시간에 걸쳐서 일어난 것도 있고 그렇지 않은 것도 있다. 그러나 이러한 사건은 회상되어 보고되는 것으로 그 폭을 화자가 마음대로 조정할 수 있다. 그래서 오래된 사건이라도 발화시와 일치되는 것으로 판단되면 현재시제로 표현할 수 있다.

다음으로 시간을 나타내는 부사절에서 현재시제는 "미래시간"을 나타낸다.

23. a. When you see Bill tomorrow, please remember me to him.
네가 내일 빌을 보거든, 나의 안부를 그에게 전해다오.

b. If you go to the party, you will meet Susan.
네가 그 모임에 가면, 너는 수잔을 만나게 될 것이다.

23.의 시간을 나타내는 부사절이 시간상의 참조점을 만들고, 이 참조점에 화자의 관점이 옮겨지는 것으로 생각할 수 있다. 이 참조점과 동시에 일어나는 사건은 현재시제로 묘사될 수 있다.

2.2. 과거시제(past tense)

과거시제로 표현된 상황은 화자의 현재 위치에 앞서 일어난 것이다. 과거시제에서는 현재시제에서 볼 수 있는 여러 가지의 제약이 없지만 과거시제를 편의상 완전동사와 불완전동사로 나누어 살펴보자.

2.2.1. 완전동사

시작과 끝의 구별이 완전한 동사의 과거시제는 동사가 나타내는 과정이 끝나서 이것이 현재 영역과 구별되는 과거 영역에 있음을 나타낸다. 구체적으로 어느 동사의 과거형은 이 동사의 과정의 마지막 부분에 초점이 주어지는 표현이다. arrive와 arrived는 다음과 같이 구별된다. arrive는 도착하는 전 과정이 모습으로 드러난다. 이와는 달리 arrived는 arrive의 전 과정 가운데 마지막 부분이 모습으로 드러난다. arrived는 도착하는 과정이 완전히 끝난 것으로 풀이되므로 이것은 자연히 현재 영역의 밖에 있는 것으로 풀이된다.

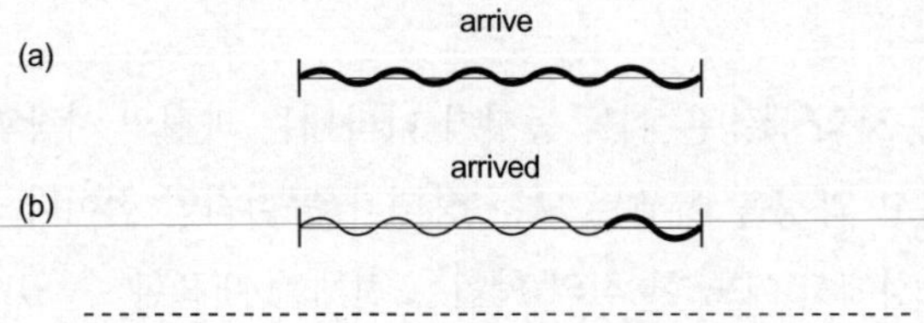

그림 8

24. a. Bill arrived at Seoul yesterday.
빌은 어제 서울에 도착했다.

b. John wrote the letter last week.
존은 그 편지를 지난주에 썼다.

c. They visited us last week.
그들은 우리를 지난주에 방문했다.

24.a에서는 Bill의 도착이 완료된 점을 arrived가 나타냈기 때문에 이것은 자연히 현재와 떨어져 있는 어제에 일어난 일로 풀이되고, 24.b에서도 존의 편지 쓰는 일이 지난주에 끝났음을 나타낸다. 24.b의 관계는 다음과 같이 그림으로 나타낼 수 있다. 이것은 객관적 상황이 현재의 영역에서 떨어져 있음을 나타낸다.

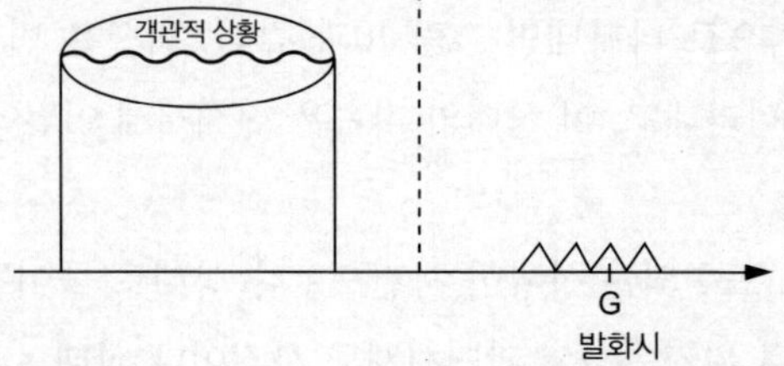

그림 9

2.2.2. 불완전동사

불완전동사의 특징은 이들 동사가 나타내는 과정의 시작과 끝이 분명하지 않고 과정을 이루는 모든 상태가 동질적인 점이다. 그러므로 이러한 과정에서 어느 한 점의 확인은 전체를 대표할 수 있다. 이러한 동사가 과거시제와 같이 쓰이면 현재와는 떨어져 있다고 생각되는 시점에 이러한 상태의 확인이 있었음을 나타낸다.

25. a. He was very strong.
그는 대단히 튼튼했다.

b. He loved music.
그는 음악을 좋아했다.

25.a에서는 그가 과거 어느 시점에 튼튼했음을 나타낸다. 그리고 불완전동사는 안정된 상태를 나타내기 때문에 과거에 확인된 것이 때로는 지금까지 계속될 수도 있다.

26. a. He was strong and he is still strong.
그는 전에도 튼튼했고 지금도 튼튼하다.

b. He loved music and he still does.
그는 음악을 좋아했고, 지금도 좋아한다.

26.a를 그림으로 나타내면 그림 10과 같다. 직선은 변함이 없는 상태의 지속을 나타내고, 이 상태의 지속은 현재시제 이전에 확인되었을 나타낸다.

현재시제로 표현되는 상황이 사건으로나 상태로 풀이될 수 있는 것과 마찬가지로 완전동사의 과거시제도 사건이나 상태로 풀이될 수 있다.

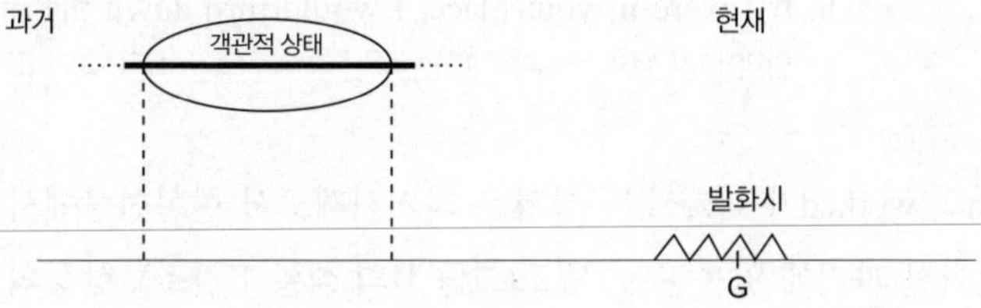

그림 10

27. a. I took a shower in the morning.
나는 아침에 사워를 했다.

b. I took a shower every morning.
나는 매일 아침에 사워를 했다.

27.a는 어느 특정한 아침에 샤워를 한 상황을 나타내나 27.b는 과거 일정 기간 동안 매일 아침에 샤워하는 일이 구조적이었음을 나타낸다.

엄격히 말하면 과거시제는 시간상의 과거를 가리키는 것이 아니라 인식상의 거리를 나타내는 것으로 볼 수 있는데, 이에는 몇 가지 이유가 있다. 첫째, 현재와 과거 사이의 구분은 객관적으로 이루어지는 것이 아니라 주관적으로 이루어진다. 발화시인 현재를 기준으로 어디까지 앞선 시간을 과거로 할 것이냐는 주관적으로 결정되는 것이지 객관적으로 결정되는 것이 아니다. 둘째, 과거시제는 현재와 별개인 과거 영역에서 어떤 상황이 있었음을 나타낼 뿐만 아니라, 어느 상황이 현실이 아닌 상상 세계의 사건을 나타내는 데에도 쓰인다. 현실과 상상의 구분은 시간상의 구분이라기보다는 인식상의 구분이다. 그래서 과거시제는 가정법 문장에서 다음과 같이 쓰인다.

28. a. If she worked hard, she would pass the examination.
만약 그녀가 열심히 공부한다면, 그녀는 시험에 합격할 것이다.

b. If I were in your place, I would turn down the offer.
만약 내가 너의 자리에 있다면, 나는 그 제안을 거절할 것이다.

28.a의 worked가 나타내는 상황은 과거시제로서 현실선상에서 현재와 떨어진 과거에 있을 수도 있고(그림 11의 상황 1 참조), 상상의 세계에 있을 수도 있다(그림 11의 상황 2 참조). 그러나 접속사 if 가 있으므로 worked는 상상의 세계와 연관된다. 그래서 28.a는 그녀가 실제 열심히 공부를 하지 않지만, 열심히 한다면의 뜻이 된다. 28.b는 내가 너의 자리에 있지 않은데 있다는 가정을 한다. 28.a의 조건절의 worked는 다음과 같이 비현실 영역에 있기 때문에 현실과 떨어져 있다.

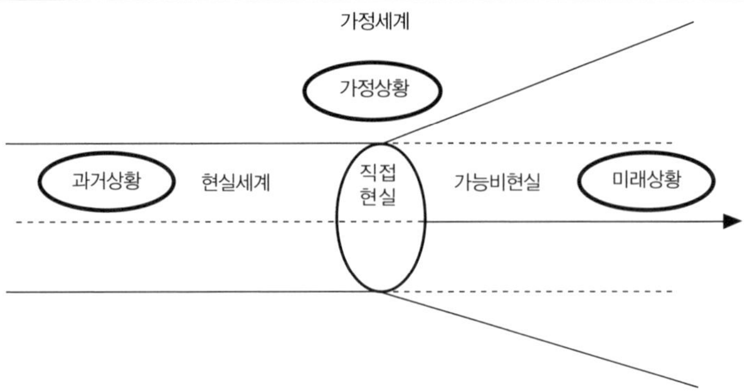

그림 11

그리고 흔히 쓰이는 예는 아니지만 과거시제는 공상 과학 소설에서 현재와 동떨어진 미래를 나타내는 데도 쓰인다. 시간을 나타내는 표현인 기원 2201년은 현재를 기준으로 할 때 미래를 가리킨다. 그러나 다음에서는 미래에 일어나는 사건이 과거시제로 표현되어 있다. 이것은 세계를 현재와 비현재로 나누어서 현재가 아닌 과거와 미래를 과거시제로 나타내는 방법으로 볼 수 있다. 이것은 부사 then이 과거의 어느 시점이나 미래의 어느 시점을 나타낼 수 있는 것과 비슷하다.

29. In the year A.D. 2201, the interplanetary transit vehicle Zeno VII made a routine journey to the moon with thirty people on board.
    서기 2201년에 행성간 운송선 Zeno 7호가 30명의 승객을 싣고 달에 정기 운항을 했다.

다음으로 대화상에서 화자가 청자에 대한 거리를 표시하기 위해서 현재시제 대신에 과거시제를 쓴다. 과거시제를 씀으로써 요청이나 질문을 덜 직접적이고 덜 당돌하게 만든다.

30. a. Did you want to see me ?
    나를 만나고 싶어 하셨습니까?
    b. I hoped you would give me a hand with the painting.
    나는 네가 페인트칠 하는 데 도움을 주리라고 희망했다.

30.a에서 화자는 청자가 현재 자기를 만나고 싶어하는 줄 알면서도 과거시제를 쓰는데, 이렇게 함으로써 화자는 청자가 '아니오'라고 하더라도 실망을 받지 않을 것이고, 청자는 좀더 자유롭게 '아니오'라고 말할 수 있다. 30.b에서 화자는 청자가 현재 자기 페인트칠 하는 일을 도와줄 것인지 아닌지를 궁금하게 여기면서도 과거시제를 쓴다. 이때에도 과거시제는 간접적인 의미를 주고 간접성은 또 정중함을 나타낸다.

3. 상

앞 부분 $1-2에서 다룬 시제는 발화시를 기준으로 한 사건시의 위치를 나타냄을 살펴보았다. 그러나 여기서 다루는 상은 발화시와 사건시의 관계를 나타내는 것이 아니라, 어느 사건을 보는 방법과 관계가 있다. 어느 사건을 우리는 전체적으로도 볼 수 있고, 부분적으로도 볼 수 있다. 다시 이 부분-전체의 관계는 여러 가지의 관계에 적용된다.

31. a. He built a house last year.
그는 작년에 집 한 채를 지었다.

b. He was building a house last month.
그는 지난달 집 한 채를 짓고 있었다.

31.의 두 문장의 시제는 모두 과거다. 그러나 31.a에서는 과거시제가 쓰였고, 31.b에서는 과거시제의 진행형이 쓰였다. 31.a는 집 한 채를 짓는 과정이 완성됨을 나타내고, 31.b는 집짓는 과정이 완성되지 않는 단계에 있음을 표현한다. 둘 다 과거 영역에 속하는데, built의 경우 집 한 채를 짓는 전 과정이 포함된다. 그러나 was building의 경우, 집을 짓는 과정의 어느 한 점에 초점이 주어지고 이 과정이 한동안 계속됨을 나타낸다.

그러면 이러한 진행형의 의미는 어디서 오는 것일까? 이의 해답을 알아보기 위해서 진행형에 쓰이는 be와 ing의 의미를 살펴보자.

ing는 완전동사가 나타내는 과정의 한 부분에 초점을 두어서 완전과정을 상태로 바꾸는 역할을 한다. 다음 그림 12a에서 build는 집 짓는 전 과정을 나타내고, 이 동사에 ing가 더해지면 build-ing은 이 과정의 한 부분에 초점을 두기 때문에 그림 12b에서 볼 수 있는 바와 같이 어느 완전과정을 한 점으로 표시할 수 있는 상태로 바꾼다.

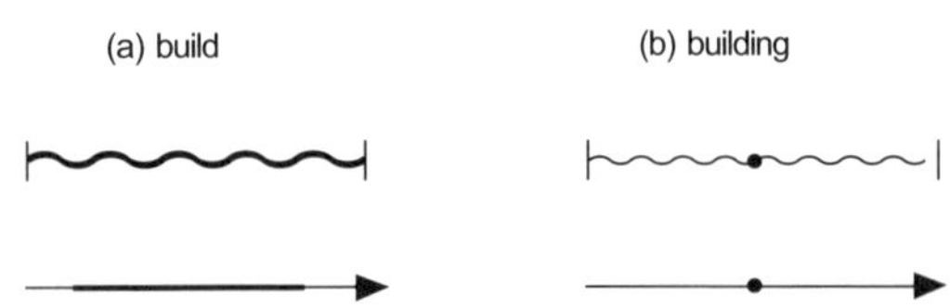

그림 12

진행형에 쓰이는 be동사는 building이 나타내는 점으로 생각될 수 있는 상태에 시간 폭을 주어서 이것이 불완전한 과정이 되게 한다.

이것을 그림으로 도식화하면 다음과 같다. 그림 13a는 완전 과정이고 그림 13b는 상태이고, 그림 13c는 불완전 과정을 나타낸다.

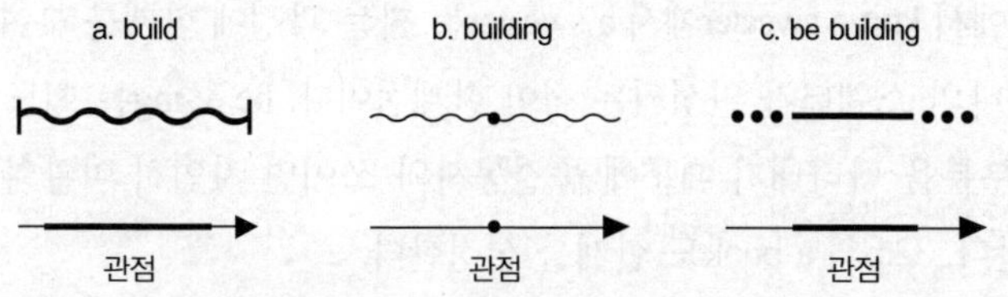

그림 13

위 그림 13c에서 어느 관점에서 보면 어느 상태가 현재 영역의 전체가 아니라 부분적으로 진행됨을 나타낸다. 진행상은 잠정적, 미완 등의 뜻을 나타내는데, 이러한 뜻은 진행상 자체의 뜻이 아니라, 진행상의 의미에 동사의 의미가 결합되어서 나오는 것으로 볼 수 있다. 아래에서는 동사의 종류에 따라서 진행상의 의미가 어떻게 달라지는지를 살펴보겠다.

3.1. 완전동사

완전동사 가운데는 종결점이 있는 build와 같은 동사도 있고, 종결점이 없는 Jump 같은 동사도 있다. 집 한 채를 짓는 경우 집이 완성되면 집짓는 과정의 종결점에 이르게 되고, 종결점에 이르면 더 이상 집짓는 과정은 일어날 수 없다. Jump의 경우, 종결점이 없으므로 이론상 무한정하게 계속될 수 있다.

종결동사가 진행상에 쓰이면, 종결동사가 나타내는 과정이 종결점에 이르지 못한 미완의 뜻을 나타낸다. 다음의 몇 예를 보자.

32. a. She is knitting a sweater.
그녀는 스웨터 한 벌을 짜고 있다.

b. He is reading a book.
그는 어느 책 한 권을 읽고 있다.

32.a에서 knit a sweater에서 a sweater는 짜는 과정에 한계를 부여한다. 즉, 하나의 스웨터가 완성되는 점이 한계점이다. be V-ing는 어느 과정의 일부분을 나타내기 때문에 종결동사와 쓰이면 자연히 미완의 뜻이 생겨난다. 32.b의 a book도 한계를 설정한다.

비종결동사가 진행상에 쓰이면, 미완의 의미가 아니라 동사가 나타내는 과정이 현재 진행되고 있음을 나타낸다.

33. a. They are jogging now.
그들은 지금 조깅을 하고 있다.

b. She is singing now.
그녀는 지금 노래를 부르고 있다.

조깅이나 노래하는 데는 정해진 한계가 없다. 그러므로 조깅을 조금 하거나 노래를 조금하다가 쉬어도 jogged나 sang으로 표현될 수 있다. 그런데 종결동사와 비종결동사의 차이는 동사 자체에 있는 것이 아니라 동사의 의미와 동사와 같이 쓰이는 보어의 의미가 결합되어 나오는 것이다.

완전동사 가운데, 과정의 시작과 끝이 거의 동시에 일어나서 두 지점을 구분하기 어려운 동사가 있다. 이러한 동사를 순간동사라고 부른다. 순간동사가 일어나는 과정은 거의 폭이 없어서 폭이 있는 진행상과 어울리지 않을 것으로 생각된다. 그러나 실제 이들은 진행상에 잘 쓰이는데, 이때에는 좀 특이한 의미가 나온다. 폭이 없는 과정이 폭이 있는 진행상과 쓰이면, 순간동사의 과정이 여러 번 반복해서 일어나는 것으로 풀이된다.

34. a. He is nodding.
그는 고개를 끄덕이고 있다.

b. He is knocking at the door.
그는 문을 노크하고 있다.

nodded와 was nodding의 차이는 다음과 같이 나타낼 수 있다.

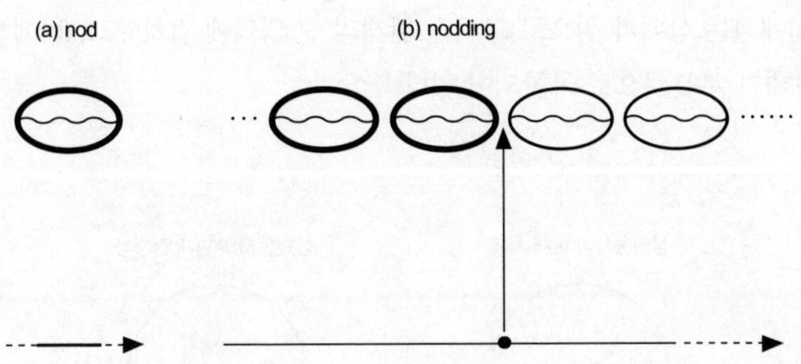

그림 14

그림 14(a)는 한계가 있는 완전 동사의 한 과정을 나타낸다. 여기에 ing가 더해지면 14.a의 한계가 지워진 과정이 여러 번 나타나고 이것이 불완전 과정을 이룬다. 이 불완전 과정의 어느 한 점에 초점을 맞춘 것이 nodding이다.

3.2. 불완전동사

불완전동사의 특징은 이들 동사가 나타내는 과정의 시작과 끝이 분명하지 않고 과정의 각 상태가 동질적인 점이다(그림 3(b) 참조). 이 점에 있어서 진행상이 나타내는 과정도 불완전동사의 과정과 비슷하다. 진행상도 어느 기준점의 좌우로 동질의 상태가 진행됨을 나타낸다. 진행상은 완전동사의 과정을 불완전동사의 과정으로 바꾸는 역할을 한다. 불완전동사가 진행상에 잘 쓰이지 않는 것은 둘 다 동질적인 상태의 지속을 나타내기 때문이다. 그러나 불완전동사가 진행상에 쓰이면 그 유효 기간에 차이가 난다. 불완전동사의 현재형은 이 동사가 나타내는 상태가 현재의 모든 영역에 유효하다. 그러나 불완전동사의 현재 진행상은 동사가 나타내는 상태가 잠정적임을 나타낸다. 그림 15의 (a)에서는 상태가 원으로 그려진 현재의 전 영역에 걸쳐있고, (b)에서는 상태가 부분적으로 국한되어 있다.

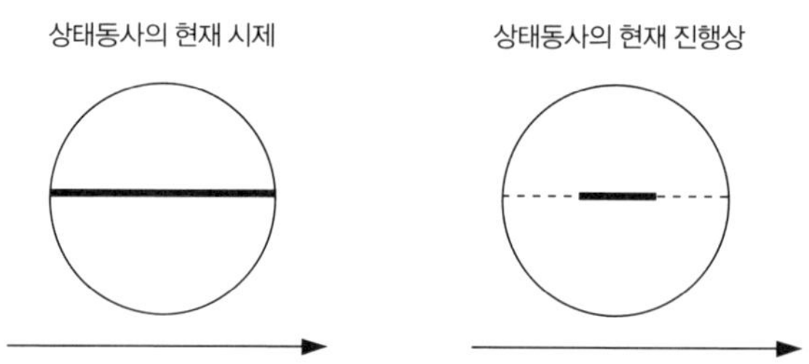

그림 15

3.3. 완전상과 진행상의 차이

현재시제의 완전상은 현재의 모든 영역에 걸쳐서 유효한 구조적인 사실을 묘사한다. 진행상은 완전상과는 달리 현상적으로 일어나는 일을 묘사하거나 현재 영역의 일부에 국한하여 잠정적으로 유효한 구조적 사실을 나타내기도 한다.

35. a. They start work at 10.
그들은 10시에 일을 시작한다.

b. They are starting work at 10.
그들은 10시에 일을 시작하고 있다.(잠정적으로 10시에 시작하고 있다.)

35.의 두 문장은 모두 현재에 일어나는 과정의 묘사가 아니라, 규칙적으로 일어나는 일을 묘사한다. 그러면 두 문장의 차이는 무엇인가? 두 문장의 차이는 이 사실이 어느 정도까지 지속되는 것으로 보느냐에 달려있다. 10시에 일을 시작하는 것이 35.a의 경우, 현재의 모든 영역에 뻗어있는 구조적인 사실이다. 35.b의 경우, 발화시를 중심으로 잠정적임을 나타낸다. 현재 10시에 일을 시작하고 있으나 언제 이 시간이 바뀔지 모른다는 뜻이 내포되어 있다. 다음 두 문장(36.~37.)도 같은 방법으로 풀이될 수 있다 : a는 영구적인 구조적 사실의 묘사이고, b는 잠정적인 구조적 사실의 묘사이다.

36. a. They have breakfast at 7.
그들은 7시에 아침을 먹는다.

b. They are having breakfast at 7.
그들은 7시에 아침을 먹고 있다.

37. a. Mother enjoys the seaside.
어머니는 해변을 즐긴다.

b. Mother is enjoying the seaside.
어머니는 해변을 즐기고 있다.

37.a.는 어머니가 해변에 안 계시더라도 어머니의 성향을 표현하는데 쓰일 수 있는 문장이다. b는 어머니가 해변에 있는 것을 보고 말할 때 쓰이거나 아니면 어머니의 일시적인 성향을 말할 때 쓰인다.

다음으로 완전상과 불완전상은 완전성의 정도를 나타낼 수도 있다.

38. Did you hear about John's new teacher.
존의 새 선생님에 대해서 얘기를 들었나?

39. a. Yes, my wife told me about her.
예, 제 아내가 그 선생님에 대해서 말해 주었습니다.

b. Yes, my wife was telling me about her.
예, 제 아내가 그 선생님에 대해서 말하고 있었습니다.

39.a에서는 과거시제의 완전상 told가 쓰였는데 이것을 씀으로써 화자는 그가 새 선생님에 대해서 들을 것은 다 들었다는 뜻이다. 반면, 진행상이 쓰인 39.b는 화자가 새 선생님에 대해서 조금 듣긴 했으나 다 듣지 못했다는 뜻이 내포되어 있다.

다음에서 볼 수 있는 바와 같이 진행상은 완전상보다 더 정중한 표현이 된다.

40 a. I hope you'll give us some advice.
나는 당선이 우리에게 어떤 충고를 해주기를 희망한다.

b. I am hoping you'll give us some advice.
나는 당신이 우리에게 어떤 충고를 해줄 것으로 바라고 있다.

진행상이 좀더 정중한 표현이 되는 것은 hope의 과정이 잠정적임을 나타내기 때문이다. 이것은 화자의 생각이 언제든지 바뀔 수 있음을 암시하기 때문에 상대방에게 부담감을 주지 않는다. 다음 두 문장도 같은 방법으로 풀이될 수 있어서 41.b의 문장이 더 정중하다.

41. a. We wonder if you have any suggestions.
우리는 당신이 어떤 제안을 가지고 있는지 궁금하다.

b. We are wondering if you have any suggestions.
우리는 당신이 어떤 제안을 가지고 있는지 궁금하게 여기고 있다.

형용사는 상태를 나타내고, 이것이 문장에 쓰일 때는 be동사와 쓰인다. 그런데 형용사가 나타내는 상태 가운데는 상태의 주체가 마음대로 주어진 상태를 조정할 수 있는 것도 있고 그렇지 않은 것도 있다. 조정이 가능한 것은 다음과 같이 진행형에 쓰일 수 있다.

42. a. He is kind.
그는 친절하다.

b. He is being kind.
그는 친절한 척 한다.

42.a는 그가 본성이 친절함을 나타낸다 : 그의 친절함이 현재의 모든 영역에 유효함을 나타낸다. 42.b는 현재 영역의 제한된 시간안에 잠정적으로 친절함이 존재하는 사실을 나타낸다. 다음도 위와 같이 풀이될 수 있다. 43.a는 어떤 사람이 원래 바보임을 나타낸다. 43.b는 그가 일시적으로나 잠정적으로 바보인 체 함을 나타낸다.

43. a. He is a fool.
그는 바보다.

b. He is being a fool.
그는 바보인 척 한다.

현재시제의 완전상은 미래 사건을 가리킬 수 있다. 마찬가지로 현재시제의 진행상도 미래 사건을 가리킬 수 있고 두 표현에는 차이가 있다.

44. a. We start for Pusan tonight.
우리는 오늘 저녁 부산으로 출발한다.

b. We are starting for Pusan tonight.
우리는 오늘 저녁에 부산으로 출발하려고 한다.

44.의 start와 are starting은 모두 미래 사건을 가리키지만 차이가 있다. start로 나타내는 미래사건은 변동이 거의 있을 수 없는 확실한 미래다. 즉, 계획상 그렇게 짜여져 있음을 나타낸다. 그러나 are starting으로 나타내는 진행상은 출발하는 과정을 주어가 준비 중에 있음을 나타낸다. 또, 진행상은 잠정적인 의미가 있기 때문에 중간에 변동이 있을 수 있는 미래 사건을 가리킨다. 그러므로 다음 45.b와 같은 문장은 있을

수가 없다. 태양은 정해진 시간에 뜨기 때문에 진행상으로 표현할 수 없다.

45. a. John is rising at 5 o'clock tomorrow.
존은 내일 5시에 일어나려고 한다.

b. *The sun is rising at 5 o'clock tomorrow.

진행상으로 미래시간을 가리키는 데 자주 쓰이는 동사는 come, go, visit, rise, start 와 같은 순간동사이다. 엄격하게 보면, 이들 동사가 나타내는 과정은 순간적이다. 순간동사가 진행상에 쓰일 때는 진행상의 의미와 일치되게 폭을 가져야 한다. 이러한 폭은 어떤 순간적인 행동을 시작하는데 쓰이는 준비나 의도를 포함함으로써 가능하다. 진행상이 미래시간을 가리키는 경우 주어가 의도나 준비를 포함시켜 순간과정에 폭을 더해준다. 그리고 진행상이 암시하는 의도는 주어 자신이 만드는 것으로 풀이된다. (그림16)

불완전동사로서 진행형에 잘 쓰이지 않는 동사는 다음과 같다. 이들 동사는 모두 불완전 동사로서 처음과 마지막 단계가 뚜렷하지 않고, 두 사이에 변화도 있다.

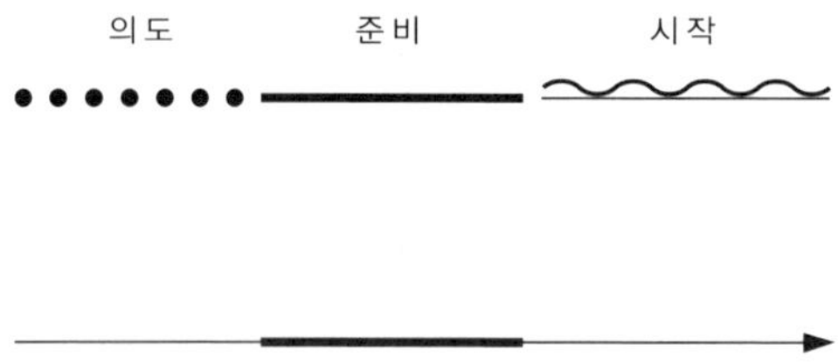

그림 16

불완전동사 가운데는 지각동사, 감정동사, 소유동사가 있다.

지각동사

46. a. I smell something burning
나는 무엇이 타는 냄새를 맡는다.

b. I feel a sharp pain in my chest.
나는 가슴에 예리한 통증을 느낀다.

감정동사

47. a. Betty loves swimming.
베티는 수영을 좋아한다.

b. John knows my sister.
존은 나의 누이를 안다.

소유동사

48. a. This box contains oranges.
이 상자는 귤을 담고 있다.

b. This ring belongs to my mother.
이 반지는 나의 어머니 것이다.

동사에 따라 완전동사와 불완전동사 양쪽이 다 쓰이는 것이 있다. 이 쓰임에 따라서 동사의 의미도 다르다.

49. a. I am seeing Mary next week.
나는 다음 주에 메리를 만난다.

b. Tom is feeling his way.
톰은 손으로 그의 길을 더듬고 있다.

불완전동사는 진행형에 잘 쓰이지 않는 경향이 있음을 앞에서 지적했다. 그러나 이러한 제약은 어디까지나 경향이지 절대적인 규칙은 아니다. 또 불완전동사의 완전상과 진행상 사이에는 차이가 있으므로, 이러한 차이가 필요하다고 화자가 느낄 때는 불완전동사도 진행상에 쓰일 수 있음을 다음에서 볼 수 있다. 다음에서 진행상은 잠정성을 나타낸다.

50. a. I'll soon be needing someone on my staff.
나는 내 참모진에 사람이 필요하게 될 것이다.

b. Is she liking her new car?
그녀는 새 차를 좋아하고 있습니까?

c. I was knowing that all along.
나는 그것을 처음부터 알고 있었다.

d. Maybe I'm misunderstanding.
아마 나는 오해를 하고 있다.

4. 완료상(perfect aspect)

전통 문법이나 학습 문법에서 현재 완료형(have+V-ed)의 의미는 다음과 같이 크게 세 가지로 분류되고 있다.

• 발화시 이전에 끝나서 그 결과가 현존하는 행동을 묘사한다.

51. a. I have lost my pen: (I am unable to do my exercises.)
나는 내 펜을 잃어버렸다.

b. He has unlocked the door: (there is nothing to prevent you from going out).
그는 그 문을 열어 놓았다.

• 과거에 시작된 행동이 현재까지 계속되거나 어느 행동이 과거 어느 시점에서 현재까지 없음을 표현한다.

52. a. I have taught this subject for ten years.
나는 10년 동안 이 과목을 가르치고 있다.

b. I have not visited him for a few month.
나는 그를 한 달 동안 찾아보지 못했다.

• 행동의 시간이 불확정적인 상황을 묘사한다.

53. I have seen this film before.
나는 그 영화를 전에 본 적이 있다.

위 세 가지의 쓰임에 깔린 일반적인 현재완료상의 의미는 과거에 일어난 행동이 지금의 현재와 연관되어 있음을 가리킨다고 정의되고 있다.

이와 같은 정의에는 몇 가지의 문제점이 있다. 첫째, 완료상을 결정하는 요인을 객관적 현실로 돌리는 점이다. 즉, 이 상을 쓰느냐 안 쓰느냐 하는 것은 객관적 현실(예로, 어느 동작의 발화시에 현존하는 결과)에 의해 결정되는 것으로 본다. 그러나 이렇게 완료상이 객관적인 현실에 의해서 결정된다면 모든 동작은 완료상으로 기술되어야 할 것이다. 왜냐하면 거의 모든 행동에는 결과가 따르기 때문이다. 그러나 실제에 있어서 과거 사건을 묘사하는 데 과거시제도 많이 쓰이는 것을 보면, 완료상의 선택은 객관적이 아니라 화자의 판단에 의해서 결정되는 것으로 볼 수 있다. 또 한 가지의 문제는 위와 같이 완료상의 의미를 세 가지로 나누어 놓았기 때문에 이 분류는 절대적인 것으로 보인다. 그러나 이것은 절대적이 아니다. 예로서 다음 54.에는 동사가 완료상으로 쓰였지만 이와 같이 쓰이는 부사의 종류에 따라서 그 뜻이 다르게 나타난다. 다음을 살펴보자.

54. I have taught this class.
나는 이 학급을 가르친 적이 있다.

위 문장 자체만으로는 이 안에 쓰인 완료상이 동작의 계속을 나타내는지 경험을 나타내는지 알 수가 없다. 그러나 for five years와 같은 기간을 나타내는 부사와 쓰이면 54.는 계속의 뜻으로 풀이될 가능성이 높아지고, several times와 같은 빈도수를 나타내는 부사와 쓰이면

54.는 경험으로 풀이될 가능성이 높다. 그러므로 '계속'이나 '경험'은 좀 두드러진 의미일 뿐 이것이 절대적으로 한계가 분명한 의미는 아니다.

마지막으로 완료상의 의미를 분석하면서, 이 상에 쓰이는 have 동사나 동사의 과거분사형에 대한 의미의 언급이 전혀 없다. 이 글에서는 이들 형태상의 의미를 밝히고, 나아가서 완료상의 의미를 설정해 보겠다.

현재시제 완료상은 have+동사의 과거분사(V-ed)로 표현된다. 진행상의 의미는 be와 ing의 의미에서 그 기본 의미를 끌어낼 수 있음을 보았다. 완료상의 의미도 have와 V-ed의 의미에서 그 기본 의미를 끌어낼 수가 있다. 먼저 have의 의미부터 살펴보자. 현재완료상에 쓰인 have의 의미에도 본동사 have의 의미가 확대되어 들어 있는 것으로 볼 수 있다. 다음 문장에서 볼 수 있는 바와 같이 have의 의미는 통제성에 있어서 연속 변차선에 있다.

55. a. The man had the gardener trim the hedges.
그 사람은 정원사로 하여금 울타리를 손질하게 했다.

b. The policeman had a gun in his hand.
그 경관은 총을 손에 가지고 있었다.

c. The farmer has a new tractor.
그 농부는 새 트랙터를 가지고 있다.

d. Mary has a cat.
메리는 고양이를 가지고 있다.

e. We have a lot of sparrows around here.
우리는 주위에 참새가 많다.

55.의 a에서는 주어가 사회적인 영향력을 행사하여 그가 바라는 어떤 행위가 일어나게 한다. b는 주어가 총을 그의 물리적 힘안에 가지고 있는 예이다. c에서 주어는 트랙터를 소유하는 관계이다. 이때도 물리적 힘의 의미는 그대로 있다. d에서는 주어의 물리적 힘의 의미도 있지

만 소유나 보호의 의미가 강하다. e에서는 소유의 의미보다는 주어를 기준으로 참새의 위치를 표현하는 의미가 강하다. 그리고 참새의 위치뿐만 아니라 참새가 주어의 영향권 안에 있어서 이 둘 사이에 어떤 상호작용이 있음이 내포되어 있다. 참새가 주어의 영향권 안에 있기 때문에 이들은 주어에 어떤 관계가 있을 수 있다. 예로, 주어가 참새들을 많이 잡을 수 있거나 참새들이 벼농사를 망치게 할 수 있다는 것 등이 될 수 있다.

55.에 쓰인 have의 의미는 주어가 목적어를 그의 영향권 안에 가지고 있는 관계인데, 이것은 다음과 같이 일반화하여 나타낼 수가 있다. 그림 17에서 이중 점선은 주어와 목적어 사이에 상호 관련성이 있음을 나타내고 바깥 원은 주어의 영향권을 나타낸다. 이것을 다시 풀이하면 have의 목적어는 주어의 영향권 안에 있고, 이것은 주어에 어떤 관련성이 있음을 나타낸다.

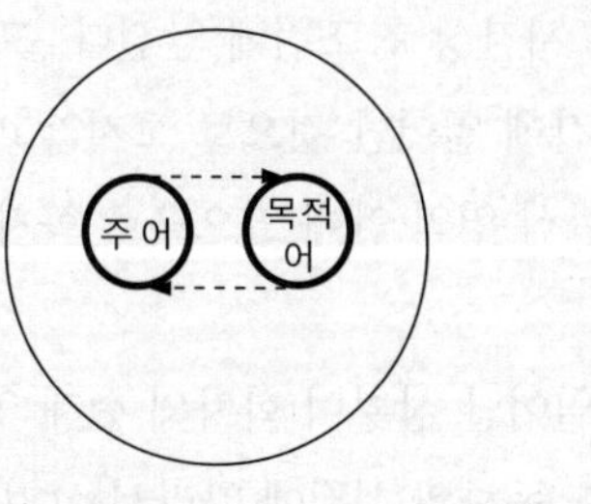

그림 17 : 본동사 have의 의미

완료상에 쓰이는 have는 위에서 살펴본 55.e에 쓰인 have와 가장 가깝다. 그러나 몇 가지 점에서는 차이가 난다. 첫째, 본동사 have의 목적어는 개체이나, 완료상에 쓰이는 조동사 have의 목적어는 완료된 상황이다. 둘째 본동사의 경우, 주어가 참조점이고 목적어는 주어에 어떤 관련성이 있다. 그러나 조동사의 경우 참조점은 화자가 되고 목적어가 되는 완료된 상황은 화자와 관계가 있다. 이것을 그림으로 나타내면 그림 18과 같다.

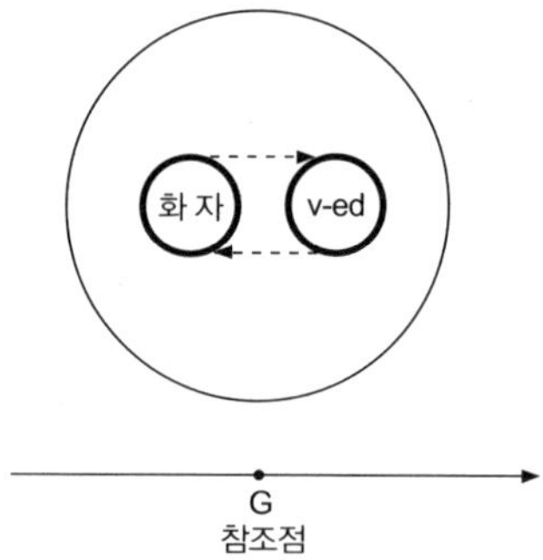

그림 18 : 조동사 have의 의미

그림 18에서 참조점 (G)는 화자가 위치해 있는 현재이다. 과거 분사로 표현된 사건은 시간상 참조점에 앞선다. 그러나 화자는 이 사건을 현재와 분리된 시간에 일어난 것으로 보지않고, 현재영역에 있는 것으로 본다. 화자의 관심 영역 안에 있으므로 화자와 서로 상호작용을 하는 관계에 있다.

다음에는 앞서 일어난 상황이 화자의 현재 영역 안에 있어서 어떻게 영향을 미치는지를 동사의 성질에 따라서 살펴보겠다.

4.1. 완전동사

완전동사 가운데는 타동사로서 목적어가 어떤 변화를 받는 관계를 나타내는 것이 있다. 이러한 경우, 완료상은 목적어가 받은 영향의 결과가 현재까지 존재함을 나타낸다.

56. a. He has cut his finger.
그는 손가락을 베었다. (그래서 손가락이 아직도 아프다.)

b. They have broken the window.
그들은 창문을 깨었다. (그래서 아직도 찬 바람이 들어온다.)

손가락을 벤 데서 오는 현재의 결과는 여러 가지 있을 수가 있다. 손가락이 아직도 아픈 것이나 손가락 때문에 글을 쓸 수 없는 것 등이 현재까지 마치는 결과일 수 있다.

완전동사 가운데는 결과는 없고 행동만 나타내는 것이 있다. 이러한 동사도 완료형에 다음과 같이 쓰일 수 있다.

57. a. He has worked for the company.
그는 그 회사를 위해서 일한 적이 있다.

b. He has taught for a few years.
그는 몇 년 동안 가르친 적이 있다.

57.a에서 그가 그 회사를 위해서 일한 것이 현재의 영역속에 있다는 것은 여러 가지로 풀이될 수 있다 : 그는 그 회사를 잘 안다, 또는 그는 비슷한 종류의 회사에 일할 수 있다 등등. 57.b도 비슷한 방법으로 풀이될 수 있다 : 그는 학교에서 가르칠 수 있다, 또는 학교에서 가르치는 일이 무엇인지 안다 등등.

4.2. 불완전동사

시간속에 변화없이 전개되는 과정을 나타내는 불완전동사도 완료형에 쓰인다. 이때 부사의 성질에 따라서 표현되는 상태가 현재까지 계속됨을 완료상이 나타낸다.

58. a. He has been sick all morning.
그는 아침 내내 아프다.

b. They have been poor all their life.
그들은 평생 가난했다.

위에서는 현재 참조점에 앞서 시작된 상태가 현재까지 지속됨을 나타내는데, 이것은 기간을 나타내는 부사 all morning이나 all their life에 의해서 생겨난다. 다음에서는 주어진 상태가 과거에서 현재에 이르는 기간 안에 있었음을 나타낸다.

59. a. She has been poor several times in her life.
그녀는 사는 동안 몇 번 가난했던 적이 있다.

b. She has been happy for a few years.
그녀는 몇 년 동안 행복했던 적이 있다.

59.a에서 그녀는 지금 가난하지 않을 수도 있다. 그러나 그녀가 가난했던 일이 현재와 어떤 관계가 있다고 화자가 판단할 때 쓰는 표현이다. 59.b에서도 그는 지금 행복하지 않을 수 있다. 그러나 과거에 그가 행복했던 것이 현재 영역에 있다고 화자가 판단할 때 쓰는 표현이다.

4.3. 과거시제와 완료상

어떤 사건을 과거시제로 표현하느냐 완료상으로 표현하느냐는 사건 자체에 어떤 객관적인 기준이 있어서 결정되는 것이 아니다. 이의 선택은 화자의 판단에 달려있다. 예로 누가 지난주 등산을 하다가 발을 다쳤다고 하자. 이 상황을 다음과 같이 두 가지로 표현할 수 있다.

60. a. He broke his leg.
그는 발을 다쳤다.

b. He has broken his leg.
그는 발을 다쳐 있다.

과거시제를 쓴 60.a는 그가 발을 다친 일을 현재와는 아무런 관련성이 없는 과거로 본다. 완료상을 쓴 60.b는 과거에 다친 발이 현재와 어떤 관계가 있다고 판단할 때 쓰이는 표현이다. 예로 그가 발을 다쳐서 움직일 수 없음을 암시하는 표현이다.

다음에서는 구체적으로 과거시제와 완료상을 비교해 본다.

61. a. Her nose was broken three times.
    그녀의 코는 세 번이나 터졌다.

    b. Her nose has been broken three times.
    그녀의 코는 세 번이나 터진 적이 있다.

61.a는 그녀의 코가 과거에 터졌음을 나타낸다. 61.b는 그녀의 코가 과거에서 현재에 이르는 시간에 세 번이나 터진 적이 있음을 나타내고 그렇기 때문에 현재에도 터질 수 있는 가능성이 있음을 나타낸다.

62. a. Did you see the pandas at the zoo ?
    너는 팬더를 동물원에서 보았느냐?

    b. Have you seen the pandas at the zoo?
    너는 팬더를 동물원에서 본 적이 있느냐?

어느 동물원에 팬더가 현재까지 있을 때는 62.b가 쓰이고, 팬더가 더 이상 없을 때는 62.a가 쓰인다.

다음도 비슷한 방법으로 풀이될 수 있다.

63. a. Did you see the exhibition?
    너는 전시회를 보았느냐?

    b. Have you seen the exhibition?
    너는 전시회를 본 적이 있느냐?

전시회가 발화시에도 계속되고 있으면 63.b가, 그렇지 않으면 63.a가 쓰인다.

64. a. Did he write any novels?
    그는 소설을 몇 권 썼느냐?

b. Has he written any novels?
그는 소설을 몇 권 쓴 적이 있느냐?

그(he)가 아직 살아있을 때는 64.b가, 그렇지 않을 때는 64.a가 쓰인다.

4.4. 완료상과 시간부사

완료상은 다음과 같이 과거 시점을 나타내는 부사와는 쓰이지 않는다.

65. a week ago, earlier this year, last month, yesterday

과거에서 현재까지 이르는 기간을 나타내는 시간 표현은 현재완료와 자연스럽게 쓰인다.

66. so far, up to now, since Thursday

지시사 this와 함께 쓰이는 시간 표현은 쓰일 수 있지만 뜻에는 차이가 있다.

67. a. I saw him this March.
나는 그를 이번 3월에 만났다.

b. I have seen him this March.
나는 그를 이번 3월에 만났다.

67.a는 3월이 이미 지난 경우에 쓰이고 67.b는 3월이 아직 지나지 않은 경우에 쓰인다.

다음으로 already, still, yet은 과거시제나 완료상에 다 쓰일 수 있다.

68. a. I was already hungry.
나는 그때 이미 배가 고팠다.

b. I have already seen him.
나는 벌써 그를 보았다.

5. 완료진행상

완료진행상은 have been V-ing 로 표현된다. 진행상에 쓰일 수 있는 동사와 쓰일 수 없는 동사가 있는데, 진행상에 쓰일 수 없는 동사는 완료진행상에도 쓰일 수 없다.

완료진행상은 어떤 상황이 과거에 시작되어 발화시까지 계속되고, 그 이후에도 어느 정도 더 계속될 것을 나타낸다.

69. I have been learning English since 1980.
나는 영어를 1980년 이후 줄곧 배워오고 있다.

69.는 1980년에 시작된 영어공부가 발화시까지 계속되어 오고 있음을 나타내며 이것을 그림으로 표시하면 다음과 같다.

완료진행상은 단순진행상과 다음과 같은 점에서 구별된다. 첫째, 완료진행상은 진행되고 있는 과정의 시작 부분을 명시할 수 있으나 진행상은 그렇지 못하다. 그러므로 since는 완료진행상과는 쓰이나 진행상과는 쓰일 수 없다.

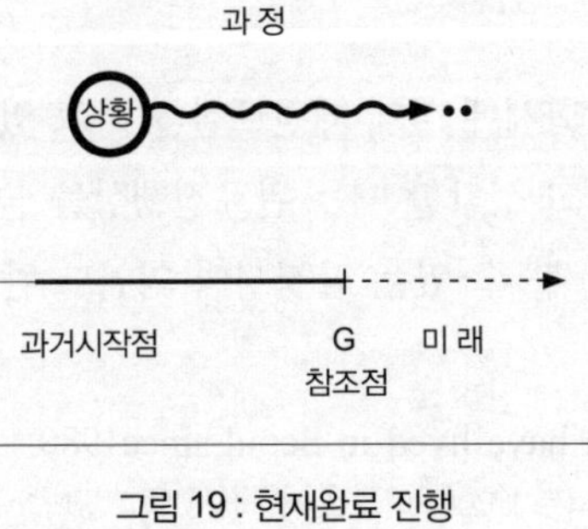

그림 19 : 현재완료 진행

70. *I am learning English since 1980.

진행상은 진행되는 과정의 처음과 마지막 부분을 제외한 어느 부분에 초점이 주어지는 표현이다. 그러므로 시작을 언급하는 since와 같은 표현과는 쓰일 수 없다.

현재 완료상과 현재완료 진행상의 차이점은 완료상은 지시된 과정이 발화시 이전에 끝이 났음을 나타내고, 완료진행상은 지시된 과정이 발화시까지 계속됨을 나타낸다.

71. a. They have widened the road.
그들은 그 길을 넓혀 놓았다.

b. They have been widening the road.
그들은 그 길을 넓혀 오고 있다.

71.a는 길을 넓히는 과정이 이미 끝났지만 화자가 볼 때 아직도 현재와 어떤 관련성이 있음을 나타내고, 71.b는 과거에 시작된 길 넓히는 일이 아직도 계속되고 있음을 나타낸다.

그리고 완료진행상의 선택에 있어서 지시된 과정이 발화시에 반드시 진행되어야 할 필요는 없다. 실제 진행은 되지 않더라도 더 진행될 것이라고 판단되면 완료진행형이 쓰인다.

72. I have been painting the house.
나는 그 집을 페인트칠 해오고 있다.

72.의 화자가 발화시에 실제 페인트칠을 하고 있지 않더라도 앞으로 더 해야 할 것이라고 생각할 때는 완료진행상을 쓸 수가 있다.

단순진행상에서 볼 수 있는 잠정성의 의미도 완료진행상에서 볼 수 있다.

73. a. I have lived in Seoul since1980.
나는 1980년 이래로 서울에서 살고 있다.

b. I have been living in Seoul since1980.
나는 1980년 이래로 서울에서 살아 오고 있다.

완료진행상이 쓰인 73.b는 내가 서울에 살고 있음이 잠정적임을 나타내나, 완료상이 쓰인 73.a에는 이러한 잠정성의 뜻은 없다.

종결점이 있는 완전동사가 완료진행상에 쓰이면 미완의 뜻도 내포된다.

74. He has been writing a novel for five years.
그는 오년 동안 소설 한 권을 써오고 있다.

74.에서는 소설이 아직 다 끝나지 않았다는 뜻이 내포되어 있다.

6. 과거완료상

현재완료상의 참조점은 발화시가 된다. 즉, 발화시가 되는 참조점과 앞선 사건 사이에 연관성이 있음을 현재완료상이 나타낸다. 과거완료상은 have의 과거형인 had와 동사의 과거분사가 결합되어 표현된다. 과거완료상의 참조점은 과거의 특정한 시점이 되므로 이 과거참조점은 발화시와 분리가 된다. 어느 시점의 과거완료상은 이 참조점과 어느 상황이 관련되는지 살펴보자.

75. When the police arrived, the thieves had run away.
경찰이 도착했을 때, 그 도둑들은 도망가고 없었다.

75.에서 참조점은 경찰이 도착한 시점이고, 이 시간에 앞서 도둑들이 도망갔음을 과거완료상이 나타낸다. 이것을 그림으로 나타내면 다음과 같다.

그림 20에서 참조점은 발화시와 떨어져 있고, 도둑이 도망간 것은 이 참조점보다 앞서 있다. 그러나 도둑의 도망은 참조점과 어떤 관련성을 가질 수 있다. 다시 말하면, 도둑이 도망간 것을 경찰이 도착한 시간과 완전히 분리된 것으로 보지 않는다.

참조점과 앞선 상황은 몇가지로 크게 나누어 볼 수 있다.

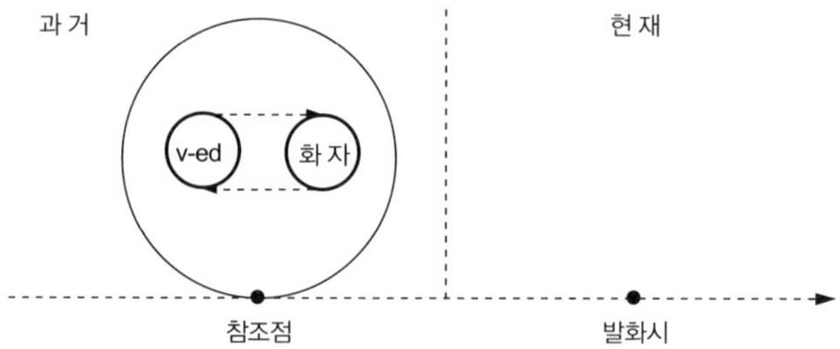

그림 20

지시된 상황이 상태일 때는 그 상태가 참조점까지 계속됨을 나타낸다.

76. a. The house had been empty for ages.
그 집은 오랫동안 비어있었다.

b. By 1960 he had been married for 10 years.
1960년까지 그는 10년 동안 결혼해 있었다.

지시된 과정이 완전동사일 경우에는 동사로 지시된 상황이 참조점보다 앞서 일어나서 참조점의 어떤 상황과 관계가 있음을 나타낸다.

77. The player had injured his leg and could not play that day.
그 선수는 발을 다쳐서 그 날 경기를 할 수 없었다.

참조점의 사건은 경기이고, 이보다 앞선 사건은 선수가 발을 다친 일이다. 선수가 발을 다친 일이 앞서고 경기가 그 뒤에 일어났지만 과거완료상을 씀으로써 발을 다친 일이 경기의 영역속에 있음을 나타낸다.

과거시제는 현실선상에서 현재와 별개인 과거 영역이나 비현실 선상에서 현재와 떨어져 있는 상상의 영역을 나타낼 수 있다. 마찬가지로, 과거완료상은 과거 어느 기준점보다 현실선상에서 앞선 상황을 가리킬 수도 있고, 비현실 영역속의 어떤 상황을 가리킬 수 있다.

78. If I had known that you wanted the book, I would have sent it.
네가 그 책을 원한다는 것을 알았더라면, 나는 그 책을 돌려주었을 것이다.

78.에서 had known은 비현실상에 있음을 if가 나타낸다. 다시 말하면 주어진 문장에서 had known은 어느 상황이 현실이 아닌 가정의 영역에 있음을 나타낸다.

7. 마무리

이 장에서 시제와 시간을 구분했다. 시간은 자연시간을 가리키고 시제는 발화시점을 기준으로 사건시를 가리킨다. 또 이 장에서 시제와 상을 구분했다. 상은 사건이 어느 단계에 있는가를 가리킨다. 상은 진행상과 완료상이 있다. 상은 과정이 어느 단계에 있는가를 나타낸다.

완료상은 발화시 이전에 일어난 사건이 현재 사건이나 상황과 관련성이 있음을 나타낸다. 시제와 상의 의미는 동사의 특성에 따라서 차이가 나는 점도 보여주었다.

참고문헌

Ek, Jan A., and Nico J. Robat. 1984. *The Student's Grammar of English* Oxford: Basil Blackwell.

Eckersley, C. E., and J. M. Eckersley. 1960. *A Comprehensive English Grammar*. London: Longman.

Huddleston, Rodney. 1984. *Introduction to the Grammar of English*. London: Cambridge University Press.

Jespersen, Otto. 1933. *Essentials of English Grammar*. London: George Allen and Unwin Ltd.

Kilby, David. 1984. *Descriptive Syntax and the English Verb*. London: Groom Helm.

Langacker, Ronald W. 1978. The form and Meaning of the English Auxiliary. *Language*. 5 ~ 4: 853 ~ 82.

Langacker, Ronald W. 1983. *Remarks on English Aspect* In P. Hopper, (ed.), *Tense and Aspect: Between semantics and pragmatics*. pp. 265 ~ 304. Amsterdam: John Benjamins.

Langacker, Ronald W. 1986. *Foundations of Cognitive Grammar*. Vol.1. Stanford: Stanford University Press.

Langacker, Ronald W. 1986. An introduction to cognitive grammar. Cognitive Science, 10: 1 ~ 40.

Langacker, Ronald W. (MS) Foundations of Cognitive Grammar. Vo1.2.

Lee, Keedong. 1975. Reexamination of Garey's telic concepts. 어학 연구 11: 227 ~ 242.

Leech, Geoffrey. 1971. *Meaning and the English Verb*. London: Longman.

Palmar. F. R. 1974. *The English Verb*. London: Longman.

Quirk, Roadolph; Sidney Greenbaun; Geoffrey Leech; and Jan Svartvik. 1972. *A Grammar of Contemporary English*. London: Seminar Press.

제 2 장 양태동사 (modal verb)

1. 들어가는 말
2. 인식(epistemic)모형
3. 뿌리(root)와 인식의미
4. 양태동사의 의미 변화
6. 의문문에서의 양태동사
7. 양태동사와 부정(nagation)
8. 마무리

2 chapter

양태동사(modal verb)

1. 들어가는 말

영어 양태동사는 전통 문법은 물론 최근 형식 문법에서도 많이 다루어 왔으나 아직도 만족할만한 결과가 없는 것으로 생각된다. 전통 문법은 양태동사가 갖는 여러 의미를 나열하고 있는데, 이들 의미 가운데는 양태동사의 의미라기보다 양태동사가 쓰이는 맥락의 의미로 생각되는 것이 많으며, 또 어느 양태동사가 갖는 여러 의미 사이의 관련성이 제시되지 않기 때문에 개개의 양태동사는 여러 개의 동음이의어로 생각된다. 이것을 가장 또렷하게 보여주는 것은 사전에 실려 있는 양태동사의 의미다.

어느 사전에 실린 will의 의미는 다음과 같다. 이 양태동사의 의미는 크게 세 가지(A, B, C)로 분류되어 있고, 이들 각각은 다시 하위 분류가 되어 있다. A의 풀이는 다음과 같다. (Essence 1976)

A. I/We will

(a) 의향, 속셈 : I will give you my address.

(b) 강한 의지, 결의: I will go no matter what you say.

(c) 맹세, 단언: I'll be hanged if he does.

A에는 세 가지 의미가 실려 있는데, 이들의 공통적인 요소는, 주어의 의지가 담겨있는 점이다. 이 의지는 약하게 혹은 강하게 풀이될 수

있다. 이러한 풀이는 will 자체에 있는 것이 아니라, 맥락에 의해서 결정되는 것으로 볼 수 있다. 예로, 주어가 무엇을 하고자 하는데 여기에 어떤 저항이 있으면 주어의 의지는 강한 결의로 풀이되며, 이 의지의 정도가 더 강해지면 맹세로 풀이된다.

B의 풀이는 다음과 같다.

B. You will

(a) 단순미래 : You will miss the train unless you take the taxi.
(b) 예측, 상상 : You will be Mr. Brown, I believe.
(c) 촉구, 설득적 명령 : You will remain here with us.
(d) 상대방의 의향을 물음 : Will you have another cup of tea?
(e) 정중한 요청 : Will you kindly tell me the way?

B에 제시된 의미 사이에는 일관성이 전혀 없다. 먼저 (d)와 (e)의 의미부터 살펴보자. (d)는 상대방의 의향을 묻는 것이고, (e)는 정중한 요청을 하는 문장이다. 그런데 (e)의 정중한 요청은 will 자체에서 오는 의미라기보다는 kindly나 그 밖의 억양에 의해서 전달되는 것으로 볼 수 있다. 그리고 이 요청은 간접화행 (indirect speech act)에 의해 나오는 의미이다. 즉, 상대방의 의향을 물어보는것은 상대방이 어떤 일을 해 줄 수 있는지를 묻는 표현이 된다. B (c) 역시 will 자체의 의미라기보다는 화용상에서 나오는 의미로 기술되어야 할 것이다. 즉, 화자는 어떠한 일이 틀림없이 일어날 것이라는 판단을 청자에게 전달하는데 어떤 일의 주체가 청자이고, 청자가 화자보다 사회적 지위가 낮다면 청자는 화자의 말을 명령으로 받아들이게 될 것이다. B (b)는 상상의 표현이라기보다 예측을 하는 표현으로 볼 수 있다. B (a)는 단순한 미래를 나타내는 것이 아니라 세상일의 지식으로 비추어 볼 때 you miss the train의 상황이 반드시 실현될 것이라는 화자의 판단을 나타낸다.

마지막으로 C에서 will의 단순미래의 의미가 설정되어 있다. 단순미래라는 것은 주어의 의지가 전혀 포함되지 않는 미래 상황을 가리키는 것으로 풀이 된다.

C. he / she / it / they will

The moon will rise at eight.

He will come of age next year.

사전 의미와 대립되는 의미 분석 방법은 각 낱말의 핵심 의미(core meaning)를 찾는 방법이다. 이 방법에 의하면, 분석자는 개개의 양태 동사의 의미를 살펴본 다음 이 모든 의미에 깔려 있는 공통되는 것을 추려서 이것을 핵심 의미로 잡는다. 물론 이러한 분석방법은 특이성이 있기는 하지만 그 결과가 너무 막연해서 의미가 파악되지 않을 수 있다. 예로, Michael R. Perkins(1982 : 260)는 will의 핵심 의미를 다음과 같이 제시하고 있다.

K. (C is disposed towards X)

위 공식에서 K는 자연법칙이나 그 밖의 법칙일 수 있고, C는 실제 환경이나 상황이다. 주어진 법칙 K에 의하면 C는 X쪽으로 기울어져 있음을 위의 공식은 나타낸다. 그러나 이것만으로는 실제 문장에 쓰인 will을 풀이할 수 없으며 위의 공식에 쓰인 disposed는 다시 그 의미가 풀이되어야 하는 술어이다.

형식 문법에서도 양태동사를 취급했으나 양태동사의 분포만을 다룰 뿐, 양태동사 개개의 의미에 대해서는 전혀 기여한 바가 없다.

이 글의 목적은 영어 양태동사의 의미 분석을 시도하여 이론적으로도 일관성이 있고 나아가서 실용적인 면에서도 이용이 가능한 결과를 끌어내는 데 있다. 이 글의 바탕은 인지 문법인데, 이 문법의 특징은 다음과 같이 요약할 수 있다. 이 문법에서는 의미를 정신 경험 즉, 개념화(conceptualization)와 동일시 한다. 이것은 언어 능력이 다른 인지 능력과 독립된 것으로 보지 않고 언어 능력은 다른 인지능력의 일부로 본다. 의미 구조는 또 인지 영역과 관련지어 특징이 지어질 수 있다. 인지 영역에는 시간, 공간, 감각, 색채 영역 등이 있다. 예로 "화요일"은 시간 영역과 관련지어서 특징이 지어지는 데, 이때 시간 영역은 칠일이 한 단위가 되는 영역이고 이 가운데 어느 한 부분이 "화요일"이 차지하는 영역이 된다. 이 글에서 다루고자 하는 양태동사의 의미는 힘의 역학, 시간, 그리고 여러 종류의 세계에 대한 영역으로 특징지을 수 있다. 그리고 이 문법에서는 한 낱말이 여러 개의 뜻을 갖는 것이 흔히 있을 수 있는 현상으로 보는데, 이 문법에서 중요하게 여기는 것은 이들 여러 뜻 사이의 관련성을 분석하는 데 있다. 양태동사의 경우 이러한 관계를 분석하기 위해서는 이것이 어떻게 현재와 같은 여러 의미를 가지게 되었는가를 살펴보는 방법이 도움이 된다.

다음 양태동사의 의미를 살펴보자.

1. may	might
can	could
shall	should
will	would
must	

이들 양태동사의 개별 의미를 살펴보기에 앞서, 의미 연구에 관계가 되는 인식 모형과 양태동사가 갖는 두 가지의 큰 의미(뿌리와 인식의미) 사이의 관계를 살피고 나서 양태동사가 역사적으로 어떻게 변화되어 왔는지를 살펴보자.

2. 인식(epistemic) 모형

영어 양태동사의 뜻을 파악하기 위해서는 우리가 세계를 지각하는 데 쓰는 것으로 생각되는 다음과 같은 인식 모형을 생각해 볼 필요가 있다.

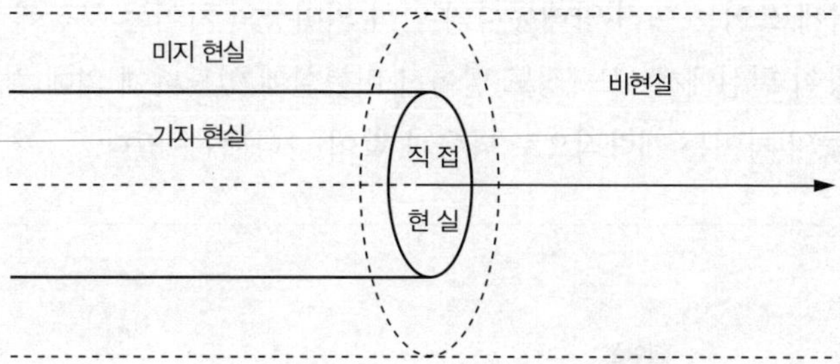

그림 1 : 인식모형

그림 1을 보면 우리는 현실을 몇 가지로 나누어서 인식하고 있다. 먼저, 화자가 직접 경험을 할 수 있는 직접적인 현실이 있고, 직접적은 아니지만 화자가 알고 있는 기지의 현실과 화자가 아직 알지는 못하지만 그래도 존재할 수 있는 미지의 현실이 있다. 또 상황 가운데는 화자가 직접적으로 느끼는 것도 아니며, 그에게 알려지지도 않는 비현실의 세계에 있는 것으로 간주되는 것도 있지만 이러한 세계의 구분은 객관적으로 이루어지는 것이 아니라 화자에 의해 주관적으로 이루어진다.

양태동사는 지시된 상황이 현실이 아니라 미지의 현실이나 비현실에 있음을 나타내는 데에 쓰인다. 다음을 살펴보자.

2. a. He is sick.
   그는 아프다.
   b. He may be sick.
   그는 아플지도 모른다.

2.a에서는 양태동사는 쓰이지 않았는데 그가 아프다는 사실이 직접적인 현실임을 is가 나타내고, 2.b에서는 may가 있으므로 그가 아프다는 사실이 직접적인 현실의 세계가 아닌 미지의 현실 세계나 현실에서

떨어진 비현실 세계에 있을 가능성을 나타낸다.

영어에 쓰이는 여러 양태동사의 인식 의미상의 차이는 문장에 지시된 상황이 현실에서 어느 정도 떨어진 비현실에 있느냐에 의해 결정된다. 이들의 차이는 개략적으로 다음과 같이 나타낼 수 있다.

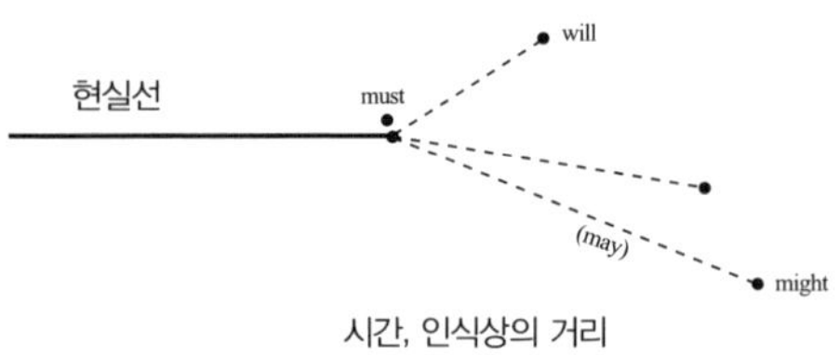

그림 2 : 현실과 양태동사

must는 발화시의 현실에 가장 가깝고 will은 must와 may사이에 있다. must를 제외한 나머지 양태동사는 과거형이 있다. : **might, could, should, would** 이들은 시간상 현재형보다 앞선 과거를 가리킬 수 있고, 나아가서 인식상의 거리를 나타내는 것으로 볼 수 있다. 즉, 과거형은 인식상 멀리 있는 것을 가리킨다.

예로서 may와 might는 **그림 2**에서 볼 수 있는 바와 같이 may는 might보다 현실에 더 가깝고 might는 may보다 시간이나 인식상으로 더 멀리 떨어져 있다. 다음을 비교해 보자.

3. a. He may come.
   그가 올지도 모른다.

   b. He might come.
   그가 올지도 모른다.

3.b의 might는 3.a의 may보다 가능성이 더 적음을 나타낸다.

Leonard Talmy(1985)는 언어의 의미기술에 역학 관계의 범주가 인정되어야 함을 주장하고 있다. 이 역학 관계는 시제, 상, 양상과 아울러 동사와 양태동사의 의미 기술에 중요한 것으로 나타난다. 예로, 다음 두 문장을 비교하여 보자 :

4. a. He didn't close the door.
그는 그 문을 닫지 않았다.

b. He refrained from closing the door.
그는 그 문을 닫는 일을 삼가했다.

4.의 두 문장은 모두 주어가 문을 닫지 않았음을 나타내지만 이 두 문장은 같지 않다. 이 차이는 4.b의 역학 관계에서 살펴볼 수 있다. 4.b에서는 주어의 욕구와 억제가 맞서고 있는 것은 주어는 문을 닫고 싶은 욕구가 있는데 문을 닫지 말아야 한다는 억제가 더 크게 작용하여 문을 닫지 않았음을 4.b가 나타낸다. 4.a에서는 이러한 의미가 없다.

이러한 역학 관계를 기술하기 위해서 Talmy는 다음과 같은 개념을 설정했다. 어떤 힘이 있고 이 힘에 작용하는 반힘이 있고 그 힘과 반힘에는 각각 행동이나 정지의 성향이 부여된다. 이 개념은 다음 그림 3과 같은 도식으로 표현된다.

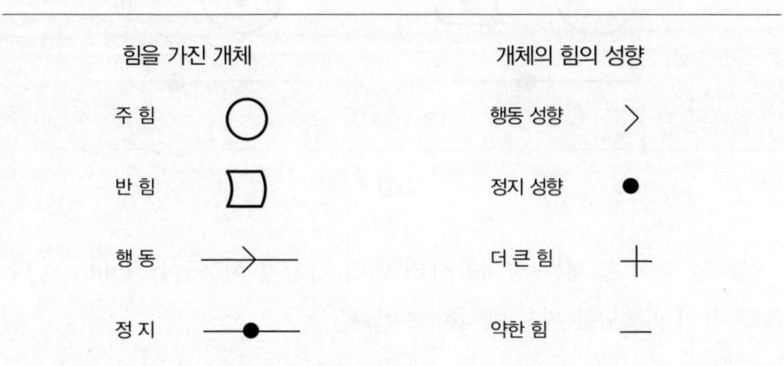

그림 3

앞의 개념을 쓰면 여러 가지 동사의 의미를 좀더 명시적으로 나타낼 수 있다. 몇 가지의 예를 들어보자.

5. a. The ridge held the log back.
그 두둑 부분이 그 나무를 받치고 있다.

b. Leave the cake in the box.
그 과자를 상자안에 그대로 두어라.

5.a에서 the log은 주힘이고, 또 이것은 움직이는 성향을 가지고 있다. the ridge는 반힘으로서 주힘에 반대되는 힘을 가한다. 이 두 힘의 역학 관계에서 반힘(the ridge)은 주힘(the log)보다 강하므로 주힘은 제자리에 있게 된다. 5.b에서 주힘은 the cake이고, 이것은 정지해 있는 성향을 가지고 있다. 그런데 여기서는 반힘이 주힘에 전혀 작용하지 않으므로 케이크는 제자리에 있게 된다. 5.a와 5.b는 각각 다음 그림과 같이 나타낼 수 있다.

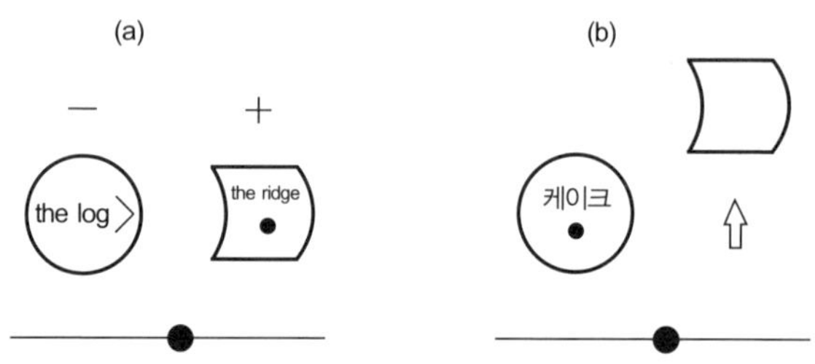

그림 4

이러한 역학 관계는 양태동사의 의미 기술에 적용됨을 Talmy는 다음과 같이 should를 써서 예시하고 있다.

6. A. She should open the door.
그녀는 그 문을 여는 것이 좋겠다.

6.에 쓰인 should는 뿌리 의미로 쓰인 것인데, 이 문장은 다음과 같이 풀이된다.

B. A holds that B should VP.

A는 B가 주어진 행동을 하는 것이 좋다고 생각한다.

C. a. B does not VP(has so far not VPed)

B는 주어진 행동을 하지 않고 있다.

b. In A's belief, B's VPing would add to the welfare of B or other.

A의 생각에 B가 주어진 행동을 하는 것이 자신과 주위세계의 복지에 도움이 될 것이다.

c. In A's value system, B would be a better person if s/he VPed.

A의 가치체계에서 B가 주어진 행동을 하면 좀 더 나은 사람이 될 것이다.

d. Because of (b−c), A' wants B to VP.

b-c의 조건 때문에 A는 B가 주어진 행동을 하기를 원한다.

6.B.의 A는 화자나 일반화된 사회적 권위의 어떤 개념이 될 수 있다. 이러한 경우 A hold는 통상적으로 생략되나, A가 화자나 일반화된 사회적 권위가 아니면 명시적으로 표현될 수 있다.

7. He feels that I should return the lost money.

양태동사 should의 의미와 역학 관계가 관련되는 것은 6.c이다. 여기서 B는 주힘이고 A는 반힘이다. 즉, 주힘인 B는 주어진 행동을 하고 싶어하지 않는데, 반힘인 A가 여기에 어떤 힘을 가하는 것으로 볼 수 있다.

준양태동사 have to의 의미도 다음과 같이 기술된다. 아래 8.a에 쓰인 have to의 의미는 8.b와 같이 분석된다 :

8. a. The boy has to stay in and do his homework. (or else get punished)

그 소년은 집안에 있으면서 숙제를 해야 한다(그렇지 않으면 벌을 받는다).

b. – B dislikes VPing
– Not VPing has consequences that B dislikes more
– B chooses to VP as the lesser displeasure.

c. – 반힘은 외부에서 오는 힘이고 주어에게 좋지 않은 영향을 미칠 수 있다.
– 문장의 주어는 주힘이고 문장에 표현된 행동을 하고 싶어하지 않는다.
– 외부의 반힘이 주힘보다 크기 때문에 주어가 별로 하고 싶지 않은 일을 해야 한다.

위에서 Talmy가 제안한 역학 관계의 개념이 언어 표현에 어떻게 적용되는가를 간단히 살펴보았다. Sweetser는 이러한 제안을 수용하여 양태동사의 의미를 좀더 체계적으로 분석하고 있다. 이제 양태동사의 의미를 인식 모형과 역학관계를 바탕으로 살펴보자.

3. 뿌리(root)와 인식 의미

양태동사에는 뿌리 의미와 인식 의미의 두 가지가 있다. 동사 must를 예로 들면, 이 양태동사의 뿌리 의미는 실제 세계에서 주어가 어떤 일을 해야하는 것을 나타낸다. 인식 의미는 정신 세계에서 화자가 어떤 특정한 결론을 내리지 않을 수 없음을 나타낸다. 다음 예에서 must는 9.a에서는 뿌리 의미로, 9.b에서는 인식 의미로 쓰였다.

9. a. He must go now.
그는 지금 가야 한다.

b. He must be lazy.
그는 게으름에 틀림없다.

위에서 must는 두 가지의 의미로 쓰였다. 그러면 must는 동음이의어인 두 가지의 양태동사인지 아니면 여러 개의 뜻을 가진 다의어인지는 must 하나만 가지고 이 문제를 해결하기가 쉽지 않으나, 다른 낱말의 의미를 살펴보면 위에 쓰인 must는 동음이의어가 아니라 다의어임을 곧 알 수가 있다. 거의 모든 낱말은 한 가지 이상의 뜻을 갖는데, 한 낱말이 갖는 여러 뜻은 서로 다르지만 체계적으로 관련되어 있다. 이렇게 뜻이 관련되는 대표적인 예는 한 낱말이 갖는 기본적인 관계가 서로 다른 영역에 적용되는 예다.

동사 get을 예로 들어보자. 이 동사에는 다음과 같은 쓰임이 있다.

10. a. She got back into bed.
 그녀는 잠자리로 돌아갔다.

 b. She got down from the ladder.
 그녀는 사다리에서 내려왔다

11. a. She is getting better.
 그녀는 건강이 좋아지고 있다.

 b. The weather is getting colder.
 날씨가 점점 더 추워지고 있다.

 c. She got bored.
 그녀는 싫증이 났다.

10.과 11.에 쓰인 get의 쓰임은 전혀 다르게 보인다. 그러나 10.에 쓰인 get의 도식과 11.에 쓰인 도식을 비교하면, get이 적용되는 영역만 다를 뿐 도식에는 차이가 없음을 알 수 있다. 10.에서 주어는 그 의미에 있어서 행위자와 주제(theme)이다. 즉, 주어는 움직임을 계획하며 움직이는 개체이다. 이 개체가 P^1이라는 장소에서 P^2라는 장소로 옮기는 과정을 get이 나타낸다.

10.a에서 P^1은 명시되어 있지 않으나 P^2는 into bed로 명시가 되어 있다(P는 place를 가리킴). 그러므로 10.a의 주어는 침대가 아닌 장소에서 침대라는 장소로 옮겨가는 과정을 나타낸다. 그림 5는 자동사로 쓰인 get의 바탕과 모습을 나타낸다. 굵게 그려진 부분은 모습으로 드러난 부분을 가리키고 가는 선으로 그려진 부분은 바탕에 있는 요소를 나

타내며, 주어와 주어를 잇는 점선은 두 개체가 다른 시점에 있으나 같은 것임을 나타낸다(T는 time을 가리킨다).

10.b의 경우, P^1은 사다리가 되고, P^2는 사다리가 아닌 장소가 된다. 여기서도 get은 주어가 P^1에서 P^2로 옮기는 과정을 나타낸다. 그러나 10.a에서는 목적지(P^2)가 모습으로 드러나고 10.b에서는 출발지가 모습으로 드러난다.

10.에 쓰인 모든 get은 **그림 5**와 같은 도식으로 일반화 될 수 있다

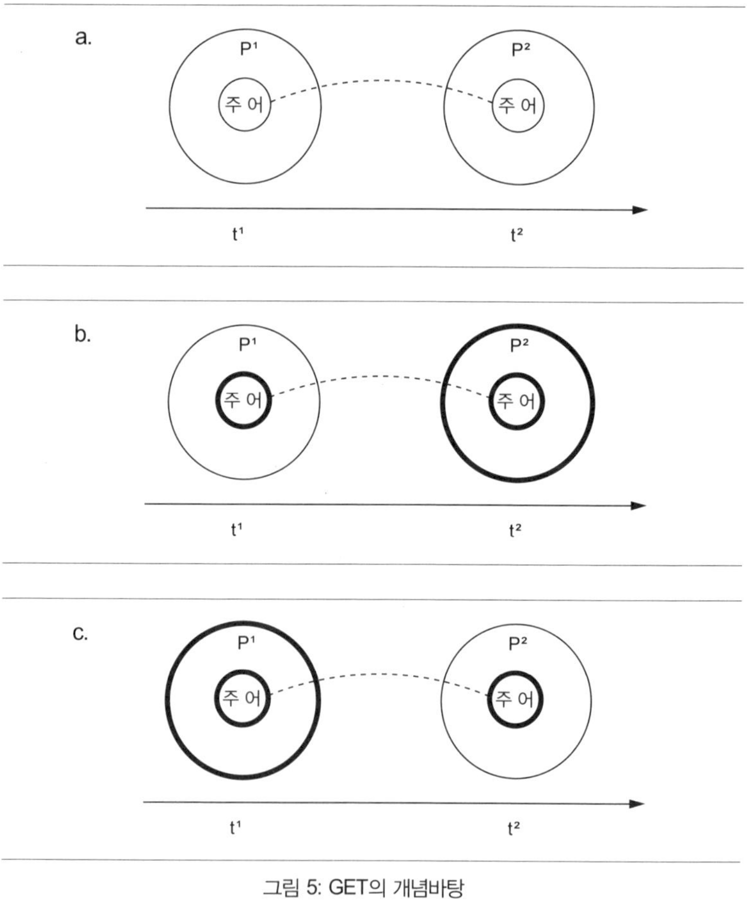

그림 5: GET의 개념바탕

다음 11.에 쓰인 get을 살펴보자. 11.에 쓰인 주어는 경험자(experiencer)와 주제(theme)이다. 이러한 경험자나 주제가 한 상태에서 다른 상태로 옮겨가는 과정을 get이 나타낸다. 11.a에서 처음 상태(S^1)는 명시되지 않았으나 마지막 상태(S^2)는 better로 명시되어 있다. 11.b도 마지막 상태만 colder로 명시되어 있고, 11.c에서도 역시 bored가 마지막 상태이다. 11.의 모든 경우 주어는 한 상태에서 다른 상태로 옮겨간다. 이것을 그림으로 나타내면 다음과 같다. 그림 5에서와 마찬가지로 점선은 두 개체가 시간은 달라도 같은 것임을 가리킨다.

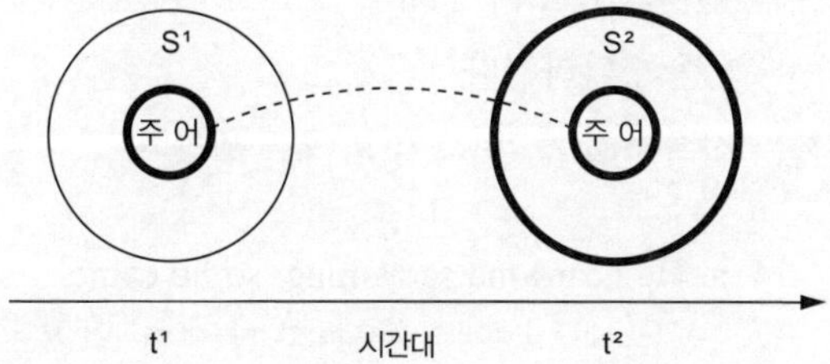

그림 6

10.의 get과 11.의 get은 물론 다르다. 다른 점은 10.에서는 행위자/주제의 옮김이 장소와 관계가 있고, 11.에서는 경험자/주제의 옮김이 상태와 관계가 있다. 다르긴 하지만 그림 5와 그림 6을 보면 같은 도식이 바탕에 깔려 있음을 알 수 있다. 그림 5의 장소(P)가 그림 6에서 상태(S)로 확장되어 있다. 이러한 공통점이 있기 때문에 10.과 11.의 모든 예에서 get이 쓰인 것으로 볼 수 있다.

이러한 의미 확장은 다른 동사에서도 찾아볼 수 있다. 동사 insist의 예를 살펴보자.

12. a. I insist that she go to New York.
   나는 그녀가 뉴욕에 가야 한다고 주장한다.

b. I insist on her going to New York.
나는 그녀가 뉴욕에 가야 한다고 우긴다.

13. I insist that she did go to New York (although she may deny it).
나는 (그녀가 그것을 부인하겠지만) 그녀가 뉴욕에 갔다고 주장한다.

12.에 쓰인 insist는 보문절에 명시된 행동을 실제 세계에서 행하도록 주장하는 것이고, 13.에서는 보문절에 전달되는 내용이 사실임을 주장하는 것이다. 다시 말하면, 동사 insist는 물리 세계에도 적용되고 정신 세계에도 적용된다. 이 경우, 주어의 주장이 어떤 세계에 적용이 되느냐에 따라서 그 뜻이 달라진다.

다음에서는 접속사 so가 두 가지 의미로 쓰였다.

14. a. He heard me screaming, so he came.
그는 내가 소리치는 것을 들었다. 그래서 그가 왔다.

b. He came, so he heard me screaming.
그는 왔다. 그러므로 그는 내가 소리치는 것을 들었다.

14.a에서는 '그가 나의 비명을 들은 것'이 원인이고 '그가 온 것'이 결과다. 여기서 원인과 결과는 모든 실제 세계에서 일어난 일이지만 14.b에서 so는 다른 종류의 세계에 적용되어 있다. 즉, so는 추론 관계에 적용되는데 '그가 왔다는 사실'이 전제가 되고 이 전제로부터 '그가 나의 비명을 들었다는 결론'을 갖는 관계를 나타낸다. 다시 말해서, so가 위에서와 같이 두 가지의 뜻을 갖는 것은 이것이 물리 세계의 인과 관계와 정신 세계의 추론 관계에 적용되기 때문이다.

다음에 쓰인 because도 같은 방법으로 두 가지의 뜻을 갖는다 :

15. a. He loves me because I love him.
내가 그를 사랑하기 때문에 그는 나를 사랑한다.

b. He loves me, because he wouldn't have helped me if he didn't.
그는 나를 사랑한다. 왜냐하면 그가 나를 사랑하지 않는다면, 나를 돕지 않았을 것이기 때문이다.

15.a에서 because는 실세계의 두 사건이나 상태의 인과 관계를 나타내고, 15.b에서는 두 사실 사이의 추론 관계를 나타낸다.

앞에서 다의어가 되는 몇 개의 낱말을 살펴보았다. 모든 경우에 있어 한 낱말이 갖는 여러 뜻은 전혀 다른 것이 아니고 이 낱말이 갖는 기본 관계가 서로 다른 세계에 확대 적용되어서 나오는 것으로 볼 수 있다.

그럼 다시 이 단원의 첫 부분에서 제기된 문제로 돌아가자. 양태동사는 뿌리 의미와 인식 의미가 있는데 이들은 전혀 다른 뜻인가, 아니면 관련된 뜻인가? 만약 관련되었다면 어떻게 관련이 있는가? 뿌리 의미가 인식 의미에서 확대된 것인가, 아니면 인식 의미가 뿌리 의미에서 확대되어 나온 것인가? 역사적으로 보면 뿌리 의미가 먼저 쓰이고 그 다음에 인식 의미가 쓰인 것으로 되어 있다. 이것은 양태동사가 처음에는 사회·물리적 세계의 관계에 적용되다가 이것이 확대되어 정신 세계의 추리 관계에 적용된 것으로 볼 수가 있다. 양태동사 must의 경우를 살펴보면서 뿌리 의미와 인식 의미 사이의 관련성을 살펴보자. 먼저 다음 예를 고려해 보자.

16. a. You must see the doctor.
너는 의사를 만나야 한다.

b. You must be sick.
너는 아픈 것이 틀림없다.

16.a의 경우 화자나 그가 동의하는 권위의 힘에 의해서 주어가 의사를 만나야함을 must가 나타낸다. 이것을 그림으로 다음과 같이 나타낼 수 있다.

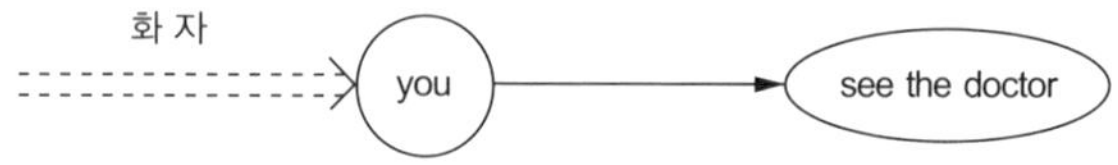

그림 7 : must의 뿌리 의미

이중 화살표는 화자가 주어에 가하는 힘을 나타내고, 주어가 앞으로 해야 할 일은 단선으로 나타낸다. 이렇게 보면 문장 16.a는 주어가 화자의 힘에 의해서 의사를 만나지 않으면 안되는 관계를 나타낸다. 16.b의 경우, 화자의 마음속에 있는 전제가 화자로 하여금 주어진 문장에 나타내는 결론에 이르지 않을 수 없게 하는 힘이다. 이것을 그림으로 나타내면 다음과 같다.

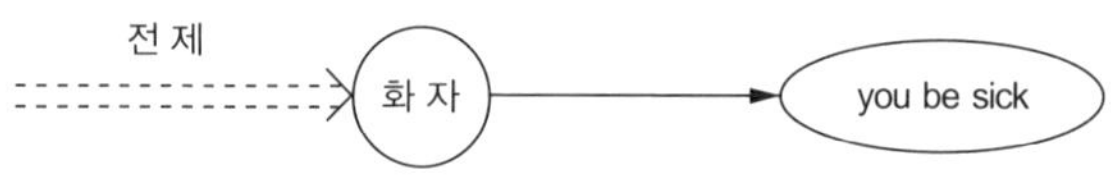

그림 8 : must의 인식 의미

그림 7에서와 마찬가지로 이중(점선) 화살표는 화자로 하여금 어떤 결론에 이르게 하는 힘(전제)이고, 실선은 화자가 이르게 되는 결론의 방향을 표시한다. 위에서 살핀 두 도식은 다음과 같이 일반화 할 수 있다. 그림 9에서 Z는 화자의 권위나 전제가 되고 X는 주어나 화자가 되

고 Y는 행동이나 결론이 된다.

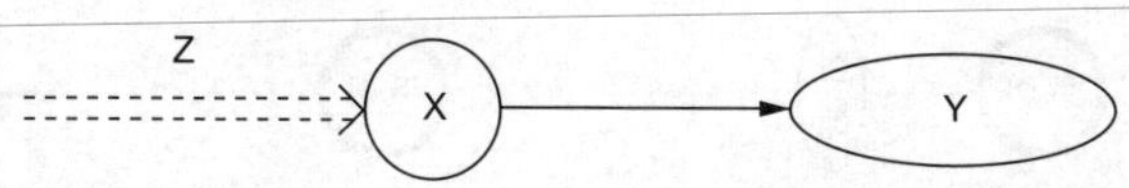

그림 9 : 뿌리와 인식 의미에 깔린 도식

이렇게 보면 뿌리 의미와 인식 의미가 꼭 같은 것은 아니지만, 같은 도식을 공유하고 있는 것으로 볼 수 있다. 이 도식이 사회·물리적 세계에 적용되면 뿌리 의미가 되고, 정신 세계에 적용되면 인식 의미가 된다. 두 쓰임 사이의 차이점은 그림 7의 주어 자리에 그림 8에서는 화자가 쓰인 것이다.

양태동사 may도 같은 방법으로 분석될 수 있다. 다음 예를 살펴보자.

17. a. He may go.
    그는 가도 좋다.

    b. He may be late.
    그는 늦을 지도 모른다.

17.a에서 may는 주어(he)가 어떤 행동(go)을 하는 데 아무런 장애가 없음을 나타낸다. 이것을 그림으로 나타내면 그림 10과 같다 :

그림 10(a)는 주어가 어떤 행동을 하는 데 장애물이 있음을 나타낸다. 이것은 주어가 주어진 행동을 할 수 없음을 의미하고 이러한 장애는 주로 화자에 의해서 만들어진다. 그림 10(b)에서는 그림 10(a)와는 달리 장애물이 없다. 이것은 주어가 어떤 주어진 행동을 할 수 있음을 나타내며, 이러한 장애의 제거는 통상 화자에 의해서 결정된다.

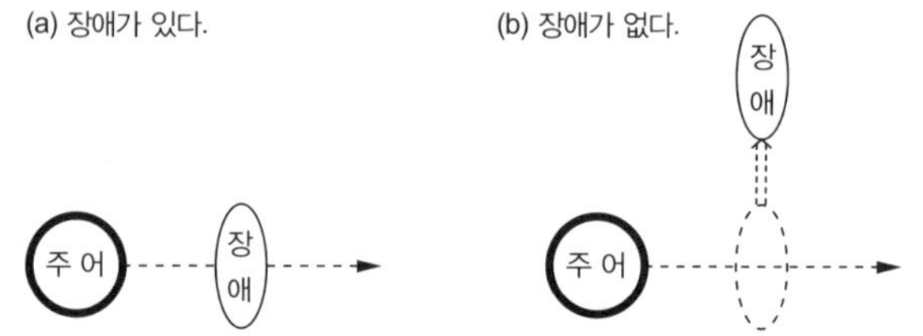

그림 10 : MAY의 뿌리의미
주황

17.b의 may는 인식 세계에 적용된 인식 의미로 쓰인다. 인식 의미의 may는 화자가 문장에 표시된 어떤 결론에 이르는 데에 아무런 장애가 없음을 나타낸다. 이것을 다음과 같이 나타낼 수 있다 :

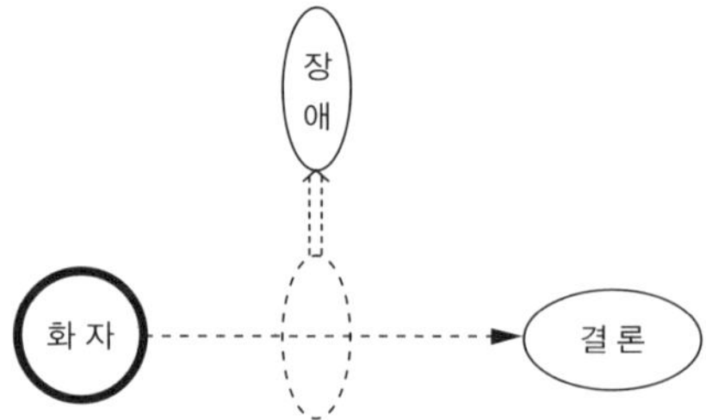

그림 11 : MAY의 인식의미

must의 경우에서와 마찬가지로 may의 경우에도 뿌리와 인식 의미 밑에 깔린 공통되는 도식이 있다. 이 도식은 주어가 어떤 일을 하거나 화자가 어떤 추론을 하는데 장애가 없음을 나타낸다. 이러한 공통점이 있기 때문에 두 의미가 같은 낱말로 표현된다고 볼 수 있다.

위에서 우리는 양태동사의 대부분이 뿌리 의미와 인식 의미를 가지고 있음을 살펴보았다. 많은 경우, 어느 주어진 문장에서 우리는 이 두 의미 가운데 어느 하나를 선택할 수 있지만 경우에 따라서는 구분이 쉽지 않을 수도 있다. 뿌리 의미와 인식 의미는 분명하게 구별되는 것이 아니라 경사도(gradient)를 이루는 것으로 볼 수 있고, 그러므로 경우에 따라서는 어느 의미가 뿌리 의미와 인식 의미 사이의 연속 변차선상의 어디에 속하는지 분명하지 않은 경우도 있다.

다음 문장에 쓰인 can은 여러 의미가 특정한 풀이의 두 범주 가운데 어느 곳에 속하는지 분명히 구별할 수 없는 경우이다.

18. You can build the house yourself.
    너는 그 집을 네 자신이 지을 수 있다.

위 문장에는 양태동사 can이 쓰였는데, 이 문장을 쓸 수 있게 하는 조건 가운데는 다음과 같은 것이 있다 :

19. a. 청자에게 물리적 능력이 있다.
    b. 청자에게 집짓는 기술이 있다.
    c. 청자에게 재력이 있다.
    d. 설계가 간단하다.
    e. 이용할 수 있는 땅이 있다.
    f. 건축 자재가 있다 등등….

조건 19.a, b를 고려하면 can은 능력을 나타내는 것으로 볼 수 있으나 19.의 나머지 조건을 생각하면 can은 가능성을 나타내는 것이다. 그러므로 18.의 can이 갖는 의미는 능력과 가능 사이의 연속 변차선을 이루는 것으로 볼 수 있으며, 어떤 특정한 경우에 can이 갖는 의미는 능력이나 가능성의 어느 쪽인지 확실하지 않을 수 있다. 이러한 문제는 양태동사 의미의 범주화에만 나타나는 것이 아니라 모든 범주화에서 찾아볼 수 있는 문제이다. 예로, 빨강색과 노랑색이 있을 수 있다. 이러한 색을 원형적인 색깔이라고 한다면, 우리 주위에는 이 원형에서 조금씩 벗어난 덜 원형적인 색깔이 있다. 빨강색을 예로 들면 이 색깔이 원형에서 점점 멀어짐에 따라 어느 시점에서 주어진 색깔이 빨강인지 노랑인지 구별하기가 어렵게 된다. 이것을 도식화하면 다음과 같다.

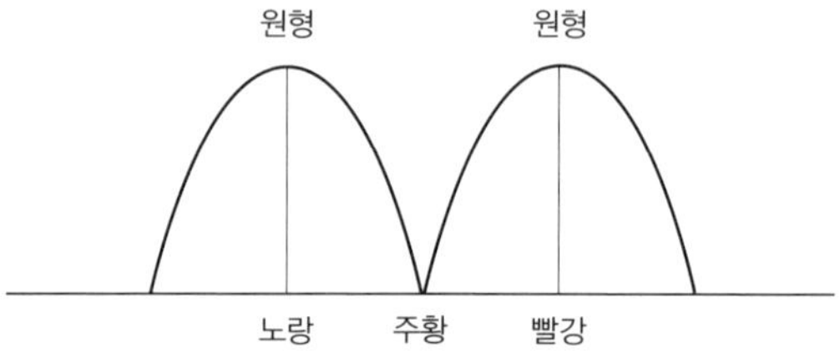

그림 12

타원의 꼭지점에 해당하는 색깔을 원형이라고 한다면 이 꼭지점의 좌우로 변이형 색깔이 변차선상에 나타날 수 있다. 그리고 빨강과 노랑의 계곡이 되는 점에 있는 색깔은 이것이 빨강에 속하는지 노랑에 속하는지 구별할 수가 없다.

이와 마찬가지로 can의 의미도 능력과 가능으로 나눌 수 있으나 이 두 범주 사이에 많은 변화도가 있을 수 있고, 또 경우에 따라서는 can의 의미가 능력인지 가능인지 구별할 수 없는 경우가 있다. 실제로 다음 문장은 능력이나 가능성으로 풀이될 수 있다 :

20. They can catch the train.
그들은 그 기차를 탈 수 있다.

20.의 한 가지 의미는 그들에게 빨리 걷거나 뛸 수 있는 능력이 있어서 기차를 탈 수 있다는 뜻이고, 또 한 가지 의미는 그들에게 어느 기차를 탈 수 있는 허가가 주어졌다는 뜻으로 풀이될 수 있다.

다음 문장에서는 양태동사 must가 쓰였는데, 이 양태동사도 뿌리와 인식 의미로 풀이될 수 있다 :

21. He must understand that we mean business.
    그는 우리가 진정임을 알아야 한다.
    그는 우리가 진정임을 틀림없이 알고 있을 것이다.

21.의 한 가지 의미는 그는 우리가 농담을 하지 않음을 알아야 한다는 의무의 뜻이고, 또 한 가지의 의미는 그는 우리가 농담을 하지 않음을 알고 있을 것이라는 추측의 뜻이다.

요약하면, 대부분의 양태동사는 뿌리 의미와 인식 의미 두 가지를 가지고 있다. 이들은 서로 다르지만 어느 정도의 공통성을 공유하며, 인식 의미는 뿌리 의미에서 나오는 것으로 보인다. 이렇게 뿌리 의미와 인식 의미 둘로 나누지만, 이 둘은 별개의 것이 아니라 연속 변차선을 이루는 것으로 볼 수 있다.

4. 양태동사의 의미 변화

양태동사로 쓰이는 동사는 원래 본동사로 쓰이다가 오늘날에 와서는 조동사로 쓰이게 되었다. 본동사로 쓰였을 때 오늘날의 조동사는 인칭에 따른 형태의 변화가 있었고 부정형도 있었다.

통사면에서 오늘날의 양태동사는 중세 영어에서 현대 영어의 부정사 보문을 취하는 동사와 같이 쓰인다. 예로 will과 try를 비교해보자.

22. He wills her to succeed.
    그는 그녀가 성공하기를 바란다.
    cf. He will climb the tree.

23. He tries to climb the tree.
    그는 그 나무에 오르려고 노력한다.

22.에서 우리가 볼 수 있는 will은 인칭에 따라 형태가 다르고, 보문으로 to-부정사가 쓰였다. 그러나 현대 영어에서 조동사 will은 인칭에

따른 형태의 변화도 없고, to도 안 쓰인다.

이러한 형태－동사의 변화는 의미 변화도 수반하는데, 몇몇 양태동사는 다음과 같은 의미 변화가 있다. 양태동사 can의 경우를 먼저 살펴보자. 이 동사는 원래 주어가 어떤 일을 할 수 있는 정신적 능력이 있음을 나타낸다.

24. a. I can read French.
나는 불어를 읽을 수 있다.

b. I can run five miles.
나는 5마일을 뛸 수 있다.

처음에는 24.a에서와 같이 이러한 정신 능력만을 나타내다가 후에 가서는 24.b에서와 같이 정신 능력은 물론 육체적 능력까지 나타내게 되었다. 다음 단계로 정신이나 육체 능력은 물론 어떤 상황이 일어날 수 있게 해 주는 조건이 있음을 나타내는 경우에도 쓰이게 되었다.

25. This tool can be used in many different ways.
이 연장은 여러 가지 방법으로 쓰일 수 있다.

위에서 살펴 본 can의 의미 변화는 다음과 같이 일반화 될 수 있다.

26 a. mental enabling conditions exist in the agent
b. _____ enabling conditions exist in the agent.
c. _____ enabling conditions exist for the completion of the main predicate situations.

26.에서 볼 수 있는 바와 같이 can의 의미는 점차로 일반화 되어 왔다. 정신적 능력 26.a에서 정신적이 아닌 능력도 포함하게 되고 (26.b), 행위자의 능력에서 행위자 이외의 능력도 포함하게 되었음을 알 수가 있다(26.c).

다음으로 can이 갖는 허가나 인식의 의미는 Givon (1979:19－20)에 의하면 다음과 같은 과정을 밟아서 이루어진다 :

27. knowledge how to do X ⊃ better ability to do X

어떤 일을 할 수 있는 지식이 있다면 이것은 더 잘할 수 있는 능력이 있음을 뜻하게 된다. 시간이 흐르면서 지식의 뜻보다는 능력의 뜻이 can과 더 밀접하게 쓰이게 된다. 또 can은 허가의 뜻도 가지게 되는데, 이것은 다음과 같은 과정을 밟아서 된 것으로 추리된다.

28. having power to act ⊃ not being restrained by outside interdiction : being permitted.

또 can은 인식 의미도 갖게 되는데 이 인식 의미는 다음과 같은 화용상의 추리에서 나오는 것으로 볼 수 있다 :

29. being able to act ⊃ increased probability of action

무엇을 할 수 있는 능력이 있으면 그것을 할 가능성은 더 많아진다는 화용상의 추리에서 can의 인식 의미가 나타나는 것으로 볼 수 있다.

위와 비슷한 방법으로 will의 여러 의미도 설명할 수 있다. 원래 소망, 소원, 의지, 의도, 결심과 같은 뜻과 관련된다.

30. a. He will take you home.–you only have to ask.
그는 너를 집에 데려다 줄 것이다. 너는 그에게 부탁만 하면 된다.

b. I will check this letter for you, if you want.
나는 네 대신 이 편지를 검사하겠다. 만약 네가 원한다면.

또 사람들은 하고자 하는 것은 자주하는 경향이 있다. 이러한 관계에서 will은 또 습관을 나타낸다 :

31. a. She will listen to records, alone in her room.
그녀는 자신의 방에서 혼자 레코드를 듣는다.

b. He will spend hours on the telephone.
그는 전화에 몇 시간을 보내곤 한다.

또 어떤 사람이 어떤 일을 하고자 의도하는 것이나 결심하는 것은 성취될 가능성이 그만큼 더 높다. 이러한 화용적인 가정에서 will은 어떤 일이 앞으로 실현될 가능성이 높음을 나타낸다 :

32. a. I will tell you some other day. I won't forget it.
나는 너에게 언젠가 다음에 말하겠다. 나는 그것을 잊지 않겠다.

b. I will never smoke again.
나는 다시는 담배를 피우지 않겠다.

위에서 살펴 본 will 뜻의 변화는 주어가 사람인 경우 다음과 같이 나타낼 수 있다.

33. a. intend to do X ⊃ tend to do X
b. intend to do X ⊃ certain to fulfill X

유정적인 개체에 적용되는 will이 무정적 개체에 적용됨에 따라 will의 의미는 더 일반화 된다. 다음 예에서 주어는 무정적인 개체이다. 무정적인 개체는 의도나 결의를 가질 수 없으므로 33.a의 intend to do X는 적용되지 않는다. 그러나 tent to do X는 적용된다 :

34. a. Oils float on water.
기름은 물 위에 뜬다.

b. Engines won't run without lubricants.
엔진은 윤활유가 없이는 움직이지 않는다.

c. The hall will seat five hundred people.
그 홀은 500명은 앉힐 것이다.

다음과 같은 경우 will은 문장에 나타난 사건 실현에 확실성이 있음을 나타낸다.

35. a. You will be in time, if you hurry.
너는 시간에 늦지 않을 것이다. 서두르면.

b. He'll start school soon.
그는 곧 학교를 시작한다.

32.에 쓰인 will에는 의도의 의미가 강하나, 35.에 쓰인 will에는 의도의 의미가 거의 없다. 이렇게 둘만 비교하면 두 가지의 will에는 아무런 관련성이 없으나 33.에 제시된 화용적 추리를 써서 살펴보면 그 관련성이 나타난다.

위에서 우리는 양태동사의 의미 분석에 필요한 인식 모형을 설정하고, 거의 모든 양태동사가 갖는 뿌리 의미와 인식 의미 사이의 관련성을 살펴보았고, 또 본동사가 양태동사로 쓰이면 어떤 변화를 갖게 되는지도 살펴보았다. 나아가서 양태동사가 여러 의미를 갖게 될 경우, 이러한 여러 의미는 서로 관련성이 있음이 지적되었다. 다음 장에서는 양태동사 개개의 의미를 살펴보기로 하자.

5. 양태동사의 의미

5.1. CAN

양태동사 can의 일반 의미는 주어가 문장에 명시된 행동을 할 수 있는 신체적, 정신적 능력이나 여건이 허용되어 있음을 나타낸다. 이것을 일반화하여 도식화하면 다음과 같이 나타낼 수 있다 :

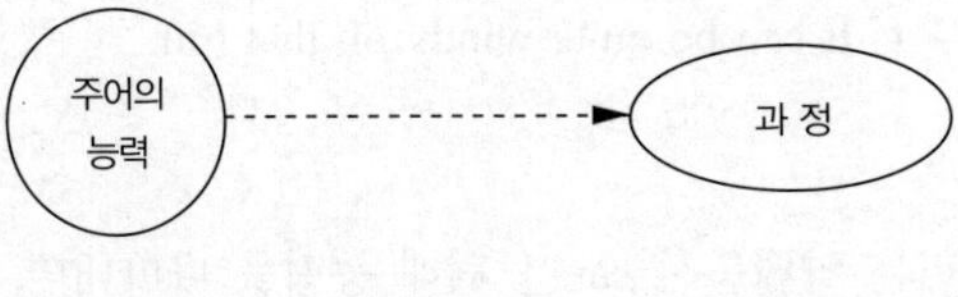

그림 13 : can의 의미

36. a. He can go now.
그는 지금 갈 수 있다

b. He can type.
그는 타자를 칠 줄 안다.

c. I can see you tonight.
나는 오늘 저녁 너를 만날 수 있다.

문장 36.a는 그가 지금 실제로 간다는 의미가 아니다. 실제 그가 가지는 않지만 갈 능력이 있음을 나타낸다. 즉, 가는 일을 현실로 바꿀 수 있음을 나타낸다. 이렇게 현실로 바꿀 수 있음은 주어의 정신적, 신체적 능력이나 또는 추상적인 자격, 주위의 여건이 허용하기 때문이다.

이러한 능력은 사람이 아닌 개체가 주어가 될 때에도 쓰인다.

37. a. The factory can produce 100 cars a day.
그 공장은 100대의 차를 하루에 만들 수 있다.

b. The landrover can go up the steep hill.
랜드로버는 그 가파른 산을 올라갈 수 있다.

또 사람이나 객체가 어떤 행동을 할 능력이 있다는 것은 이러한 행동을 실제로 할 수 있는 가능성을 나타내는 데도 쓰인다.

38. a. She can be very forgetful.
그녀는 잘 잊어버리는 수가 있다.

b. Seoul can be very cold.
서울은 매우 추울 수도 있다.

c. It can be quite windy on that hill.
그 언덕에는 바람이 몹시 불 수도 있다.

위에서 우리는 양태동사 can은 원래 능력을 나타내며, 능력이 있다는 것은 할 수 있음(가능성)을 나타내는 것을 보았다. 이 가능성은 다시 허가의 뜻으로 확대되어 쓰인다.

39. a. You can have my seat. I am going now.
너는 내 자리를 차지해도 좋다. 나는 지금 갈려고 한다.

b. We can go to the concert.
우리는 음악회에 갈 수 있다.

문장 39.a는 물론 허가를 나타낼 수 있는데 이것은 can 자체의 의미라기보다는 능력을 나타내는 can의 의미와 화용적 요소가 결합되어서 나오는 의미로 볼 수 있다. 화자가 청자보다 사회적으로 높은 경우를 가정할 때 화자가 청자에게 어떤 일을 할 수 있다고 말하면, 청자는 그가 하고자 하는 일을 할 수 있는 허가로 받아들일 수 있다.

can이 가지고 있는 의미와 화용적인 요소가 결합되면 여러 가지의 의미가 생겨날 수 있다. 만약 화자의 생각에 청자가 어떤 일을 할 수 없음을 알고 있으면서, 다음과 같은 표현을 쓴다면 이것은 허가라기보다는 비꼬는 표현이 될 것이다.

40. You can jump into the lake.
너는 호수에 뛰어들 수 있다.

또 can을 제안의 뜻으로 나타낼 수 있는데, 이것은 can 자체의 의미(능력)에 화용적인 요소가 더해져서 생겨나는 것으로 볼 수 있다.

41. I can ring for you if you like.
나는 네가 원하면 너 대신 전화를 할 수가 있다.

만약 청자가 어디에 전화를 하고 싶으나 직접 자신이 하고 싶지는 않을 경우에 어느 화자가 자기가 할 수 있다고 한다면 이것은 제안의 뜻으로 풀이될 수 있을 것이다.

허가를 나타내는 양태동사에는 may도 있다. 그러나 can과 may는 다르다. 39.a의 경우, 주어가 내 자리를 차지할 수 있는 여건이 있다는 뜻이다. 만약 can 대신 may가 쓰이면 그 허가는 화자가 해주는 것이 된다.

위에서 살펴본 것은 can의 뿌리 의미이다. 이러한 뿌리 의미에는 가능성을 나타내는 인식 의미가 있다. can의 경우 이러한 인식 의미는 주로 의문문과 부정문에 많이 쓰인다. 다음을 살펴보자.

42 a. Can the story be true?
그 이야기가 사실일 수 있을까?

b. It surely can't be four o'clock already.
설마 벌써 네시일 리는 없을 것이다.

위에서 can은 인식 의미로 쓰였는데 이 의미로 쓰일 때의 can은 다음과 같이 도식화 할 수 있다.

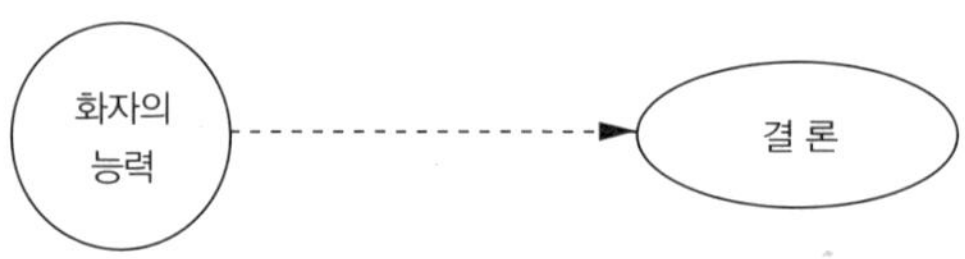

그림 14 : can의 인식 의미

즉, 화자에게 어떠한 결론을 내릴 수 있는 여건이 주어져 있음을 나타낸다. 그리고 과거에 일어난 일에 대해 추측은 할 수 있어도 능력은 발휘할 수 없다. 그래서 can 다음에 완료상이 올 때는 가능의 의미가 아니라 추측의 의미로만 쓰인다.

43. a. John can't have eaten all the cake.
존이 그 모든 케이크를 다 먹었을 리 없다.

b. Bill can't have missed the way.
빌이 길을 잃었을 리가 없다.

위에서 can의 의미는 주어의 능력을 나타내는 것이 아니라, 화자의 추리 능력을 나타낸다.

5.2. COULD

can의 과거형은 could이다. 그런데 과거형 could는 can보다 시간상 앞서는 관계를 나타내지만 인식상의 거리도 나타낸다. 화자가 can을 쓸 때, 이때의 참조점은 발화시인 현재가 기준이 된다. 그러나 could가 쓰일 때의 기준점은 과거 영역이나 비현실 영역이 될 수 있는데, 다음에서는 기준이 과거 영역이다. 이러한 기준점도 부사절이나 그 밖의 표현에 의해서 명시되거나 암시만 될 수 있다. 다음에서는 can이 아니라 could가 쓰였다.

44. a. I could swim when I was only six years old.
나는 겨우 여섯 살 때 수영을 할 수 있었다.

b. The door was locked and I could not open.
그 문은 잠겨 있어서 나는 열 수가 없었다.

c. He could speak Korean when he was six.
그는 여섯 살 때 한국어를 말할 수 있었다.

44.a에서 나의 능력은 현재와는 떨어져 있는 과거 참조점(G′)에서 계산되기 때문에 could가 쓰였다. 44.b의 첫 절에서 기준점이 명시되고, 44.c에서는 when이 이끄는 부사절에 과거 기준점이 명시되었다.

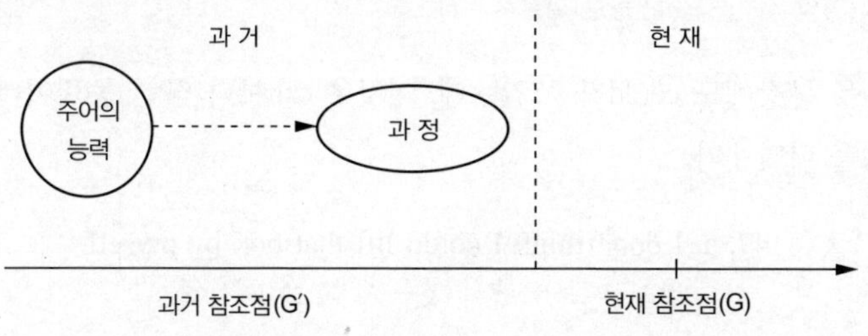

그림 15

다음에서는 과정이 비현실 영역(가정의 세계)에 있다. 이 과정은 직접적인 현실에서 벗어나 있다. 이러한 인식상의 거리가 있기 때문에 could가 쓰인다.

45. a. If you tried hard, you could do that work.
만약 네가 열심히 노력하면 그것을 할 수 있을 것이다.

b. Could you finish that exercise if you had more time?
시간을 좀더 가지면 그 연습 문제를 마칠 수 있겠습니까?

45.에서 can의 능력을 평가하는 과정은 비현실 영역안(가정)에 있다. 조건이 비현실 영역에 있으므로 지시된 행동이 실행될 수 있는 가능성은 약하며, 이 가능성은 can으로 표시되지 않고 could로 표시된다. 그러므로 과거형(could)이 쓰였으나 주절에 묘사된 상황이 시간상 반드시 과거임을 나타내지는 않는다.

상대방에게 능력을 물어봄으로써 요청하는 간접화행이 있다. 이때 can과 could가 다 쓰일 수 있으나, 그 뜻은 다르다. could가 쓰인 46.b는 46.a보다 훨씬 더 정중하다. 인식상의 거리에서 could가 can보다 더 먼데, 이러한 거리는 사회 관계에도 적용이 된다. 그래서 서로 거리가 있는 관계에 있는 사람들은 can보다도 could를 쓴다.

46. a. Can you tell me the time?
b. Could you tell me the time?
시간을 좀 가르쳐 주시겠습니까?

다음 문장에도 could가 쓰였는데, 이것은 can보다 약한 능력이나 가능성을 나타낸다.

47. a. I don't think I could lift that box by myself.
나는 그 상자를 혼자 들 수 있다고 생각하지 않는다.

b. I wonder if we could leave the car in the road.
우리는 차를 길에 두어도 되는지 궁금하다.

c. Could I call you if there are any further problems?
또 다른 문제가 있으면 다시 전화를 해도 됩니까?

d. Could you come earlier if necessary?
필요하면 더 빨리 오실 수 있겠습니까?

5.3. MAY

양태동사 may의 의미는 가능으로 간주되는데, 구체적인 의미는 어떤 상황이 실현되는 데에 사회·물리적인 장애가 없음을 나타낸다. 다음 예를 살펴보자 :

48. a. You may go to the party.
너는 그 모임에 가도 좋다.

b. You may take the book.
너는 그 책을 가져도 좋다.

48.에 쓰인 may는 각 문장에 표현된 상황이 일어나는 데에 사회·물리적 장애, 예로서, 금지 같은 것이 없음을 나타낸다. may로 표현되는 허가는 이와 같이 주어가 어떤 행동을 하는데 장애물이 없음을 나타낸다. 그러므로 이 양태동사가 나타내는 가능이나 허가의 의미는 다음 그림 16과 같이 그림으로 나타낼 수 있다.

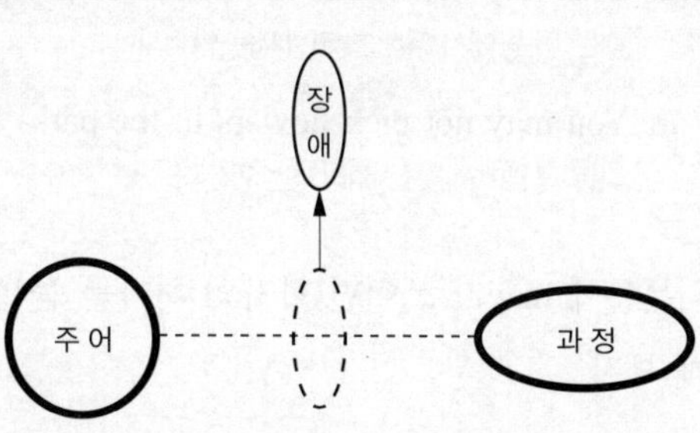

그림 16 : may의 뿌리 의미

그림 16이 말해주는 것은 주어가 어떤 일을 하는 데에 장애 (보통의 경우 화자의 금지)가 없으므로 실현될 수 있다는 화자의 판단을 나타낸다.

가능은 may 뿐만 아니라 can으로도 나타낼 수 있다. 그러므로 이 둘은 분명히 구별해야 할 필요가 있다. can으로 나타내는 가능을 주어가 어떤 행동을 할 수 있는 능력이 있기 때문에 그는 어떤 일을 할 수 있다는 내적 가능성을 나타낸다. 반면 may로 나타내는 가능은 어떤 일이 일어나는 데 외적 장애가 없기 때문에 그 일이 가능하다. 예를 들어, 차고에 차가 한 대 있다고 생각해 보자. 이 차가 고장나 있지 않고 기름 탱크에 기름이 있으면 이 차는 갈 수가 있다. 이러한 가능은 can이 나타내는 가능이다. 또 차에 고장이 없고 기름이 있더라도 차고 문이 닫혀 있으면 이 차는 갈 수 없고, 열려있어야 갈 수 있다. may는 이와 같이 차 외의 요인 (즉, 차고문)에 의해서 움직임이 가능하거나 불가능함을 나타내는 데에 쓰인다.

보통의 경우 어떤 일의 장애는 화자가 설치하거나 제거하므로 may에 의한 가능은 곧 화자의 허가로 풀이된다. 48.의 문장은 모두 허가로 풀이된다.

may의 부정인 may not은 그림 16의 관계와는 반대가 되는데, 사회 물리적 장애 (주로 화자의 금지)가 있다는 뜻이므로 주어가 문장에 명시된 어떤 일을 할 수 없다는 뜻으로 풀이된다 :

49. a. You may not smoke in this room.
너는 이 방에서 담배를 피워서는 안된다.

b. You may not pick flowers in the park.
너는 공원에서 꽃을 꺾어서는 안된다.

그러므로 의문문에 may가 쓰이면 화자의 허가를 묻는 표현이 된다. 다음을 비교해 보자.

50. a. May I smoke here?
여기서 담배를 피워도 됩니까?

b. Can I smoke here?
여기서 담배를 피울 수 있습니까?

c. Will you allow me to smoke?
제가 담배 피는 것을 허락하시겠습니까?

즉, 50.a는 50.c와 같이 풀이될 수 있다. 그러나 50.b는 50.c와 같이 풀이될 수가 없다.

may는 인식 의미도 갖는데, 그 의미는 뿌리 의미와 밀접한 관계가 있다. 다음의 예를 먼저 살펴보자.

51. a. The news may be true.
그 소식은 사실일 수 있다.

b. She may be shy.
그녀는 수줍을지도 모른다.

c. I may be working late tonight.
나는 오늘 저녁 늦게 일을 하고 있을지도 모른다.

51.a는 이 문장을 쓰는 화자가 '그 소식은 참이다'라는 결론을 갖는 데 논리상의 장애가 없음을 나타낸다. 인식 의미를 나타내는 may는 그림 16으로 나타낼 수 있는데 그림 16과 그림 17은 다음과 같은 점에서 서로 다르다. 그림 17에서 원 안에 든 개체는 주어가 아니라 화자이고, 이 화자는 어떤 행동을 하는 것이 아니라 어떤 결론에 이르는 과정이다.

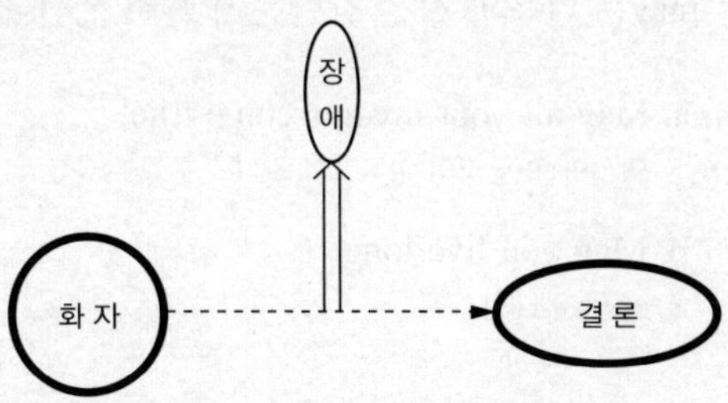

그림 17 : may의 인식 의미

이러한 과정에 장애가 없음을 may가 나타낸다.

허가와 가능성의 뜻은 분명히 구별될 수도 있다. 그래서 다음 문장은 두 가지의 뜻으로 쓰일 수 있다.

52. He may come tomorrow.
그는 내일 와도 좋다 ; 그는 내일 올지도 모른다.

52.의 한 가지 뜻은 그가 내일 와도 좋다는 화자의 허가를 나타내고, 또 다른 뜻은 그가 내일 올지도 모른다는 가능성을 나타낸다. 이 두 가지의 서로 다른 뜻은 이 문장을 실제 발음할 때의 강세로 구분된다. 허가의 의미로 쓰인 may는 약하게 발음되고, 가능성의 의미로 쓰인 may는 강하게 발음된다.

양태동사 may 다음에 완료상이 쓰일 수 있다. 이 may have V-ed는 과거의 가능성의 대한 현재의 추측을 나타내는데 쓰인다.

53. He may have missed his bus.
그는 그의 버스를 놓쳤을지도 모르겠다.

have missed는 이미 일어난 일의 묘사이다. 일어난 일에 대한 허가는 생각할 수 없고, 이미 일어난 일에 대해서는 추측만 있을 수 있다. 그러므로 53.은 다음과 같이 풀이된다. '그가 버스를 놓쳤다'고 화자가 생각하는데 추리상의 장애는 없다. 즉, 그렇게 생각할 수 있다는 뜻이다.

양태동사는 may는 다음과 같은 감탄문에 흔히 쓰인다:

54. a. May all your dreams come true!
당신의 모든 꿈이 이루어지소서!

b. May you live long!
장수 하소서!

54.에서는 may는 꿈이 이루어지고 오래 사는데 아무런 장애가 없기를 비는 뜻이다. 그러므로 may가 기원문이란 특수한 구문에 쓰였지만

그 뜻이 달라지는 것은 아니다.

'목적'을 나타내는 절에도 may가 쓰인다. 이러한 경우에 쓰인 may는 가능성의 뜻과 관계가 있다. 즉, '~할 수 있도록', '~을 하는 데 장애가 없도록'의 뜻을 나타낸다.

55. a. He is standing up so that he may see the band.
    그는 악단을 보기 위해서 서 있다.

    b. He is saving money so that he may be able to buy the stereo.
    그는 스테레오를 사기 위해서 돈을 모으고 있다.

동사 hope나 trust의 종속절에도 may가 쓰이는데, 이때에도 may는 장애 없음의 가능성의 뜻과 관계가 있다 :

56. a. I hope that he may get the job he wants.
    나는 그가 자신이 원하는 일자리를 얻을 수 있기를 바란다.

    b. We trust that he may find the plan to his satisfaction.
    우리는 그 계획이 그의 마음에 만족하리라 믿는다.

may는 또 양보를 나타내는 절에도 쓰인다.

57. He may be poor, but he is honest.
    그는 가난할지도 모르지만, 그러나 그는 정직하다.

위에서 살펴본 may의 뜻을 Bolinger는 다음과 같이 요약하고 있다. 그는 may의 기본 의미는 외적 가능성인데, 이것이 화용상 여러 가지로 확대되어 쓰인다고 주장을 한다. 다음 그림 18은 Bolinger의 것인데, may의 기본 의미와 확대 의미 사이의 관계를 밝혀준다.

may의 의미의 중심에는 가능성(possibility)이 자리잡고 있다. 이 가능성은 허가, 추측, 기원, 명령으로 확대되어 쓰인다.

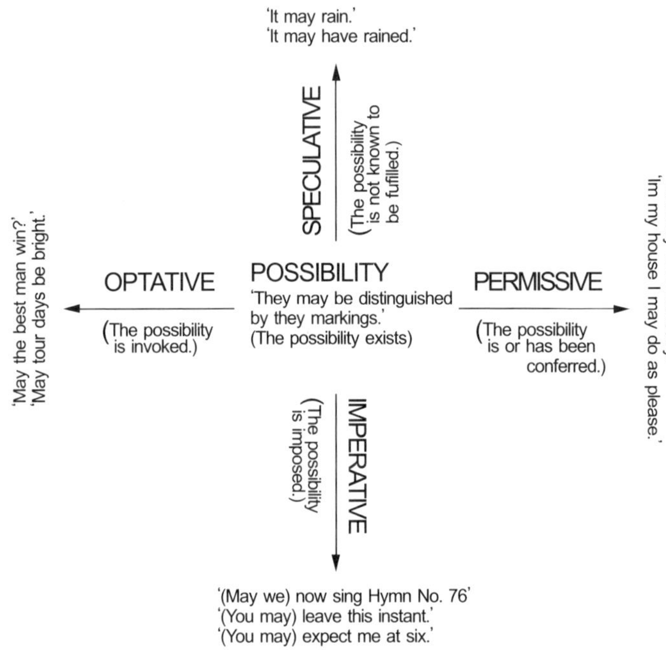

그림 18

5.4. MIGHT

may의 과거형인 might는 may보다 더 약한 가능성을 나타낸다. 다음을 비교하여 보자.

58. a. Joe may pass his examination.
조는 시험에 합격할 것이다.

b. Joe might pass his examination.
조는 시험에 합격할 수도 있을 것이다.

58.a의 may는 조가 합격을 한다고 화자가 생각하는 데에 어떤 장애

가 없다는 생각을 그가 할 때 쓰이는 표현이다. 58.b에는 might가 쓰였는데, 죠가 시험에 합격하는 일에 장애가 없다는 확신이 may로 표현할 때보다 훨씬 적을 때 쓰이는 표현이다.

might의 이러한 약한 가능성은 might가 may보다 인식상의 거리가 멀기 때문인데, 이러한 인식상의 거리는 사건의 가능성을 재는 참조점의 위치에 따라서 결정되는 수도 있다. 58.a의 참조점은 발화시다. 이 참조점에서 어떤 주어진 상황의 가능성을 발화시에 판단한다. 58.b의 참조점은 발화시와 떨어져 있는 곳이 될 수 있다.

다음에서는 참조점이 주절의 과거시제나 가정문의 조건으로 명시되어 있다.

59. a. Tom said that Joe might pass his examination.
톰은 죠가 그의 시험에 합격할지도 모른다고 말했다.

b. If Joe were not so lazy, he might pass his examination.
죠가 그렇게 게으르지 않으면, 그는 그의 시험에 합격할 수도 있을 것이다.

59.a에서는 죠가 시험에 합격할 가능성이 Tom이 말한 시간에 측정된 것이고, 얼마의 시간이 지난 다음에 59.a의 화자가 말하는 것이므로 두 사건 사이의 시간차가 있고, 그 사이에 가능성이 줄어들 수도 있다. 그렇기 때문에 might는 may보다 가능성의 의미가 더 약하다. 59.b에서는 죠가 시험에 합격할 가능성이 비현실(가정)의 조건에 바탕을 두고 있고, 또 이 조건은 현실이 아니므로 주어진 상황이 실현될 가능성은 그만큼 더 적다.

Might는 have V-ed 와 같이 쓰이는데, 이때 과거 사실에 대한 약한 추측을 나타낸다 :

60. Joe might have helped you if you had asked him.
만약 네가 그에게 요청을 했더라면 죠가 너를 도와 줄 수도 있었을 것이다.

과거 비현실 세계에 있는 기준점에서 과거에 있을 수 있는 사건을 추리하는 것이기 때문에 확실성이 약하다.

상대방에게 요청을 할 때 may나 might가 쓰일 수 있다. 둘 다 상대방의 금지가 있는지 없는지를 묻는 점에서는 마찬가지다. 그러나 might가 may보다 더 간접적이고, 또 더 정중한 표현이 되며, 화자와 청자 사이의 인식상의 거리도 나타낸다.

61. May/Might I see you for a few minutes?
잠깐 뵐 수 있는지요?

5.5. MUST

양태동사 must의 뿌리 의미는 어떤 힘이 주어로 하여금 특정한 행동을 하게 하는 관계를 나타낸다. 이의 도식적 의미는 다음과 같다 :

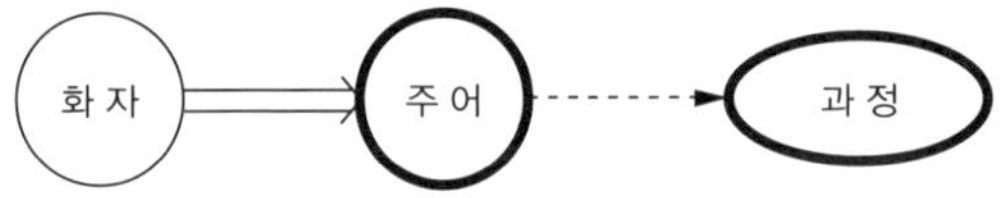

그림 19 : must의 뿌리 의미

그림 19에서 주어에 가해지는 힘은 화자로부터 나오는 것으로 표현되어 있다. 이것은 화자 자신의 것일 수도 있고 남의 권위를 화자가 전달하는 것일 수도 있다. 화자가 전달하는 강압에는 부모의 권위, 동료간의 압력 또는 도덕적이나 물리적인 힘 등으로 풀이될 수 있다.

62. a. The pupils were told they must write more neatly.
학생들은 좀 더 깔끔하게 글을 써야 한다고 말을 들었다.

b. You must wipe your feet before coming into the room.
너는 방에 들어오기 전에 발을 닦아야 한다.

c. You must come back before 10.
너는 10시 이전에 돌아와야 한다.

d. You must obey the law.
너는 법에 복종해야 한다.

e. We must eat in order to live.
우리는 살기 위해서 먹어야 한다.

62.a에서는 화자가 남의 명령을 간접적으로 전달하는 것이 명시적으로 표현되어 있다. 62.의 나머지 문장에서는 화자 이외의 어떤 출처가 언급되지 않았으므로, 화자 자신을 강요의 출처로 볼 수 있다.

must의 부정인 must not은 금지를 나타낸다. 이것은 다음과 같이 그림으로 나타낼 수 있다 :

그림 20 : must의 부정

그림 20에서 주어에 주어지는 힘은 마찬가지지만, 여기서는 이 힘이 주어로 하여금 어떤 행동을 못하게 한다. 즉, not은 must와 결부되는 것이 아니라 뒤에 오는 본동사와 결부된다. 그러므로 must not은 금지의 뜻을 나타낸다.

63. a. She must [not go there alone]. It's too dangerous.
그녀는 그곳에 혼자 가지 말아야 한다. 너무 위험하다.

b. You must [not walk on the grass].
여러분은 잔디를 밟지 말아야 한다.

must가 인식 의미로 쓰일 때는 강한 추측을 나타낸다. 다음 예를 살펴보자.

64. You have worked all day. You must be tired.
너는 온 종일 일을 했다. (그래서) 너는 지쳤음에 틀림없다.

'네가 지쳤다'고 하는 것은 화자가 만든 추리인데, 이 추리는 그가 갖는 증거로부터 그가 내릴 수 있는 거의 확실한 결론이다. 이것은 바꾸어 말하면, 화자가 가지고 있는 증거가 그로 하여금 주어진 추리에 이르지 않을 수 없게 한다는 것으로 풀이될 수 있다.

그림 21 : must의 인식 의미

다음도 must가 추리를 나타내는 예들이다.

65. a. If Bill left there at 4 o'clock, he must be home by now.
Bill이 4시에 그곳을 떠났다면 지금쯤 틀림없이 집에 도착해 있을 것이다.

b. There must be some mistake.
어떤 실수가 있음에 틀림없다.

화자가 추리하는 상황은 직접 현실에 가까운 곳에 있으나 화자에게는 알려져 있지 않고, 다른 사람에게는 알려져 있을 수 있는 현실로 놓여있기 때문에 화자는 이것을 거의 직접 현실이나 마찬가지로 판단하는 것으로 본다. 알려진 현실이란 이미 이루어진 현실이나 화자만 확인하지 않은 현실이므로 일단 화자가 확인만 하면 알려진 현실로 판명될 수 있는 사실이다. 그리고 must로 표현하는 추리는 언제나 현재에 관련된 추측이지 미래가 관련된 추측은 아니다. 이것을 should와 비교하면 그 차이가 난다. should는 현재나 미래 상태에 대한 추측일 수 있다.

66. a. He must be tired.
그는 (지금) 틀림없이 지쳐있다.

b. He should be tired.
그는 (지금) 지쳐있을 것이다.
그는 (미래 어느 시점에) 지쳐있을 것이다.

과거 영역에 있는 일의 확실한 추측은 must have V-ed의 형식으로 표현된다.

67. She must have been happy then.
그녀는 그때 행복했음에 틀림없다.

67.은 과거 어느 시점에 어떤 상태가 있었음에 틀림없다고 현재에 판단을 내리는 표현이다. 67.에서 '그녀가 행복했다'는 것은 과거 영역의 알려진 현실 영역에 있으므로 화자가 확인하면 반드시 그렇게 나타날 것으로 생각되는 일이다.

다음도 67.과 같이 풀이되는 예이다.

68. a. You must have left the umbrella in the bus.
너는 그 우산을 버스에 두고 내렸음에 틀림없다.

b. He must have arrived at Seoul by then.
그는 그때 서울에 도착했음에 틀림없다.

5.6. SHALL

양태동사 shall은 어느 지시된 상황이 현실화 되는데 문장의 주어가 아니라 화자나 그 밖의 사회적이나 물리적인 힘이 책임을 진다는 의미를 갖는다. 이 책임이 화자일 경우, 그의 의향이나 고집이 크게 작용할 수 있다. 이것을 **그림 22**로 나타냈다.

실선으로 된 작은 원은 어떤 상황을 나타내고, 점선으로 된 큰 원은 화자의 책임 영역이다. 그래서 주어진 어느 상황이 일어나느냐, 그렇지 않느냐는 화자의 책임에 달려있음을 나타낸다.

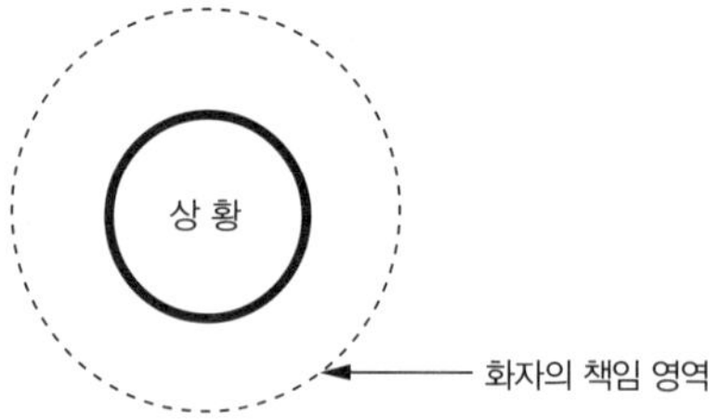

그림 22 : shall의 의미

Shall의 의미는 문장의 주어가 1인칭이 아닌 2인칭이나 3인칭일 때 가장 뚜렷하게 나타난다.

69. a. You shall have the money as soon as I get it.
내가 돈을 갖는 대로 네가 그 돈을 갖도록 내가 책임지겠다.

b. You shall stay with us as long as you like.
네가 원하는 동안 네가 우리와 같이 있도록 하겠다.

그래서 위의 문장은 다음과 같이 표현될 수 있다.

69.′ a. I will let you have the money as soon as I get it.
내가 그 돈을 갖는 대로 네가 그것을 갖게 하겠다.

b. I will let you stay as long as you like.
나는 네가 원하는 동안 머물게 하겠다.

위에서는 주어가 2인칭이다. 그러나 주어가 다음과 같이 3인칭일 때도 마찬가지다.

70. He shall go to the concert.
그가 음악회에 가도록 하겠다.
(즉, 그가 음악회에 가도록 내가 책임을 지겠다.)

I will let him go to the concert.
나는 그가 음악회에 가도록 하겠다.

Shall은 화자의 의향이나 고집을 나타낸다고 하는데 이것은 화용적 요인에 의해서 나오는 의미다. 예로, 70.의 경우 그(he)가 음악회에 가고 싶어 한다면 주어의 의향을 화자가 들어주는 것이고, 그가 가기 싫은 경우면 화자의 고집을 나타내는 것이 된다.

주어가 1 인칭일 때도 shall이 쓰인다. 이때 화자와 주어가 일치된다. 그러므로 화자 자신이 하는 일에 자신이 책임을 진다는 뜻이 된다. 이러한 경우 가장 크게 관여되는 것은 화자의 의지가 된다.

71. a. I shall do what I like.
나는 내가 좋아하는 것을 하겠다.

b. I shall write tomorrow.
나는 내일 쓰겠다.

그러므로 주어가 1인칭일 때는 양태동사 will과 그 뜻이 매우 비슷하게 된다.

72. I will do what I like.
나는 내가 좋아하는 것을 하겠다.

상황전개에 대한 화자의 책임을 shall의 의미로 보면 양태동사 shall이 다음과 같은 주절의 종속절에 쓰이는 것도 예측할 수 있는 일이다.

73. a. I intend that this school shall be the best in the country.
나는 이 학교가 나라에서 가장 좋은 학교가 되도록 하겠다.

b. It has been decided that he shall be given the job.
그에게 그 일을 주도록 결정이 되었다.

주절에 화자의 의지를 나타내는 동사 intend, decide가 쓰였는데 이들은 위에서 살펴 본 shall의 의미와 잘 양립될 수 있다.

그리고 지시된 상황의 실현이 화자 자신의 책임에 의해서 일어나게 하는 것은 아니지만 신의 힘이나 법의 힘으로 반드시 일어나리라고 화자가 믿는 것도 shall로 표현된다.

74. a. They shall beat their swords into ploughshares.
그들은 그들의 칼을 두들겨서 쟁기로 만들 것이다.

b. A curse shall light upon the limbs of men.
한 재앙이 인간의 사지에 떨어질 것이다.

Shall은 또 단순 미래를 나타내는 것으로 풀이되는데, 이 양태동사가 나타내는 뜻은 단순한 미래가 아니다. 그림 22에서 주어진 상황의 실현에 책임을 지는 것은 화자나 사회적 규정같은 것이다. 그리고 이 책임은 자연법칙 같은 것이 될 수도 있는데, 여기에 책임이 주어지면 shall은 필연적으로 일어날 것으로 생각되는 상황을 나타낸다. 특히 shall 다음에 쓰이는 동사가 주어의 의지와 관계가 없는 상태나 과정이면 이러한 뜻이 더 분명해진다. 다음 예를 살펴보자 :

75. a. I shall come of age next year.
나는 내년에 성년이 된다.

b. We shall be forgotten soon.
우리는 곧 잊혀질 것이다.

c. She shall feel sorry when he goes.
그녀는 그가 가면 섭섭해 할 것이다.

d. I shall always remember your kindness.
나는 항상 당신의 친절을 기억할 것입니다.

75.의 주어는 모두 사람을 가리키지만, 이 사람들은 여기서는 의지를 가지고 행동하는 행위자가 아니다. 이러한 개체가 shall과 함께 쓰이면,

이들은 어떤 법칙의 적용을 어김없이 받는다는 뜻을 나타낸다.

5.7. SHOULD

양태동사 should는 shall의 과거형이지만 그 의미는 shall과 몇몇 경우를 제외하고는 서로 관계없는 의미를 나타낸다. 먼저, shall과 should가 관계가 있는 경우는 시제의 일치가 필요할 때이다. 다음에서는 주절의 동사가 과거이므로, shall은 should로 쓰였다.

76. a. John said to Mary, "Shall I get you a taxi?"
    존은 메리에게 말했다: "택시를 잡아 드릴까요?"

    b. John asked whether he should get her a taxi.
    존은 그녀에게 택시를 잡아 줄지 아닐지 물었다.

77. a. He thought that he should never be able to get there in time.
    그는 그곳에 제 시간에 도착할 수 없을 것이라고 생각했다.

    b. You promised that I should have a turn next.
    너는 내가 다음 차례를 갖도록 하겠다고 약속했다.

양태동사 shall에는 뿌리 의미는 있으나 인식 의미는 없다. 그러나 should는 뿌리 의미와 인식 의미를 둘 다 갖는다. 먼저 뿌리 의미를 살펴보자. should의 주된 뿌리 의미는 책무이다. 이 뜻을 책무를 나타내는 양태동사 must와 비교하면서 살펴보자. 먼저 다음 예를 살펴보자 :

78. a. You must practice hard.
    너는 연습을 열심히 해야 한다.

    b. You should practice hard.
    너는 연습을 열심히 하는 것이 좋겠다.

must로 표현되는 의무는 화자가 주어에게 부여하는 것이고, 주어는 이것을 하지 않으면 안된다. should로 표현되는 의무는 화자가 주어를 위하여 하는 충고나 권고 정도이다. 그러므로 should는 문장의 주어가 어떤 일을 하는 것이 바람직하다는 화자의 의견을 나타낼 뿐 지시된 상황이 반드시 일어나야 한다고 요구하지 않을 때에 쓰이는 표현이다. 다시 말하면, 화자는 주어에게 어떤 책무를 부과하는 것이 아니라 그에게 어떤 바람직한 행동을 제안하면서, 그가 이것에 동의하여 따라 주었으면 하는 의견을 나타낸다.

79. a. You should read this. It's interesting.
너는 이것을 읽는 것이 좋겠어. 이것은 재미가 있다.

b. He should go to bed earlier.
그는 좀더 일찍 자는 것이 좋겠다.

양태동사 should의 의미는 주어가 어떤 일을 하는 것이 바람직하거나 현명하다는 화자의 판단이므로, should는 자연히 다음과 같은 동사나 형용사가 쓰이는 구조에 흔히 쓰인다.

80. a. They recommended that the work should be finished as soon as possible.
그들은 그 일이 가능한 한 빨리 끝내져야 한다고 권했다.

b. I propose that a petition should be drawn up.
탄원서가 작성되는 것이 좋다고 제안한다.

c. It's natural that people should love their children.
사람들이 그들의 자식들을 사랑하는 것은 당연하다.

d. It is not good that man should live alone.
사람이 혼자 사는 것은 좋지 않다.

양태동사 should에는 위와 같은 뜻이 있기 때문에 누가 어떤 일을 함이 마땅하나, 실제 그렇게 하지 않을 경우에 많이 쓰인다.

81. a. I should stop smoking.
나는 담배를 끊는 것이 좋은데.

b. He should get some more exercise.
그는 좀더 많은 운동을 하는 것이 좋겠다.

81.a의 경우, 화자는 담배를 피우면서 이 말을 할 수 있고, 81.b의 경우는 아직 운동을 하지 않으면서 이 말을 할 수 있다.

화자가 볼 때 주어가 당연히 어떤 일을 해야 하지만 하지 않은 뜻을 should가 암시함을 위해서 살펴보았는데, 이 뜻은 과거에 대해서 말할 때 더욱 분명하게 나타난다.

82. a. You should have stopped at the red light (but you did not).
너는 빨간불에 섰어야 했다. (그러나 서지 않았다.)

b. You should have locked the door (but you did not).
너는 문을 잠궜어야 했다. (그러나 그렇게 하지 않았다.)

c. He should have helped her.
그는 그 여자를 도왔어야 했다.

양태동사는 should는 책무 외에 인식상의 가정을 나타낸다. should가 이 두 가지의 뜻을 갖게 된 것은 우연한 일이 아니다. 무엇을 하는 것이 당연하거나 바람직한 것이면, 이러한 일이 이루어지리라고 가정하는 것은 무리가 아니다. 그래서 should는 다음과 같이 중의적으로 풀이 된다.

83. She should be very wise.
그녀는 현명해야 한다.
그녀는 현명하겠다.

위 문장은 두 가지로 풀이될 수 있다. 첫째는 위에서 살펴본 뿌리 의미다. 즉, 그녀가 현명하게 행동하는 것이 바람직하다는 화자의 의견을 나타낸다. 다른 하나는 인식의미다 : '그 여자는 현명하겠다', 즉 주어진 조건이나 상황을 보아서 그 여자가 현명하겠다는 화자의 판단이다. 다시 말하면, 주어진 조건이나 상황을 보아서 그 여자가 현명하겠다고 추리하는 것은 무리가 아님을 should가 나타낸다. 다음 예를 살펴보자.

84. a. You should have some trouble finding his house.
너는 그의 집을 찾는데 약간의 어려움을 겪게 될 것이다.

b. Jane should be in New York by now.
제인은 지금 뉴욕에 도착해 있을 것이다

같은 추측을 나타내는 must와 should는 다음과 같이 다르다 :

85. a. A coat like that must cost about $50.
그와 같은 저고리는 틀림없이 약 50불은 될 것이다.

b. A coat like that should cost about $50.
그와 같은 저고리는 약 50불은 될 것이다

must가 쓰인 85.a는 확신을 나타내고, should가 쓰인 58.b는 예상을 나타낸다. 또 must와 should는 다 같이 추측을 나타낸다. 그러나 must는 확실한 추측을 그리고 should는 약한 추측을 나타낸다.

86. a. The poor old lady must be dead by now.
그 불쌍한 노인은 지금쯤 틀림없이 죽어 있을 것이다.

b. The poor old lady should be dead by now.
그 불쌍한 노인은 지금쯤 아마 죽어 있을 것이다.
그 불쌍한 노인은 지금쯤 죽어 있어야 한다.

86.b는 문법적으로는 완전한 문장이지만 의미상으로 이상한 것은 화자가 누가 죽는 것이 바람직함을 나타내기 때문이다.

조건절에도 should가 쓰이는데, 이때 지시된 조건은 어느 정도 실현 가능성이 있고, 또 때에 따라서는 지시된 조건이 바람직한 것으로 판단된다.

87. a. If anyone should call, please tell him that I'll be back in an hour.
누가 전화하거든 내가 한 시간 안에 돌아온다고 말해주세요.

b. If she should be in town tomorrow, we will make our arrangments then.
그녀가 내일 읍내에 오게 되면, 우리는 그때 준비를 할 것입니다.

지시된 상황이 확실한 가능성이 없던 것으로 생각되었는데, 이것이 실현될 때 이러한 놀라움을 나타내기 위해서 should가 쓰인다. 즉, 일어난 일을 현실로 생각하는 것이 아니라 가정상의 일로 생각한다.

88. a. It is strange that there should be so few mistakes.
잘못이 그렇게 적다니 이상하다.

b. It is amazing that he should be considered a genius.
그가 천재로 간주되다니 놀랍다.

또 should는 가정의 조건이 비현실인 경우에도 쓰인다. 이것은 shall의 과거형으로 볼 수 있는데, 이 과거형이 쓰인 것은 조건이 비현실 세계에 있으므로 실현될 가능성이 shall로 쓰는 것보다 약하기 때문이다.

89. a. I should definitely take the job if it were offered to me.
그 일이 내게 제공된다면, 나는 그것을 받아들일 것이다.

b. I should not do it if I were you.
내가 너라면 나는 그것을 하지 않을 것이다.

5.8. WILL

양태동사 will은 고대 영어 willan에서 온 것인데, willan은 본동사로서 'to want' 'to wish' 'to desire'의 뜻을 갖는다. 그리고 고대 영어의 willan은 현대 영어에서 will의 형태로서 쓰인다.

90. a. I willed him to live.
나는 그가 살기를 바랐다.

b. Can you will yourself to keep awake?
너는 마음을 써서 깨어있도록 할 수 있느냐?

c. We willed him to stop, but he went past.
우리는 그가 멈추기를 바랐지만, 지나가 버렸다.

90.에 쓰인 will은 [주어－will－목적어－목적보어]의 구조에 쓰였는데, 주어가 자신의 의지를 행사하여 목적어로 하여금 어떤 행동을 하게 하는 과정을 나타낸다.

다음에서 will은 [주어－will－목적어]의 구조에 쓰였으며, 이 때 목적어는 대명사, 명사, 명사절이 될 수 있다. 또 will은 91.d와 같이 자동사로 쓰일 수 있다.

91. a. The emperor wills it, so it must be done.
황제가 그것을 바라므로, 그것은 꼭 이루어져야 한다.

b. If he wills success, he can find it.
그가 성공을 바라면, 성공을 찾을 수 있다.

c. God has willed that the Earth turn once a day.
하느님께서는 지구가 하루에 한 번 돌도록 뜻하셨다.

d. To will is not enough; one must do.
바라는 것만은 충분하지 못하다. 우리는 행동해야 한다.

위와 같은 [의도]나 [의향]에 관계되는 의미는 양태동사에도 부분적으로 반영되어 있다. 특히 주어가 의지를 행사할 수 있는 사람인 경우에는 이러한 뜻이 더 분명하게 나타난다.

92. a. Susan will help Tom.
수잔이 톰을 도우려고 한다.

b. He will do anything for her.
그는 그녀를 위해 무엇이든 하려고 한다.

92.의 문장에 쓰인 will은 주어의 의향을 나타내는 것으로 된다. 그러나 상황에 따라서 이것은 의향보다도 강한 결심이나 고집을 나타내는 것으로 풀이될 수 있다. 예로, 92.a의 경우 누가 수잔으로 하여금 톰을 돕지 말라고 경고나 권유를 하는 경우라면 will은 주어의 강한 고집을 나타내는 것으로 풀이될 수 있다. 이와 같은 강한 고집이나 결심의 뜻은 다음 문장에서와 같은 문맥으로 명시될 수 있다.

93. a. I won't go, and that's final.
나는 가지 않겠다. 그리고 이것은 최종적이다(바꿀 수가 없다).

b. I will go to the movie and no one shall stop me.
나는 그 영화를 보겠다. 아무도 나를 막지 못하게 하겠다.

c. She will comb her hair at the table even though she knows I don't like it.
그녀는 내가 싫어하는 줄 알면서도 식탁에서 머리를 빗으려고 한다.

주어가 어떤 일을 하고자 하는 의향이 있으면, 그는 기회가 있을 때마다 그 일을 자주 할 것이다. 이러한 관계로부터 will은 주어의 습관을 나타내는 것으로 풀이된다.

94. a. He will sit hours without moving.
그는 꼼짝하지 않고 몇 시간이고 앉아 있는다.

b. She will chatter for hours on end if you give her a chance.
그녀는 기회를 주면 몇 시간이고 계속해서 지껄인다.

94.a의 경우, 기회가 주어지면 그는 움직이지 않고 앉아 있을 것이라는 예측이고, 94.b의 경우도 마찬가지로 기회가 주어지면 그렇게 할 것이라는 주어의 성향을 나타낸다.

지금까지 살펴본 will은 모두 주어가 사람인 경우였다. 이때 will이 가질 수 있는 의미 영역은 [의향-의지-결심-성향]의 연속 변차선이다. 그러나 will은 주어가 사람이 아닌 경우에도 쓰이는 데, 이 때 의향

-의지-결심 등의 뜻은 적용되지 않는다. 다만 [성향]과 관련된 뜻만이 적용된다.

95. a. Oil will float on water.
기름은 물 위에 뜬다.

b. This car will hold seven people comfortably.
이 차는 일곱 사람을 편하게 태울 수 있다.

95.는 주어가 사람이 아닌 점이 94.와 다르다. 그러나 주어의 성향을 나타내는 점에 있어서 마찬가지다. 즉, 어떤 적당한 조건이 주어지면 94.a, b에 그려진 상황이 반드시 일어날 것임을 will이 나타낸다.

주어가 의도하는 일은 이것을 의도할 때 일어나지 않고 그 후에 일어나게 된다. 이러한 관계에서 will은 자연 미래시제를 나타내는 것으로 풀이된다. 그런데 will이 나타내는 미래는 크게 두 가지로 나누어 볼 수가 있다. 92.의 예에서와 같이 주어의 의지가 담긴 미래와 그렇지 않은 미래로 나누어 볼 수가 있다. 주어의 의지가 담기지 않은 미래는 앞으로 일어날 일에 대한 화자의 판단과 깊은 관련이 있다.

이때 화자는 세계를 안정된 틀로 가정하고, 이 틀속에서 상황이 일어나고 사건이 전개된다고 생각한다. 무엇이 세계가 되느냐 하는 것은 화자의 세계관이나 관심에 달려있다. 우리는 일차적으로 이러한 세계를 물리적 세계와 동일시한다. 그러나 물리적 세계 이외에 사회적 세계, 정신 세계, 영적 세계 등도 포함된다.

세계에 대한 특정한 구조를 화자가 설정할 수 있는데, 화자가 생각하는 세계의 틀속에서는 어떤 일은 일어날 수 있고, 또 어떤 일은 전혀 일어날 수가 없다. 또 현실의 연장으로 미래에 일어날 수 있는 일은 크게 제한을 받는다. 특정한 조건이 주어지면 어떤 상황은 내재적으로 일어나는 경향이 있어서 여기에 상당한 반힘이 가해지지 않으면 일어나지 않을 수 없다. 반대로, 어떤 상황은 일어나지 않는 경향이 있어서 충분한 힘이 가해지지 않으면 일어나지 않을 것이다. 그리고 현실이라는 것도 정적인 것이 아니고 시간선상에 끊임없이 전개가 되기 때문에 현재는 미래로 나아가면서 현재의 모든 것도 과거가 된다. 다시 말하면, 과거와 현재는 연속적인 것이어서 많은 경우에 현재는 과거와 비슷한 점이 많고, 또 현재로부터 미래를 어느 정도 예측할 수가 있다. 이것은 현재가 미래의 가능한 과정을 크게 제한할 수 있음도 시사한다. 그래서 현재의 상황으로 보아서 어떤 상황은 반드시 일어날 것으로 예측되나, 어떤 다른 상황은 일어나지 않을 것으로 예측된다.

다음 그림 23은 하나의 인식모형인데 세계는 현실과 가능 현실로 나누어져 있고 현실은 지나간 과거 현실과 직접 현실이 있다. 현실은 원통으로 그려져 있고 이것은 시간과 함께 전개된다. C는 개념자이다. 점선으로 된 화살표는 현실의 전개 동력을 나타낸다. 이 동력은 현실을 특정한 길로 끌고 가며 다른 길에 들어서지 않게 한다. 전개 동력이 현실을 끌고 갈 수 있는 영역은 가능 현실이다. 그리고 이 전개 동력은 그 힘이 강해서 현실의 미래 과정이 상당한 확실성으로 투영될 수 있다 (이러한 과정을 막기 위해서는 상당한 힘이 필요하게 될 것이다).

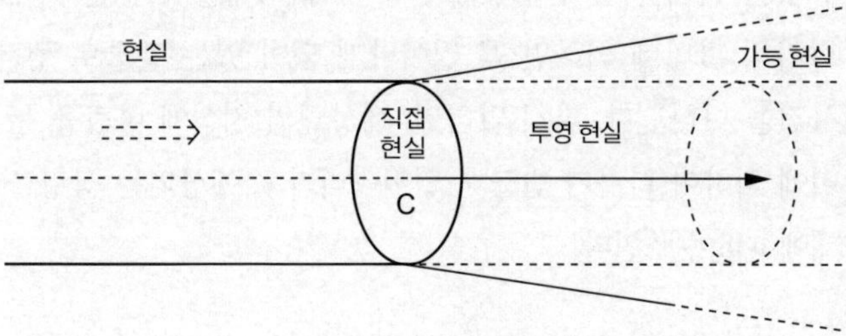

그림 23 : 인식 모형

양태동사 will의 기본 의미는 어떤 상황이 현재의 상태로 봐서 시간이 지나면 거의 확실하게 일어날 것으로 화자가 판단할 때 쓰인다. 다시 말하면, 주어진 상황은 **그림 23**의 투영된 현실안에 있음을 가리킨다. 즉, 강한 반힘이 가해지지 않는 한 지시된 상황은 투영된 현실로 전개될 것임을 나타낸다. 이러한 판단은 여러 가지에 바탕을 둘 수 있는데 가장 뚜렷한 것은 주어의 의지나 의향이다.

96. a. I will send the book to him tomorrow.
    나는 그에게 그 책을 내일 보내겠다.

    b. George will go out without his coat.
    조지는 저고리를 입지 않고 나갈 것이다.

    c. Some will praise from politeness, and some will criticize from vanity.
    어떤 분은 예의를 생각해서 칭찬하고, 어떤 분은 허영심에서 비판을 할 것이다.

96.a에서는 주어의 의지나 결심이고, 96.b에서는 조지의 고집이나 결심으로 봐서 지시된 상황에 특별한 일이 없으면 일어날 것임을 will이 나타낸다.

위에서 살펴본 바와 같이 will은 의향의 색채를 띤 미래에서 이러한 색채가 없는 미래를 나타내게 되는데, 이때 미래는 단순한 미래가 아니라 화자의 판단에 의하면 꼭 일어나게 되어 있는 것으로 생각되는 미래 사건을 나타낸다. 다시 말하면, 세상일의 지식에 바탕을 둔 사건의 추이에 의하여 화자가 반드시 일어나리라고 예상되는 상황을 나타내는 데에 will이 쓰인다.

97. a. It will be generally dry tomorrow.
    내일은 날씨가 전반적으로 건조할 것이다.

    b. You will be sorry for this.
    너는 이것 때문에 후회할 것이다.

97.a는 주어진 일기 개황으로 봐서, 현재의 큰 변화가 없는 한 건조한 날씨로 이어질 것이라는 화자의 판단을 나타낸다. 97.b도 청자가 지금 어떤 일을 하면 그것이 후회하는 상황으로 틀림없이 이어질 것임을 나타낸다.

will은 다음에서와 같이 몇 가지 특수한 경우에도 쓰이는데, 이들도 위에서 기술한 will의 의미로 설명될 수 있다.

98. a. Water boils when heated to 100 degrees centigrade.
물은 섭씨 100도가 되면 끓는다.

b. Water will boil when heated to 100 degrees centigrade.
물은 섭씨 100도가 될 때 끓을 것이다.

98.a에는 현재형이 쓰였고, 98.b는 양태동사 will이 쓰였다. 두 표현 모두 일반적인 진리를 나타낸다. 그러나 그 의미가 꼭 같은 것은 아니다. 98.a는 100도가 되면 물이 끓는 사실을 정적으로 기술하는 반면, 98.b는 보다 동적으로 기술한다. 즉, 98.b는 물을 끓게 하는 조건이 주어지면, 이 물은 끓는 쪽으로 틀림없이 전개될 것임을 나타낸다. 다음도 모두 진리를 나타내나 이것을 동적으로 표현하고 있다.

99. a. Oil will float on water.
기름은 물에 뜰 것이다.

b. Boys will be boys.
소년들은 소년들일 것이다.

99.a에서 기름을 물에 붓는 조건이 주어지면, 기름이 물 위에 있게 되는 상황으로 반드시 전개될 것임을 will이 나타낸다. 99.b에서도 will은 소년들이 적당한 조건이 주어지면 소년의 행세를 하게 될 것이라는 강한 예측을 나타낸다.

will은 또 명령을 나타내는 것으로 여러 사전이나 문법책에서 풀이되는데, 이 의미는 will 자체의 의미라기보다는 화용상 풀이되는 것으로 볼 수 있다. 다음 예를 보자.

100. You will go at once and pick up all the toys you have scattered on the floor.
너는 곧 가서 마루바닥에 흩어 놓은 모든 장난감을 집어 모아라.

100.에 쓰인 will은 청자가 가서 그가 흩어놓은 장난감을 다 집게 될 것이라는 화자의 판단을 나타낸다. 그런데 청자가 지위상 화자의 아래에 있어서 복종을 해야하는 관계라면, 그는 화자의 마음을 따라서 화자가 바라는 대로 지시된 일을 하게 될 것이다. 이러한 관계에서 will이 명령의 의미를 갖게 된다고 볼 수 있다. 다음 문장도 청자가 화자보다 사회적 지위가 낮아서 화자의 뜻에 따라야 하는 위치에 있으면 명령으로 풀이될 수 있다.

101. a. No one will leave the room before 3 o'clock.
아무도 세 시 이전에 이 방을 떠나서는 안될 것이다.

b. You will carry out these instructions.
너는 이 지시 사항들을 이행해야 할 것이다.

위에서 우리는 will이 일의 추이로 봐서 어떤 조건이 주어지면 확실히 일어날 사건을 표현하는데에 쓰이는 것을 보았다. 이와 같은 will의 의미는 추측을 나타내는 데에도 쓰인다. 특히 will이 상태동사와 쓰일 때 이 추측의 의미가 강하다. 다음 예를 살펴보자 :

102. That will be the postman.
저 분은 우편 배달부일 것이다.

위 문장이 담고 있는 뜻은 다음과 같다. 화자가 어떤 사람을 보고 있는데, 아직 멀리 있어서 분명히 누구인지는 알 수 없다. 그러나 화자는 그가 우편 배달부라는 확신을 가지고 있다. 그래서 그가 가까이 오면, 그가 배달부임이 사실로 판명될 것이라고 화자는 믿는다. 미래시제를 나타내는 will과 추측을 나타내는 will은 다르다. 그러나 미래 사건이 확실히 일어날 것으로 믿는 점과, 확인되지 않은 사실이 확실한 사실로 실현될 것이라는 점에 있어서 두 will의 쓰임은 관련되어 있다. 확실한 추측을 나타내는 양태동사에는 must도 있는데, 이것은 will과 다음과 같은 점에서 구별된다. must는 발화시에 직접적으로 확인될 수 있는 추측을 나타내고, will은 확인하는 데 실제 시간이나 인식상에서 어느 정도의 거리가 요구되는 추측이다. 이러한 차이는 다음 예에서 살펴 볼 수가 있다 :

103. a. They (will/*must) quite possibly be there now.
그들은 지금 그곳에 있을 것이다.
b. Since you saw it with your eyes, it(must/*will) exist.
네가 그것을 네 눈으로 봤으니, 그것은 틀림없이 존재하겠다.

103.a는 누가 발화 장소에서 멀리 떨어져 있는 어느 장소에 도착했는지 안했는지를 화자가 직접적으로 확인할 수 있는 것이 아니므로 will은 쓰일 수 있으나 must는 쓰이지 못한다. 103.b에서는 청자가 자신의 눈으로 직접 본 것으로 되어 있기 때문에 must는 쓰일 수 있으나 will은 쓰일 수가 없다.

Will이 현재완료형과 같이 쓰이면, 과거 일에 대한 현재의 추측을 나타낸다. will have V-ed의 표현을 쓰는 화자는 과거에 어떤 일이 있었다고 확신하면서 확인만 하면 그 일이 사실로 드러날 것으로 믿는다.

104. a. That will have been Mary who phoned.
전화를 건 사람은 메리였을 것이다.
b. You will have heard the rumor.
너는 그 소문을 들었을 것이다.
c. She won't have seen you come.
그녀는 네가 오는 것을 보지 못했을 것이다.

5.9. WOULD

would는 will의 과거형으로서, 주절의 시제가 과거인 종속절에 쓰인다.

105. a. At that time I thought I'd never see my parents again.
   그 당시 나는 내 부모를 다시 볼 수 없으리라 생각했다.
   b. I promised that I would pay back the money.
   나는 그 돈을 갚겠다고 약속했다.
   c. I tried to explain it, but he would interrupt me.
   나는 그것을 설명하려고 했지만, 그가 방해를 하려고 했다.

또 would는 가정법의 조건절에 과거시제나 과거완료가 쓰일 때에도 사용된다. 이것은 또 현재 발화시가 아닌 가상의 영역에서 미래의 일을 예측하기 때문에 will보다는 훨씬 약한 의미를 갖는다.

106. If I were rich, I would live in a large house.
   내가 부자라면 나는 큰 집에 살 수 있을 것이다.

would는 위에서와 같이 종속절에 쓰이지 않더라도, 과거에 있었던 일을 이야기할 때에도 쓰인다.

107. Before they got married, they would walk home across the field.
   그들은 결혼하기 전에 들판을 가로질러 집에 걸어오곤 했다.

would는 주어의 성향을 내포하기 때문에 성향과 관계없는 상황을 나타내는 표현에는 쓰일 수 없다.

108. When he lived by the river, he (used to/*would) suffer from pneumonia.
   강가에 살 때 그는 폐렴으로 고생했다.

would는 have V-ed와 같이 쓰일 수도 있다.

109. He would have helped you, if you had asked him.
만약 네가 그에게 부탁을 했다면, 그는 너를 도와주었을 것이다.

109.에서는 참조되는 상황이 과거 영역의 비현실에 있다. 이 참조 상황을 고려한다면 그가 너를 도왔을 것이 거의 확실하게 예측될 수 있다는 뜻이다.

6. 의문문에서의 양태동사

앞에서 우리는 서술문에서 양태동사의 의미를 살펴보았다. 서술문에서 양태동사의 의미에는 언제나 화자가 개입되어 있다. 의문문에서는 양태동사의 의미는 화자 대신 청자가 개입된다.

6.1. CAN

양태동사 can은 뿌리 의미와 인식 의미로 쓰인다. 다음을 살펴보자.

110. a. Can you go now?
당신은 이제 갈 수 있습니까?
b. Can he go now?
그는 지금 갈 수 있습니까?

110.a에서는 '네'가 갈 능력이 있다고 생각하느냐를 청자에게 묻는다. 110.b에서는 주어가 he인데, 이 때에도 '그'가 갈 능력이 있다고 청자가 판단하는지를 화자가 묻는다. 주어가 1인칭일 때에는 뜻이 조금 다르다. 자신의 능력은 자신이 누구보다 더 잘 알기 때문에, 주어가 1인칭일 때는 주어(화자)의 능력을 자신에게 묻는 것이 아니라 상대의 평가를 묻는다.

111. Can I go now?
나는 이제 갈 수 있습니까?
나는 이제 가도 됩니까?

can이 인식 의미로 쓰일 때에도 의문문에 쓰인다. 이때 화자는 듣는 이에게 어떤 상황이 사실일 수 있다고 생각하는지 묻는다.

112. a. Can it be true?
그것은 사실일 수 있을까요 ?
b. Can that be Tom on the phone?
전화하고 있는 사람이 톰일까요?

6.2. COULD

can의 과거형인 could도 can과 비슷한 방법으로 쓰이지만 그 의미에는 차이가 있다. 요청을 나타낼 때, could는 can보다 더 정중한 표현이 된다. 즉, 화자가 청자로부터 어느 정도의 거리감을 두고 쓰는 표현이다.

113. Could I go now?
제가 갈 수 있는지요?

could가 인식 의미로 의문문에 쓰이면 지시된 사실이 참일 가능성이 can으로 나타내는 것보다 훨씬 더 약하다.

114. a. Could that be true?
그것이 사실일 수가 있는지요?
b. Could that be Tom in the store?
상점 안에 있는 사람이 톰일까요?

6.3. MAY

양태동사 may도 뿌리 의미(허가)와 인식 의미(추리)를 갖는데, 의문문에는 뿌리 의미만 쓰인다. 서술문에서 may가 가리키는 허가는 화자에 의해서 주어지지만, 의문문에서는 허가가 청자에 의해서 주어진다.

115. a. May I go now?
전 이제 가도 됩니까?
b. May they go now?
그들은 지금 가도 됩니까?

인식 의미의 의문은 can으로 대치되거나 간접적으로 표현될 수 있다 : 예로서 다음 116.a에 쓰인 may는 추리의 의미로 풀이되는데, 이것의 의문문은 may로 표현될 수 없다.

116. a. It may be very cold there.
그 곳은 매우 추울지도 모른다.
b. *May it be very cold there?

추리에 대한 의문은 다음과 같이 간접적으로 표현될 수 있다.

c. Do you think it may be very cold there?
그 곳은 매우 추울지 모른다고 생각하십니까?

6.4. MIGHT

might는 may보다 더 약한 추측을 나타낸다.

6.5. MUST

must는 뿌리 의미(의무)와 인식 의미(추리)로 다 쓰이나 의문문에서는 뿌리 의미만 쓰이며, 의문문에서 의무는 화자가 아니라 청자에 의해서 부과된다.

117. a. Must I do all this work myself?
나 혼자서 이 모든 일을 해야 합니까?

위 문장은 내가 어떤 일을 하고 안하는 것은 청자의 뜻에 달렸음을 나타낸다. 이것은 2, 3인칭 주어가 쓰일 때도 마찬가지다.

b. Must he go tomorrow?
그는 내일 꼭 가야 합니까?

주어가 2인칭일 때도 다음과 같이 쓰일 수 있다.

c. Must you behave like that?
너는 그렇게 행동을 해야만 하느냐?

6.6. SHALL

양태동사의 shall은 뿌리 의미는 있으나 인식 의미는 없다. 서술문에서의 shall은 주로 화자가 어떤 상황이 일어나는 것에 책임을 진다는 뜻을 나타내지만, 의문문에서는 이러한 책임을 청자가 질 수 있는지 없는지를 묻는다. 먼저 주어가 1인칭인 예부터 살펴보자.

118. a. Shall I wash your car?
제가 당신의 차를 씻어드릴까요?

118.a는 다음과 같이 풀이될 수 있다 : '나는 당신의 차를 씻을 수 있는데 당신은 이것을 원합니까?' 이것은 청자의 의지를 물어보는 질문이 되는데 주어가 118.b에서와 같이 3인칭일 때도 마찬가지다.

118. b. Shall he do your shopping for you?
그가 당신을 대신해서 당신의 쇼핑을 하게 할 것인가요?

118.b는 다음과 같은 뜻을 갖는다: '그가 당신을 대신해서 당신의 쇼핑을 하는 일이 당신의 뜻입니까?' 주어가 여기서 2인칭일 때도 마찬가지다.

118. c. Shall you take a holiday this summer?
당신은 이번 여름에 휴가를 가질 예정입니까?

118.c는 다음과 같이 풀이될 수 있다 : '당신이 이번 여름에 휴가를 갖는 것이 당신의 뜻입니까?'

6.7. SHOULD

양태동사 should는 뿌리 의미와 인식 의미로 쓰인다. 서술문에서 뿌리 의미로 쓰이는 should는 어떤 상황이 일어나는 것이 화자가 볼 때 옳거나 바람직하다고 하는 화자의 판단을 나타낸다. 인식 의미로 쓰일 때는 화자가 어떤 결론을 내리는 것이 무리가 아님을 나타낸다. should가 의문문에 쓰이면 화자는 위와 같은 판단에 관련된 청자의 의견을 묻는다.

119. a. Should I open the window?
제가 창문을 여는 것이 좋다고 생각합니까?
b. Should we take the train instead of the bus?
우리가 버스 대신에 기차를 타는 것이 좋다고 생각하십니까?

119.에서는 앞으로 할 일에 대한 청자의 의견을 묻는다. 다음에서는 어떤 추리에 대한 합당성을 화자가 청자에게 묻는다.

120. Should they be arriving now?
그들은 지금쯤 도착을 하고 있겠지요?

120.은 다음과 같이 풀이된다 : '화자인 내가 그들은 지금 도착하고 있다고 생각하는데, 이 생각은 청자의 판단으로 무리가 아니겠지요?'

6.8. WILL

양태동사 will이 서술문에 쓰일 때에는 문장에 지시된 상황이 거의 확실하게 실현되거나 사실로 판명될 것이라는 확신을 화자가 가질 때 쓰인다. will이 의문문에 쓰일 때에는 이러한 확신을 청자에게 묻는다.

121. Will you please open the door for me?
저를 위해서 문 좀 열어 주시겠습니까?

121.은 다음과 같이 풀이된다 : '당신이 저를 위해 그 문을 열게 되는 것이 거의 확실한 일로 생각합니까?'

청자가 어떤 일을 하고 안하는 것은 대개의 경우 그의 의지에 달려 있으므로 여기서는 상대의 의지를 묻는 요청의 뜻이 된다. 주어가 3인칭일 경우에는 그의 의지를 확실하게 파악할 수 없으므로 의지의 뜻은 자연히 약화되고, 대신 청자의 판단이 크게 작용한다.

122. Will she come to see us?
그녀는 우리를 만나러 올까요?

122.는 다음과 같이 풀이된다 : '그녀가 우리를 만나러 오는 일이 거의 확실히 실현될 것으로 생각하십니까?'

6.9. WOULD

will과 마찬가지로 would도 상대방의 의향을 묻는데 쓰인다. 그러나 would는 will보다 더 정중하다 :

123. Would you have lunch with me tomorrow?
내일 저와 점심을 같이 하시겠습니까?

추리를 나타내는 데에 would가 쓰이며, 언제나 조건이 포함된다.

124.에서는 괄호속에 표현된 것과 같은 조건을 생각할 수 있다 :

124. Would she come (if I asked her)?
만약 내가 그녀에게 요청을 한다면 그녀가 올까요?

7. 양태동사와 부정(negation)

부정어 not이 양태동사와 쓰이면 이것은 때로는 양태동사와 결부되고, 또 때로는 본동사와 연결된다. not이 양태동사와 결부되는 것을 외적 부정이라고 하고, 본동사와 결부되는 것을 내적 부정이라고 한다.

7.1. CAN과 COULD

양태동사 can과 could가 not과 같이 쓰이면 외적 부정만이 가능하다. 다음 문장에서 부정어 not은 can을 부정한다. 이러한 관계가 괄호 안의 의역에 표시되어 있다.

125. a. You can't smoke here. (허가)
여러분은 여기서 담배를 피울 수 없습니다.
(You are not permitted [to smoke here]).
b. He can't be serious.
그는 진담이 아닐 것입니다.
(It is <u>not</u> possible [that he is serious]).

7.2. MAY와 MIGHT

may와 might는 외적 부정과 내적 부정 양쪽에 다 쓰이는데, 뿌리 의미일 때는 외적 부정으로, 인식 의미일 때에는 내적 부정으로 쓰인다.

126. You may not drink here.
너는 여기서는 술을 마실 수가 없다.
(I do **not** permit you [to drink here]).

긍정문에서 may가 뿌리 의미로 쓰일 때에는 이것은 문장의 주어가 어떤 행동을 하는데 아무런 장애가 없음을 의미한다. 이러한 may가 부정되면 장애가 없는 것이 아니라 있음을 나타낸다. may not은 주어가 어떤 행동을 하는데 장애(금지)가 있음을 나타낸다.

다음에서 may는 인식 의미로 풀이될 수 있는데, 이러한 풀이에서 not은 내적 부정으로 풀이된다 :

127. They may not know the answer.
그들은 그 대답을 알지 못할 수도 있다.
(It is possible that [they do **not** know the answer]).

127.에서 not은 may가 아니라 know를 부정한다.

7.3. MUST

양태동사 must는 내적 의미만을 갖는다. 긍정 서술문에서 must는 어떤 상황이 일어나도록 화자가 주어를 강요하는 뜻을 나타내는데, must가 not과 같이 쓰여도 이 강요의 뜻은 부정되지 않는다. 그러므로 not은 뒤에 오는 본동사와 결부된다. 다시 말해서, 어떤 일이 일어나지 못하도록 화자가 주어를 강요하는 뜻이 된다.

128. You must not stand there alone.
너는 거기 혼자 서 있어서는 안된다.
(I oblige you [**not** to stand there alone]).

인식 의미의 부정은 must로 표현되지 않는다. must 대신 can이 쓰인다.

129. a. *This must not be true.

b. This cannot be true.
이것은 사실일 리가 없다.

7.4. WILL

will이나 would가 not과 같이 쓰이면 이 not은 뒤의 본동사와만 결부되는 내적 부정으로 풀이된다.

130. a. He will not do it.
그는 그것을 하지 않을 것이다.
(It is predictable that [he does **not** do it].)

b. She will not do what she is told.
그녀는 지시받은 일을 하지 않을 것입니다.
(It is predictable that [she does **not** do what she is told].)

130.a에서 not은 will에 대한 추측을 부정하는 것이 아니라 do it을 부정한다. 그러므로 not은 화자가 어떤 예측을 안하는 것이 아니라, 주어가 어떤 일을 안할 것임을 예측한다.

131. They will not have received the notice.
그들은 그 통고를 받지 못했을 것이다.
(It is predictable that [they have **not** received the notice].)

7.5. SHALL

부정어 not이 shall과 같이 쓰여도 shall과 결부되는 것이 아니라 본동사와 결부된다. 다시 말하면. shall은 내적 부정만을 허용한다.

132. a. You shall lose your job.
네가 너의 일자리를 잃지 않도록 내가 힘쓰겠다.
(I am willing to see that [you do **not** lose your job].)

b. You shall **not** wait long.
네가 오래 기다리지 않도록 하겠다.
(I am willing to see that [you do **not** wait long].)

shall이 긍정서술문에 쓰이면, 이것은 어떤 일이 일어나는 데 화자가 책임을 진다는 뜻이다. 그런데 not은 이 의미를 부정하는 것이 아니라 지시된 상황이 일어나지 않음을 의미한다.

7.6. SHOULD

should도 내적 부정만 허용한다.

133. You should **not** work too hard.
너무 지나치게 일을 안하는 것이 좋겠다.
(It is desirable that [you do **not** work too hard]).

not은 should를 부정하는 것이 아니라 work~를 부정한다. 그러므로 133.은 지나치게 일을 안하는 것이 바람직하다는 뜻이다.

134. She should not be rich.
그녀는 부자가 아니라고 생각해도 무리가 아니다.
(It is reasonable to think that [she is **not** rich].)

8. 마무리

영어 양태동사는 수가 많지 않으나 그 의미를 포착하기가 어렵기 때문에 여러 학자들이 이 문제를 다루어 왔으나 아직도 만족스러운 분석이 없는 것으로 생각된다. 양태동사를 다루는 전통적인 방법은 크게 두 가지로 나누어 볼 수가 있다. 한 가지 방법은 사전에서 보통 낱말을 다루는 방법으로, 양태동사의 여러 의미를 사전에 나열하는 방법이다. 이렇게 사전식으로 나열된 양태동사의 의미 가운데는 양태동사 자체의 의미보다 양태동사와 같이 쓰이는 요소의 의미가 많이 포함되어 있어서 정확하게 무엇이 양태동사의 의미인지 확실하지 않은 경우가 많다. 또 한 가지의 방법은 양태동사 각각의 핵심 의미가 설정되었으나 이러한 핵심 의미가 맥락에서 어떻게 풀이되어야 하는지를 알 수 없기 때문에 핵심 의미 자체는 별 도움이 되지 않는다.

위에서 제시한 두 가지의 방법은 양태동사 분석의 두 극을 이루는 것으로 볼 수가 있다. 이 장에서는 핵심 의미를 설정하고서 이것이 실제 상황에 어떻게 나타나는가를 살펴보았다.

양태동사의 의미 분석에는 인식 모형, 뿌리 의미와 인식 의미 사이의 관계, 양태동사의 의미 변화가 모두 포함되어야 하는 것으로 나타났다. 먼저, 인식 모형에 대해서 알아보면 우리가 세계를 지각하는 인식 모형의 설정이다. 우리는 세계를 몇 가지로 나누어 볼 수 있다. 첫째, 우리가 현재 들어 있는 직접 현실이 있을 수 있다. 이 현실은 우리가 직접 느끼고 알고 있는 세계이다. 둘째, 현실 세계 가운데는 현실이긴 하지만 직접 현실이 아닌 것이 있다. 현실 세계에서 과거쪽에 떨어져 있는 현실이 있다. 이러한 세계를 과거 현실이라고 한다면, 이것은 다시 화자가 알고 있는 과거 현실(기지 세계)과 그가 모르고 있는 과거 현실(미지 세계)로 나누어 볼 수 있다. 위에서 제시된 세 가지의 세계는 모두 현실 세계에 속하는데, 이 현실 세계와 대립되는 비현실 세계에는 가능의 세계, 가정의 세계, 현실이 투영된 세계가 있다. 양태동사로 묘사된 상황은 위에서 열거된 어느 하나의 세계에 있음을 나타내기 때문에 인식 모형은 양태동사를 이해하는 데 매우 중요한 것으로 나타나 있다.

둘째, 대부분의 양태동사는 뿌리 의미와 인식 의미 두 가지를 가지고 있다. 예를 들면, 양태동사 must는 뿌리 의미로서 의무를 나타내고, 인식 의미로는 강한 추측을 나타낸다. 뿌리와 인식의 의미는 서로 별개의 것인가, 아니면 서로 관련된 것인가? 이러한 문제의 제기는 양태동사의 의미 파악에 좋은 관점을 제공해주었다. 여기서의 양태동사의 인식 의미는 뿌리 의미에서 파생된 것으로 보았다.

양태동사의 의미 분석에 중요한 또 한 가지의 요소는 양태동사의 의미 변화이다. 역사적으로 보면 양태동사는 처음에 본동사로 쓰이던 것인데, 의미가 변하면서 동사의 성질도 변했다. 본동사에서 양태동사로서의 의미 변화는 주관화의 과정으로 볼 수 있다. 먼저, 어느 동사가 본동사로 쓰일 때에는 그 의미에 화자와 청자의 의미가 개입되지 않았으나, 이 동사가 양태동사로 되면서 의미 기술에 화자와 청자가 개입되었다. 이러한 의미에서 양태동사는 주관화 동사로 볼 수가 있다. 또 어느 양태동사가 여러 가지의 뜻을 갖는 것은 여러 가지의 추리와 확대 과정을 거쳐서 생겨난 것임도 살펴보았다.

위에서 열거한 것을 고려하면서 can(could), may(might), must, shall(should) 및 will(would)의 의미를 살펴보았다.

참고문헌

Binick, R. I. "Will and be going to," CLS 7. 40–52.

Bolinger, Dwight, 1989. Extrinsic possibility and intrinsic potentiality : 7 on may and can + 1. Journal of Pragmatics. 13 : 1–23.

Body, J. and J. P. Thorne. 1969. The semantics of modal verbs. Journal of Linguistics. 5 : 57–74.

Coates, Jennifer. 1983. *The semantics of the modal auxiliaries*. London : Croom Helm.

Ehrman, M. 1966. *The meanings of the modals in present-day American English.* The hague : Mouton.

Givon, Talmy, 1984. *Syntax : a functional-typological introduction.* Amsterdam: John Benjam's Publishing Company.

Johnson, Mark. 1987. *The body in the mind : the bodily basis of meaning, imagination, and reason.* Chicago: University of Chicago Press.

Lakoff, Robbin, 1972a. "The pragmatics of modality." CLS 8. 229–246

Langacker, Ronald W. 1978. "The form and meaning of the English auxiliary." Language 54. 853–882.

Langacker, Ronald W. 1987. *Foundations of cognitive grammar : the oretical prerequisites.* Vol. 1. Stanford: Stanford University Press

Leech, Geoffrey N. 1971. *Meaning and the English verb.* London : Long man

Leech, G. N. and J. Coates. 1980. "Semantic indeterminacy and the modals." In Greenbaum, S. et al.(eds) Historical Linguistics. Amsterdam, North Holland.

Palmer. F. R. 1974. *The English verb*. London: Longman.

Palmer, F. R. 1979. Modality and the English modals, London: Long man

Sweetser, Eve E. 1982. "Root and epistemic modals : causality in two worlds. Berkeley Linguistic Society 8. 484–507.

Talmy, Leonard. 1985. Force dynamics in language and thought. CLS 21, Part 2. 293–337.

Tregidgo, P. S. 1982. Must and May: demand and permission: Lingua 56. 75–92.

제 3장 준양태동사

3 chapter 준양태동사

1. 준양태동사

양태동사는 문장에 지시된 아직 실현되지 않은 상황이 현실과 어떤 관계를 가져야 하는지의 뜻을 나타낸다. 이와 비슷한 뜻은 전치사 to로도 나타낼 수 있는데, 전치사 to의 일반적인 의미는 어떤 개체 X가 Y를 목표로 향하고 있음을 나타낸다. X가 사람이고 Y가 행동이면 누가 어느 행동을 아직 바라보고 있는 관계를 나타내므로, X to Y는 지시된 행동이 실현되지 않았음을 나타낸다. X to Y는 정적인 상태의 관계를 나타내고 이러한 관계가 시간속에 존재함을 나타내기 위해서는 be동사가 쓰인다.

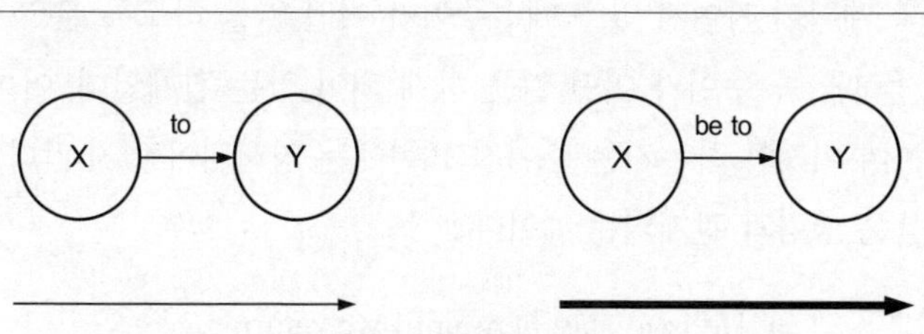

그림 1 : to의 의미

X가 Y를 향하고 있는 관계를 좀더 구체적으로 나타내는 데에는 다음과 같은 표현이 쓰일 수 있다.

A. be to	be sure to
be able to	be necessary to
be going to	be compulsory to
be likey to	be legal to
be supposed to	be legitimate to
be certain to	

또 be동사 대신 have도 쓰일 수 있다.

B. have to
have got to

아래에서는 위에 열거된 표현의 의미를 살펴보겠다.

1.1. BE TO

준양태동사 be to는 주어가 앞으로 어떤 일을 하게 되어있는 관계가 존재한다는 뜻을 갖는다. 이러한 의미는 구체적으로 다음과 같이 나누어 볼 수가 있다.

주어가 어떤 일을 하도록 명령을 받고 있을 때 ; 주어가 어떤 일을 하도록 계획이 짜여져 있을 때 ; 주어가 어떤 일을 하도록 운명이 지어져 있을 때, 즉 주어가 어떤 일을 하게 되어 있는 관계인데, 이 행동이 언제 이루어져야 하는지는 주어진 표현에는 명시되어 있지 않다.

다음은 명령과 관계되는 예이다 :

1. a. He is to stay here until we return.
그는 우리가 돌아올 때까지 여기에 있어야 한다.
b. He must stay here until we return.
그는 우리가 돌아올 때까지 여기에 있어야 한다.

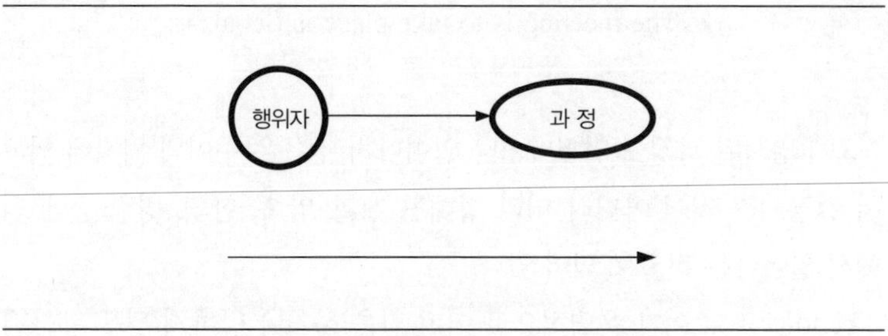

그림 2

위의 두 문장은 우리말로 똑같이 번역되었지만 그 뜻은 다음과 같이 다르다. 1.a는 다른 사람이 내린 명령을 화자가 청자에게 객관적으로 전달하는 것이고, 1.b는 화자 자신이 청자에게 어떤 의무를 부과한다. 그러므로 다음 2.a와 같은 직접화법은 2.b에서와 같이 be to로 간접적으로 전달된다 :

2. a. John says to Sue "Wait till I come back."
   존은 수에게 말했다 : 내가 돌아올 때까지 기다려라.
   b. John tells Sue that she is to wait until he comes back.
   존은 수에게 그가 돌아올 때까지 기다리라고 말했다.

그리고 화자가 존이 하는 말에 동정적이면 be to 대신 다음 2.c와 같이 must를 쓸 수 있다 :

   c. John tells Sue that she must wait until he comes back.

주어가 어떤 일을 하기로 된 것은 계획, 약속, 또는 합의에 의해서 생길 수도 있다.

3. a. He is to be married next month.
   그는 다음 달에 결혼하기로 되어 있다.
   b. The tour is to start tomorrow.
   그 여행은 내일 시작되기로 되어 있다.

c. The meeting is to take place in Seoul.
그 회의는 서울에서 열리기로 되어 있다.

3.에 명시된 과정이 일어나거나 일어나지 않음은 주어의 의지에 의해서 결정되는 것이 아니라 미리 정해진 계획, 약속, 합의, 명령 등에 의해서 일어나는 것으로 되어 있다.

be to는 또 주어가 운명적으로 어떤 일을 하거나 당하게 됨을 나타낸다 :

4. a. She met the man who was to become her husband.
그녀는 그녀의 남편이 될 사람을 만났다.
b. He is to fail in life.
그는 삶에 실패할 운명에 놓여 있다.
c. They were never to meet again.
그들은 다시 만날 수 없게 되었다.

be to의 be동사가 과거일 때는 동사의 원형이 올 수도 있고 완료상이 올 수도 있다. 그러나 그 뜻은 다르다.

5. a. He was to return soon.
그는 곧 돌아오기로 되어 있었다.
b. He was to have returned soon.
그는 곧 돌아오기로 되어 있었으나 돌아오지 않았다.
c. They were to have laid the foundation stone.
그들은 머릿돌을 놓기로 되어 있었으나 그렇게 하지 못했다.

5.b, c에서와 같이 was to 다음에 완료상이 쓰이면 완료상으로 지시된 상황이 예정은 되어 있었으나 일어나지 않았음을 나타낸다.

BE TO V와 HAVE TO V

이 두 표현 모두 주어가 의무적으로 어떤 일을 해야함을 나타내나, 다음에서와 같이 그 뜻은 다르다.

6. a. He is to come back next week.
그는 다음 주에 돌아와야 한다. (명령이나 강요에 의해서)

b. He has to come back next week.
그는 다음 주에 돌아와야 한다. (외부 사정에 의해서)

6.a에서 주어는 명령이나 강요 비슷한 것을 받고 있기 때문에 돌아와야 하고, 6.b에서 주어는 여비가 떨어진 것과 같은 외부 사정에 의해서 돌아와야 하는 경우이다.

1.2. BE ABLE TO

주어가 어떤 행동에 이를 수 있는 관계가 주어에 능력(able)이 있기 때문임을 나타내고자 할 때 형용사 able이 쓰인다. 그러므로 이 표현은 can과 거의 비슷하다.

7. I am able to (can) do the work.
나는 그 일을 할 수 있다.

그러나 다음과 같은 점에서 be able to는 can과 다르다. 첫째 be able to는 양태동사와 쓰일 수 있으나 can은 그렇지 못하다 :

8. a. I shall be able to do the work.
나는 그 일을 할 수 있게 될 것이다.

b. *I shall can do the work.

둘째, be able to는 부정사 형태로 쓰일 수 있으나 can은 그렇지 못하다.

9. a. I hope **to** be able to go.
나는 갈 수 있게 되기를 바란다.

b. *I hope **to** can go.

셋째, be able to는 여러 시제에 쓰일 수 있으나, can은 그렇지 못하다.

10. a. I have been able to attend.
나는 참석할 수가 있었다.

b. I had been able to attend.
나는 참석할 수가 있었었다.

넷째, 과거시제에서는 의미상으로도 차이가 난다. 그러나 이 두 표현이 일반적인 능력만을 나타낼 때는 크게 차이가 없다.

11. I could (was able to) swim when I was six.
나는 여섯 살 때 수영을 할 수가 있었다.

그러나 특정한 경우에 누가 어떤 일을 할 수 있어서 실제 했음을 나타낼 때는 was/were able to가 쓰인다 :

12. a. Because he worked hard, he was able to pass the test.
그는 열심히 공부했으므로, 그 시험에 합격할 수가 있었다.

b. I finished my homework and so was able to go out to play.
나는 숙제를 일찍 마쳤으므로 밖에 놀러 나갈 수가 있었다.

그러나 부정문에서는 was/were able to나 could가 쓰일 수 있다.

13. a. They could not leave in time.
그들은 제 시간에 떠날 수가 없었다.

b. They were not able to leave in time.
그들은 제 시간에 떠날 수가 없었다.

1.3. BE ABOUT TO

Be to는 주어가 어떤 행동을 하기로 되어있음을 나타낼 뿐 언제 그 행동을 하게 되어있는지 알 수 없다. 부정사로 명시된 행동은 곧 일어날 수도 있고, 오랜 시간이 경과한 다음에 일어날 수도 있다. About가 쓰이면 주어가 앞으로 할 행동의 바로 근처에 와 있음을 나타낸다.

14. a. The plane is about to take off.
그 비행기는 막 떠나려고 한다.

b. That tree was about to fall.
저 나무는 막 넘어지려고 했다.

c. He was just about to dive when he saw the shark.
그는 막 잠수를 하려는데 그 상어를 보았다.

d. Don't go out now–we're about to have lunch.
지금 나가지 마세요－우리는 막 점심을 먹으려고 해요.

e. I am about to sneeze.
나는 막 재채기를 하려고 한다.

about은 to V 뿐만 아니라 V-ed나 V-ing형과도 같이 쓰인다. 이때 about은 어느 개체가 V-ed나 V-ing가 나타내는 상태의 근처에 와 있음을 나타낸다.

15. a. The soup is about boiled.
그 국은 거의 끓었다.

b. The soup is about boiling.
그 국은 막 끓으려고 한다.

1.4. BE GOING TO

동사 go는 원래 장소 이동을 나타낸다. 구체적으로 기술하면, 이 동사는 어떤 움직이는 개체가 화자가 있는 장소에서 다른 장소로 움직이는 과정이다.

16. He went to Seoul from Pusan.
그는 부산에서 서울로 갔다.

16.에서 'he'는 부산에서 서울로 이동을 했고 이것을 그림으로 나타내면 다음과 같다 : 그림 3에서 움직이는 개체는 화자의 위치인 출발지

에서 목적지로 가는 과정이 표시되어 있다.

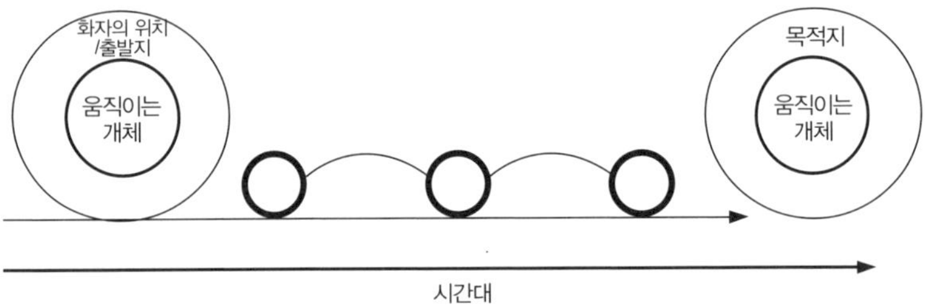

그림 3 : GO의 의미

전치사 to는 주어가 어떤 목적지를 향하고 있는 관계를 나타내는데, 위 문장에서 go가 장소 이동을 뜻하고 또 이 동사는 과거시제로 쓰였으므로, 16.의 he는 목적지에 도착했다는 뜻이다.

go가 진행상에 쓰이면, 이것은 움직이는 개체가 목적지에는 아직 이르지 않고 목적지에 이르는 길의 도중에 있음을 나타낸다 :

17. He is going to School.
그는 학교에 가고 있다.

17.에서 he는 학교가는 도중에 있고 아직 목적지에 도착하지 않았다.

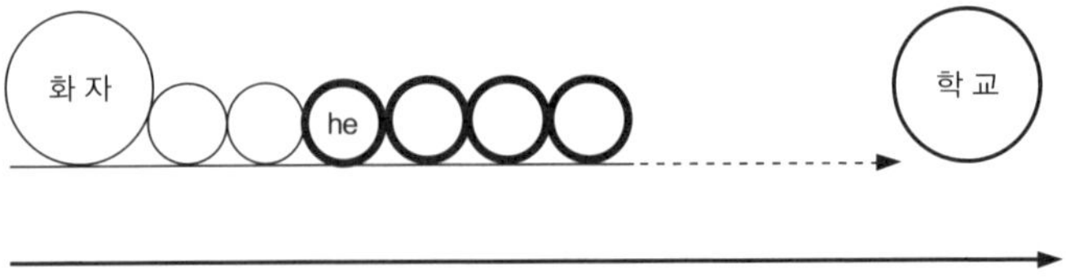

그림 4 : 장소 이동

그런데 to의 목적지인 장소는 추상적으로 확대되어 다음에서와 같이 동사로 표현되는 과정이 될 수 있다.

18. He is going to open the door.
그는 그 문을 열려고 가고 있다.

18.이 나타내는 상황은 다음과 같다 : 주어 he가 있는 장소와 문이 있는 장소가 서로 떨어져 있는데, 주어가 그 문이 있는 데로 이동을 해서 열려고 한다. 이 풀이에서 주어는 공간에서 움직이므로 going은 장소 이동의 뜻으로 풀이된다.

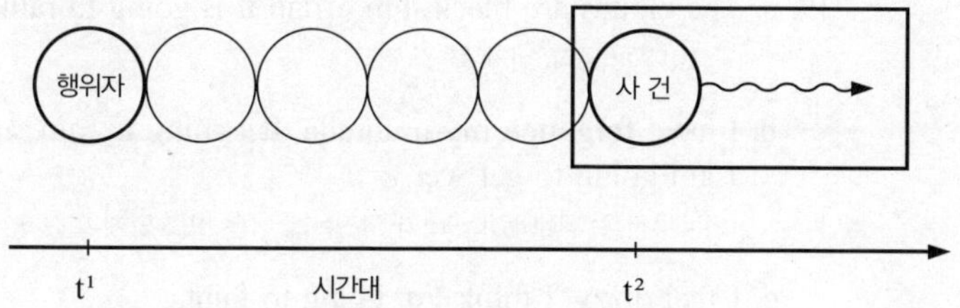

그림 5 : 상태의 변화

위와 같은 going의 장소 이동의 뜻은 시간에 의미로 확대되어 쓰인다. 즉, 어느 이동자가 한 장소에서 다른 장소로 가는 이동은 한 시점(t^1)에서 다른 시점(t^2)으로의 이동을 나타낸다. 그래서 be going to는 어느 개체가 발화시나 또는 다른 기준점 이후에 일어날 어떤 상황으로 움직이고 있음을 나타낸다. 그러나 be going to는 단순한 미래 상황을 나타내는 것이 아니라, 미래 상황을 불러일으키는 원인이 되는 상황이나 상태가 현재에 존재하고 있다고 화자가 생각할 때 쓰인다.

이것은 다음과 같이 표현될 수 있다 :

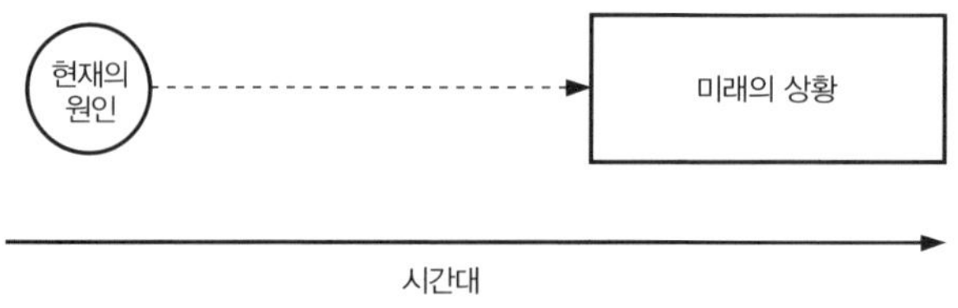

그림 6 : be going to

다음에서는 미래에 일어날 과정의 원인이 현재에 있는 예이다. 즉, 현재의 원인이 미래로 이어질 것임을 be going to가 나타낸다 :

19. a. The clouds are black. I'm afraid it is going to rain.
    구름이 시커멓다. 비가 올 것 같다.

    b. I have forgotten my umbrella. It's going to rain, and I am going to get wet.
    나는 우산을 잊어버렸다. 비가 오겠는데 나는 비를 맞게 되겠다.

    c. I feel dizzy. I think I'm going to faint.
    나는 어지럽다. 기절을 하게 될 것 같다.

19.a에서 구름이 낀 현재 상태가 얼마 후에 비가 내리는 상황으로 이어진다는 뜻이고, 19.b에 나는 비를 맞는 상황으로 이어지겠다는 뜻이다. 다시 말하면, 미래에 일어날 일의 원인이 현재에 있다고 판단될 때에 be going to가 쓰인다.

주어가 사람이고 지시된 상황이 주어가 통제할 수 있는 경우에는 앞으로 일어날 일의 원인은 주어의 의지다. 즉, 이 의지를 화자가 감지하고 지시된 상황이 일어날 것으로 예측한다.

20. a. I'm going to stay at home.
    나는 집에 있으려고 한다.

b. They are going to have a vacation this summer.
그들은 이번 여름에 휴가를 가지려고 한다.

Be going to가 내포하는 미래는 가까울 수도 있고 멀 수도 있다. 그러므로 be going to로 표현되는 상황이 미래에 가깝거나 먼 것은 중요하지가 않다.

다음에서는 주어가 지시된 상황을 통제할 수 없다. 이 경우에는 앞으로 일어날 일의 원인은 주어의 의지가 될 수 없다. 의지 밖의 다른 것이 원인이 된다 :

21. a. Help the man. He is going to fall down.
그 사람을 도와주세요. 그가 넘어지겠어요.

b. Watch out. The horse is going to kick.
조심하세요, 그 말이 발길질을 하겠어요.

1.4.1. be going to와 will

이 두 표현은 그 뜻이 같은 것으로 취급되기도 하지만 그렇지 않다. 다음 두 문장을 비교해 보자.

22. a. She is going to have a baby.
그녀는 아기를 낳을 것이다.

b. She will have a baby.
그녀는 아기를 갖게 될 것이다.

22.a의 경우 주어가 아기를 낳게 될 원인이 현재 있을 때 쓰인다. 예로, 그녀가 임신을 하고 있다는 것을 화자가 알거나 아니면 그녀의 배가 불러있는 것을 화자가 직접 눈으로 볼 수 있을 때, 이 문장이 쓰인다. 그러나 22.b의 경우, 미래에 일어날 일의 원인이 현재 없을 때 쓰인다. 그래서 if 조건절이 쓰이면 will이 자연스럽게 쓰이지만 be going to가 쓰이면 자연스럽지가 못하다.

23. a. She will have a baby if she marries the man.
만약 그녀가 그 남자와 결혼하면, 그녀는 아기를 가질 것이다.

b. *She is going to have a baby if she marries the man.

if 조건절은 현재 존재하지 않는 조건을 나타내기 때문에 be going to와는 쓰일 수 없다. 다음 문장도 마찬가지로 will은 쓰이나 be going to는 쓰이지 않는다 :

24. a. If you accept the job, you will never regret it.
네가 만약 그 일자리를 받아들인다면, 결코 후회하지 않을 것이다.

b. *If you accept the job, you are never going to regret it.

미래에 일어날 상황의 원인이 현재에 있다고 해서 미래의 상황이 반드시 일어나는 것은 아니다.

25. She was going to come, but something happened and she was not able to come.
그녀는 올 계획이었으나 어떤 일이 일어나서 올 수가 없었다.

1.5. BE+Adj+TO

주어가 어떤 행동을 하게 되어 있는 관계를 형용사가 구체적으로 명시할 수 있다. 이 구조는 여기에 쓰이는 형용사에 따라서 다음과 같이 하위 분류가 될 수 있다.

1.5.1. 화자의 평가

어떤 일을 하는 주어에 대해서 화자가 어떤 평가를 할 수 있는데, 이러한 평가를 나타내는 데에 쓰이는 형용사가 있다.

26. a. He was kind to go with us.
그가 우리와 함께 가주어서 친절하다.
그는 친절하게 우리와 함께 가주었다.

b. She was brave to come alone.
그녀는 용감하게도 혼자 왔다.

위와 같은 구조에 쓰이는 형용사로는 clever, foolish, generous, good, polite, wrong, rude, silly 등이 있는데, 이들은 모두 주어의 속성에 대한 화자의 평가를 묘사한다.

이들 형용사는 또 다음과 같은 구조에도 쓰인다.

27. It was kind of him to go with us.

27.에 쓰인 kind는 두 가지를 수식하는데, 하나는 행동, 즉 to go with us를 수식하고 또 하나는 him을 수식한다. 26.a와 27.을 비교하면 26.a에서 kind가 he만 수식하고, 27.에서는 him과 to go with us의 양쪽을 수식한다.

1.5.2. 주어의 의향

형용사 가운데는 행위자의 의향이나 이와 관련된 개념을 나타내는 것이 있는데, 이러한 형용사도 be Adjective to의 구조에 쓰인다. 형용사가 이 구조에 쓰이게 되면 이 형용사는 어떤 일을 예정하고 있는 주어의 태도를 묘사한다.

28. a. He is eager to help us.
그는 우리를 기꺼이 도우려고 한다.

그는 우리를 돕고 싶어 한다.

b. She is determined to stay.
그녀는 머무르기로 결심하고 있다.

위와 같은 구조에 쓰이는 형용사에는 다음과 같은 것이 있다 : afraid, anxious, careful, curious, fit, free, glad, quick, ready, reluctant, sorry, willing.

1.5.3. 과정의 난이성

주어가 하게 될 과정의 용이성이나 가능성에 대해서 화자가 평가를 할 수 있는데, 이러한 형용사도 be Adjective to의 구조에 쓰인다.

29. a. The problem is easy to solve.
    그 문제는 풀기가 쉽다.

    b. He is easy to please.
    그는 기쁘게 해 주기가 쉽다.

다음 형용사도 위의 easy와 같이 쓰인다 : hard, difficult, boring, impossible, nice.

1.5.4. 주어의 성향

주어가 어떤 일을 할 수 있는 가능성에 대해 화자가 내리는 평가의 의미를 나타내는 형용사가 있는데, 이러한 형용사가 다음 문장에 쓰였다.

30. a. He is apt to get excited.
    그는 흥분을 하는 경향이 있다.

    b. We are all liable to make mistakes.
    우리는 모두 실수를 하는 경향이 있다 (liable뒤에 오는 동사에 명시된 행동은 화자가 생각할 때 원하지 않는 것이다).

    c. They are likely to forget it.
    그들은 그것을 잊어버릴 것 같다.

d. The telephone stopped ringing. It's sure to ring again.
전화벨이 그쳤다. 틀림없이 다시 울릴 것이다.

e. The demand is certain to drive up the price.
그 수요는 가격을 틀림없이 올릴 것이다.

1.6. HAVE TO

have to는 must와 같은 것으로 통상 풀이된다. 그러나 사실상 두 표현의 뜻은 다르다. must의 경우 화자가 문장의 주어에 무엇을 하도록 강요를 한다. 그러나 have to가 나타내는 의무나 강요는 화자가 내리는 것이 아니라, 외부 사정에 의해서 생기는 것이다. 다음을 비교해 보자.

31. a. Bob must find another job.
봅은 다른 일자리를 또 하나 찾아야 한다.

b. Bob has to find another job. His factory has closed down.
봅은 일자리를 또 하나 찾아야 한다. 그의 공장이 문을 닫았다.

must가 쓰인 31.a는 화자가 주어에게 내리는 의무다. have to가 쓰인 31.b는 화자의 생각이 아니라 외부의 객관적 상황(공장폐쇄)에 의해서 생기는 필요다. 즉, 31.b에서 그가 일자리를 찾아야 하는 것은 주위 사정이 부과하는 필요이다. 다음도 마찬가지로 풀이될 수 있다.

32. a. This is a boring party. We really must go.
이것은 지루한 모임이다. 우리는 떠나야 한다.

b. This is an interesting party. But we have to go because of the children.
이것은 재미있는 모임이다. 그러나 우리는 아이들 때문에 가야 한다.

32.a에서는 화자가 자신에게 부과하는 필요이고, 32.b에서는 화자의

생각과는 관계없는 외부 상황에 의해서 생기는 필요성이다. 다음에는 필요성의 근원이 문장에 명시되어 있다 :

33. I am afraid we'll have to do this; it is a rule of the college.
나는 우리들이 이것을 해야 한다고 생각 됩니다; 이것은 대학의 규칙입니다.

위에서 살펴본 예의 주어는 1인칭이었다. 그러나 인칭이 바뀌어도 have to의 의미는 그대로이다.

34. a. You must wear a dress for the party.
너는 그 모임을 위해서 드레스를 입어야 한다.

b. You have to wear a hat for the ceremony.
너는 그 의식을 위해서 모자를 써야 한다.

34.a에서는 화자 자신이 부과하는 필요성을 must가 나타내고, 34.b에서는 화자가 아닌 다른 곳에서 오는 필요성을 have to가 묘사한다.

Have to는 과거시제 had to가 있으나 must는 과거시제가 없다. 그러므로 had to는 have to와 must 둘 다의 과거시제가 된다.

35. a. I ran out of money and had to borrow from Tom.
나는 돈이 떨어져서 톰에게 빌려야 했다.

b. There were no buses and he had to walk.
버스가 없어서 그는 걸어야 했다.

have to도 must와 마찬가지로 인식 의미로 쓰이는데, 이때도 그 의미는 서로 다르다. 다음의 예문을 살펴보자.

36. a. This must be the biggest hill I've seen.
이것은 내가 본 가장 큰 산임에 틀림없다.

b. This has to be the biggest hill I've seen.
이것은 내가 본 가장 큰 산임에 틀림이 없을 것이다. (객관적으로 봄)

36.의 두 문장 가운데 추측의 의미가 약하게 들리는 것은 must가 쓰

인 a문장이다. 그 이유는 a에 내려진 결론은 화자의 주관적 판단에 의한 것이기 때문이다. 반면, have to가 쓰인 b문장의 추측은 강하게 들리는데 그 이유는 이 문장에 내려진 판단이 화자가 통제할 수 없는 객관적 증거나 근거에 의존하기 때문이다. 다음 두 문장도 같은 방법으로 구별된다 :

37. a. Someone must be telling lies.
누군가가 거짓말을 하고 있음에 틀림없다.
b. Someone has to be telling lies.
누군가가 거짓말을 하고 있음에 틀림없다 (객관적인 근거에 바탕을 둠).

1.6.1. HAVE TO의 부정

must의 부정은 내적 부정이었다. 그러나 have to의 부정은 외적 부정이다.

38. a. You must not pay the bill.
너는 그 계산서를 지불하지 말아야 한다.
It is essential that you **do not** pay the bill.
b. You do not have to pay the fine.
너는 그 벌금을 지불할 필요가 없다.
It is **not** essential that you pay the fine.

39. a. You must not touch these wires.
너는 그 선을 건드리지 말아야 한다.
It is essential that you **do not** touch these wires.
b. You do not have to touch these wires.
너는 그 선을 건드릴 필요가 없다.
It is **not** essential that you touch these wires.

have to와 have got to의 두 표현 모두는 화자가 아닌 외부에서 주어지는 강압을 나타낸다. 그러나 이 두 표현이 꼭 같지는 않다. have to는 일반적이거나 규칙적인 강압을 나타내고, have got to는 특정한 경우에 무엇을 해야 하는 강압을 나타낸다.

40. a. I have to be at the office at 8:00.
    나는 8시에 사무실에 도착해 있어야 한다.

    b. I have got to be at the office at 8:00 tomorrow.
    내일 나는 8시에 사무실에 도착해야 한다.

40.a는 규칙적인 필요성이고, 40.b는 어느 특정한 경우에 생기는 필요성이다.

1.7. USED TO

이 준양태동사는 과거에 어떤 상황이나 상태가 있었지만, 이들이 현재에는 없음을 나타낼 때 쓰인다.

41. a. I used to smoke, but I don't smoke now.
    나는 전에 담배를 피웠으나, 지금은 피우지 않는다.

    b. She used to dislike Tom, but she quite likes him now.
    그녀는 톰을 싫어했었지만, 그러나 지금은 그를 꽤 좋아한다.

used to는 부정과 의문에서는 본동사로나 양태동사로 쓰일 수 있다. 이것은 used to의 지위가 확실하게 양태동사로 되어있지 않았음을 나타낸다. 다음 42.a와 43.a에서 used to는 양태동사와 같이 쓰였고, 42.b와 43.b에서는 본동사와 같이 쓰였다.

42. a. I used not to take a walk in the morning.
    나는 아침에 산책을 하지 않았다.

    b. I did not use to take a walk in the morning.

43. a. Used he to read poems?
그는 시를 읽곤 했었는가?

b. Did he use to read poems?

과거의 습관을 나타내는 표현에는 used to와 would가 있다. used to 는 과거에 어떤 상황이나 상태가 존재했지만 지금은 없는 상태를 나타낸다. would는 적당한 조건이 주어지면, 지시된 어떤 일이 일어났음을 나타낸다.

44. a. He used to spend most evenings reading novels.
그는 (전에) 대부분의 저녁을 소설을 읽으면서 보냈다.

b. He would spend most evenings reading novels.
그는 (어떤 조건이 주어지면) 대부분의 저녁을 소설을 읽었다.

다음과 같은 문장에서는 used to 대신 would를 쓸 수 없는데, 이러한 예에서 이 두 양태동사의 차이를 읽을 수 있다.

45. When he lived by the river, he used to (*would) suffer from rheumatism.
그가 강가에 살 때엔 류마티즘으로 고생했었다.

1.8. NEED

1.8.1. 본동사

need는 본동사와 조동사로 쓰이는데, 먼저 본동사로 쓰이면 타동사로서 목적어를 갖는다.

46. a. I need a new dictionary.
나는 새 사전이 필요하다.

b. You look tired. You need a rest.
너는 피곤해 보인다. 너는 휴식이 필요하다.

c. If you need a help, just give me a ring.
네가 도움이 필요하면, 전화만 해라.

need가 본동사로 쓰일 때는 부정사를 목적어로 취한다. 또 의문과 부정을 나타낼 때도 다른 동사와 마찬가지로 조동사 do가 쓰인다.

47. a. He needs to rest.
그는 쉴 필요가 있다.

b. Does he need to go?
그가 가야할 필요가 있습니까?

c. He does not need to go.
그는 가야할 필요가 없다.

need to는 필요를 나타내지만 이 필요는 must나 have to의 필요와 다르다. must는 주로 화자가 문장의 주어에게 주는 필요이고, have to는 주위 환경이 문장의 주어에게 주는 필요이다. need to가 나타내는 필요는 주어 자체의 내적인 필요이다. 다음을 비교해보자.

48. a. You must have a hair-cut.
너는 이발을 해야 한다.

b. You need to have a hair-cut.
너는 머리를 깎을 필요가 있다.

48.a에서 머리를 깎아야 하는 필요는 화자에서 나오고, 48.b에서는 머리를 깎아야 하는 필요가 문장 주어 자신의 필요에서 온다. 다음도 마찬가지로 풀이된다.

49. a. The grass needs to be mowed.
그 잔디를 깎을 필요가 있다.

b. The grass doesn't need to be mowed.
그 잔디는 깎일 필요가 없다.

49.에서 잔디가 깎이지 않을 필요는 the grass 자체에 있는 것이지 다

른데 있는 게 아니다. 위에서 살펴본 need는 본동사이기 때문에 의문문과 부정문을 만들 때는 조동사 do가 쓰인다 : 또 need가 본동사로 쓰이면 현재시제와 과거시제로 쓰인다.

50. a. Does the grass need to be mowed?
잔디를 깎을 필요가 있습니까?

b. The grass does not need to be mowed.
잔디를 깎을 필요가 없다.

c. She needs to go at once.
그녀는 곧 가야할 필요가 있다.

d. She needed to go at once.
그녀는 곧 가야할 필요가 있었다.

그리고 본동사로서 need는 양태동사와 쓰일 수 있다.

51. You will need to buy a new tire.
너는 새 바퀴를 사야할 필요가 있을 것이다.

1.8.2. 양태동사 need

위에서 need의 본동사 용법을 살펴보았다. 다음에서는 need의 양태동사 용법을 살펴보겠다. 양태동사로서의 need는 need 외에 다른 형태로 쓰이지 않는다. 3인칭 단수 현재시제에도 s가 붙지 않고, 과거시제로는 쓰이지 않는다. 또 다른 양태동사와도 쓰이지 않는다. 양태동사로서 need는 부정문과 의문문에만 쓰인다.

52. a. Need he work on Saturday?
그가 토요일에 일할 필요가 있습니까?

b. No, he need not work on Saturday.
아니요, 그는 토요일에 일을 할 필요가 없습니다.

다음에서와 같이 부정을 나타내는 낱말과 쓰여도 need는 조동사로 쓰인다.

53. a. I **hardly** need say how much I love your present.
내가 너의 선물을 얼마나 좋아하는지 말할 필요가 없다.

b. **No** one need go hungry here.
여기서는 아무도 배를 곯을 필요가 없다.

c. He need have **no** fear of losing his job.
그는 실직을 걱정할 필요가 없다.

또 다음에서와 같이 need가 종속절에 쓰이고, 주절의 동사가 의심이나 부정을 나타내면 need는 양태동사로 쓰일 수 있다.

54. a. I **wonder** if I need take a sweater.
나는 내가 스웨터를 가져 갈 필요가 있는지 궁금하다.

b. I **don't think** he need start yet.
나는 그가 아직 출발할 필요가 있다고 생각지는 않는다.

조동사 need 다음에는 완료상이 올 수 있다.

55. We needn't have hurried.
우리는 서두를 필요가 없었다.
We have hurried but now I see that this hurry was unnecessary.

55.가 뜻하는 것은 우리가 바삐 서둘렀으나 지금 생각하니 그렇게 할 필요가 없었다는 의미다. 이것은 본동사 need의 부정 과거시제와 구분된다 :

56. We didn't need to hurry.
우리는 서두를 필요가 없었다.

56.에서는 어떤 행동이 불필요함을 과거에 알았다는 뜻이다. 다음을 더 살펴보자.

57. a. I needn't have watered the flower. Just after I finished, it started raining.
나는 그 꽃에 물을 줄 필요가 없었다. 물을 주고 난 후 곧 비가 내리기 시작했다.

b. It started raining, so I didn't need to water the flowers.
비가 오기 시작했다. 그래서 나는 꽃에 물을 줄 필요가 없었다.

c. We had plenty of bread, so I didn't need to buy a loaf.
우리는 빵을 많이 가지고 있었다. 그래서 빵을 살 필요가 없었다.

d. We had plenty of bread, so I needn't have bought a loaf.
우리는 빵을 많이 가지고 있었다. 그래서 나는 빵을 살 필요가 없었다(그러나 샀다).

위에서 살펴본 바와 같이 need는 본동사와 양태동사로 쓰인다. 그런데 양태동사로의 쓰임은 부정문과 의문문에 국한되어 있다. 그런데 본동사는 긍정문에서는 물론 부정문과 의문문에 모두 쓰인다.

이것을 도표로 나타내면 다음과 같다 :

	긍정문	부정문	의문문
본동사 need	○	○	○
양태동사 need		○	○

위의 표를 보면 본동사 need는 긍정문, 부정문, 의문문에 다 쓰인다. 그러나 양태동사 need는 긍정문에는 쓰이지 않고 부정문과 의문문에 쓰인다. 다음 예문이 이 분포를 예시한다.

58. a. The hedges don't need to be trimmed this week.
그 울타리는 이번주에 손질할 필요가 없다.

b. The hedges needn't be trimmed this week.

59. a. He doesn't need to send it by air.
그는 그것을 항공으로 보낼 필요가 없다.

b. I am not in a hurry. He needn't send it by air.

대부분의 경우 위의 a와 b표현은 동의적으로 쓰이나 구별이 되는 경우도 있다. 예로서, 58.a는 the hedge 자체가 아직 별로 자라지 않아서 손질을 받을 필요성이 없음을 나타낸다. 그러나 58.b는 the hedge 자체의 필요성보다는 화자가 손질의 필요성을 결정하는 경우가 되겠다. 59.의 두 문장도 같은 방법으로 구별된다.

1.9. DARE

1.9.1. 본동사

동사 dare는 need와 마찬가지로 본동사와 양태동사로 쓰인다. 본동사로 쓰인 예는 다음과 같다 :

60. a. He dared any danger.
그는 어떤 위험에도 용감하게 대응했다.

b. He dared to call me a liar.
그는 감히 나를 거짓말쟁이라고 불렀다.

본동사 dare의 부정문은 보통 동사와 마찬가지로 조동사 do와 not을 쓴다. 그리고 dare는 본동사와 양태동사의 구분이 확실치 않아서 to가 쓰일 수도 있고 안 쓰일 수도 있다.

61. a. He does not dare(to) enter my house.
그는 감히 내 집에 들어오지 못한다.

b. She did not dare(to) tell him.
그녀는 감히 그에게 말할 수가 없었다.

본동사 dare의 의문문도 조동사 do를 써서 표현된다.

62. a. Does he dare(to) run away?
그가 감히 도망가려고 합니까?

b. Did she dare(to) speak?
그녀가 감히 말을 하려고 했습니까?

Dare는 또 다음과 같은 구조에도 쓰인다.

63. a. I dare you to do this.
나는 네가 이것을 감히 해 보도록 도전한다. (해볼테면 해봐라)

b. She dared me to jump over the ditch.
그녀는 나더러 그 도랑을 넘을 수 있으면 넘어보라고 했다.

1.9.2. 양태동사

양태동사로서 dare는 의문문과 부정문에만 쓰이며, 이 때 to는 쓰이지 않는다.

64. a. Dare you climb that tree?
너는 저 나무에 감히 오를 수 있느냐?

b. Dare he come and speak to me?
그는 감히 내게 와서 말을 할 수 있을까?

c. How dare you say such a thing?
너는 어떻게 감히 그런 말을 하는가?

1.9.3. 부정문

65. a. They dared not move.
그들은 감히 꼼짝할 수가 없었다.

b. I dare not look at him.
나는 감히 그를 쳐다 볼 수가 없다.

1.10. OUGHT TO

Ought to는 뿌리 의미와 인식 의미로 다 쓰인다. 뿌리 의미로 쓰일 때의 ought to는 주어가 지시된 행동을 하는 것이 도덕적으로나 사회적 규범에 비추어보면 바람직하거나 좋은 일임을 나타낸다. 따라서 ought to로 표현되는 의무는 강제성이 없으므로, 충고나 권고 정도의 의미로 전달된다.

66. a. You ought to obey your parents.
너는 부모님께 복종하는 것이 마땅하다.

b. She ought to see a doctor.
그녀는 의사를 찾아가 보는 것이 좋겠다.

c. He ought to be ashamed of himself.
그가 스스로를 부끄러워해야 마땅하다.

ought to의 의미는 must의 의미와 비교해 보면 더 분명해진다 :

67. a. He must go slowly.
그는 천천히 가야 한다.

b. He ought to go slowly.
그는 천천히 가는 것이 좋겠다.

67.a에서 주어 he는 속도를 반드시 늦추어야 하는 것으로 화자가 판단한다. 67.b에서는 주어가 속도를 늦추는 것이 사회적 규범이나 규칙에 비추어서 그렇게 해야 하는 것이다. 다음에서는 주어와 화자가 동일한 68.a에서는 천천히 가는 것이 바람직하다고 하면서 그렇게 하지 않고 있는 경우이다. 68.b를 말할 때 화자는 차를 천천히 몰지 않을 수가 없을 것이다.

68. a. I ought to go slowly.
나는 천천히 가는 것이 좋겠다.

b. I must go slowly.
나는 천천히 가야 한다.

ought to와 should는 비슷하게 쓰이지만, 그 뜻이 완전히 같은 것은 아니다. should의 경우 화자가 하는 충고는 화자 자신의 판단에 의한 것이므로 주관적이다. 그러나 ought to의 경우, 화자의 판단은 법, 규정, 규칙과 같은 객관적인 사항에 근거를 두고 하는 것이므로 객관적이다. 그래서 ought to가 should보다 '더 강하게' 또는 '더 형식적인' 것으로 느껴진다. 그래서 69.의 두 문장도 서로 다르게 풀이된다.

69. a. You ought to show more respect for your elders.
여러분은 연장자들에게 좀 더 많은 존경심을 보이는 것이 마땅합니다. (즉, 여러분의 행동은 사회적으로 용인될 수 없습니다.)

b. You should show more respect for your elders.
여러분은 연장자들에게 좀 더 많은 존경심을 보이는 것이 좋겠다(고 나는 생각합니다).

인식 의미로 쓰일 때 ought to는 화자가 주어진 판단을 하는 것이 무리가 아님을 가리킨다.

70. a. It ought to be quite easy.
그것은 마땅히 쉬울 것이다.

b. Bob ought to be home by now.
봅이 지금 집에 있다고 생각해도 좋겠다.

70.a에서는 화자가 무엇이 쉬울 것이라고 판단은 하지만 완전한 확신을 가지고 하는 것이 아니다. 좀더 완전한 확신을 가지고 할 때는 must를 쓴다. 70.b에서도 화자는 봅이 지금 집에 있을 것으로 생각하나 완전한 확신을 가지고 하는 것은 아니다.

뿌리 의미로 쓰일 때나 인식 의미로 쓰일 때, 시간부사는 현재나 미래를 가리키는 것일 수 있다.

71. a. You ought to pay the money now/next week.
너는 그 돈을 지금/다음 주에 지불하는 것이 마땅하다.

b. Your dress ought to be ready now/by tomorrow.
네 옷은 지금/내일까지 다 되어 있을 것으로 생각된다.

ought to의 부정은 ought not to로 표현되는데, 이것은 must not과 마찬가지로 내적 부정으로 풀이된다 :

72. a. We ought not to complain.
우리는 불평을 안 하는 것이 마땅하다.

b. That ought not to be easy.
그것은 쉽지 않을 것으로 생각된다.

ought to 다음에는 다음과 같이 완료상이 쓰일 수도 있다.

73. a. You ought to have come yesterday.
너는 어제 왔어야 마땅하다.

b. I ought to have said yes.
나는 긍정으로 대답했어야 마땅하다.

73.a는 청자가 어제 왔어야 하지만 실제 오지 않았음을 나타내고, 73.b는 내가 긍정을 했어야 하는데 그렇게 하지 않았음을 나타낸다. 그러므로 ought to 다음에 오는 have V-ed는 실현되지 않았음을 나타내고, ought to는 실현되지 않은 일이 마땅히 일어났어야 함을 가리킨다. 다음은 부정문이다.

74. a. You ought not to have come.
너는 오지 말았어야 한다.

b. I ought not to have said yes.
나는 긍정을 하지 말았어야 마땅하다.

여기서는 의무를 나타내는 양태동사 must,, should, have to ought to

의 차이를 살펴보자. 위 양태동사는 모두 의무를 나타낸다. 그러나 이들은 다음과 같은 차이가 있다. must는 화자가 청자에게 어떤 의무를 부과하고, should는 화자가 청자에게 주는 충고이고, have to는 외부 사정이 주어에게 부과하는 의무이다. ought to는 사회적 규범이나 관습에 따라서 화자가 청자에게 그가 할 일을 상기시키거나 무엇이 옳은 일이고바람직한 일인가를 상기시킬 뿐 강요는 하지 않는다.

75. a. You must obey him.
너는 그에게 복종해야 한다.

b. You should obey him.
너는 그에게 복종하는 것이 좋겠다(고 나는 생각한다).

c. You have to obey him.
너는 그에게 복종해야 한다.

d. You ought to obey him.
너는 그를 따르는 것이 마땅하다.

75.a의 의무는 화자가 내리고, 75.b의 의무는 화자가 아닌 다른 사람이나 외부 사정에 의해서 생긴다. 75.c에서 화자는 어떤 일이 사회적 및 도덕적 규범에 비추어 바람직하다는 것만 말할 뿐 강요는 하지 않는다.

1.11. DO

동사 do는 본동사와 조동사로 쓰인다.

1.11.1. 본동사

본동사로서 do의 의미는 매우 일반적이어서 be동사나 양태동사를 제외한 거의 모든 동사를 대신해서 쓰일 수 있다. 그리고 그 의미가 일반적이기 때문에 맥락의 도움없이는 그 의미를 파악하기가 어려운 경우도 있다.

76. a. He did 80km an hour.
그는 한 시간에 80km를 달렸다.

b. He does science at school.
그는 학교에서 과학을 배운다.

76.a에서는 주어가 어떤 행동을 했는데 이것이 시속 80km와 관련됨을 did가 나타낸다. 여기에 맥락 요인이나 세상 지식을 가미하면 좀더 구체적인 뜻이 나온다. 76.b에서도 어느 행위자, 과목, 학교, 그리고 추상적인 과정을 그리는 동사가 제시되어 있는데, 우리는 학교에 관련된 개념을 써서 주어진 번역과 76.b를 같은 식으로 문장을 풀이할 수 있다.

다음 77.에서도 우리는 주어와 목적어의 성질, 주어진 맥락과 세상일의 지식으로부터 매우 일반적인 동사 do에 구체적인 의미를 끌어낼 수 있다.

77. a. The barber will do you next.
이발사가 다음에 당신 머리를 깎을 것이다.

b. They did me very well at the hotel.
호텔은 우리에게 대접을 잘해주었다.

c. Oliver did "Othello" very well last night.
올리버는 어제 저녁에 "오델로"역을 잘했다.

78. a. She did her hair/teeth.
그녀는 머리를 했다/이를 닦았다.

b. They do fish well in the restaurant.
그 식당에서는 생선 요리를 잘한다.

어떤 명사가 목적어로 쓰일 때, 이 목적어에 우리가 관습적으로 하는 행동이 있으면 이 행동을 구체적으로 명시하지 않아도 된다. 이러한 경우 동사의 일반적인 속성만을 나타내는 동사가 쓰이면 충분하다.

79. a. She does the cooking and he does the washing.
그녀는 요리를 하고, 그는 그릇을 씻는다.

b. They did the shopping.
그들은 쇼핑을 했다.

79.에서는 동사 do의 목적어가 동명사이므로 이 동명사가 구체적인 활동을 묘사하고, 이러한 동사의 존재를 do가 나타낸다.

모든 동사를 대신할 수 있는 일반적인 속성이 do에 있기 때문에 do는 대동사로도 쓰인다.

80. Tom speaks a lot.
톰은 말을 많이 한다.

Yes, he **does**.
예, 정말 그래요.

81. Your dog barks a lot.
너의 개는 많이 짖는다.

No, he **doesn't**.
아니, 안 그래.

82. He likes wine and so **do** we.
그는 포도주를 좋아한다. 우리도 그래요.

1.11.2. 조동사

do가 조동사로 쓰일 때는 강조문, 부정문 및 의문문을 만드는 데에 쓰인다. 조동사 do는 문장에 지시된 상황이나 상태에 청자가 의심을 가지고 있다고 화자가 판단할 때 쓰인다. 먼저 강조문의 예부터 살펴보자.

83. A→B : She didn't see him.
그녀는 그를 보지 않았지 ?

83.에서 화자 A가 청자 B에게 말을 한다. A가 부정문을 쓰는 이유는 A의 판단에 B는 다음 생각을 하고 있다고 믿기 때문이다 : She saw him. 이러한 B의 생각을 고쳐주기 위해서 A는 부정문을 쓴다.

84. a. I know you didn't expect me to go, but I did go.
나는 내가 가지않으리라 네가 예상했음을 안다. 그러나 나는 갔다.

b. My sister thinks I don't study hard, but I do study hard.
내 누이는 내가 공부를 열심히 하지 않는다고 생각한다. 그러나 나는 열심히 한다.

c. Although I have little time for entertainment, I do go to the cinema once in a while.
즐길 시간이 별로 없으나, 나는 가끔 영화관에 간다.

84.의 앞 문장에서는 청자나 그 밖의 다른 사람들이 갖는 부정적인 생각을 바로 잡기 위해서 조동사 do가 쓰였다. 84.a에서 화자는 청자가 내가 가지 않았다고 예상한다. 이 예상을 부정하기 위해서 강조문이 쓰였다.

85. She does look well.
그녀는 건강하게 보인다.

문장 85.는 대화의 첫 문장으로 쓰이지 않는다. 누군가가 '그녀가 건강하게 보이지 않는다'고 말을 했거나 그렇게 생각한다고 화자가 판단하면 그것을 부정하기 위해서 화자가 85.와 같은 강조문을 쓴다. 부정문은 실제 우리가 말을 할 때 특정한 맥락에 쓰인다. 즉, 화자의 생각에 청자가 어떤 생각을 갖고 있거나 어떤 생각쪽으로 마음이 기울어져 있다고 생각할 때 이것을 부정하기 위해서 부정문이 쓰인다. 다음을 살펴보자.

86. A→B : She didn't see him.
그녀는 그를 보지 않았지?

87. A→B : I don't like your new hat.
나는 너의 새 모자를 좋아하지 않는다.

87.의 화자인 A는 청자 B가 B자신의 모자를 A가 좋아한다고 생각할 때, A는 이것을 부정하기 위하여 87.을 쓴다. 위와 같은 전제된 생각이 없는데 87.을 쓰면 어울리지 않는다. 다음을 살펴보자.

88. A→B : He does not drive the car.
그는 그 자동차를 쓰지 않는다.

청자 B가 '그가 그 자동차를 쓴다'고 말했거나 B가 그렇게 생각하고 있는 것으로 화자 A가 판단할 때 88.이 쓰인다. 다음도 마찬가지이다.

89. A→B : I do not understand this.
나는 이것을 이해하지 못한다.

청자 B는 A가 이것을 이해한다고 말했거나 그렇게 생각하고 있다고 화자인 A가 판단할 때 89.이 쓰인다. 다시 말하면 청자가 가지고 있는 생각을 화자가 바로 잡기 위해서 부정문이 쓰이는 것이다.

의문문에도 do가 쓰이는데, 이때는 화자가 어떤 일이 일어났는지 안 일어났는지 확실히 모르기 때문이다.

90. a. What does it matter?
그것이 무슨 상관이 있는가?

b. When did he come?
그가 언제 왔느냐?

c. Do they know about him?
그들은 그에 대해서 아느냐?

부가의문문도 의문문과 마찬가지로 화자가 말한 상황에 화자 자신이 의심을 갖는 것이므로 do가 쓰인다.

91. a. You understand her, don't you?
너는 그녀를 이해하지, 그렇지?

b. He did not come, did he?
그는 오지 않았지, 왔었나?

부정어나 그 밖의 의문사가 문두에 오면 [주어+조동사]의 어순이 [조동사+주어]가 될 수 있다.

91. a. I never saw such a sight.
나는 이러한 광경을 결코 본 적이 없다.

b. Never did I see such a sight.
이러한 광경을 나는 결코 본 적이 없다.

91.a는 [주어+never+동사…]의 어순을, 91.b는 [Never+did+주어…]의 어순을 가지고 있다. 어순이 도치된 문장인 91.b는 화자가 생각할 때, 청자가 반대의 생각을 가지고 있다고 하는 생각이 강할 때 쓰인다.

명령문에도 do가 쓰인다. 화자가 청자에게 한 번 요청한 행동이 실행되지 않아서 다시 강조하면서 요청이나 권유를 할 때 do가 쓰인다. 다음을 비교해 보자.

92. a. Come in!
들어 오세요!

b. Do come in!
들어 오세요!

누가 화자의 집을 찾아왔을 때, 화자는 92.a를 써서 손님을 들어오게 할 수 있다. 그런데 화자가 92.a를 써서 들어오라고 권유를 했는데도 손님이 머뭇머뭇하고 있을 때, 화자는 92.b를 써서 손님이 들어오게 재촉할 수 있다. 다시 말하면 처음 요청을 했는데도 반응이 없을 때에 92.b를 쓴다. 그러므로 처음부터 92.b를 써서 화자가 손님을 들어오게 요청할 수 없다. 다음도 마찬가지로 풀이된다.

93. a. Come with us.
같이 오세요.

b. Do come with us.

94. a. Help me please.
제발 저를 도와주세요.

b. Do help me please.

95. a. Work a little harder.
좀더 열심히 일하세요.

b. Do work a little harder.

또한 동사 do는 동사 be의 긍정 명령이나 부정 명령을 강조하는 데에도 쓰인다.

96. Do be good! (cf. Be good!)
착하게 행동해라!

97. Don't be a fool.
바보짓 하지 말아라.

1.12. BE

동사 be는 어떤 개체나 관계가 시간 속에 존재함을 나타낸다. 다음 98.에서 be는 어떤 개체의 존재를 나타낸다.

98. a. I think, therefore I am.
나는 생각한다. 그러므로 나는 존재한다.

b. Whatever is is right.
존재하는 것은 무엇이나 옳다.

위에서는 아무런 장소 표현없이 쓰여서 주어가 지시하는 개체가 시간 속에 존재함을 나타낸다. 그러나 다음과 같이 장소 표현과 함께 쓰일 수 있다. 이러한 문장은 주어가 시간뿐만 아니라 특정한 장소 속에 존재함을 나타낸다.

99. a. The dog is **in the garden**.
그 개는 정원에 있다.
b. John is **in the store**.
존은 상점 안에 있다.

형용사는 추상적인 장소로 생각될 수 있다. 어느 사람이나 개체가 어느 장소에 있을 수 있듯이, 이들은 어떤 상태 속에 있을 수 있다.

100. a. She is **happy**.
그녀는 행복하다.
b. The boy is very **smart**.
그 소년은 매우 약삭 빠르다.

Be 동사는 동사의 V-ing형과 쓰여서 진행상을 나타내고, V-ed형과 쓰여서 수동형을 나타내는데, V-ing과 V-ed도 상태를 나타내는 것으로 볼 수 있다. V-ing은 어떤 과정의 시작과 끝을 제외한 임의의 한 부분을 가리키고, V-ed는 어느 과정의 마지막 부분을 가리킨다.

101. He is reading a book.
그는 책을 읽고 있다.

102. The window is broken.
그 창문은 깨어져 있다.

101.에서 주어는 책을 읽는 과정의 어느 부분에 있음을 진행상이 나타내고, 102.에서 주어는 깨어지는 과정의 마지막 부분에 있음을 나타낸다. Be 동사는 또한 주어의 직업, 자격, 이름을 가리키는 데에도 쓰인다.

103. a. Tom is a carpenter.
톰은 목수다.

b. Bob is a student.
봅은 학생이다.

be 동사가 존재를 나타내지만, 주어가 비확정적인 경우에는 There be 주어…의 구문을 쓴다.

예로서 다음과 같은 문장이 있다 :

104. There is a postman at the gate.
대문에 우편 배달부가 있다.

105. A postman is at the gate.

105.와 같은 문장이 전혀 불가능한 것은 아니지만 다음과 같은 이유에서 105.보다는 104.가 더 자연스럽다 : a postman은 비확정적이다. 영어에서 비확정 명사는 주어로 잘 쓰이지 않는다. 그러므로 문장의 첫 자리에는 there가 쓰이고, be 동사 다음에 주어가 쓰인다. 보통의 경우 주어는 화자와 청자가 다 같이 식별할 수 있는 확정 명사구가 온다.

그리고 there~ 구문은 화자가 생각할 때 청자가 의식하고 있지 않는 새로운 것을 도입하는 데 쓰인다. 다음을 비교해 보자.

106. As I recall, across the street, there's a grocery store.
내가 기억하기로는, 그 길 건너에 식료품 가게가 있다.

107. *As you can see, across the street is a grocery store.
네가 볼 수 있는 바와 같이 길 건너에 식료품 가게가 있다.

106.에서는 화자가 자신의 기억속에만 있는 어떤 식료품 가게를 언급하는 것이므로 청자는 이것을 모르고 있는 경우이다. 그래서 여기서는 there 구문이 쓰였다. 107.에서는 화자는 물론 청자도 어떤 가게를 눈으로 보는 경우이므로 이 가게는 청자의 의식속에도 있다. 그러므로 여기서는 there be…의 구문이 쓰이지 않았다.

2. 마무리

처음 우리가 영어를 배울 때 다음과 같은 등식을 배웠다:

양태동사		준양태동사
can	=	be able to
may	=	be allowed to
must	=	have to
will	=	be going to

이 장에서 우리는 양태동사는 준양태종사와 의미가 다르다는 점을 살펴보았다. 형태가 다르면 의미도 다르다는 점을 살펴보았다. 양태동사의 의미에는 화자가 반드시 개입된다:

can	:	화자의 능력에 대한 판단
may	:	화자의 허락
must	:	화자의 의문 부여
will	:	화자의 미래에 대한 사건 추이

양태동사가 주관적이라고 한다면 준양태동사는 객관적이다. 준양태동사의 화자가 포함되지 않는다.

참고문헌

Binnick, R. I. 1971. Will and be going to. CLS. 7: 40−52.

Bolinger, Dwight. 1977. *Meaning and form.* London: Longman.

Boyd, J. and Thorne, J. P. 1969. The deep grammar of modal verbs. Journal of Linguistics. 5: 57−74.

Coates, J. 1983. *The semantics of the modal auxiliaries.* London: Groom Helm.

Haegeman, L. 1980. Have to and progressive aspect. *Journal of Linguistics.* 14: 1–5.

Leech, G. N. 1971. *Meaning and the English verb.* London: Longman.

Long, R. B. 1961. *The sentence and its parts.* Chicago: University of Chicago Press.

Palmer, F. R. 1974. *The English verb.* London: Longman.

Perkins, M. R. The core meanings of the English modals. Journal of Linguistics. 18: 245–73.

제 4 장 동사의 특성과 문형(pattern)

1. 문형
2. 타동사 문형
3. 자동사 문형
4. 특수 문형
5. 형용사 문형
6. 마무리

4 chapter

동사의 특성과 문형(pattern)

1. 문 형

문형은 한 범주에 속하는 문장들이 도식적 본(pattern)이다. 하나의 문형은 전에 쓰였고, 지금도 쓰이고, 앞으로도 쓰이게 될 헤아릴 수 없는 많은 문장들을 대표한다. 그러므로 문형은 수많은 문장을 이해하고 쓰는데 이용된다.

문형의 실례가 되는 문장은 두 가지의 측면이 있다. 첫째 문형에 쓰이는 요소는 문법 관계가 있다. 이 관계는 주어, 목적어 그리고 보어가 있다. 이 문법 관계는 동시에 관련하여 의미 관계가 있다. 주어의 경우, 이의 원형적인 관계는 행위자이지만, 덜 원형적인 도구, 피영향자, 도구 등이 주어의 의미 역할을 나타낼 수 있다. 목적어의 경우, 이의 원형적인 의미 관계는 피영향자이지만, 덜 원형적인 수혜자 등이 있다. 이것을 간단하게 나타내면 다음과 같다.

문법 관계 :	주어	동사	목적어	보어
의미 관계 :	행위자		피영향자	
	도구		수혜자	

영어 문형은 여러 가지의 각도에서 분류되어 왔다. 가장 전통적인 방법으로는 주어, 동사, 목적어와 같은 문법 관계를 쓰는 분류다. 문법

관계에 의한 분류도 그 정밀도에 따라서 세분화될 수 있다. 제안된 문형에는 5형식에서 25형식까지 있다. 이 장의 목적은 문형의 새로운 분석에 있는 것이 아니라 비슷한 문형 사이의 차이점을 부각시키는 데 있다. 영어 문형 가운데는 비슷한 것이 많다. 예를 들면 I chose him (to be) our president에서 to be가 쓰일 수도 있고, 그렇지 않을 수도 있다. 그러나 to be의 있고 없음에 서로 다른 의미의 차이에는 큰 주의가 기울어지지 않았다. 또 한 가지의 예로, 어떤 동사는 그 목적어로 부정사나 동명사를 취할 수 있다. 동사 like의 경우 부정사나 동명사를 목적어로 취할 수 있는데, 이 두 형태 사이의 의미 차이는 무엇이며, 이러한 의미 차이는 어디에서 오는가에 대한 연구가 없었다. 이 장의 목적은 이러한 차이를 살펴보는 데 그 목적도 있다.

문형 연구는 A. S. Hornby와 Charles C. Fries가 영어를 외국인에게 가르치면서 도움이 되는 것으로 생각해서 만든 것이다. 이러한 이유에서 문형의 연구는 언어학 주류에서는 큰 각광을 받지 못했다. 특히 변형-생성 문법에서는 한 무리의 핵 문장에서 관련된 여러 문형을 유도하는 데에만 관심을 가졌을 뿐, 문형 사이의 차이에는 큰 관심을 두지 않았다. 그러나 변형-생성 문법에서 설정한 변형 규칙이 심리적인 실체성이 없는 것으로 판명되어 이들에 우리의 주의를 더 이상 기울일 필요가 없는 것으로 생각된다. 동시에 어느 언어를 모국어로 배우든 외국어로 배우든, 문형이 주축이 된다는 견해가 대두되고 있다. 사실 우리가 영어를 배울 때 문장형태는 매우 중요하다. 그러나 이러한 중요성에 비해 이 분야의 연구는 그리 활발하지 못했다. 먼저 타동사 문형부터 살펴보자.

2. 타동사 문형

2.1. 원형적인(prototypical) 타동사

주어가 하는 행동이 목적어에 영향을 미치는 관계를 나타내는 동사가 타동사이다. 그러나 주어의 성질과 목적어가 받는 영향의 정도에 따라서 타동성의 정도가 다를 수 있다. 즉, 타동성이 높은 동사도 있고, 타동성이 낮은 동사도 있다. 타동성이 높은 것을 원형적인 것이라 본다면 원형적인 타동사는 다음과 같이 정의될 수 있다.

1. a. 주어는 행위자로서 행동의 근원이 되고, 또 행위자는 자의적 및 의도적으로 행동한다.
   b. 목적어는 피영향자로서 동작의 영향을 크게 받는다.

다음은 원형적인 타동사의 예가 되겠다.

2. a. 목적어가 가리키는 개체가 생겨나는 예 :
   He built a house.
   그는 집 한 채를 지었다.
   She made a skirt.
   그녀는 스커트를 만들었다.
   He drew a house.
   그는 집 한 채를 그렸다.

   b. 목적어가 가리키는 개체에 물리적 변화가 일어나는 예 :
   They destroyed the bridge.
   그들은 그 다리를 부수었다.
   They demolished the building.
   그들은 그 건물을 헐었다
   She smashed the window.
   그녀는 그 창문을 박살내었다.

c. 목적어가 가리키는 개체가 장소 이동을 하는 예 :

They moved the table.
그들은 그 식탁을 옮겼다.

He placed the pot on the shelf.
그는 그 항아리를 선반 위에 놓았다.

She turned the boat.
그녀는 그 배를 돌렸다.

d. 목적어가 가리키는 개체의 표변에 변화가 일어나는 예 :

She washed the baby's face.
그녀는 그 아기의 얼굴을 씻겼다.

We painted the fence.
우리는 그 울타리를 칠했다

She bathed the baby.
그녀가 아기를 목욕시켰다.

e. 목적어가 가리키는 개체의 내면에 변화가 일어나는 예 :

They heated the water.
그들은 그 물을 데웠다.

She warmed the soup.
그녀는 그 국을 데웠다.

She chilled the drink.
그녀는 그 음료수를 차게 했다.

2.2. 비원형적인 타동사

원형적인 타동사는 주어가 행위자이고 목적어는 피영향자이다. 타동사 가운데는 이러한 원형에서 벗어나는 것도 있다. 그러나 이 비원형적인 타동사는 원형에서 벗어나긴 해도 완전히 다른 것이 아니고, 원형적인 타동사와 어느 정도 유사성이 있다고 생각되기 때문에 타동사로 표현되는 것이다. 다음 문장에 쓰인 목적어는 장소와 관계가 있으므로 보통의 경우 동사에 의해 크게 영향을 받지 않는 것으로 생각된다.

3. a. She entered the room.
그녀는 그 방에 들어갔다.

b. He swam the river.
그는 그 강을 헤엄쳤다.

c. He rode the horse.
그는 그 말을 탔다.

위 3.에 있는 문장은 [동사+전치사]로 비슷하게 표현될 수 있다.

4. a. She went **into** the room.
그녀는 방 안으로 들어갔다.

b. He swam **across** the river.
그는 그 강을 가로질러 헤엄쳤다.

c. He rode **on** the horse.
그는 그 말 위에 탔다.

3.에서는 타동사가 쓰였고, 4.에서는 자동사가 쓰였다. 타동사가 쓰이면, 원형적인 타동사 관계에서와 같이 주어는 목적어에 영향을 미치는 것으로 풀이된다. 3.a에서는 그가 방에 들어갔기 때문에 방이 비어 있다가 비지 않게 되어있는 관계를 나타낸다. 4.b에서는 그가 강을 정복했다는 의미로 풀이되고, 3.c에서는 그가 말을 통제했다는 의미가 더해진다. 전치사가 쓰인 4.에서는 이러한 의미가 없다.

다음에서는 피영향자-목적어는 표현되지 않고 수혜자가 직접목적어로 표현되어 있다.

5. a. She fed the dog.
그녀는 그 개에게 먹이를 주었다.

b. She painted the fence.
그녀는 울타리를 칠했다.

c. They dusted the books.
그들은 책의 먼지를 털었다.

5.에서 피영향자-목적어는 표현되어 있지 않다. 그러나 이들은 세상일의 지식으로부터 쉽게 추리될 수 있다. feed의 목적어는 food이고, paint의 목적어는 paint이며, dust의 목적어는 dust이다. 이러한 목적어는 동사에 이미 포함되어 있으므로 문장에 표현되지 않고, 수혜자가 직접목적어로 표현되어 있다. 이들 수혜자는 직접 목적어로 표현되어 있기 때문에 동사의 영향을 받는 것으로 풀이된다. 즉, 5.a에서는 개가 배가 고프지 않고, 5.b에서는 울타리에 페인트가 칠해져 있고, 5.c에서는 책의 먼지가 털려지는 관계를 나타낸다.

동사 가운데는 다음과 같이 피영향자와 처소가 두 가지 방법으로 표현될 수 있다 :

6. a. She sprayed the paint on the wall.
   그녀는 페인트를 벽에 뿌렸다.
   b. She sprayed the wall with the paint.
   그녀는 벽을 페인트로 뿌렸다.

6.에서는 the wall이 쓰였는데, 그 위치에 따라서 그 의미가 다르다. The wall이 목적어로 쓰인 6.b에서는 벽 전체가 paint로 덮혀진 의미를 주게 되고, the wall이 전치사의 목적어로 쓰인 6.a에서는 벽이 부분적으로만 영향을 받는 관계를 나타낸다.

2.3. 주어(S)-동사(V)-to V/V-ing

여기서는 타동사의 목적어가 명사구가 아니거나, 명사구이더라도 그 성질이 특이한 경우를 살펴보자.

2.3.1. 주어-동사-to V

먼저 목적어가 to-부정사인 예부터 살펴보자 : 이 문형의 특징은 타동사의 목적어로 to V (부정사)가 쓰이는 점이다. 여기에 쓰이는 to는 이것이 전치사로 쓰일 때의 의미를 그대로 갖는다. 전치사로 쓰일 때 to의 의미는 선행사(X)가 목적어 (Y)를 바라보는 관계다.

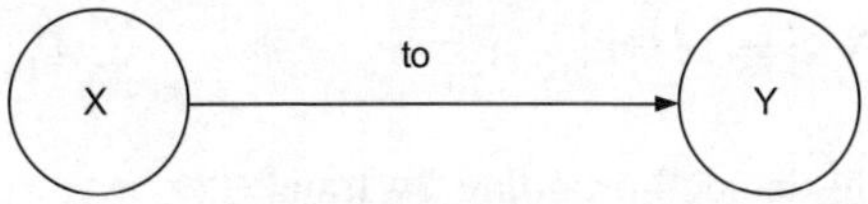

그림 1 : 전치사 to의 의미

to가 동사와 같이 쓰일 때도 위의 의미는 그대로 있다. 이때 X는 주어이고 Y는 과정이다. X가 Y를 바라본다는 의미는 주어 (X)가 아직 시작되지 않은 과정 (Y)를 해야하는 의미로 확대되어 쓰인다. to에 이러한 의미가 있기 때문에 부정사를 목적어로 취하는 동사는 의미상으로 결정된다. 아래에서는 동사를 의미상의 유형으로 나누어 살펴본다.

2.3.1.1. 의도동사 및 욕구동사

주어의 의도를 나타내는 동사를 의도동사라 부르기로 하겠는데 여기에는 다음과 같은 동사가 있다 :

7. want	plan	mean	decide
intend	propose	choose	long

7.에 쓰인 동사는 모두 to V를 목적어로 취하는데, 그 이유는 7.의 동사 모두 어느 주어진 시점에서 존재하지 않은 과정을 주어가 앞으로

실현하려고 함을 나타내기 때문이다.

8. He (wanted/planned/meant) to go abroad.
그는 해외에 가기를 (원했다/계획했다/의도했다.)

동사 decide는 decide on V-ing의 문형으로 쓰이는 이 표현은 여러 가지의 가능성을 검토한 다음, 그 가운데 어느 하나를 '선택한다'는 뜻이므로 decide to V와는 다르다.

9. He decided on going by train.
그는 (여러 가지 방법 가운데서) 기차로 가기로 결정했다.

2.3.1.2. 시도동사

주어가 무엇을 이룩하려고 하는 시도를 나타내는 동사도 to V를 목적어로 취한다. 시도동사에는 다음과 같은 것이 있다 :

10. try attempt strive
manage fail endeavor

11. He (tried/attempted/strove) to solve the problem.
그는 그 문제를 풀려고 (노력했다/시도했다/애썼다.)

manage to V는 succeed in V-ing와 비슷한 것으로 생각되나 사실은 그렇지 않다. manage는 주어가 의도적으로 노력해서 어떤 일을 이루는 의미가 있으나, succeed는 반드시 노력에 의해서가 아니라, 운에 의해서도 이루어질 수가 있다. 이러한 차이가 있기 때문에 manage는 to와 같이 쓰이지만 succeed는 그렇지 않다.

12. a. He succeeded in business without really trying.
그는 실제 노력하지 않고도 사업에 성공했다.

b. *He managed to succeed in business without really trying.

12.b에서 manage와 without really trying은 잘 어울리지 않는다.

2.3.1.3. 의도 화행동사

주어의 의도를 나타내는 화행동사도 목적어로 to V를 취한다.

13. He (vowed/agreed/consented) to go.
그는 가기로 (맹세했다/합의했다/동의했다.)

누가 무엇을 하겠다고 약속을 하는 경우 약속된 행동은 언제나 발화시 이후에 일어난다. 그러므로 to-부정사가 쓰인다.

2.3.2. 주어-동사-V-ing

동사에 -ing가 붙은 꼴을 동명사라고 하는데, 이 꼴의 기능은 여러 가지다. 어떤 동명사는 완전히 명사화한 것이 있는가 하면, 또 어떤 것은 명사적 성질도 있지만 동사적 성질이 강한 것도 있고 또 어떤 것은 명사와 동사의 성질이 골고루 섞여 있는 것도 있다.

14. a. meeting, building, singing.
모임, 건물, 노래하기

b. their brilliant singing of Messiah
그들의 훌륭한 메시아의 노래 부르기

c. Singing Messiah well is not easy.
메시아를 잘 부르기는 쉽지 않다.

d. Edward's singing hymns loudly annoys me.
에드워드가 찬송가를 소리 높여 부르는 것이 나를 괴롭힌다.

14.a에 있는 동명사는 완전히 명사화한 것이고, b의 singing은 소유대명사와 형용사의 수식을 받는 명사이다. c에서 singing은 목적어를 가지고 있고 부사의 수식을 받으므로 동사의 성질이 강하다. 그러나 문장의 주어로 쓰인 명사의 역할도 한다. V-ing형은 다음과 같이 현재분사로도 쓰인다.

15. a. She sat there reading. (행동)
그녀는 책을 읽으면서 그 곳에 앉아 있었다.

b. They arrived panting. (과정)
그들은 헐떡이며 도착했다.

c. Being a Japanese (사실), he understood how Mary felt.
일본 사람이었기 때문에, 그는 메리가 어떻게 느꼈는지를 이해할 수 있었다.

d. Having quarreled with him yesterday (사실), she didn't want to ask for his help.
그와 어제 다투었기 때문에, 그녀는 그의 도움을 청하고 싶지 않았다.

V-ing형은 동명사로도 쓰이고, 현재분사로도 쓰임을 위에서 간단하게 살펴보았다. 이 둘의 기능은 물론 다르다. 그러나 의미상의 공통점은 없는가? 같은 형태이므로 이들은 어디엔가 같은 의미가 있는 것으로 가정할 수 없는가? 먼저 위에서 살펴본 현재분사 용법을 살펴보자. 15.a, b에 쓰인 V-ing의 동사는 동작이나 과정을 나타내는데, 이 동작이나 과정은 주절의 동사와 동시에 일어나는 동작이나 과정이다. 15.a에서 앉아 있는 과정과 책 읽기가 동시에 일어나고, 15.b에서 도착하는 동작과 헐떡이는 동작이 동시에 일어난다. 15.c, d에 쓰인 동사는 상태를 나타내므로 이것은 주절이 나타내는 동작의 배경에 깔려있는 것이므로 주절의 동작과 동시에 존재하는 것으로 볼 수 있다.

이것은 다음 **그림 2**와 같이 나타낼 수 있다. 위에서 우리는 V-ing형은 주절의 시제와 동시성을 나타냄을 살펴보았다. 이러한 의미는 동명사일 때에도 나타난다.

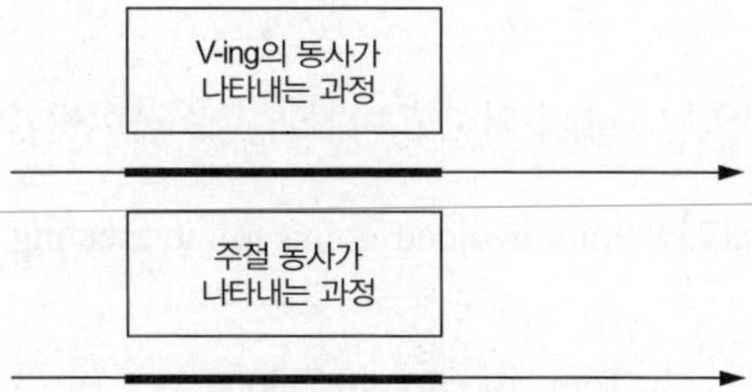

그림 2 : V-ing의 동시성

아래에서 편의상 동사를 몇 가지의 갈래로 나누어서 살펴보겠다 :

2.3.2.1. 상상동사

16. a. Tom imagined swimming in the pool.
    톰은 수영장에서 수영하는 것을 상상했다.

  b. I dread being scolded by Mom.
    나는 어머니에게 꾸중듣기가 두렵다.

  c. She dreams of becoming an actress.
    그녀는 영화배우가 되는 꿈을 꾸고 있다.

  d. I remember talking with him.
    나는 그와 얘기한 것을 기억한다.

16.a에서는 Tom이 수영을 하는 행동이 그가 상상하는 시간에 그의 상상속에서 동시에 존재한다고 보아야 할 것이다. 16.b에서도 꾸중을 듣는 일이 내가 두려워하는 생각과 동시에 존재하는 것으로 볼 수 있다. 16.c에서 누가 무엇이 되는 꿈을 꿀 때에는, 무엇이 되는 과정이 그 꿈속에 있는 것으로 생각할 수 있다. 또 무엇을 기억할 때에도 기억의 내용이 기억과 동시에 존재하는 것으로 볼 수 있다.

2.3.2.2. 회피동사

다음에 쓰인 V-ing의 의미도 마찬가지로 풀이될 수 있다.

17. a. John avoided going to the meeting.
존은 그 모임에 가는 일을 피했다.

b. Tom risked going alone.
톰은 위험을 무릅쓰고 혼자 갔다.

c. The boy came near being hit.
그 소년은 거의 치일 뻔 했다.

d. Mary practiced playing the piano.
메리는 피아노치는 연습을 했다.

e. They stopped talking.
그들은 말을 중단했다.

17.a에서는 존에게 모임에 가는 일이 있었고, 모임에 가는 것을 피하는 동작이 동시에 있었다. 17.b에서도 모험을 건 동작이 혼자 가는 동작과 동시에 있었으며, 17.c에서도 소년이 치이게 되는 사건에 가까이 간 것으로 풀이되므로 두 사건이 동시에 존재하는 것으로 풀이된다. 17.d에서 실습과 피아노 치기는 동시적이다. 17.e에서 멈춤과 말하기가 동시에 일어났다. 주절의 동사와 V-ing형의 동시성은 다음에서 더 찾아 볼 수 있다.

18. a. I enjoy swimming in this pool.
나는 이 수영장에서 수영하는 것을 즐긴다.

b. I want to swim in this pool tomorrow.
나는 내일 이 수영장에서 수영을 즐기기를 원한다.

2.3.2.3. 감정동사

다음 문장의 동사는 감정을 나타내는 동사이다.

19. a. She likes swimming.
그녀는 수영을 좋아한다.

b. She loves having breakfast in the garden.
그녀는 정원에서 아침 먹기를 좋아한다.

c. I hate having to refuse every time.
나는 매번 거절해야 하는 것이 싫다.

d. We enjoy playing tennis.
우리는 정구 치기를 즐긴다.

e. She resents being spied on.
그녀는 염탐되는 것을 분개한다.

이때 주절의 동사가 나타내는 감정은 V-ing가 나타내는 가정과 동시에 존재한다. 예로 19.a 주어인 그녀가 어느 특정한 시간에 수영을 하면서 이것을 좋아하는 감정이다. 또 한 가지의 의미는 특정한 경우에 하는 수영이 아니라 일반적인 의미의 수영을 말할 때도 쓰이는 문장이다. 이와 같이 주어가 갖는 느낌은 V-ing의 과정과 어떤 특정한 시간에 일어날 수도 있고 일반적인 경우를 나타낼 수 있다.

2.3.2.4. 견딤동사

다음 문장에서 주어가 참거나 견디는 마음이 V-ing가 나타내는 과정과 동시에 존재한다.

20. a. I can't stand travelling in the rush hour.
나는 출퇴근 시간에 다니는 것은 견딜 수가 없다.

b. She can't bear seeing animals being treated cruelly.
그녀는 동물이 학대받는 것을 참을 수가 없다.

c. He can't endure being disturbed in his work.
그는 공부할 때 방해받는 것을 견디지 못한다.

20.a에서 주어는 출퇴근 시간에 움직이는 것이 어려운 일이고 이것이 견딜 수 없음을 나타낸다. 20.b에서도 주어는 동물이 학대받는 것을 보면서, 이것을 참을 수 없음을 나타낸다. 20.c에서도 주어가 공부 방해를 받으면서 이 방해를 참을 수 없다고 말하는 것이다.

2.3.3. 주어–동사–to-V/V-ing

동사 가운데는 목적어를 부정사나 동명사 중에 어느 것이든 가질 수 있는 동사가 있다. 그러나 목적어의 종류가 다르면 그 뜻도 다르다. 다음에서는 목적어로 부정사나 동명사를 취할 때 그 뜻의 차이를 살펴보기로 하겠다.

2.3.3.1. 기억동사

기억과 관계되는 동사로 remember와 forget이 있는데, 이들 동사는 모두 부정사나 동명사와 같이 쓰인다.

21. a. I remember posting the letter.
나는 그 편지를 부친 것을 기억한다.

b. I remember to post the letter.
나는 그 편지를 부칠 것을 기억한다.

22. a. I forgot posting the letter.
나는 그 편지를 부친 것을 잊어버렸다.

b. I forgot to post the letter.
나는 그 편지를 부칠 것을 잊어 버렸다.

21.a에서는 동명사가 쓰였는데, posting은 remember하는 시간보다 앞서 일어난 일을 가리킨다. 21.b에서는 부정사가 쓰였는데, to post는 remember하는 시간 후에 일어날 일을 가리킨다. 22.에서도 마찬가지의 차이를 읽을 수 있다. 22.a에서는 posting이 쓰였는데 이것은 forgot보다 앞서 일어난 일을 가리킨다. 부정사가 쓰인 22.b에서 부정사는 앞으로 해야 할 일을 잊어버린 것을 나타낸다.

2.3.3.2. 감정동사

감정을 나타내는 동사 hate, like, love, prefer도 부정사나 동명사와 같이 쓰일 수 있다. 그러나 목적어의 성질에 따라서 뜻도 다르다. 다음을 펴보자.

23. a. I like singing.
나는 노래부르는 것을 좋아한다.
나는 노래부르는 것이 좋다.
(I am singing and I like it.)

b. I like to sing.
나는 노래를 부르고 싶다.

23.a.에서와 같이 감정 동사가 동명사와 쓰이면 동명사가 나타내는 과정은 어떤 특정한 시간이나 장소에 얽매이지 않는 일반적인 것을 가리키거나 주어가 동명사가 가리키는 과정을 하면서, 동시에 느끼는 좋아함을 나타낸다. 즉, like는 주어가 singing을 하면서 느끼는 감정이다. 23.b는 어떤 특정한 경우에 앞으로 하게 될 일에 대한 느낌을 표현한다. 다음도 위와 같은 방법으로 풀이될 수 있다.

24. a. I prefer working early in the morning.
나는 아침 일찍 일하는 것이 더 좋다.

b. I prefer to work early in the morning.
나는 아침 일찍 일하고 싶다.

2.3.3.3. 시도동사

시도동사에는 try가 있는데, 이것도 동명사나 부정사와 같이 쓰인다.

25. a. He tried walking.
그는 걸어보았다.
b. He tried to walk.
그는 걸으려고 해 보았다.

25.a의 경우 주어는 걸을 수 있기 때문에 걸어서 어떤 효과를 얻을 수 있나 시험해 본 것이고, 25.b의 경우, 주어는 걸을 수 있는지 없는지를 시험해 보는 과정이다. 다음도 마찬가지로 풀이될 수 있다.

26. a. He tried praying.
그는 기도를 해 보았다.
b. He tried to pray.
그는 기도를 하려고 해 보았다.

26.a에서 주어는 한 예로 병을 낫게 하기 위해서 기도를 시도해 보는 것이고 26.b에서는 기도 자체를 하려고 노력했다.

27. a. You must try **to overcome** your shyness.
너는 너의 수줍음을 극복하려고 노력해야 한다.
b. Try **holding** your breath to stop sneezing.
재채기를 막기 위해 숨을 멈추어 보아라.

27.a에서 화자는 청자로 하여금 수줍음을 극복할 수 있는지 시험해 보라는 뜻이고 27.b에서 화자는 청자에게 재채기를 막기 위해서 숨을 멈추어서 그 결과를 알아 보라는 뜻이다. 이때 청자가 숨을 멈추는 일을 할 수 있음이 전제되어 있다.

2.3.3.4. 상(aspect)동사

과정의 시작, 계속, 중단의 의미와 관계가 있는 동사를 상동사 (aspectual verb) 라고 하겠다. 상동사에는 begin, start, continue, stop, cease 등이 있다. 이 동사들은 모두 V-ing형이나 to V형과 같이 쓰일 수가 있다.

BEGIN, START

먼저 begin과 star는 동의어로 보이나 사실은 그렇지가 않다. begin은 어느 과정의 첫 부분을 가리키고 start는 어느 과정의 첫 부분에 앞선 시작 부분을 가리킨다. 이러한 차이는 이들의 V-ing형의 명사용법에서 찾아볼 수 있다. beginning은 명사형으로 잘 쓰이나 starting은 명사형으로 잘 쓰이지 않는다. 먼저 start의 쓰임을 살펴보자.

28. a. He started to get mean (but thought better of it).
그는 비열한 짓을 하려고 하다가 생각을 바꾸었다.

b. He started getting mean (and I got out of it).
그는 비열한 짓을 하기 시작했다. (나는 그곳을 나왔다.)

28.a에서 to get mean이 쓰였는데 주어는 이러한 행동을 하려는 준비를 한 것이지 실제 이 행동을 한 것이 아니다. getting mean이 쓰인 28.b에서는 주어가 실제 이 행동을 한 것이다.

동사 begin은 과정의 첫 부분을 가리키는데, 부정사와 동명사에 따라서 이 과정은 다르게 풀이된다. 부정사가 쓰이면 이 과정은 비반복적인 한 과정의 첫 부분을 가리키고, 동명사가 쓰이면 반복적인 과정의 첫 부분을 가리킨다.

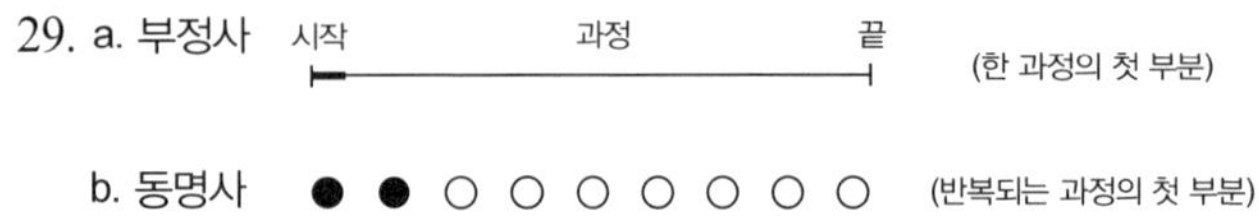

그림 3 : begin의 의미

다음 예를 살펴보자.

30. Her head began to rotate slowly from one side to the other.
그녀의 머리는 한 쪽에서 다른 쪽으로 천천히 돌기 시작했다.

30.에서 시작된 과정은 머리가 한 쪽에서 다른 쪽으로 한 번 도는 과정인데, 여기서는 비반복적인 것으로 풀이된다. 그래서 29.a와 같이 풀이된다. 다음에서는 시작된 과정이 반복적이다.

31. Mr. Churchill began making introductions.
처칠씨는 소개를 하기 시작했다.

31.에서 처칠이 소개해야 할 사람이 많은데, 그 가운데 처음 몇몇을 소개하고 있을 때 쓰는 표현으로 그림 29.a와 같이 풀이될 수 있다.

begin V-ing의 V에 understand, see, realize와 같은 지각 동사가 쓰일 수 없는데, 그 이유는 이들 동사의 의미에 있다. 누가 무엇을 이해하거나 깨닫는 과정은 반복되지 않는다. 그러므로 이들 지각 동사는 begin 다음에 V-ing의 형태로는 쓰이지 않는다.

32. He began (*understanding/*seeing/*realizing) how it works.

GO ON, CONTINUE

go on 다음에 to V나 V-ing형이 올 수 있는데, 그 뜻은 다음과 같이 다르다 :

33. a. After approving the agenda, we went on to discuss finance.
안건을 승인한 다음에 우리는 계속해서 (다른 화제인) 재정을 토의했다.

b. We went on talking till after midnight.
우리는 한밤중이 지나서까지 계속 이야기를 했다.

Go on 다음에 to V가 쓰이면 하나의 일에서 다른 일로 이어서 바뀜을 나타낸다. 그러나 V-ing가 쓰이면 같은 일이 어느 시점을 지나도 계속됨을 나타낸다.

동사 continue 다음에 V-ing형이 쓰이면 앞서 시작된 한 과정이 어느 시점에서 잠재적으로 중단될 수 있다고 생각되지만 중단이 되지 않고 계속됨을 나타낸다. 이것은 34.a와 같이 나타낼 수 있다. continue 다음에 to V가 쓰이면 앞서 시작된 과정이 어느 시점에서 중단되었다가 다음 시점에 다시 계속됨을 나타낸다. 이것은 34.b와 같이 나타낼 수 있다.

34. a. continue V-ing. : 

b. continue to V : 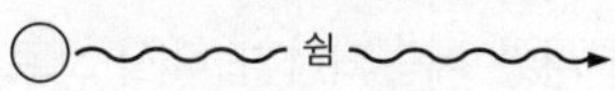

다음 예를 살펴보자.

35. a. When the bell rings, ignore it and continue reading.
종이 울리면, 그것을 무시하고 계속해서 읽어라.

b. Why don't you continue to read another five minutes?
오분 동안 계속해서 더 읽는 것이 어떠냐?

35.a에서 학생들이 수업시간에 책을 읽고 있다고 가정하자. 종이 울리면 수업이 끝나므로 이 시간에 읽기가 끝나기로 되어 있는 시간이다. 이 잠재적인 중단 시점을 무시하고 계속하는 것이 continue reading이다. 35.b의 경우, 종이 울려서 학생들이 읽기를 중단한 경우에 (얼마간

의 쉼이 있은 다음) 계속해서 읽으라는 표현이다.

위에서 살펴본 두 문형의 차이는 continue와 관련된 형용사 continuous와 continual에서 찾아볼 수 있다. continuous는 going on without stopping의 뜻으로 continue V-ing와 비슷하고, continual은 happening at frequent intervals로서 continue to V와 비슷하다.

다음 예를 살펴보자.

36. After we continued pumping 36 hours, we reached the last few inches of water.
우리는 36시간 동안 계속해서 펌프질을 한 다음에 물 높이의 마지막 몇 인치에 이르렀다.

37. Oil will continue to rise in price and the supply is diminishing and uncertain.
기름도 값이 계속 오르고, 공급은 줄어들고 또 불확실하다.

36.에서는 펌프질이 쉼없이 36시간 동안 계속된 것이다. 37.에서는 기름값이 끊임없이 오른 것이 아니라 값이 어느 정도 오르고, 오른 값이 어느 기간 계속되다가 다시 오르게 되는 과정을 continue to rise가 나타낸 것이다.

STOP, QUIT, CEASE

어느 기준이 되는 시점까지 하고 있던 일을 그만 둠을 나타낼 때 stop, quit, cease 등이 쓰인다. 먼저 stop과 quit는 주어의 의도에 있어서 차이가 난다. quit는 언제나 주어가 의도를 가진 개체라야 한다.

38. a. The child stopped crying.
아이가 울음을 그쳤다.

b. The child quit crying.
아이가 울음을 그만 두었다.

39. a. The water stopped dripping.
물이 떨어지는 것이 그쳤다.

b. *The water quit dripping.
물이 떨어지지 않았다.

39.b는 주어가 의도가 없는 개체이므로 비문이 된다.

동사 stop과 cease는 모두 어떤 진행 중인 과정이 끝남을 나타낸다. 그러나 이 두 동사는 끝나는 모습에 차이가 난다. stop은 움직임에서 갑자기 정지 상태로 바뀜을 나타내고, cease는 움직임에서 점차적으로 정지상태에 이른다. 다음을 살펴보자.

40. a. The noise stopped/*ceased as suddenly as it had started.
그 소음이 시작될 때처럼 갑자기 끝났다.

b. Gradually imperceptively, the rain ceased/*stopped.
점차적으로 눈에 잘 띄이지 않게 비가 그쳤다.

부사 suddenly가 쓰인 40.a에서는 stop이 cease보다 더 자연스럽고, gradually가 쓰인 40.b에서는 cease가 stop보다 더 자연스럽다.

다음으로 cease V-ing 와 cease to V의 뜻을 살펴보자. V-ing형이 쓰이면 V가 나타내는 어느 한 과정이 cease의 과정이 일어날 때까지 계속됨을 전제한다. to V형이 쓰이면 V가 나타내는 과정이 cease 과정 이전에 규칙적으로 있었음을 나타낸다.

41. a. The bus ceased running.
그 버스는 (어느 하루 시간이 되어) 운행을 그쳤다.

b. The bus ceased to run.
그 버스는 (정규적인 운행을) 중지했다.

42. a. That world has ceased to exist.
그 세계는 더 이상 존재하지 않는다.

b. The gull ceased to flap and flop and lay still.
그 갈매기는 더 이상 퍼덕거리지 않고, 가만히 있었다.

2.3.4. 주어–동사–동족 목적어 (cognate)

영어동사 가운데는 목적어를 동족목적어로 취하는 것이 있다. 동족목적어 가운데는 동사와 그 형태가 꼭 같은 것도 있고, 꼭 같지는 않으나 비슷한 것이 있다 :

43. 꼴이 같은 동족목적어 동사

동사	명사
sneeze	sneeze
laugh	laugh
smile	smile
dance	dance
sweat	sweat

44. 꼴이 비슷한 동족목적어 동사

동사	명사
live	life
die	death
bleed	blood
give	gift

동족목적어를 취하는 동사는 주로 신체 기능을 나타내는 것으로 순수한 영어 동사만이 이 구조에 쓰일 수 있다. 다음과 같은 동사와 명사는 동족목적어 구문에 쓰일 수 없다.

45.

동사	명사
donate	donation
contribute	contribution
destroy	destruction

동족목적어를 취하는 구문에는 몇 가지의 제약이 있는데, 이것은 다음 예에서 살펴볼 수 있다 :

46. a. *Henry lived a life
b. Henry lived a good life.
헨리는 좋은 삶을 살았다.

c. Henry lived a life that he wanted.
헨리는 그가 원한 삶을 살았다.

d. Henry lived his life well.
헨리는 그의 삶을 잘 살았다.

47. a. *Jane bled the blood.
제인은 피를 흘렸다.

b. Jane bled fake blood during the play.
제인은 연극 중에 가짜 피를 흘렸다.

c. Jane bled some blood.
제인은 피를 조금 흘렸다.

48. a. *Tom sweat sweat.
톰은 땀을 흘렸다.

b. *Tom sweat some sweat on his shirt.
톰은 셔츠에 땀을 약간 흘렸다.

46.~48.의 a에서 볼 수 있는 것은 동족목적어에 대한 특별한 수식어가 쓰이지 않으면, 이러한 구문은 비문이 됨을 알 수가 있다. 46.의 b, c, d에서 life를 수식하는 표현이 쓰이면 모두 잘 짜여진 문장이 된다. 47.c와 47.b에서는 some이 쓰였는데 47.c는 좋은 문장이 되나 48.b는 그렇지 못하다. 이것은 목적어의 현저성에 차이가 있기 때문이다. 즉, 피는 땀보다 훨씬 현저하다.

위에서 살펴본 동족목적어는 주어가 하는 행위로 생겨나는 개체를 가리킨다. 이러한 동족 목적어 가운데는 동족목적어는 이미 만들어져 있는 개체를 가리키는 경우가 있는데, 이 경우에는 특별한 수식어 없이도 쓰일 수 있다.

49. a. He sang a song.
그는 노래를 불렀다.

b. He sang many songs.
그는 많은 노래를 불렀다.

50. a. Susan danced a dance
수잔은 춤을 추었다.

b. Susan danced many dances.
수잔은 많은 춤을 추었다.

2.3.5. 주어–동사–목적어 (reflexive)

동사의 목적어로 재귀대명사가 쓰이는 문형이다. 다음은 이 문형을 예시한다.

51. a. He prides himself on his car.
그는 자기 차를 자랑한다.

b. She availed herself to speak to the teacher.
그녀는 틈을 내어 선생님께 얘기했다.

c. The student absented himself from the class.
그 학생은 수업 시간에 빠졌다.

d. They enjoyed themselves at the party.
그들은 그 모임에서 즐겼다.

이 문형에 쓰이는 주어는 의도적인 행동을 하는 행위자가 보통이다. 그러나 사람이 아니라도, 사람과 같이 의도적인 행동을 할 수 있다고 생각되는 경우에는 다음과 같이 재귀대명사를 목적어로 취할 수 있다.

52. a. The car drives itself.
그 자동차는 저절로 운전한다.

b. The fuel tank is able to monitor itself.
그 연료 탱크는 스스로 감지할 수 있다.

c. The coffee-maker shuts itself out.
그 커피기는 스스로 정지한다.

d. Nowadays, computers seem to program themselves.
오늘날 컴퓨터 들은 스스로 프로그램을 하는 것 같다.

이 문형은 주어와 목적어를 다 가지고 있는 타동사이지만, 다음과 같이 수동형에는 쓰이지 못한다. 이것은 이 문형이 타동성이 낮다는 것을 암시한다.

53. a. Bob shaved himself.
봅은 스스로 면도했다.

b. *Bob was shaved by himself.

54. a. The nurse healed herself.
그 간호원은 스스로를 치유했다.

b. *The nurse was healed by herself.

55. a. Tom and Jerry saw themselves on TV.
톰과 제리는 TV에서 스스로를 보았다.

b. *Tom and Jerry were seen by themselves.

다음 두 문장은 그 뜻이 서로 비슷하게 보이나 미세하지만 차이가 있다 :

56. a. The car drives itself.
그 자동차는 스스로 운전한다.

b. The car drives easily.
그 자동차는 쉽게 운전된다.

57. a. The clothes wash themselves.
그 옷은 저절로 빨린다.

b. The clothes wash easily.
그 옷은 쉽게 빨린다.

56.~57.의 a문장에서는 주어의 속성 때문에 행위자의 노력이 많이 들지 않는다는 뜻이다. 다시 말하면 a문장은 실제 행위자가 아닌 주어가 행위자처럼 풀이된다. 이와는 달리, b문장은 행위자가 배경에 있어서 드러나지 않고 있으며, 동사가 나타내는 과정의 일차적인 책임은 피영향자인 주어에 있다. 따라서 이 문형은 피영향자인 주어의 속성을 나타내는 데에 쓰인다.

위에서 재귀대명사가 목적어로 쓰인 문형의 주어는 행위자였다. 그러나 다음 58.에서 주어는 행위자가 아니지만 정상적인 타동사 문형에서 피영향자이다.

58. a. The car sells itself.
그 자동차는 스스로 판다.

b. The gate opens itself.
그 문은 스스로 연다.

c. Attractive people photograph themselves.
매력있는 사람들은 저절로 사진이 찍힌다.

d. The gears on my new bike shift themselves.
내 새 자전거의 기어는 저절로 움직인다.

e. Those clothes (practically) wash themselves.
저 옷들은 (거의) 저절로 빨린다.

58.의 문장에 쓰인 동사가 나타나는 과정이 일어나려면 행위자의 영향이 있어야 하는 것이 보통이다. 그러나 위에서는 주어진 과정이 행위자의 도움없이 피영향자 제 힘으로 일어남을 표현하는 문장이다. 자동차는 무엇을 사고 팔고하는 능력이 실제 없으나 58.a에서는 자동차에 마치 이러한 힘이 있어서 스스로 파는 과정이 일어나게 하는 것으로 표현되어 있다. 58.에 있는 나머지의 문장도 마찬가지로 풀이될 수

있다. 즉, 주어는 행위자가 아닌 피영향자이지만 행위자로 풀이된다.

위 구문은 특수한데, 이 특수한 점은 다음의 여러 문장과 비교하면 그 특이성을 알 수 있다 :

59. a. John opened the door.
존은 그 문을 열었다.

b. The door opens easily.
그 문은 쉽게 열려진다.

c. The door opened.
그 문이 열렸다.

d. The door opens itself.
그 문은 저절로 열린다.

59.a는 행위자가 문에 힘을 가하여 닫힌 상태에서 열리게 된 과정을 나타낸다. 여기서는 행위자와 피영향자가 분명히 구별된다. 59.b에서는 행위자가 표면에 명시되지 않으나 암시되어 있다. 즉, 59.a에서는 행위자가 명시되어 있으나 59.b에서는 행위자가 암시만 되어 있다. 59.c에서는 문이 명시되지 않은 어떤 힘에 의해서 열리게 됨을 나타낸다. 59.d에서는 문이 열리게 된 것이 문 자체의 힘에 의한 것으로 표현되어 있다.

2.3.6. 주어–동사–치수 목적어 (measurement)

다음 문형에서 치수를 나타내는 표현에는 거리, 기간, 무게, 값 등이 있다. 60.에 그 문형이 예시되어 있다.

거 리

60. a. We walked five kilometers.
우리는 5킬로미터를 걸었다.

b. They have traveled hundreds of kilometers.
그들은 수백 킬로미터를 여행했다.

c. The fields stretch hundreds of kilometers
그 밭들은 수백 킬로미터 뻗쳐 있다.

위 문장에서 거리를 나타내는 표현은 전치사 for와 같이 쓰일 수 있다. 그러나 다음 문장에서 정도 표현에는 for가 쓰일 수 없다:

61. a. She came a long way.
그녀는 먼 길을 왔다.

b. She jumped 1 meter.
그녀는 1미터 뛰었다.

c. The thermometer rose three degrees.
온도계가 3도 올랐다.

d. The temperature rose 5 degrees.
기온이 5도 올랐다.

기 간

다음 문장에서 기간을 나타내는 표현은 전치사 for와 같이 쓰일 수도 있다.

62. a. The play ran (for) two weeks.
그 연극은 이주 동안 상연되었다.

b. We waited (for) more than an hour.
우리는 한 시간 이상 기다렸다.

c. Will you stay (for) the night?
오늘 저녁에 머물겠습니까?

그러나 다음 문장에서는 기간/정도 표현에 전치사 for가 쓰이지 않는다.

63. a. Fixing the radio took 30 minutes.
그 라디오를 고치는 데 30분이 걸린다.

b. His watch gains 3 minutes a day.
그의 시계는 매일 3분이 빨라진다.

c. The meeting lasted two hours.
그 모임은 두 시간 동안 계속되었다.

무게, 값, 치수

다음 문장에 쓰인 무게, 값, 치수를 나타내는 표현에는 전치사 for가 쓰이지 않는다 :

64. a. The book weighs 7 kilos.
그 책은 무게가 7킬로 나간다.

b. The flower cost 2 dollars.
그 꽃은 2달러가 들었다.

c. The top of the table measures one meter by two meters.
그 식탁 윗면은 가로 1미터에 세로 2미터가 된다.

이 문형과 관련하여 제기될 수 있는 문제는 거리, 기간, 정도 등의 표현이 전치사가 없이 쓰일 때, 이들의 타동사 지위가 무엇이냐는 것이다. 이들 표현은 동사 바로 다음에 오는 점에서 타동사의 목적어와 비슷하다. 실제 위의 정도 표현에는 목적어의 성질이 전혀 없는 것은 아니다. 이 경우 정도 표현과 같이 쓰이는 한정사의 유·무에 따라서 목적어의 성질이 좌우된다. 다음을 살펴보자 :

65. a. He ran five miles.
그는 5마일을 뛰었다.

b. He ran the five miles.
그는 5마일을 뛰었다.

66. a. He worked three hours.
그는 3시간 일했다.

b. He worked the three hours.
그는 그 3시간을 일했다.

위 65.~66.에서는 a문장의 정도 표현에는 정관사가 쓰이지 않았으나, b문장에서는 쓰였다. 이러한 차이는 정도 표현의 목적어의 성격을 좌우한다. 정관사가 쓰이면 정도 표현은 거의 타동사의 목적어와 같다. 이것은 위의 문장을 수동형으로 바꿔 보면 나타난다 :

67. a. *Five miles was run by him.
5마일이 그에 의해서 뛰어졌다.

b. The five miles was run by him.
그 5마일이 그에 의해서 뛰어졌다.

68. a. *Three hours was worked by him.
3시간이 그에 의해서 일해졌다.

b. The three hours was worked by him.
그 3시간이 그에 의해서 일해졌다.

다음과 같은 표현에서도 정관사나 이의 상당어에 수식되면 정도 표현은 피영향자 목적어의 성질을 띤다.

69. Those five miles don't scare me. I can run them easily.
그 5마일은 나를 두렵게 하지 않는다. 나는 그것을 쉽게 뛸 수 있다.

2.4. 주어-동사-간접목적어-직접목적어

동사에 따라서는 목적어를 둘 갖는 것이 있다. 이러한 동사의 주어는 의지를 갖는 힘의 근원인 행위자이고, 간접 목적어는 주로 수혜자인 사람이다. 주어가 직접 목적어에 어떤 힘을 가해서, 간접 목적어가 이것을 소유하게 되는 관계를 이 문형이 나타낸다. 이것은 다음과 같이 나타낼 수 있다.

70. 주어	동사	간접 목적어	직접 목적어
행위자		수혜자	움직여지는 개체

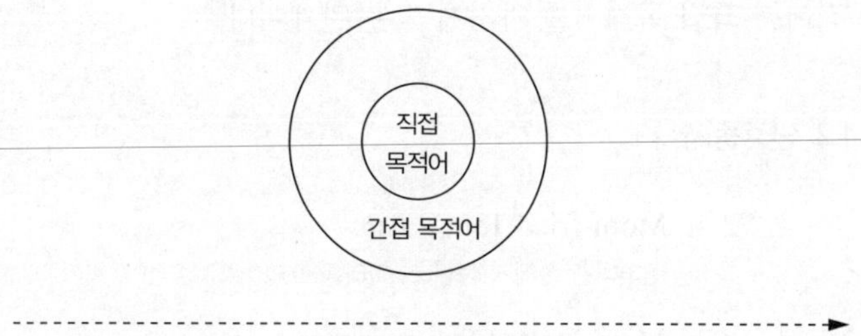

그림 4

위 그림 4에서 직접 목적어는 간접 목적어의 범위안에 들어있는 관계를 나타낸다. 즉 간접목적어가 직접목적어를 소유하는 관계이다.

이 문형에 쓰이는 동사를 그 의미에 따라서 다음과 같이 나누어 볼 수 있다. 모든 경우에 간접목적어는 직접목적어를 소유한다.

2.4.1. 이동동사

71. a. Bob threw Betty a pear.
    봅은 베티에게 배 하나를 던졌다.

    b. Dad bought Tom a bike.
    아버지는 톰에게 자전거를 사주었다.

    c. Joe gave Bill an apple.
    죠는 빌에게 사과 한 개를 주었다.

    d. Joe handed Bill a slip.
    죠는 빌에게 종이 쪽지를 건네 주었다.

    e. Joe took Bill a package.
    죠는 빌에게 소포를 가져다 주었다.

71.a는 봅이 배 하나를 던져서 그 결과로 베티가 이것을 가지게 되는

관계를 나타낸다. 나머지 문장에서도 행위자인 주어의 힘에 의해서 간접목적어는 직접 목적어를 가지게 되는 관계이다.

2.4.2. 만듦동사

72. a. Mom fried Tom a fish.
어머니는 톰에게 생선 한 마리를 프라이 해 주었다.

b. Mom knitted Sue a sweater.
어머니는 수에게 스웨터를 하나 짜 주었다.

c. Mary baked Sam a cake.
메리는 샘에게 과자를 하나 구워 주었다.

d. Sam got Mary flowers.
샘은 메리에게 꽃을 가져다 주었다.

e. Bill made Tom a hat.
빌은 톰에게 모자를 만들어 주었다.

2.4.3. 가르침동사

73. a. He will teach you an interesting game.
그는 너에게 재미있는 게임을 가르쳐 줄 것이다.

b. Bob taught the dog a trick.
봅은 그 개에게 묘기를 가르쳐 주었다.

c. We showed him the solution.
우리는 그에게 그 해결책을 보여 주었다.

2.4.4. 말하기-읽기동사

74. a. I will read you the story.
나는 너에게 그 얘기를 읽어 주겠다.

b. Betty sang Bill a beautiful song.
베티는 빌에게 아름다운 노래를 불러 주었다.

2.4.5. 약속, 허가동사

다음에서는 주어가 직접목적어를 간접목적어에 구체적으로 전달하는 것은 아니지만, 말로서 간접목적어가 직접목적어를 갖게 한다.

75. a. Bill promised Pat a car.
    빌은 팯에게 자동차 한 대를 약속했다.

    b. Bill guaranteed Pat a raise.
    빌은 팯에게 승진을 보장했다.

    c. Bill ordered Pat a sandwich.
    빌은 팯에게 샌드위치를 주문해 주었다.

    d. Bill wished Pat a merry Christmas.
    빌은 팯에게 즐거운 크리스마스가 되길 빌었다.

76. a. He permitted Sue a candy bar.
    그는 수에게 사탕을 허용했다.

    b. She allowed her daughter a popsicle.
    그녀는 딸에게 아이스캔디를 허가했다.

    c. He offered her an apple.
    그는 그녀에게 사과 한 개를 제공했다.

다음에서는 주어가 사람은 아니지만, 간접목적어가 직접목적어를 가지게 되는 이중 목적어 구문이 쓰였다.

77. a. The rain brought farmers relief.
    그 비가 농부들에게 해갈을 가져다 주었다.

    b. The paint job gave the car a higher sale price.
    그 페인트칠이 자동차에 높은 판매가를 가져다 주었다.

2.4.5.1. 비슷한 구조와의 차이점

간접목적어는 통상 전치사 to나 for를 써서 다음과 같이 직접목적어의 뒤에 쓰일 수 있다.

78. a. Bob threw Betty a ball.
봅은 베티에게 공을 던졌다.

b. Bob threw a ball to Betty.
봅은 공을 베티에게 던졌다.

78.a에서는 간접 목적어 베티가 동사 바로 뒤에 쓰였으나 78.b에서는 베티가 전치사 to와 함께 직접 목적어의 뒤에 쓰였다. 그리고 통상 위의 두 문장은 그 뜻이 같다고 생각되어 왔다. 그러나 실제에 있어서는 표현이 다르기 때문에 그 뜻도 다르다. 78.a에서는 베티가 봅이 던진 공을 받았다는 뜻으로 풀이되나, 78.b는 반드시 이러한 뜻을 갖지 않는다. 이러한 차이는 다음과 같이 위의 두 문장을 확장해 보면 알 수 있다.

79. a. *Bob threw Betty a ball, but it never reached her.
봅은 베티에게 공을 던져주었으나, 그 공이 그녀에게 가 닿지 않았다.

b. Bob threw a ball to Betty, but it never reached her.
봅은 공을 베티쪽으로 던졌으나, 그 공이 그녀에게 가 닿지 않았다.

79.a에서 앞 절은 봅이 던진 공을 베티가 받았음을 뜻하는데, but 이하의 절은 이것을 부정하므로 전체 문장은 이상하게 생각된다. 그러나 79.b의 앞 절은 to가 쓰여서 공이 Betty에게 반드시 도착했다는 뜻은 없다. 그러므로 but 이하의 절과 모순되지 않는다. 79.a와 같은 구조에서 간접 목적어가 직접 목적어를 소유할 수 없는 개체가 쓰이면 전체 문장은 이상하게 된다.

80. a. *Bob sent Antarctica a seal.
봅은 남극에 물개를 보냈다.

b. Bob sent a seal to Antarctica.
봅은 물개를 남극에 보냈다.

80.a에서 남극이 어느 물개를 소유할 수 있는 개체가 아니므로, 이 문장은 이상하게 느껴진다. 그러나 80.b에서 남극은 어느 물개가 도착하게 될 목적지만을 나타내므로 이 문장은 이상하지 않다. 다음도 마찬 가지로 풀이될 수 있다 :

81. a. *We gave the fido the bone, but he didn't take it.
우리는 그 개에게 그 뼈를 주었으나, 그가 받지 않았다.
b. We gave the bone to the fido, but he didn't take it.
우리는 그 뼈를 그 개에게 주었으나, 그 개가 그것을 받지 않았다.

82. a. *1 got Sue the picture but she didn't want it.
나는 수에게 그 그림을 주었으나 그녀는 원하지 않았다.
b. I got the picture for Sue, but she didn't want it.
나는 그 그림을 수를 위해 샀으나, 그녀가 그것을 원하지 않았다.

[주어 - V - 간접목적어 - 직접목적어]의 구조의 쓰임에는 몇 가지 제약이 있다. 첫째, 행위자와 수혜자는 동시대인이라야 한다.

83. a. I promised to lease my land to future generations at $ 1 an acre.
나는 내 땅을 미래 세대들에게 일 에이크에 일 달러씩 받고 빌려주기로 약속했다.
b. *1 promised to lease future generations my land at $ 1 an acre.
나는 미래 세대들에게 내 땅을 일 에이크에 일 달러씩 빌려주기로 약속했다.

위 문장에서 행위자(I)와 수혜자는 동시대인이 아니므로 수혜자가 동사 바로 뒤에 오는(83.b)는 어색하나, (83.a)는 그렇지 않다. 다음에서는 수혜자의 실제 존재 여부에 따라서 차이가 난다.

84. a. Did you really write a thank-you note to Santa Claus?
너는 정말 감사 편지를 산타크로스에게 썼느냐?

b. *Did you really write Santa Claus a thank-you note?
너는 정말 산타크로스에게 감사의 편지를 썼느냐?

산타크로스는 실제로 존재하지 않는 개체이기 때문에 동사 바로 다음에 쓰일 수가 없다.

또 다음에서는 시간 표현의 풀이에도 차이가 난다.

85. a. Laura wired her mother the news on Wednesday.
로라는 그녀의 어머니에게 그 소식을 수요일에 전보로 보냈다.

b. Laura wired the news to her mother on Wednesday.
로라는 그 소식을 그녀의 어머니에게 수요일에 전보로 보냈다.

85.a에서 수요일은 로라가 전보를 치고, 그 전보를 어머니가 받은 날이다. 그러나 85.b에서 수요일은 로라가 전보를 친 날이고, 어머니가 그 전보를 언제 받았는지는 알 수가 없다.

다음에서는 to가 쓰인 문장이 이상하다.

86. a. He gave the fence a new coat of paint.
그는 울타리에 페인트 한겹을 새로 입혔다.

b. *He gave a new coat of paint to the fence.

86.b에서 칠해진 페인트와 울타리가 떨어져 있는 것으로 표현되기 때문에 비문이다.

2.5. 주어－동사－목적어(전체)－[전치사 목적어(부분)]

이 구조에 쓰인 목적어는 사람이거나 사람과 같은 것으로 생각되는 개체이고 전치사의 목적어로 쓰이는 명사는 목적어의 신체 부분을 나타낸다. 다음이 위의 문형을 예시한다 :

87. a. A rock hit John on the head.
돌 하나가 존의 머리를 쳤다.

b. John kissed Mary on the forehead.
존은 메리의 이마에 키스를 했다.

c. The puppy bit Bob on the finger.
그 강아지가 봅의 손가락을 물었다.

위 문장의 공통점은 주어가 목적어의 신체 일부에 영향을 주어 목적어가 어떤 느낌을 갖는 관계이다. 그러므로 이러한 조건이 성립되지 않으면 위의 구조도 잘 쓰이지 않는다.

88. a. *John kissed the chair on the arm.
존은 의자의 팔에 키스를 했다.

b. *Mary kissed the bible on the cover.
메어리는 성경의 표지에 키스를 했다.

88.에서 the chair와 the bible은 어떤 느낌을 가질 수 있는 개체가 아니므로 주어진 문형에 쓰이지 못한다. 또 이 문형의 목적어는 다음과 같이 재귀대명사가 쓰일 수 있다 :

89. a. John hit himself on the arm.
존은 자신의 팔을 쳤다.

b. John scratched himself on the leg.
존은 자신의 다리를 긁었다.

2.6. 주어-동사-목적어-목적보어

여기서는 주어-동사-목적어-목적보어의 문형을 살펴보는데, 목적보어로 쓰일 수 있는 것은 형용사, 부정사, 분사 등이 있다. 아래에서 이들을 차례대로 살펴보겠다.

2.6.1. 주어-동사-목적어-형용사

이 문형은 그 의미상 두 가지로 나누어 볼 수 있다. 첫째, 목적 보어는 이 문형에 쓰인 동사의 결과로 이것을 목적어가 갖게 되는 상태를 나타내는 것이 있다. 둘째, 또 한 종류의 목적보어는 이 문형에 쓰인 동사의 과정이 시작될 때 목적어가 갖는 상태를 나타낸다. 첫째 것을 결과상태라고 부르고 둘째 것을 동시상태라고 하겠다.

2.6.1.1. 형용사 : 결과 상태

다음은 결과 상태를 나타내는 예이다.

90. a. Sue washed the dress clean.
수는 그 옷을 빨아서 깨끗하게 했다.

b. Sue scrubbed the floor clean.
수는 바닥을 빡빡 문질러서 깨끗하게 했다.

c. The dog licked the plate clean.
그 개는 접시를 핥아서 깨끗하게 했다.

90.에서는 주어가 행한 동작의 결과로 목적어가 clean하게 된 상태를 나타낸다. 90.의 문장은 with the result that… 으로 풀어 쓸 수 있을 것으로 생각되나 사실은 그렇지 않다. 다음을 보자.

91. a. ?I washed the clothes with the result that it was spotless.
나는 그 옷을 빨았기에 그 결과 그 옷이 티없이 되었다.

b. I washed the clothes spotless.
나는 그 옷을 빨아서 티없이 했다.

이러한 점에 비추어 보면, 목적보어로 쓰일 수 있는 형용사에는 상당한 제약이 있는 것으로 생각된다.

91.에 쓰인 동사는 물리적인 과정을 나타낸다. 그러나 다음 92.에서 볼 수 있는 바와 같이 정신적인 과정을 나타내는 동사도 이 문형에 쓰인다 :

92. a. They judged John the winner.
그들은 존을 승자로 판정했다.

b. They found the sofa comfortable.
그들은 그 소파가 안락함을 알아냈다.

c. They deemed the device unsafe.
그들은 그 장치가 안전하지 못하다고 생각했다.

92.a는 '그들'의 심판 결과 존이 승자가 되는 관계를 나타낸다. 92.b~c에서도 '그들'의 느낌이나 생각에 의해서 목적어가 편안하거나 안전하지 못한 것으로 판단한다.

2.6.1.2. 형용사 : 동시 상태

다음에서는 동사가 나타내는 과정이 시작될 때 목적어가 이미 들어 있는 상태를 나타낸다.

93. a. We ate the fish raw.
우리는 그 생선을 날 것으로 먹었다.

b. We drank the beer cold.
우리는 그 맥주를 차게 마셨다.

c. He bought the car new.
그는 그 차를 새 것으로 샀다.

d. He skinned the animal alive.
그는 그 동물을 산 채로 껍질을 벗겼다.

93.의 목적보어는 동사의 과정이 시작될 때 목적어가 가지고 있는 상태를 나타낸다. 예로, 93.a에서 raw는 '우리'가 생선을 먹기 시작할 때의 상태를 나타낸다. 93.에 쓰인 문장은 관계절이나 while이 이끄는 부사절로 바꿔 쓸 수 있을 것으로 생각되나 실제는 그렇지 않다. 다음을 살펴보자 :

94. a. We ate the fish which was raw.
우리는 날 것인 그 생선을 먹었다.

b. We ate the fish while it was raw.
우리는 그 생선이 날 것일 때 먹었다.

c. We ate the fish raw.
우리는 그 생선을 날 것으로 먹었다.

94.a, b는 94.c와 같은 뜻으로 보이나 그렇지 않다. 94.a에서 관계절은 여러 종류로 생선 요리된 것과 요리되지 않은 것이 있는데, 요리되지 않은 것을 먹었다는 것으로, 실제 먹을 때는 요리가 되었는지 알 수가 없다. 그리고 94.a, b의 문형이 자동적으로 94.c의 문형으로 바뀌질 수 없음을 다음 예에서 볼 수가 있다 :

95. a. I hit the dog (while it/which) was helpless.
우리는 〔그 개가 무력할 때/무력한 개를〕 때렸다.

b. I hit the dog helpless.
나는 그 개를 때려서 무력하게 만들었다.

96. a. I washed the clothes (while it/which) was dirty.
우리는 〔그 옷이 더러울 때/더러운 옷을〕 빨았다.

b. *I washed the clothes dirty.
우리는 그 옷을 더럽게 빨았다.

96.a는 세상일의 지식에 비추어 보면 가능한 일이지만, 96.b는 가능하지 않다. 옷을 빨 때 이 옷은 보통의 경우 더럽고 빨고 나면 깨끗해진다. 그러므로 wash의 경우 오로지 결과만을 목적보어로 취한다. 반대로 어떤 음식의 경우 이것은 먹기 시작할 때의 상태도 있고, 먹고 나서의 상태도 있다. 그러나 eat의 경우, 먹기 시작할 때만의 상태가 목적보어로 쓰인다.

다음에 쓰인 동사는 정신 과정과 관계된다.

97. a. I discovered Tom drunk.
나는 톰이 취해 있음을 발견했다.

b. I want Sue drunk.
나는 수가 취하기를 원한다.

c. I prefer the music soft.
나는 부드러운 음악이 더 좋다.

d. We consider Bob useless.
우리는 봅이 쓸모없다고 생각한다.

97.에 쓰인 목적보어는 모두 주어의 정신 과정이 시작될 때 목적어가 갖는 상태를 나타낸다.

2.6.2. 주어-동사-목적어-(to be) 보어

이 문형에는 여러 가지 유형의 동사가 쓰이는데, 그 가운데 하나가 의견 동사이다. 의견 동사에는 know, believe, judge, think, consider 등이 있다. 이들 동사는 다음 문형에 쓰인다.

98. a. I know Mary to be honest.
나는 메리가 정직한 것으로 안다.

b. I believe Sue to be one who did it.
나는 수가 그것을 한 사람으로 믿는다.

c. I judge Susan to be dishonest.
나는 수잔이 부정직한 것으로 판단한다.

위 문형은 주어의 개인적인 생각을 표현하는 데 쓰인다. 예로 98.a는 내가 메리의 정직함을 아는 것은 어떤 확증될 수 있는 사실에 바탕을 둔 것이 아니라 주어의 개인적인 생각에 바탕을 두고 있음을 나타낸다. 다음을 보면 이 문형의 특징을 알 수 있다.

99. a. I know Mary to be a Christian.
나는 메리가 기독교인 것임을 안다.

b. *I know Seoul to be the capital of Korea.
나는 서울이 한국의 수도인 것으로 안다.

어느 누가 기독교인이다, 아니다 하는 것은 개인적인 생각으로 판단될 수 있다. 그러나 서울이 한국의 수도이냐 아니냐는 개인적인 판단의 문제가 아니다. 그러므로 99.b는 완전히 자연스러운 문장이 아니다. 이 문형에 쓰이는 동사는 목적어로 that절을 취할 수 있는데, 이때 that절로 전달되는 내용은 객관적이고 공적인 지식으로 판단된다 : 99.b도 that절을 쓰면 다음과 같이 좋은 문장이 된다.

100. I know that Seoul is the capital of Korea.
나는 서울이 한국의 수도임을 안다.

한 때는 다음과 같이 that절을 가진 구조에서 that절의 주어가 주절의 목적어로 상승되고 나머지는 부정사로 되는 변형을 고안하기도 했지만 that절과 부정사 구문은 그 의미가 크게 다르므로 같은 심층구조를 갖는다고 볼 수 없다. 만약 a와 같은 문형이 I know that Mary is honest와 같은 다음 구조에서 변형 되어 나온다고 가정하면,

101.

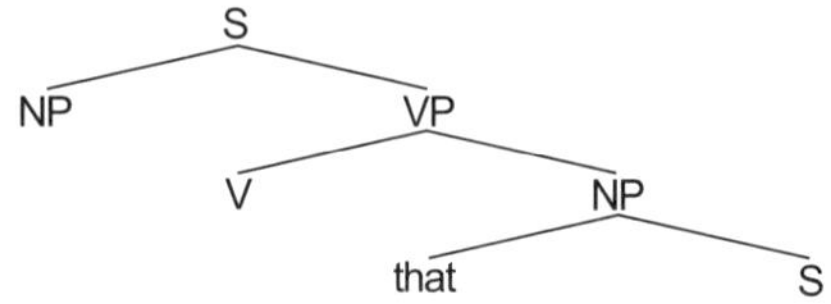

이 가정에서는 다음과 같은 몇 가지의 문제점이 있다. 첫째. that절은 자동적으로 부정사 구문으로 바뀌지 않는다. that절의 내용에 따라서 바뀔 수 없는 것도 있다.

102. a. I believe that John is a man of integrity.
나는 존이 정직한 사람임을 믿는다.
b. I believe John to be a man of integrity.
나는 존이 정직한 사람인 것으로 믿는다.

103. a. I believe that the rain is falling.
나는 비가 내리고 있다고 믿는다.

b. *I believe the rain to be falling.
나는 비가 내리고 있는 것으로 믿는다.

누가 정직하거나 그렇지 않음은 주어가 주관적으로 판단하는 것이므로 102.b와 같이 표현될 수 있다. 그러나 비가 오거나 그렇지 않음은 객관적으로 판단되기 때문에 103.b와 같이 표현될 수 없다. 또 동사 believe의 경우, 믿음 내용이 긍정적이라야 부정사 구문에 더 잘 쓰인다.

104. a. I believe Bob to be telling the truth.
나는 봅이 사실을 말하고 있다고 믿는다.
b.? I believe Bob to be telling a lie.
나는 봅이 거짓을 말하고 있다고 믿는다.

105. a. We believe the man to be sane.
우리는 그 사람이 분별력이 있다고 믿는다.
b.? We believe the man to be insane.
우리는 그 사람이 분별력 없는 사람으로 믿는다.

106. a. We believe these ideas to be constructive.
우리는 이 생각들이 건설적이라고 믿는다.
b.? We believe these ideas to be destructive.
우리는 이 생각들이 파괴적이라고 믿는다.

107. a. I understand that explanation to be the right one.
나는 그 설명이 올바른 것으로 이해한다.
b.? I understand that explanation to be the wrong one.
나는 그 설명이 틀린 것으로 믿는다.

이 구문에 쓰이는 동사들은 다음과 같은 수동 구문에 흔히 쓰인다 :

108. Sue is (thought/believed/said/…) to be dishonest.
수는 부정직한 것으로 (생각된다/믿어진다/말해진다.)

위와 같은 수동문에서는 전달되는 내용에 대한 화자의 평가가 줄어든다. 여기서 to be가 쓰인 표현과 쓰이지 않은 표현의 차이를 살펴보

자. 동사 가운데는 다음과 같이 세 가지의 환경에 쓰이는 동사가 있다.

109. a. I find that this chair is comfortable.
나는 이 의자가 편안한 것임을 발견했다.
b. I find this chair to be comfortable.
나는 이 의자가 편안할 것으로 안다. (평가 조사 하고)
c. I find this chair comfortable.
나는 이 의자가 편안한 것으로 안다. (직접 앉아 보고)

109.a에서는 동사 find의 목적어가 that이 이끄는 절이고, 109.b, c에서는 동사 find가… 목적어＋목적보어의 구조에 쓰였지만, 109.b에서는 to be가 쓰였고 109.c에서는 to be가 쓰이지 않았다. 표현이 이렇게 다르기 때문에 각 문장의 뜻도 각기 다르다. 이 뜻의 차이는 주어가 '의자가 편안하다'는 사실을 어떻게, 또 어느 정도 직접적으로 찾아내었느냐에 따른다. 109.a의 경우는 어떤 의자에 대한 조사 보고서를 읽고서 할 수 있는 표현이고, 109.b는 화자 자신이 어느 의자에 대한 평가 조사를 하면서 할 수 있는 표현이다. 마지막으로 109.c는 화자 자신이 어느 특정한 의자를 직접 사용해 보고서 하는 판단의 표현이다. 그러므로 109.c의 표현이 경험상 가장 직접적인 표현이다.

위에서 세 표현이 다 가능하지만, 다음에서와 같이 정보의 출처가 명시되면 세 표현에는 차이가 잘 드러난다.

110. a. If you look in the files, you'll find that she is Mexican.
당신은 그 서류를 들춰보면, 그녀가 멕시코 사람임을 알게 될 것이다.
b. *If you look in the files, you will find her to be Mexican.
당신이 그 서류를 들춰보면, 그녀가 멕시코 사람인 것으로 알게 될 것이다.
c. *If you look in the files, you find her Mexican.
당신이 그 서류를 들춰보면, 그녀가 멕시코 사람인 것으로 알게 될 것이다.

110.에서는 서류를 보고 주어가 어느 사람의 국적을 알게 되는 것이므로 간접적인 방법이다. 그러므로 110.b, c는 다 어색하다. 그리고 b보

다 c가 더 어색한 것은 to be가 없는 이 표현은 주어가 그녀를 직접 만나서 그녀의 국적을 안 다음 쓸 수 있는 표현이기 때문이다. 여기서는 to be가 쓰인 표현과 쓰이지 않은 표현의 차이를 살펴보자.

위의 find와 같이 쓰일 수 있는 동사에는 think, believe, consider, deem 등이 있다. 이들은 인지 및 지각과 관련된 과정을 나타내는 동사들이다. 이밖에도 감각에 기반을 둔 지각동사 see, hear, feel, taste, smell, notice, sense 등이 to be의 있고 없음에 차이가 난다. 다음 동사 notice의 예를 살펴보자 : 다음 111.에서는 주어가 신문을 통해서 어떤 정보를 얻고 112.에서는 주어가 직접 관찰을 통해서 어떤 정보를 얻는다.

111. In this paper we noticed
이 신문에서 우리는 알게 되었다.
a. that the store was closed.
그 상점이 폐쇄되어 있음을
b. *the store to be closed.
그 상점이 폐쇄된 것으로
c. *the store be closed.

112. When we walked by the store Monday, we noticed
우리가 월요일에 그 상점을 지나갈 때 우리는… 주목했다
a. that the store was closed
그 상점이 폐쇄되었음을
b. the store to be closed.
그 상점이 폐쇄된 것으로
c. the store closed

111.c의 문장이 주어진 맥락에 적합하지 않은 것은 주어가 간접적인 방법으로 얻은 정보, 즉 신문 보도를 통해서 얻은 정보를 직접 경험을 통해서 안 정보로 표현하기 때문이다.

위에서 살펴본 바와 같이 to be가 없는 문형은 개인적 경험을 나타내거나 또 개인적 판단에 의해서 결정될 수 있는 상태를 나타내는 표현

이므로, 이 문형에는 객관적으로 판단될 수 있는 성질이나 특성을 나타내는 형용사는 잘 쓰이지 않는다.

113. a. I sensed him about to get angry, so I dropped the subject.
나는 그가 곧 화를 낼 것으로 감지하여, 그 화제를 그만두었다.
b. *1 sensed him foolish, so I dropped the subject.
나는 그가 바보라고 감지하여, 그 화제를 그만두었다.

113.a에서 누가 화를 내려고 한다고 판단하는 것은 개인적인 판단에 의해 결정되는 것이지만, 113.b에서와 같이 누가 바보라는 것은 개인적 판단보다도 객관적 판단에 의해서 결정되는 것으로 볼 수 있다. 그래서 113.b는 문법에 맞지 않다.

다음 imagine, picture, visualize, remember, recall, recollect와 같이 상상과 관련된 동사도 to be가 쓰일 때도, 그렇지 않을 때도 있다. 상상의 내용이 진리치와 관련이 있는 명제의 경우에는 that－절이나 부정사(to be)가 쓰인다. 그러나 상상의 내용이 주어가 개인적으로 상상한 것으로서 진리치가 문제가 되지 않을 때에는 to be가 안 쓰인다.

114. a. I remember him to be tall and lank.
나는 그가 키가 크고 호리호리한 것으로 기억한다.
b. I remember him tall and lank.

한 예로서 화자가 어느 사람의 사진을 보고서 어느 사람의 키를 기억하는 경우에는 114.a가 적합하고, 주어가 막연하게 어느 사람의 키에 대해서 기억하는 것이라면 to be가 없는 114.b가 더 적합하다. 위와는 달리 실증적으로 증명될 수 있는 명제의 경우에는 to be가 생략될 수 없다 :

115. The police (determined/confirmed/demonstrated/found) the killer (to be blond/*blond).
경찰은 그 살인자가 금발임을 (결정했다/확증했다/입증했다/발견했다.)

아래 문장도 위에서 살펴본 방법으로 그 차이가 설명될 수 있다.

116. a. NBC announced Henry to be the winner.
NBC는 헨리가 승자임을 발표했다.
b. NBC announced Henry the winner.
NBC는 헨리가 승자임을 발표했다.

117. a. Scientists report the sea level to be down considerably from what it was in 1952.
과학자들은 해면이 1952년보다 상당히 내려간 것으로 보고하고 있다.
b. Scientists report the sea level down considerably from what it was in 1952.
과학자들은 해면이 1952년보다 상당히 내려간 것으로 보고하고 있다.

116.a의 경우, 이 문장은 단순한 발표이거나 이 발표와 함께 수행의 의미도 포함된다. 그러나 116.b의 경우 언제나 발표와 함께 수행의 의미가 전달된다. 117.a의 경우 과학자들이 연구 보고서 등을 참고하여 보고하는 것이고. 117.b의 경우는 과학자들이 직접 관찰한 것을 보고하는 문장이다.

다음 짝지워진 문장에서 to be가 안 쓰인 b문장은 주어가 목적어를 직접 받거나 소유하거나 경험하는 것으로 풀이된다.

118. a. He hates gin to be diluted.
그는 진이 묽게 되는 것을 싫어한다.
b. He hates gin diluted.
그는 진이 묽게 되는 것을 싫어한다.

119. a. The police want Bill to be alive.
경찰은 빌이 살아있기를 바란다.
b. The police want Bill alive.
경찰은 빌을 산 채로 원한다. (잡기를 원한다.)

다음과 같은 경우 to be가 있고 없음은 주절의 동사가 가리키는 시간과 부정사가 가리키는 시간 사이의 거리와 관계가 있다. to be가 쓰인 경우는 to be가 안 쓰인 경우보다 두 동작 사이의 시간이 더 길다.

120. a. The inspector ordered the box opened (within an hour/?late next fall.)
그 검열관은 그 상자를 (한 시간 이내에/?내년 가을에) 열기를 명령했다.
b. Quick, get in here! Tommy needs his leg (set/?to be set.)
빨리 여기 들어와라. 톰은 그의 다리뼈를 당장 붙여야 한다.
c. Tommy needs his leg (to be set/?set) eventually, but let's not rush things.
톰은 결국 그의 다리를 교정시켜야 한다. 그러나 서둘지는 맙시다.

2.6.3. 주어-동사-목적어-(to) 동사

이 문형의 목적보어에 to가 쓰일 수도 있고, 쓰이지 않을 수도 있는데, 이것은 주절의 동사 의미와 관련성이 있다. 주어가 하는 행동이 목적어에 강하게 영향을 주는 경우에는 to가 쓰이지 않고 주어의 영향이 목적어에 약하게 미치면 to가 쓰인다. 이것은 다음과 같이 도식화 할 수 있다.

(a) 주어-동사-목적어-V
-영향이 강함-

(b) 주어-동사-목적어-to V
-영향이 약함-

그림 5

아래에서는 위의 두 문형을 살펴보겠다.

2.6.3.1. 목적보어 : to-없는 부정사

이 문형에 쓰이는 동사로는 make, have, let, help 등이 있다.

121. a. We made him do it.
우리는 그로 하여금 그것을 하게 했다.
b. We had him do it.
우리는 그로 하여금 그것을 하게 했다.
c. We let him do it.
우리는 그가 그것을 하게 했다.

동사 make나 have가 쓰이면 주어가 목적어를 어떤 일을 억지로 하게 하는 사역관계를 나타내고, let이 쓰이면 목적어가 어떤 일을 하고 싶어 하는데 주어가 이것을 방해하지 않는다는 뜻이다.

동사 make와 have는 다음과 같은 점에서 다르다. 주어가 목적어의 의지를 생각함이 없이 어떤 일을 하게 할 때에는 make가 쓰이고, 주어가 그의 사회적 지위나 관계로 목적어에게 어떤 행동을 당연히 요구할 수 있다고 생각할 때에는 have가 쓰인다. 다음을 비교해 보자.

122. a. He had the secretary type up the letter.
그는 비서에게 그 편지를 치게 했다.
b. He made the secretary type up the letter.
그는 비서에게 그 편지를 (강제로) 치게 했다.

122.a에서 주어는 비서의 상급자인 관계를 생각할 수 있고, 122.b에서는 122.a에서와 같은 사회적 관계가 없는 상황에서 주어가 목적어의 의사를 고려함이 없이, 강제로 목적어로 하여금 편지를 타자치게 하는 관계를 나타낸다. make 및 have와 비슷한 사역동사로 get이 있는데, 이 동사는 make 및 have와 다음과 같은 점에 있어서 다르다. 다음 문장에서 주어는 목적어를 설득하여 목적어 스스로가 어떤 행동을 하게 하는 관계를 나타낸다. 그러므로 주어가 목적어에 가하는 힘이 약하기 때문에 to-부정사가 쓰인다.

123. a. I got him to clean his room.
나는 그가 방을 청소하도록 설득시켰다.

b. I got her to help us
나는 그녀로 하여금 우리들 돕게 했다.

동사 get은 주어가 목적어로 하여금 청소할 생각을 먼저 갖게 한 다음 청소를 하게 하도록 하는 의미이다 : 즉, 동사 get은 강제의 뜻이 아니라 설득의 뜻을 갖는다.

다음 그림 6에서 주어는 목적어인 him이 어느 과정에 이르도록 설득하거나 그와 비슷한 행동을 함을 뜻한다.

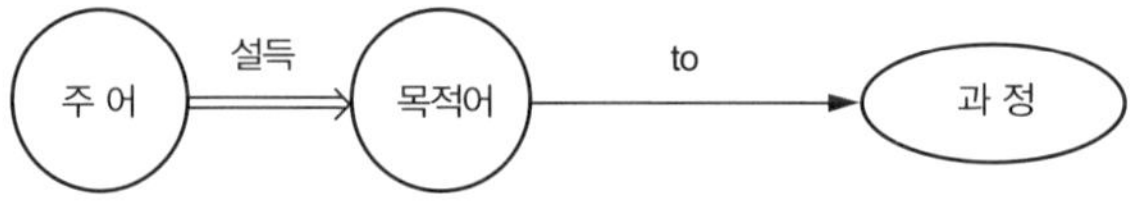

그림 6

위의 문형에 쓰이는 동사로 help도 포함시킬 수 있다. let의 경우, 목적어가 하고 싶은 일을 하게 주어가 방해를 하지 않는 관계이다. help는 이보다 더 적극적으로 목적어가 하고자 하는 일을 도와주는 관계를 나타낸다. 도와주는 방법은 직접적일 수도 있고 간접적일 수도 있는데, 이것은 표현에도 반영된다. 도움이 직접적일 때에는 to가 쓰이지 않고, 간접적일 때에 to가 쓰인다.

124. a. We helped him get on a taxi.
우리는 그가 택시를 타도록 도와주었다.

b. We helped him to get on a taxi.
우리는 그가 택시를 타도록 도와주었다.

위에서 to가 안 쓰이면, '우리'가 직접적으로 도와서 그가 택시를 타게 했다는 의미이다. 즉, 우리가 그를 부축해서 그가 택시를 타게 한 경우이다. to가 쓰이면 주어와 목적어의 관계는 간접적이다. 즉, 그가 택시를 불러 주었다든지, 택시 문을 열어 주었다든지 하는 정도의 간접적인 도움이다.

2.6.3.2. 목적보어 : to V

이 문형에 속하는 예로는 다음과 같은 것이 있다

125. a. We forced him to go.
우리는 그를 억지로 가게 했다.
b. We allowed him to go.
우리는 그가 가도록 허용했다.
c. He caused me to fall.
그는 내가 넘어지게 했다.

125.a의 force는 make와 비교될 수 있다. force의 목적어 him은 to go 할 생각이 없었으나 주어의 강압에 의해서 가야할 생각을 갖게 되는 관계를 나타낸다. force 대신 make가 쓰이면 to가 안 쓰이고 또 그 의미 역시 보다 직접적이어서 목적어(him)가 스스로 가야겠다는 생각을 함이 없이 가게 되는 관계를 나타낸다.

동사 allow는 또 let과 비교될 수 있다. let이 쓰일 때에는 목적어가 어떤 행동을 하려는 의도가 상당히 크고, 주어는 이 의도를 조금도 방해하지 않는 관계다. allow가 쓰이면 force와 같이 목적보어에 to가 쓰인다. allow의 경우 let보다 허용이 더 간접적이다. cause는 직접적이 아니라 간접적인 원인을 나타낸다.

allow와 같이 to가 쓰이는 동사로는 order, beg, advise, permit, persuade 등이 있다. 이들 동사에는 강제성이 없다. 그러므로 to-부정사가 쓰인다.

126. a. I ordered/begged him to clean the floor.
나는 그가 마루를 청소하도록 명령/간청했다.
b. I advised him to work harder.
나는 그가 더 열심히 하도록 충고했다.
c. We permitted him to go out.
우리는 그가 나가도록 허락했다.
d. We persuaded her to study medicine.
우리는 그녀가 의학을 공부하도록 설득했다.

2.6.3.2의 구조에 쓰이는 동사 가운데는 that절을 목적어로 취하는 것이 있는데, 이것은 부정사로 표현되는 목적보어를 갖는 구조와 뜻이 다르다. 다음을 살펴보자 :

127. a. I told him to do it.
나는 그에게 그것을 하도록 말했다.
b. I told him that he should do it.
나는 그에게 그것을 해야 함을 말했다.

127.a는 주어가 직접 him에게 무엇을 하라고 말하는 표현으로, 127.b보다 그 뜻이 강하다. 127.a는 주어가 목적어에 직접 무엇을 시키는 표현이고, 127.b는 주어가 목적어에 직접 내리는 명령이 아니고 간접적으로 내리는 명령이다. 다음 두 문장도 비슷한 방법으로 구별된다.

128 a. She ordered him to do it.
그녀는 그에게 그것을 하도록 명령했다.
b. She ordered that he do it.
그녀는 그가 그것을 해야 함을 명령했다.

위와 같은 의미상의 차이가 있기 때문에 명령의 힘이 약한 동사는 that절만을 목적으로 취할 수 있다 :

129. a. *She insisted/demanded him to do it.
b. She insisted/demanded that he do it.
그녀는 그가 그것을 할 것을 고집/주장했다

의지동사인 want와 wish의 쓰임을 보면 의지의 정도를 알 수가 있다.

130. a. She wanted him to do it.
그녀는 그가 그것을 하기를 원했다.
b. *She wanted that he should do it.

131. a. He wished that she would do it.
그는 그녀가 그것을 하기를 바랐다.
b. *He wished her to do it.

주어의 의지가 목적어에 강하게 미치는 want는 목적보어가 부정사인 구문에 쓰이나 that-절에는 쓰이지 않는다. wish의 경우는 주어의 의지가 다른 사람에게 미치지 않는다. 그러므로 131.b는 비문이다.

2.6.4. 주어-동사-목적어-into-V-ing

목적보어로 into V-ing가 쓰이는 문형이다. 동사에 따라서는 목적보어가 to V나 into V-ing이 쓰일 수 있는 것도 있고, 둘 가운데 하나만 쓰일 수 있는 것이 있는데, 이의 선택도 의미에 따라서 결정 된다. 동사 force는 to V나 into V-ing로 쓰인다.

132. a. I forced him to go.
나는 그를 억지로 가게 힘을 가했다.
b. I forced him into going.
나는 그를 억지로 가게 했다.

132.a에서는 주어가 him에게 힘을 가해서 '그'가 가야겠다는 생각을 먼저 하고 나서, 그가 가게 되는 관계를 나타낸다. 그러나 132.b는 주어가 목적어의 의향을 고려하지 않고 목적어를 억지로 가게 한다. 그리고 이 경우 목적어는 실제로 가게 된다.

목적 보어 into V-ing를 취하는 동사에는 talk, maneuver, push가 있다.

133. a. She talked him into buying the car.
그녀는 그에게 그 차를 사도록 말했다. (그래서 그는 그 차를 샀다.)
b. She tricked him into marrying her.
그녀는 그를 속여서 그녀와 결혼하게 했다.
(그래서 그는 그녀와 결혼했다.)
c. She maneuvered us into agreeing.
그녀는 책략을 써서 우리를 동의하게 했다. (그래서 우리는 동의했다.)
d. She pushed us into buying the bed.
그녀는 밀어 부쳐서 우리를 그 침대를 사게 했다.
(그래서 우리는 그 침대를 샀다.)

133.에서 목적어는 어떤 행동에 대한 생각을 마음속에 갖지도 못한 채 주어가 의도하는 행동을 한 관계를 나타낸다. into V-ing에는 이러한 뜻이 있으므로 주어가 목적어로 하여금 어떤 행동에 대해서 생각해서 결정하게 하는 동사는 이 문형에 쓰이지 못한다.

134. a. We encouraged him to go ahead.
우리는 그가 계속 하도록 격려했다.
b. *We encouraged him into going ahead.
c. He induced us to visit the place.
그가 우리로 하여금 그 곳을 방문하도록 권유했다.
d. *He induced us into visiting the place.

134.의 b, d가 쓰일 수 없는 것은 encourage와 induce는 강제성이 없다. 그래서 into V-ing와 양립할 수 없다.

2.6.5. 주어–동사–목적어 (to) V

이 문형에 지각동사가 쓰이는데, 흔히 쓰이는 지각동사에는 hear, see, feel, notice, watch, listen to, look at 등이 있다.

135. a. I heard Tom play the piano.
나는 톰이 피아노 치는 것을 들었다.

b. I saw Mary go out.
나는 메리가 나가는 것을 보았다.

c. We felt the house shake.
우리는 그 집이 흔들리는 것을 느꼈다.

d. We notice someone leave the house.
우리는 누군가가 그 집을 나가는 것을 주목한다.

e. We watch the cop run after the thief.
우리는 순경이 그 도둑 뒤를 쫓아가는 것을 본다.

f. I listened to him knock on my door.
나는 그가 내 문을 두드리는 소리를 주의해서 들였다.

g. We looked at him run.
우리는 그가 달리는 것을 주의해서 보았다.

135.에서 목적보어로 동사의 원형이 쓰였는데, 이것은 이들 동사가 나타내는 과정의 전체를 주어가 지각함을 의미한다. 135.a에서 play가 쓰였는데, 이 문장의 주어는 톰이 피아노를 치는 과정의 전체를 들었음을 뜻한다. 135.b에서도 메리가 밖으로 나가는데, 여기에도 시작과 끝을 부여할 수 있다. 이 문장의 주어인 'I'는 이 과정의 전체를 보았음을 동사의 원형이 나타낸다.

지각동사의 목적보어로 V-ing가 쓰일 수 있는데, 이때 주어가 지각하는 것은 목적보어가 나타내는 과정의 전체가 아니라 주어진 과정의 임의의 어느 점을 지각했음을 나타낸다. 다음을 비교하여 보자.

136. a. We saw the old woman cross the street.
우리는 그 늙은 부인이 길을 건너는 것을 보았다.

b. We saw the old woman crossing the road.
우리는 그 늙은 부인이 길을 건너고 있는 것을 보았다.

136.a에서 'we'는 늙은이가 길의 한 쪽에서 맞은 쪽에 다 건너간 것을 본 것이고, 136.b에서 'we'는 늙은이가 길을 건너가는 과정의 어느 한 부분을 본 것이다. 그러므로 단순형은 변화를 암시하고, 진행형은 무변화를 암시한다. 이러한 차이는 다음 문장들의 문법성을 설명해 줄 수 있다.

137. a I saw Tom leaning against the door.
나는 톰이 문에 기대고 있는 것을 보았다.
b. I saw the ladder leaning against the door.
나는 그 사다리가 문에 기대어져 있는 것을 보았다.

138. a. I saw Tom lean against the door.
나는 톰이 문에 기대고 있는 것을 보았다.
b. *I saw the ladder lean against the door.
나는 사다리가 문에 기대고 있는 것을 보았다.

137.~138.의 a문장의 목적어는 사람이고 b문장의 목적어는 물건이다. V-ing형은 목적어의 종류에 관계없이 쓰이나, 동사원형이 쓰이면 목적어는 물건이 될 수가 없다. 그 이유는 목적보어에 쓰인 동사원형은 어느 과정의 시작과 끝을 암시하는데, 물건은 그 자체가 이러한 과정을 할 수 없기 때문이다.

다음 두 문장도 그 뜻이 다르다.

139. a. I saw him just sit there.
나는 그가 거기에 막 앉는 것을 보았다.
b. I saw him just sitting there.
나는 그가 거기에 그대로 앉아 있는 것을 보았다.

139.b는 목소리가 고집스레 앉아 있음을 주어가 본 것이다. 139.a는 목적어가 막 앉는 것을 보았다는 뜻이다.

의견동사 지각동사 가운데는 S−V−O−to V의 구조에 쓰이는 것도 있는데, 이 구조에 쓰인 지각동사의 의미는 물리적 지각이 아니라 정신 활동에 의한 지각을 나타낸다. 지각동사가 이러한 의미로 쓰이면 이것은 의견동사와 같은 구조에 쓰인다. 의견동사는 다음과 같다:

140. a. I know you to be a kind person.
나는 네가 친절한 사람으로 안다.
b. We hold this evidence to be self-evident.
우리는 이 증거가 자명한 것으로 여긴다.

c. I wouldn't bet this to be worth more than two hundred.
나는 이것이 200달러 이상은 나가지 않을 것으로 생각한다.

140.의 문장은 모두 주어의 개인적인 생각이나 판단을 나타낸다. 다음을 비교해 보자.

141. a. We found the earth shaking under our feet.
우리는 땅이 우리 발 밑에서 흔들리는 것을 (직접적으로) 알았다

b. We found the earth to be shaking under our feet.
우리는 땅이 우리 발 밑에서 흔들림을 (간접적으로) 알았다.

141.a에서 우리는 직접적인 감각을 통해서 우리 발밑의 땅이 흔들리는 것을 아는 것이고, 141.b에서 우리는 정신적인 계산, 추리를 해서 우리 발밑의 땅이 흔들리는 것을 알게 된다.

다음 문장에는 지각동사가 쓰였다. 그러나 이들 문장에서는 목적보어로 to V가 쓰였으므로 이들 동사는 물리적 지각이 아니라 정신적 지각을 나타낸다.

142. a. I see this to be the logical next step.
나는 이것이 논리적인 다음 단계로 본다(이해한다).

b. I felt it to be essential that we all participate.
나는 우리 모두가 참가하는 것이 필수적이라고 마음으로 느꼈다.

c. We view her to be the most intelligent.
우리는 그녀가 가장 머리가 좋은 것으로 본다(견해를 갖는다).

또 몇몇 지각동사는 that절을 목적어로 취한다. see를 예를 들면, 이 동사는 다음과 같은 구조에 쓰인다 :

143. a. We saw Henry paint the picture.
우리는 헨리가 그 그림을 그리는 것을 보았다.

b. We saw that Henry painted the picture.
우리는 헨리가 그 그림을 그린 것을 알았다.

143.a에서 주어는 헨리가 그림을 그리는 것을 직접 본 것이고, 143.b에서 주어는 헨리가 그림을 그리는 것을 직접 본 것이 아니라, 화풍이나 물감을 쓴 것 등을 보아서 헨리가 그 그림을 그렸다는 사실을 알게 되는 것이다. 다시 말하면, 143.a는 직접적인 지각을 나타내고, 143.b는 간접적인 추리를 나타낸다.

이 두 구조의 차이는 다음에서 분명히 드러난다.

144. a. I heard that Susan passed the exam.
나는 수잔이 그 시험에 합격했다는 얘기를 들었다.
b. *I heard Susan pass the exam.
나는 수잔이 그 시험에 합격하는 소리를 들었다

누가 시험에 합격했다는 이야기나 소식은 들을 수 있어도 누가 시험에 합격하는 행동을 직접 소리로 들을 수는 없다. 그래서 144.b는 문법에 맞지 않다.

2.6.6. 주어－동사－목적어－V-ing

V-ing형은 이 형에 쓰이는 동사가 나타내는 과정이 주절의 동사와 동시에 일어남을 가리킨다. 이 문형은 V^1이 V^2가 일어나는 데 영향을 미치느냐 그렇지 않느냐에 따라서 몇 가지로 하위분류를 할 수 있다.

2.6.6.1. 지각동사

이 문형에 지각동사는 다음과 같이 쓰인다.

145. a. I saw the boy running away.
나는 그 소년이 뛰어 도망가는 것을 보았다.
b. I heard him crying loudly.
나는 그가 큰 소리로 울고 있는 것을 들었다

146. a. Can you smell something burning?
무슨 타는 냄새가 나지 않나요?
b. I feel my heart beating wildly.
나는 내 심장이 심하게 뛰는 것을 느낀다.

145.에 쓰인 문장의 특징은 V-ing에 쓰인 과정이 진행되고 있음을 주어가 지각한다. 예로 145.a에서 the boy가 running하고 있는 중에 주어가 이것을 지각하고 있음을 나타낸다. 이것을 그림으로 나타내면 그림 7과 같다.

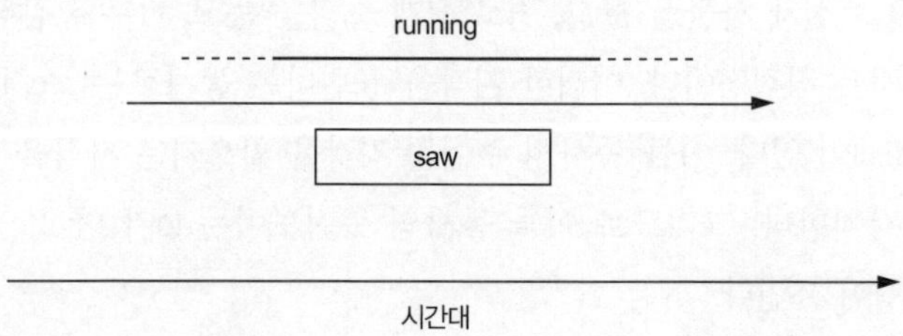

그림 7

146.a에서 그 소년이 언제 뛰기 시작했는지는 알 수 없으나 그가 뛰고 있는 과정에 있을 때 이것을 주어가 본 관계를 나타낸다.

지각동사의 목적보어로 동사원형도 쓰이는데 이때 목적보어로 쓰인 동사의 과정이 끝났음을 나타낸다. 다음을 비교하여 보자.

147. a. I saw him cross the road.
나는 그가 그 길을 다 건너는 것을 보았다.
b. I saw him crossing the road.
나는 그가 그 길을 건너고 있는 것을 보았다.

147.a에서 주어는 목적어가 어느 길을 다 건너간 것을 본 것이고, 147.b에서 주어는 목적어가 어느 길을 건너가고 있음을 본 것이다. 이

문형에는 look at과 listen to도 쓰인다 : see와 look at, 그리고 hear와 listen to는 의도성에 차이가 있다. see는 눈에 보이는 것을 보는 과정이고, look at은 주어가 의도적으로 주의를 기울여서 보는 과정이다. hear는 귀에 들리는 것을 듣고, listen to는 의도적으로 주의를 기울여서 듣는 과정이다.

148. a. Look at the boy climbing the tree.
그 소년이 나무를 기어 오르고 있는 것을 보아라.
b. Listen to the boy singing.
그 소년이 노래하고 있는 것을 들어라.

눈으로 실제 사물을 보고, 귀로 실제 소리를 듣고, 피부로 감각을 느끼는 것은 직접적이다. 이러한 지각을 표현하는 동사로는 see, hear 그리고 feel이 있다. 이들 동사의 주어는 지각을 일으키는 자극을 직접적으로 감지한다. 그러므로 이들 동사의 목적보어는 to가 안 쓰인 동사의 원형이 쓰인다.

이 세 동사는 간접 의미로도 쓰인다. see는 눈이 아니라 마음으로 이해하고 hear는 실제 소리가 아닌 소문 등을 듣고, feel은 피부가 아니라 마음으로 느끼는 과정도 그린다.

2.6.6.2. KEEP과 LEAVE

V-ing형으로 나타내는 과정이 이미 진행되고 있을 때, 이것이 계속적으로 진행되게 외부의 힘을 가할 수도 있고, 또 아무런 외부의 힘을 가하지 않고 제 힘으로 계속 움직이게 할 수도 있다. 이 두 관계는 keep과 leave로 각각 표현된다.

149. a. We must keep them running.
우리는 그들이 계속 움직이게 해야 한다.
b. He kept them moving.
그는 그들을 움직이게 했다.

150. a. He left me waiting outside.
그는 나를 밖에서 기다리게 내버려 두었다.

b. The rumor left me wondering.
그 소문은 나를 어리둥절하게 했다.

keep의 경우, 외부의 힘을 가하는 것이고, leave의 경우 외부의 힘을 가하지 않는다.

2.6.6.3. SET, GET, SEND

다음에서 V-ing가 나타내는 과정은 본동사의 동작과 동시에 시작된다. 다음을 살펴보자.

151. a. His remark set us thinking.
그의 말은 우리로 하여금 생각하게 했다.

b. Her mistake set them all laughing.
그녀의 실수는 그들 모두를 웃게 했다.

152. a. We must get things moving.
우리는 일들이 진행되게 해야 한다.

b. A letter sent him hurrying to Seoul.
한 통의 편지가 그를 급히 서울로 달려가게 했다.

152.에서는 주절동사의 과정이 시작됨과 동시에 목적어가 어떤 과정에 들어가는 관계를 나타낸다.

2.6.6.4. HAVE

동사 have도 이 문형에 다음과 같이 쓰인다.

153. a. I can't have you doing that.
나는 네가 그 일을 하게 할 수 없다.

b. She had us all laughing.
그녀는 우리 모두를 웃게 만들었다.

154. a. I will have you all speaking Korean well within a year.
나는 여러분 모두가 1년내에 한국말을 잘하게 하겠다.
b. We all had a heavy rain falling down on us.
우리는 모두 큰 비를 맞았다.

위에서 동사 have가 쓰였는데, 이것은 목적어가 어떤 과정속에 있게 되는 것을 154.a와 같이 주어가 능동적으로 영향을 줄 수도 있고, 154. b와 같이 주어의 영향이 거의 없을 수도 있다. 또 양쪽으로 풀이될 수도 있다.

2.6.7. 주어-동사-THAT-보문절

2.6.7.1. 보문절을 갖는 동사

That이 이끄는 절을 목적어로 갖는 동사는 그 의미에 따라 다음과 같이 나누어 볼 수 있다 :

① 발화 전달 동사
② 명제 태도 표시 동사
③ 가정 표시 동사
④ 논평 동사
⑤ 지식 및 지식 습득 동사
⑥ 두려움 동사
⑦ 희망 동사
⑧ 지시 동사

다음에서는 위의 순서대로, 보문절의 특색을 살펴본다.

발화 전달 동사

155. a. Henry told Ron that Bill left.
헨리는 론에게 빌이 떠났다고 말했다.
b. Henry promised that he would leave.
헨리는 그가 떠나겠다고 약속했다.

c. Henry threatened that he would leave.
헨리는 그가 떠나겠다고 위협했다.

위 문장에서 보문절의 내용은 전달되는 정보이고, 주절의 동사는 보문절의 내용을 화자가 어떻게 풀이하는가를 나타낸다. 다음 예를 살펴보자 :

156. A → B : I will leave tomorrow.

156.에서 A가 B에게 어떤 말을 했는데 이 말은 상황에 따라서 약속이 될 수도 있고 위협이 될 수 있다. 즉, 이 말의 언어 외적인 힘은 다르다. 발화 전달 동사는 이러한 차이를 명확히 해주는 역할을 한다. 그래서 156.은 155.b와 같이 전달될 수도 있고, 155.c와 같이 전달될 수도 있다.

명제 태도 표시 동사

이 동사들은 보문에 표현된 명제에 대한 화자의 태도를 표시한다. 이들 동사 가운데는 명제에 대해서 긍정적인 태도를 보이는 동사도 있고, 부정적인 태도를 보이는 동사도 있다.

긍정 태도 표시 : believe, think, suppose, assume 등이 있고
부정 태도 표시 : not believe, doubt, deny 등이 있다.

다음 예에서 동사들은 모두 보문의 명제에 대한 긍정적인 태도를 보이나 이 태도는 정도면에서 차이가 난다.

157. a. John (believes, thinks, supposes, assumes) that the team will win.
존은 그 팀이 이길 것이라고 (믿는다/생각한다/가정한다.)

b. John (does not believe/doubts/denies) that the team will win
존은 그 팀이 이길 것을 (믿지 않는다/의심한다/부정한다.)

가정동사

가정 동사에는 imagine, pretend, make, believe와 같은 동사가 있는데, 이들 동사가 갖는 보문절의 특징은 현실이 아닌 가정의 세계를 그리는 점이다.

158. a. We pretended that we won.
우리는 우리가 이긴 체를 했다.
b. They imagined that they won.
그들은 그들이 이겼다고 상상했다.

158.의 주절의 동사들은 보문절의 내용이 사실이 아님을 가리킨다.

논평동사

이들 동사는 보문절의 내용에 평을 하는데, 이 평은 정서적 반응이나 평가의 형태를 취한다. 그리고 사람들은 사실이라고 생각하는 사건이나 상태에 대하여 논평하는 것이므로, 논평동사의 보문절은 사실로 전제가 된다.

159. a. Bill regrets that he failed the test.
빌은 그가 그 시험에 실패한 것을 후회한다.
b. Bill doesn't regret that he failed the test.
빌은 그가 그 시험에 실패한 것을 후회하지 않는다.

159.의 보문절은 사실로 전제가 되고, 이 전제는 주절의 동사가 긍정이든 부정이든 상관없이 성립된다.

지식 및 지식 습득동사

이 부류에 속하는 동사는 know, discover, realize, find out, forget 등이 있는데, 이들 동사의 보문은 새로운 정보로 간주가 된다.

160. I discovered that Nicole walked out on Shelly.
나는 니콜이 셀리를 두고 떠났음을 발견했다.

그러므로 지식 습득 동사의 보문은 내용이 전제되는 논평동사와 차이가 난다.

두려움을 나타내는 동사

Fear, worry, be afraid 등이 이 부류에 속하는 동사인데, 이들 동사는 보문의 내용이 실현되었거나 또는 될 것이라는 걱정과 관련된 뜻을 갖는다.

161. a. I fear that it may happen.
나는 그것이 일어날까 두렵다.
b. I am afraid that he may leave.
나는 그가 떠날까 염려된다.

희망동사

희망동사에는 want, wish, desire, hope 등이 속하는데, 이들 동사는 보문절의 명제가 실현되기를 바람을 나타낸다.

162. a. I hope that John came.
나는 존이 왔으면 하고 바란다.
b. I hope that John will come.
나는 존이 올 것을 바란다.

163. a. I wish that Susan came.
나는 수잔이 왔으면 하고 바란다.
b. I wish that Susan would come.
나는 수잔이 올 것을 바란다.

2.6.7.2. that절과 to be……와의 비교

다음 짝진 문장을 보면 어떤 동사들은 that절이나 부정사 문형을 목적어로 가질 수 있음을 알 수 있다.

164. a. Jane pretended to be an acrobat.
제인은 곡예사인 척 행동했다.
b. Jane pretended that she was an acrobat.
제인은 자신이 곡예사라고 그 마음속으로 생각했다.

165. a. John decided to be a crook.
존은 사기꾼이 되기로 결심했다.
b. John decided that he was a crook.
존은 자신이 사기꾼이었다고 판단했다.

166. a. John convinced her to be diligent.
존은 그녀가 부지런하도록 설득시켰다.
b. John convinced that she was diligent.
존은 그녀가 부지런했고 확신시켰다.

167. a. Joe remembered to be in time.
죠는 제 시간에 도착해야 함을 기억했다.
b. Joe remembered that she was in time.
죠는 그녀가 늦지 않았다고 기억했다.

위의 164.a문장에는 부정사가 쓰였고, b문장에는 that절이 쓰였다. 부정사가 쓰인 a문장은 행동의 개념을 표현하고, that절이 쓰인 164.b문장은 정신적이나 물리적인 상태를 표현한다. 예로 164.a는 제인이 곡예사인 것처럼 행동을 했음을 나타내고, 164.b는 제인이 자신이 곡예사임을 마음속에 생각만 했음을 나타낸다. 165.a는 존이 사기꾼이 될 행동을 한 것이고, 165.b는 존은 그가 사기꾼이였다는 마음속의 판단을 나타낸다. 166.a는 존이 그녀가 부지런하게 행동을 하게 설득함을 나타내고, 166.b는 존이 그녀가 부지런했다는 사실을 확신시켜 주었음을 나타낸다. 167.a는 죠가 제 시간에 어디에 도착해야 하는 행동을 기억한 것이고. 167.b는 그녀가 제 시간에 어디에 도착한 사실을 기억했음을 나타낸다.

위와 같은 차이는 시간 표현에도 차이가 난다. 부정사가 쓰이는 경우, 부정사가 가리키는 행동은 주절동사의 행동 다음에 일어날 수 있는 것이다. 그러나 that절이 쓰인 경우, 이의 내용은 주절동사가 가리키는 시점에 이미 존재해 있는 상태를 가리킨다.

168. a. Tom decided to be a policeman.
톰은 순경이 될 결심을 했다.
b. Tom decided that he was a policeman.
톰은 그가 순경이라고 판단했다.

169. a. We told him to be a spaceman.
우리는 그가 우주인이 되라고 말했다.
b. We told him that he was a spaceman.
우리는 그에게 그가 우주인이었음을 말해주었다.

168.a에서 톰이 순경이 되는 것은 decided 다음에 일어날 수 있는 일이다. 그러나 168.b에서 그가 순경인 상태는 decided의 시간에 이미 존재하는 상태이다. 169.의 두 문장도 같은 방법으로 차이가 난다.

동사 know, discover, certain, prove, show, happen, report… 도 부정사나 that절과 같이 쓰일 수 있다. 그러나 표현의 차이에 따라서 의미도 차이가 난다.

170. a. Joe knows Mary to be smart.
죠는 메리가 똑똑한 것으로 안다.
b. Joe knows that Mary is smart.
죠는 메리가 똑똑함을 안다.

170.a는 주어 죠의 개인적인 의견을 나타내는 문장이다. 즉, 그가 어떤 여자가 똑똑한 것을 아는 것은 죠 자신의 개인적인 판단에 지나지 않음을 나타낸다. 그러므로 170.a로부터 우리는 메리가 사실 똑똑한지 아닌지를 알 수가 없다. 그러나 170.b에서 메리가 똑똑하다는 것이 죠 자신의 개인적인 판단이 아니라 객관적으로 입증될 수 있는 공적인 사실임을 나타낸다. 다음의 짝진 문장들은 170.과 마찬가지로 풀이될 수 있다.

171. a. I found Susan to be egoistic.
나는 수잔이 자기중심적인 것으로 알았다.
b. I found that Susan was egoistic.
나는 수잔이 자기중심적이었음을 알았다.

172. a. The woman found the boys to be independent.
그 여자는 그 소년들이 독립적인 것으로 알았다.
b. The woman found that the boys were independent.
그 여자는 그 소년들이 독립적이었음을 알았다.

173. a. Sue reported him to be unreliable.
수는 그가 믿음직하지 못한 것으로 보고했다.
b. Sue reported that he was unreliable.
수는 그가 믿음직하지 못했음을 보고했다.

다음도 위와 비슷한 방법으로 풀이된다.

174. a. She is certain to leave.
그녀는 반드시 떠날 것이다.
b. It is certain that she will leave.
그녀가 떠날 것은 확실하다.

174.a는 그녀가 떠날 것이라는 화자의 개인적인 의견을 나타낸다. 즉, 형용사 certain은 화자의 태도를 나타낸다. 그러나 174.b는 화자의 개인적인 판단이 아니라 주위의 여건이나 상황으로 보아서 그녀가 틀림없이 떠날 것이라는 객관적인 서술이다. 여기서 certain은 화자의 태도를 나타내는 것이 아니라, 주위의 여건에서 오는 확실성을 나타낸다. 다음의 짝진 문장도 위와 같이 그 차이가 설명될 수 있다 :

175. a. He proved to be a worthwhile asset.
그는 가치있는 자산으로 판명되었다.
b. It was proved that he was a worthwhile asset.
그가 가치있는 자산임이 증명되었다.

176. a. He happens to be a real idiot.
그는 공교롭게도 진짜 바보다.

b. It happens that he was a real idiot.
공교롭게도 그는 진짜 바보다.

175, 176.의 a문장은 화자의 개인적인 의견을 나타낸 것이고, b문장은 어느 정도 객관적으로 입증될 수 있는 사실을 나타낸다.

동사 ask, order, advise, request,… 도 부정사나 that절과 같이 쓰일 수 있다 :

177. a. John asked Mary to come.
존은 메리에게 오라고 부탁했다.

b. John asked that Mary come.
존은 메리가 올 것을 부탁했다.

부정사가 쓰인 177.a는 존과 메리 사이가 가까움을 나타내고, that절이 쓰인 177.b는 존과 메리 사이가 그리 가깝지 않음을 나타낸다. 그래서 177.a에서는 존이 직접 메리에게 오라고 요청하는 경우이고, 177.b에서는 존이 다른 사람을 시켜서 간접적으로 메리가 오도록 한 경우의 예가 되겠다. 따라서 177.b는 177.a보다 훨씬 더 형식적인 문장이 된다.

다음 짝진 문장들도 177과 같이 풀이될 수 있다 :

178. a. Sam ordered Bob to stay home.
샘은 봅에게 집에 있으라고 명령했다.

b. Sam ordered that Bob stay home.
샘은 봅에게 집에 있을 것을 명령했다.

179. a. John advised Sue to see a doctor.
존은 수에게 의사의 진찰을 받으라고 충고했다.

b. John advised that Sue see a doctor.
존은 수가 의사의 진찰을 받을 것을 충고했다.

180. a. Joe requested Jane to be quiet.
죠는 제인에게 조용히 하기를 요청했다.

b. Joe requested that Jane be quiet.
죠는 제인에게 조용히 할 것을 요청했다.

동사 demand, insist, dictate 등은 부정사와 같이 쓰일 수 없다. 이 동사들은 형식적이고 권위적이기 때문이다.

181. a.*Susan demanded her to leave.
b. Susan demanded that she leave.
수잔은 그녀가 떠날 것을 요구했다.

다음 두 문장도 주·객관성에 의해서 구분이 된다.

182. a. John is happy to be a shortstop.
존은 유격수인 것으로 행복하다.
b. John is happy that he is a shortstop.
존은 그가 유격수임을 행복해 한다.

182.a에서 happy는 화자가 개인적인 판단에 의해서 내리는 의견인 반면, 182.b에서 happy는 that절의 사실에 바탕을 둔 어느 정도 객관적 기준에 의해서 내려지는 판단이다. 다음도 위와 같은 방법으로 그 차이를 설명할 수 있다.

183. a. Kurt is content to smoke his life away.
커트는 담배로 그의 생명을 불어 날리는 것으로 만족한다.
b. Kurt is content that he is smoking his life away.
커트는 그가 담배로 그의 생명을 불어 날리고 있음을 만족해 한다.

184. a. Peet is satisfied to be idle.
피트는 한가히 지내는 것으로 만족한다.
b. Peet is satisfied that he is idle.
피트는 그가 한가함을 만족해 한다.

형용사 가운데는 smart나 prudent와 같이 화자의 개인적인 판단에 크게 좌우되는 것이 있는데, 이들은 that절과 같이 쓰일 수가 없다 :

185. a. Tom is smart to go early.
톰은 영리해서 일찍 간다.
b. *Tom is smart that he goes early.

186. a. Sue is prudent to remain silent.
수는 신중해서 말을 하지 않고 있다.
b. *Sue is prudent that she remains silent.

2.7. 도구격(instrumental) 주어

어느 사건이 행위자에 의해서 의도되지 않고, 또 행위자가 알려지지 않았거나 행위자가 사건의 장면에 없을 때에는 행동이 이루어지는 데 쓰이거나 사건에 관여된 도구가 주어로 쓰일 수 있다.

187. a. The rust has eaten away at the knife.
녹이 그 칼을 갉아 먹었다.
b. The clock was ticking so loudly that it woke the baby.
그 시계 소리가 너무 크게 똑딱거려서 그 아기를 깨웠다.
c. The mine wounded the soldier when he stepped on it.
그 지뢰는 그 군인이 그것을 밟았을 때 그를 부상을 입혔다.

또 어떤 행동이 이루어지는 데 쓰이는 도구에 주어지는 책임의 정도가 크면 도구가 주어가 될 가능성이 높아진다. 즉, 어느 사건이 도구의 특성에 좌우된다고 생각될 때 도구가 주어로 쓰인다.

188. a. Joe's rifle hit the target at a distance of 400 yards.
죠의 소총은 400 야드 거리에 있는 표적을 맞추었다.
b. The pencil draws very thin lines.
그 연필은 매우 가는 선을 그린다.
c. The spray kills the cockroaches.
그 분무는 바퀴벌레를 죽인다.

위와 같이 도구가 주어로 쓰이면, 이들 도구는 단순한 도구로 취급되는 것이 아니라 행위자의 성격을 띠게 된다. 도구에 행위자의 의미를 부여할 수 있는 정도에 따라서 문장의 자연스러움이 좌우될 수 있다 :

189. a. The plane sprayed the fields.
그 비행기가 그 밭을 (무엇으로) 뿌렸다.
b. ?The spray gun sprayed the fields.
분무기가 그 밭을 (무엇으로) 뿌렸다.

190. a. The dishwasher cleaned the dishes.
식기세척기가 접시를 씻었다.
b. ?The rag cleaned the dishes.
행주가 접시를 씻었다.

위의 a문장이 b문장보다 더 자연스러운데, 그 이유는 a문장의 주어가 기계이므로 이 기계는 행위자 없이 움직일 수 있는 것으로 더 쉽게 간주가 될 수 있기 때문이다.

도구가 주어로 쓰일 때 행위자가 어떤 속성을 가지게 되기는 하지만 원형적인 행위자와는 달리 사고를 요한다고 생각되는 일은 하지 못한다.

191. a. The pen makes lines on the paper.
그 펜은 선을 종이 위에 그린다.
b. *The pen writes a letter.
그 펜은 편지를 쓴다.

192. a. The baton is jerking nervously above the conductor's head.
그 지휘봉은 지휘자의 머리 위에서 불안하게 급히 흔들리고 있다.
b. *The baton is conducting Beethoven's Fifth Symphony.
그 지휘봉이 베토벤의 제5교향곡을 지휘하고 있다.

193. a. The chisel was cutting sandalwood.
그 끌이 백단향 나무를 자르고 있다.
b. *The chisel was cutting sandalwood into a statue.
그끌은 백단향 나무를 조각으로 만들고 있었다.

위의 b문장들은 사고를 요하는 사건이므로 도구가 주어로 쓰일 수 없다. 도구격 주어는 행위자격 주어와 도구 사용의 여부에 차이가 난다. 원형적인 행위자격 주어는 도구를 쉽게 사용할 수 있으나, 비원형적인 도구격 주어는 도구를 쉽게 사용할 수 없다.

194. a. *The wind broke the window with a branch.
그 바람은 가지로 창문을 깨었다.
b. *The tape recorder made an announcement with two loud speakers.
그 녹음기는 두 개의 확성기로 발표를 했다.

동사 amuse, exasperate, annoy, charm 등은 그 주어가 행위자일 수도 있고 도구격일 수도 있다.

195. a. My cat amused me with her antics.
나의 고양이는 나를 묘기로 즐겁게 했다.
b. My eat's antics amused me.
나의 고양이의 묘기가 나를 즐겁게 했다.

196 a. The boy exasperated his neighbors with his singing.
그 소년은 이웃들을 그의 노래로 화나게 했다.
b. The boy's singing exasperated his neighbors.
그 소년의 노래가 이웃들을 화나게 했다.

2.8. 주어－동사－for－의미상의 주어－to V

위 문형은 다음 문장 197.a로 예시가 되는데, 이것은 197.b와 비슷하다.

197. a. I want for him to come.
나는 그가 오기를 원한다.
b. I want him to come.
나는 그가 오기를 원한다.

문장 197.a에서 for는 의미가 없는 요소이므로, 이것을 없앤 197.b와 그 뜻이 같다고 보통 생각된다. 그러나 실제에 있어서 위의 두 문장은 의미에 차이가 있다. for가 있는 197.a문장에서 주어의 바램이 보문절에 미치는 영향이 197.b보다 더 약하다. 이와는 달리 for가 없는 197.b에서 주어의 바램이 보문절에 (him to come) 미치는 영향이 더 강하다.

198. a. I want for him to be admitted.
나는 그가 입학이 허락되기를 바란다.
b. I want him to be admitted.
나는 그가 입학이 허락되기를 바란다.

199. a. I would like for you to be there.
나는 네가 그곳에 있기를 바란다.
b. I would like you to be there.
나는 네가 그곳에 있기를 바란다.

200. a. She asked for him to come.
그녀는 그가 오도록 요청했다.
b. She asked him to come.
그녀는 그를 오도록 요청했다.

주절 주어의 힘이 보문절의 사건에 일어나는 데 큰 힘을 미치면 미칠수록 for가 쓰일 가능성은 점점 희박해진다. 다음 문장을 비교해 보자.

201. a. We ordered (*for) him to come.
우리는 그를 오게 명령했다.
b. We asked (for) him to come.
우리는 그가 오도록 부탁했다.

이와 같은 차이는 다음과 같이 목적어가 명사구인 구문에서 찾아볼 수 있다 :

202. a. He ordered (*asked) an investigation.
우리는 조사를 명령했다.
b. He asked (*ordered) for an investigation.
우리는 조사를 부탁했다.

203. a. I'm expecting (*hoping) a letter from him.
나는 그에게서 편지 한 통이 오기를 기대한다.

b. I'm hoping (*expecting) for a letter from him.
나는 그에게서 편지 한 통이 오기를 희망한다.

전치사 for는 위의 구조에서 무의미한 것이 아니라 의미를 갖는데, 그 의미는 for의 목적어가 주절의 사건에 간접적인 참여의 의미를 갖는다. 다음 문장을 살펴보자.

204. a. They whispered **to us** for someone to pass the salt.
그들은 우리들에게 누군가가 그 소금을 전달하라고 속삭였다.
b. They asked **us** for someone to pass the butter.
그들은 우리에게 누군가가 버터를 전달하라고 요청했다.
c. They agreed **with us** for the others to keep the cheese.
그들은 다른 사람들이 그 치즈를 갖도록 하는 데 우리와 생각을 같이 했다.

위 문장에서 **to us, us, with us**는 주절의 동사가 나타내는 과정에 직접적으로 참여하는 참여자이지만 for someone과 for the others의 someone과 the others는 주절의 과정에 간접적인 참여자이다. 이러한 간접적인 참여는 다음에서 뚜렷하게 살펴볼 수 있다 :

205. They planned/wished/hoped for us to come to the meeting.
우리는 우리가 그 모임에 가도록 계획/기원/희망했다.

위 문장에서 us는 주절의 동사가 나타내는 과정을 전혀 의식하고 있지 않았을 수도 있다. 즉, plan, wish, hope의 과정에 간접적으로만 관계가 되었음을 나타낸다.

3. 자동사 문형

3.1. 종류

영어 동사를 분류할 때 우리는 크게 타동사와 자동사로 구분한다.

타동사는 목적어가 있는 것이고, 자동사는 목적어가 없는 동사이다. 그러나 많은 경우에 어느 동사는 다음과 같이 타동사와 자동사 양쪽으로 다 쓰인다.

1. a. The sun melted the ice.
   태양이 얼음을 녹였다.
   b. The ice melted.
   그 얼음이 녹았다.

동사 melt는 1.a에서 타동사로 쓰였고, 1.b에서는 자동사로 쓰였다. 이 장에서는 자동사를 살펴보는데, 우리가 보통 자동사라고 하는 것도 크게 네 가지로 나누어서 살펴볼 수 있다. 이 네 가지는 다음에 예시되어 있다:

2. a. John sang.
   존은 노래했다.
   b. The ice melted.
   그 얼음이 녹았다.
   c. The book sells well.
   그 책은 잘 팔린다.
   d. John shaved.
   존은 (수염을) 깎았다.

2.a의 주어는 사람이고, 이 주어는 의도적으로 행동하는 주체이다. 2.b의 주어는 물건이고, 이것은 의도적으로 행동하는 개체가 아니다. 2.c의 주어도 물건이며, 따라서 의도적으로 행동하는 개체가 아니다. 그러나 2.c의 과정에는 행위자가 암시되어 있는 점에 있어서 2.b와 다르다. 2.d의 자동사는 목적어가 생략된 자동사이다. 아래에서는 이 네 가지 자동사의 특징을 살펴보겠다. 편의상 2.a의 자동사를 행위자 자동사, 2.b의 자동사를 능격 자동사, 2.c의 자동사를 중간형 자동사, 2.d.의 자동사를 생략형 자동사로 부르겠다.

3.1.1. 행위자(agent) 자동사

이 자동사의 주어는 전형적으로 행위자이다.

3.1.2. 중간형(middle) 자동사

중간형 자동사는 다음 문장에 예시되어 있다.

3. a. Korean cars handle easily.
   한국차는 잘 운전된다.

   b. The dog biscuit cuts and chews like meat.
   개 비스킷은 고기와 같이 잘 잘리고 씹힌다.

위 문장에 자동사로 쓰인 동사들은 이들의 타동사와 그 형태가 같다. 개념상으로는 행위자와 피영향자가 있으나 행위자는 나타나지 않고 피영향자만 나타난다. 3.a에서 행위자는 나타나지 않았으나 암시는 되어 있다. 즉, 3.a는 자동사가 저절로 작용되는 것이 아니라, 어느 사람이든 이것을 운전하면 잘 움직인다는 뜻이다. 그러므로 중간형 자동사는 다음과 같이 특징지을 수가 있다 : 이들 동사의 개념 바탕에는 행위자가 있으나 이것은 모습으로 드러나지 않는다. 모습으로 드러나지 않는 이유는 이 암시된 행위자는 특정한 행위자를 가리키는 것이 아니라 '어느 누구라도' 행위자가 될 수 있기 때문이다. 이것을 그림으로 나타내면 그림 8과 같다. 주어와 목적어 가운데, 목적어만 모습으로 나타난다.

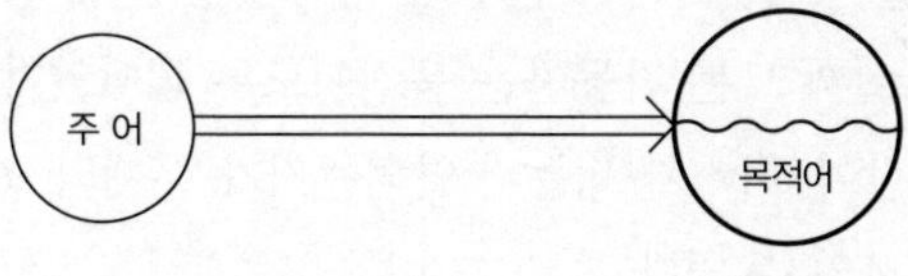

그림 8 : 중간형 동사

그러므로 중간형 자동사가 쓰인 문장은 어느 행위자에 의해서도 행해질 수 있는 과정을 나타낸다. 즉, 다음 문장이 가리키는 과정에 특징이 되는 것은 주어가 동사의 과정이 일어나게 할 수 있는 특성을 가지고 있기 때문에 누가 이 과정을 해도 이루어짐을 나타낸다.

4. a. His novel is selling like hot cakes.
그의 소설은 날개 돋친 듯이 팔리고 있다.

b. The steak we ate yesterday cut like butter.
우리가 어제 먹은 스테이크는 버터와 같이 잘렸다.

중간형 자동사는 통칭성을 나타낸다고 하는데, 이 통칭성의 뜻은 행위자와 관계가 있다. 중간형 자동사에 쓰이는 행위자는 어느 누구라도 될 수 있다. 이러한 의미에서 통칭적이다.

중간형 자동사가 쓰인 문형에서 부사가 반드시 쓰여야 하는 경우도 있고 그렇지 않은 경우도 있다. 이러한 부사의 선택은 임의적이 아니라 의미에 의해서 결정된다. 다음을 고려해 보자.

5. a. The seat folds.
그 의자는 접힌다.

b. *The car drives.
그 차는 운전된다.

5.a에서는 아무런 부사가 쓰이지 않아도 좋다. 그 이유는 의자 가운데는 접어지는 것도 있고, 그렇지 않는 것도 있기 때문에 5.a는 부사 없이도 정보를 줄 수 있다. 그러나 5.b는 거의 아무런 새 정보를 줄 수 없다. 왜냐하면 실제 모든 자동차는 움직이도록 되어있기 때문이다. 그러나 다음과 같이 drive가 되는지 안되는지가 문제의 초점이 될 때에는 부사 없이 쓰일 수 있다.

6. I thought we were out of gas, but the car drives!
우리는 기름이 떨어진 것으로 생각했으나, 차가 굴러간다.

중간형 자동사에 쓰이는 부사에는 제약이 따른다. 이 자동사에는 행위자가 암시되어 있으나 동사를 나타내는 과정이 일어나는 데는 행위자보다는 피영향자가 더 중요하므로 행위자와 관련된 부사는 잘 쓰이지 않는다.

7. a. *This little flashlight plugs in expertly.
   이 작은 전등은 노련하게 꼽힌다.

   b. *Red wine spots wash out carefully.
   붉은 포도주 반점은 조심스럽게 씻긴다.

   c. *Cotton irons cautiously.
   무명은 조심스럽게 다려진다.

7.에 쓰인 부사는 모두 행위자와 관련이 있으므로 7.의 문장은 모두 문법에 맞지 않는다. 중간형 자동사에 쓰일 수 있는 부사는 자동사가 가리키는 행동이 일어나는 동안이나 후에 나타나는 상태를 가리킨다.

8. a. The dog food cuts and chews like meat.
   그 개먹이는 고기같이 잘리고 씹힌다.

   b. Our 4-wheel drive handles smoothly.
   우리의 사륜 구동차는 매끈하게 조향된다.

위에 쓰인 부사는 행위자의 속성을 나타내는 것이 아니라 과정의 난이성을 나타낸다. 부사 well은 행위자의 능력을 나타내기도 하고 과정의 용이성을 나타내기도 하는데, 중간형 자동사와 쓰이면 과정의 용이성을 나타내게 된다.

9. a. The car drives well. (=easily)
   그 차는 쉽게 운전된다.

   b. The salt pours well. (=evenly)
   그 소금은 고르게 부어진다.

9.에서 well은 과정의 용이성을 나타내고, 다음 10.에서는 행위자의

능력을 묘사한다.

10. a. Bob drives the car well. (competently)
   봅은 그 차를 능숙하게 운전한다.

   b. The painter works well. (hard, competently)
   그 페인트공은 일을 잘한다.

많은 동사가 중간형 자동사로 쓰일 수 있으나 다음과 같이 지각, 이해, 감정동사는 이 문형에 쓰이지 않는다.

11. a. *Swallows (see/watch/hear) in summer.
   b. *Her papers (explain/understand/grasp/comprehen) well.

지각동사나 이해동사는 특정한 정신적 능력을 가지고 있는 사람을 전제로 하는데, 이것은 비특정적이고 일반적인 행위자를 전제로 하는 이 문형과 양립되지 않는다. 또 중간형 자동사의 주어로 동사의 결과로 새로 생겨나는 개체는 주어로 쓰이지 않는다.

12. a. *The desk (makes/builds).
   b. *Wool sweaters knit easily.
   c. *The shoes are manufacturing in Brazil.

또 다음에 쓰인 동사들도 중간형에 쓰일 수 없다.

13. a. *Flowers receive with pleasure.
   b. *Cadilacs impress easily.

3.1.3. 능격형(ergative) 자동사

3.1.2에서는 중간형 자동사를 살펴보았다. 그런데 많은 경우에 중간형 자동사는 능격형 자동사로도 쓰인다. 다음에 쓰인 break는 두 가지의 문형에 다 쓰였다.

14. a. Suddenly the window broke. (능격형 자동사)
갑자기 그 창문이 깨졌다.

b. Be careful, that window breaks easily! (중간형 자동사)
조심해라, 저 창문은 쉽게 깨진다.

능격형과 중간형 자동사는 다음과 같은 점에서 서로 구별된다. 첫째, 능격형 자동사는 특정한 사건을 묘사한다. 그러나 중간형 자동사는 주어의 특정상 누가 해도 동사가 가리키는 행동이 일어날 수 있는 경향을 가리킨다. 둘째, 중간형 자동사에는 숨은 행위자가 있으나 능격형 자동사에는 그러한 행위자가 없다. 다음을 살펴보자.

15. The ice cream scoops well.
그 아이스크림은 잘 떠진다.

15.에서는 어느 행위자가 없이는 아이스크림이 저절로 떠지지 않는다. 누군가 아이스크림을 뜬다는 것이 암시되어 있다. 그러나 14.a에서는 이러한 숨은 행위자가 없다.

3.1.4. 목적어 생략 자동사

동사 가운데는 타동사이면서 목적어가 생략되는 경우가 있다. 다음을 비교해 보자.

16. a. Bob fell.
봅이 넘어졌다.

b. Bob ate.
봅이 먹었다.

c. Bob ate a big lunch.
봅은 점심을 많이 먹었다.

16.a의 fell은 순수한 자동사로서 주어만 있으면 완전한 문장이 된다.

그러나 16.b의 ate는 먹는 사람과 그가 먹는 물건이 필요하다. 그러나 이 먹는 물건은 16.c와는 달리 명시되지 않았다. 그러면 어떤 경우에 목적어가 생략되는가? 첫째, 어느 동사가 선택할 수 있는 목적어의 영역이 한정되어 있고, 그 가운데서도 전형적인 것이 있을 수 있는데, 전형적인 것일수록 생략될 가능성이 높다. 다음에서 괄호속에 *표가 안 쳐진 것은 전형적이고 *표가 쳐진 것은 비원형적이다. 그러므로 동사만 쓰일 때는 원형적인 것이 전제된다.

17. Bob smokes (cigarettes/*cigars/*a pipe).
 봅은 (담배/*여송연/*파이프) 를 피운다.

18. Bob drinks (alcohol/*water/*milk).
 봅은 (술/*물/*우유)를 마신다.

19. Bob drives (a car/*a bus/*a motorcycle).
 봅은 (자동차/*버스/*오토바이)를 운전한다.

그러므로 동사가 너무 넓은 영역의 목적어를 허용하면 목적어의 생략은 허용되지 않는다. 즉, 목적어가 명시되지 않으면 무엇이 생략된 것인지 알 수 없기 때문이다. 다음 20.에서 동사만 쓰이면 무엇이 목적어가 되는지 전혀 예측되지 않는다.

20. a. *Someone opened/shut/closed.
 누가 열었다/닫았다.

 b. *She took/carried/gave/held.
 그녀가 집었다/가지고 갔다/주었다/잡았다.

 c. *He made/built/fabricated.
 그가 만들었다/세웠다/제조했다.

많은 경우에 목적어의 생략은 동사에 좌우된다. 아래에서는 비슷한 뜻을 가진 동사가 쓰였으나 a에서는 목적어 생략이 허용되지만 b에서는 허용되지 않는다.

21. a. Bill smoked.
빌은 담배를 피웠다.

b. *Bill puffed.
빌은 내뿜었다.

22. a. Hemingway drank.
헤밍웨이는 술을 마셨다.

b. *Hemingway sipped / guzzled.
헤밍웨이는 홀짝홀짝 마셨다 / 꿀꺽 마셨다.

23. a. Tom wrote daily.
톰은 매일 썼다.

b. *Tom composed / drafted.
톰은 작곡했다 / 초안을 잡았다.

21.~23.에서 우리가 관찰할 수 있는 것은 기본 수준의 동사로서 그 목적어를 쉽게 식별할 수 있는 경우에 목적어가 생략된다. 생략된 목적어도 어느 개체의 전체를 가리키는 목적어가, 부분을 가리키는 것보다 더 쉽게 생략이 허용된다. 24.에서 목적어는 전체를 가리키므로 생략이 가능하고 25.에서는 목적어가 부분을 가리키므로 생략이 되지 않는다.

24. a. Tim let Bill drive (the car).
팀은 빌에게 (그 차를) 운전하게 했다.

b. Tim let Bill steer (the car).
팀은 빌에게 (그 차를) 조종하게 했다.

c. Tim let Bill brake (the car).
팀은 빌에게 (그 차를) 멈추게 했다.

25. a. Tim let Bill turn *(the wheel).
팀은 빌에게 (그 바퀴를) 돌리게 했다.

b. Tim let Bill rev *(the engine).
팀은 빌에게 (그 엔진 속도를) 높이게 했다.

c. Tim let Bill floor *(the gas pedal).
팀은 빌에게 (가스 페달을) 밟게 했다.

동사 가운데는 이들이 갖는 목적어는 한정되어 있으나 경우에 따라서 목적어가 생략될 수 있는 것이 있고, 그렇지 않는 것이 있다.

26\. a. John stubbed his toe.
존은 (그의 발가락을) 채였다

b. John barked his skin.
존은 (그의 피부가) 벗겨졌다.

c. John pursed his lips.
존은 (그의 입술을) 오므렸다.

26.에 쓰인 동사는 목적어의 생략을 허용하지 않으나 27.에 쓰인 동사는 목적어의 생략을 허용한다.

27\. a. Bill blinked / winked (his eyes).
빌은 (그의 눈을) 깜박거렸다.

b. John shrugged (his shoulders).
존은 (그의 어깨를) 들썩였다.

c. Tom waved (his hand).
톰은 (그의 손을) 저었다.

목적어가 생략된 자동사는 목적어보다는 과정 자체에 관심이 갈 때 쓰이는 문형이다.

3.2. 주어-동사-주격보어

3.2.1 주어-동사-주격보어(동시상태)

이 문형에는 감각동사가 쓰인다. 감각동사에는 taste, smell, sound, look, feel 등이 있다. 주어는 주격보어가 나타내는 자극을 주는 개체이고, 이러한 자극을 느끼는 경험자는 to 명사구로 나타낼 수 있다.

28. a. The garlic tastes hot.
그 마늘은 매운 맛이 난다.

b. The roses smell sweet.
그 장미는 향기로운 냄새가 난다

c. You look amused.
너는 즐거워 보인다.

d. The silk feels smooth.
그 비단은 감촉이 매끄럽다.

e. He appeared surprised.
그는 놀란 표정이었다.

seem과 appear의 주격보어는 to be와 같이 쓰일 수도 있다 :

29. a. This seems to be important.
이것은 중요하게 보인다.

b. This appears to be an important matter.
이것은 중요한 문제로 보인다.

c. The baby seems to be awake.
그 아기는 깨어있는 것 같이 보인다.

to be가 쓰인 것과 안 쓰인 것의 차이는 주관성의 정도로 풀이될 수 있다. to be가 안 쓰인 경우 주어가 갖는 상태에 대한 판단은 주관성이 높고 직접적이나, to be가 쓰이면 화자의 판단은 보다 객관성이 높고 간접적이다. 그래서 to be가 안 쓰인 경우, 화자 자신의 직접적인 경험에서 얻은 정보를 말하는 것이고, to be가 쓰이면 확증될 수 있는 외적 증거를 마음속에 가지고 하는 판단이다.

3.2.2 주어-동사-주격보어(결과)

이 구문은 주어가 한 행동의 결과로 주어가 새로운 상태에 들게 되는 과정을 나타낸다.

30. a. The dog broke loose.
    그 개는 (끈을 풀어) 마음대로 다닌다.

    b. The button worked loose.
    그 단추는 느슨하게 되었다.

30.a에서 그 개가 끈을 잡아당기거나 물어뜯어서 매여 있던 상태에서 벗어나서 마음대로 다닐 수 있는 상태에 있게 된 과정을 나타낸다. 30.b에서도 단추가 많이 움직여서 실이 풀리거나 끊어진 결과를 나타낸다. 그런데 주어가 새 상태에 이르게 되는 과정은 의식적인 것에서 무의식적인 것, 또는 의도적인 것에서 비의도적인 것에 걸쳐있다.

31. a. The cat jumped free.
    그 고양이는 뛰어서 자유롭게 되었다.

    b. The man swam free.
    그 남자는 헤엄쳐서 자유롭게 되었다.

    c. Sue turned nasty.
    수는 심술궂게 되었다.

    d. The balloon burst open.
    그 풍선은 터졌다.

    e. John fell sick.
    존은 병이 났다.

31.a에서 The cat, The man은 의도를 가지고 행동할 수 있는 것으로 보이나 Sue와 The balloon, John은 의도성이 없다.

3.2.3. 주어-동사-주격보어(현재상태)

다음에서는 주어가 현재 들어있는 상태를 그대로 유지하는 관계를 나타낸다. 그런데 이러한 유지는 주어의 능동적인 노력으로 이루어질 수도 있고, 그렇지 않을 수도 있다.

32. a. Henry kept quiet.
헨리는 (의식적으로) 조용하게 있었다.

b. Henry stayed quiet.
헨리는 조용한 상태로 있었다.

c. Henry remained quiet.
헨리는 계속해서 조용한 상태로 있었다.

동사 keep의 경우, 주어가 의식적으로 어떤 상태를 유지하는 것이나, stay의 경우는 그렇지 않음을 다음에서 볼 수 있다. 33.a에서 문장은 비문이다.

33. a. *The tea kept warm.

b. The tea stayed warm.
그 차는 따뜻한 상태에 있었다.

또 stay와 remain도 다음과 같은 차이가 있다 : 아픈 상태는 의도적으로 통제할 수 없다.

34. a. *Harry stayed ill for two days.

b. Harry remained ill for two days.
헤리는 이틀 동안 아파왔다.

누가 병이 나 있는 상태는 마음대로 조정할 수 없는 것이므로 의도성이 있는 stay는 쓰일 수 없으나, 이 성질이 약한 remain은 쓰일 수 있다.

3.3. 주어－동사－전치사－목적어

동사 가운데는 목적어가 동사 바로 다음에 오는 구조(동사-목적어)와 목적어가 전치사 다음에 오는 구조(동사-전치사-목적어)가 있는데, 이 두 문형 사이의 차이는 동사의 영향이 목적어에 미치는 정도의 차이에 있다고 볼 수 있다. 목적어가 동사 바로 다음에 오는 경우는 목적어에 대한 동사의 영향이 목적어에 전체적으로 그리고 직접적으로 미치고, 목적어가 전치사 다음에 오는 경우는 동사의 영향이 간접적이고 부분적이다. 그리고 전치사 자체도 뜻이 있으므로 좀더 구체적인 뜻은 전치사의 의미도 고려해야 한다. 다음에서는 전치사별로 나누어서 살펴보겠다.

3.3.1. about

이 문형의 의미는 다음 두 문장을 비교하면 나타난다.

35. a. I heard him (singing/coming).
나는 그가 (노래하는 것/오는 것)을 들었다.

b. I heard about him.
나는 그에 대한 이야기를 들었다.

35.a에서는 내가 그가 내는 목소리나 발자국 소리를 직접 듣는 것이고, 35.b에서는 그에 대한 여러 가지의 정보를 다른 사람이나 매체를 통해서 듣는 것이다. 그러므로 35.b는 35.a보다 간접적인 들음을 나타낸다. 아래 36.a에서 나의 앎은 직접적이고 전체적이지만, 36.b에서 나의 앎은 간접적이고 부분적이다.

36. a. I know him.
나는 그를 안다.

b. I know about him.
나는 그에 대해서 안다.

36.a는 내가 그를 직접 만나서 사귀어 본 다음에 할 수 있는 표현이라면 36.b는 그에 관한 얘기나 글을 읽고나서 할 수 있는 표현이다. learn과 learn about도 비슷한 차이를 나타낸다.

37. a. He learned mathematics.
그는 수학을 배웠다.

b. He learned about mathematics.
그는 수학에 대해서 배웠다.

37.a가 수학을 직접 배우면서 문제를 푸는 연습을 하는 과정을 나타낸다면 37.b는 누가 수학에 대해서 써 놓은 것을 간접적으로 배우는 과정을 표현한다. 다음 38.의 두 문장도 비슷한 차이를 나타낸다.

38. a. I read the story.
나는 그 이야기를 읽었다.

b. I read about the accident.
나는 그 사고에 대해서 읽었다.

글로 쓰여진 얘기는 우리가 직접 읽을 수 있다. 그러나 사건은 누가 그것에 대해서 써놓은 것을 간접적으로만 읽는다. 그래서 38.b의 경우에는 about이 필요하다. 마지막으로 tell도 위와 같이 쓰인다.

39. a. He told me the story.
그는 나에게 그 이야기를 들려 주었다.

b. He told me about the story.
그는 나에게 그 이야기에 대해서 말해 주었다.

39.a에서 누가 나에게 어떤 얘기의 전체를 직접 들려준 것이라면, 39.b에서는 그 얘기의 부분적으로 들려준 것으로 풀이될 수 있다.

3.3.2. against

동사 fight는 다음 40.에서와 같이 직접 목적어를 택할 수 있고, 41.에서와 같이 전치사 against와 같이 쓰일 수 있다.

40. a. He fought a match.
그는 시합을 했다.
b. He is fighting the cold off.
그는 감기를 떼어버리려고 애쓰고 있다.
c. He fought down his terror and walked on through the woods.
그는 공포심을 애써서 억누르고, 숲속을 계속해서 걸어갔다.

41. a. He tried to fight against his enemies.
그는 적에 대항해서 싸우려고 했다.
b. He tried to fight against sleep, but couldn't.
그는 졸음을 쫓으려고 노력했으나 그럴 수가 없었다.

40.에서와 같이 fight가 타동사로 쓰이면 그 목적어는 이 동사의 영향을 크게 받는 것으로 해석된다. 그래서 40.b, c의 off와 down은 목적어가 영향을 받고 난 다음의 결과를 나타낸다. 41.에서 전치사 against의 목적어는 동사의 영향을 직접 받지 않고, 오히려 주어보다 더 큰 힘을 갖는 것으로 풀이될 수 있다. 그러므로 다음과 같은 문장은 모두 이상한 것으로 풀이된다.

42. a. *He is fighting against the cold off.
b. *He fought against the terror down.

위에서 전치사 against가 쓰이면 동사의 영향이 그 목적어에 전체적으로 미칠 수 없음을 의미하는데, 전체적인 영향의 결과를 나타내는 off와 down이 쓰여서 서로 양립할 수가 없다.

다음으로 동사 offend를 살펴보자. 이 동사도 타동사와 자동사로 쓰인다.

43. a. He offended me.
그는 나를 기분 나쁘게 했다.

b. The sounds offended the ear.
그 소리들은 귀에 거슬렸다.

c. The building offends the eye.
그 건물이 눈에 거슬린다.

44. a. It offends against my principle to tell a lie.
거짓말하는 것은 나의 원칙에 어긋난다.

b. Why does he offend against (the rules, the law, the traditions)?
왜 그는 (규칙, 법, 전통)을 어기느냐?

43.의 목적어는 offend의 영향을 직접적이고 전체적으로 받는 경우이고, 44.에 쓰인 against의 목적어는 주어의 영향을 받지 않고 오히려 주어의 힘보다 더 클 수가 있다. 예로서 원칙, 규칙, 법칙, 전통 등은 주어가 함부로 할 수 없다.

3.3.3. at

이 문형은 동사의 의미에 따라 몇 개의 유형으로 나누어 볼 수가 있다. 먼저 catch, clutch, grab, grasp와 같이 무엇을 잡는 행동을 나타내는 동사의 예를 살펴보자. 이러한 동사가 타동사로 쓰이면 목적어에 동작의 영향이 성공적으로 미침을 나타내고, at이 쓰이면 영향이 미치지 못함을 나타낸다. 여기에서 '시도'의 의미가 생겨난다.

45. a. The cat caught a mouse.
그 고양이가 쥐 한 마리를 잡았다.

b. The cat caught at a mouse.
그 고양이가 쥐 한 마리를 잡으려고 했다.

45.a에서는 고양이가 쥐를 완전히 잡은 것이고, 45.b에서는 고양이가 쥐를 잡으려는 행동이 쥐의 어느 한 점에 국한됨을 at이 나타내므로, 결국 쥐를 잡지 못한 시도의 뜻으로 풀이된다. 다음의 짝진 문장도 45.와 같이 풀이된다.

46. a. The player kicked the ball.
그 선수는 그 공을 찼다.

b. The player kicked at the ball (but missed it and fell flat on his face.)
그 선수는 그 공을 차려다 놓치고, 앞으로 풀썩 넘어졌다.

47. a. He grasped the rope
그는 줄을 잡았다.

b. He grasped at anything that might help him.
그는 그를 도울 수 있는 무엇이든 잡으려고 했다.

48. a. The mother clutched her baby in her arms.
그 어머니는 아기를 팔에 꼭 껴안았다.

b. He clutched at the branch (but could not reach it).
그는 그 가지를 잡으려 했으나 잡지 못했다.

46.–48.의 괄호 안에 든 부분은 [동사+at]이 시도의 뜻을 가짐을 잘 보여준다. 즉, 노력은 했으나 성공하지 못했음을 나타낸다.

다음에서와 같이, 46.b와 48.b의 괄호안의 부분이 46.a와 48.a와 같이 쓰이면 어울리지 않을 것이다. 즉, 이 문장은 어떤 행동이 성공했음을 나타내는데 뒷부분은 성공을 못했다고 하므로 서로 모순이 된다.

46.′ a.′ The player kicked the ball (but missed it and fell flat on his face.)
그 선수는 성공적으로 공을 찼으나 놓치고 앞으로 풀썩 넘어졌다.

48.′ a.′ He clutched the branch (but could not reach it.)
그는 그 가지를 잡았으나 잡지 못했다.

다음에 실린 동사들은 '접촉'의 의미를 공통으로 갖는다 :

49. dab, hammer, hit, jab, kick, knock, peck, poke, pound, prod, rap, stab, swipe, strike, swing, thrust.

위에 실린 동사가 at과 쓰이면 접촉이 이루어지거나 접촉이 이루어지더라도 목적어의 어느 한 부분에 이루어짐을 나타낸다. 그러므로 '시도'나 '반복'의 의미가 생긴다.

50. a. She dabbed her eyes with a handkerchief.
그녀는 손수건으로 그녀의 눈을 가볍게 두드렸다.

b. She was dabbing at her cheeks with a powder puff.
그녀는 분첩으로 그녀의 뺨을 가볍게 두드리고 있었다.

51. a. He hammered down the lid of the box.
그는 못질을 해서 그 상자 뚜껑을 고정시켰다.

b. Someone is hammering at the door.
누가 문을 두드리고 있다.

50.a는 그녀의 눈 전체가 손수건으로 덮히는 과정을 나타내고, 50.b에서는 그녀의 분첩이 뺨 전체에 닿는 것이 아니라 뺨의 부분부분에 닿음을 at이 나타낸다. 51.a에서 상자의 뚜껑이 목적이므로 이것은 망치질의 영향으로 고정된 것을 나타낸다. 51.b에서는 문이 전치사 at의 목적어이므로, 문 전체가 영향을 받는 것이 아니라 문을 이루는 표면의 점과 같은 부분이 영향을 받는다. 다음도 마찬가지다.

52. a. John hit the ball over the fence.
존은 그 공을 쳐서 울타리를 넘겼다.

b. John hit at the ball (but missed it).
존은 공을 치려고 했으나 치지 못했다.

52.a.에서는 존이 공을 쳐서 공의 위치가 바뀐 것을 나타낸다. 그러나 52.b는 괄호 안의 내용을 봐서 존이 공을 치려는 시도를 했으나 성

공하지 못했음을 나타낸다.

아래에는 위에서 살펴본 차이를 나타내는 예문이 몇 개 더 실려있다.

53. a. He kicked my dog.
그는 나의 개를 찼다.

b. The player kicked at the ball but missed it.
그 선수는 공을 찼으나 놓쳤다.

54. a. He poked the fire.
그는 불을 들쑤셨다.

b. The fighter won not by a single blow, but by poking at his opponent so often, that he weakened him.
그 선수는 일격에 이긴 것이 아니라, 상대방을 여러 번 찔러서 그를 약하게 했다.

49.에서 실린 나머지 동사도 at과 같이 쓰이면 50.~54.에서 살펴 본 것과 같은 의미를 나타낸다.

다음 55.에 실린 동사는 모두 전체가 아니라 부분에 영향을 미친다. 그러므로 전치사 at과 잘 쓰인다.

55. cut, gnaw, hack, nibble, nip, pick, snap, snatch, tear

아래에서는 위의 몇 개 동사의 타동사와 자동사 용법이 예시되어 있다.

56. a. He cut the rope into two pieces.
그는 그 밧줄을 두 동강으로 잘랐다.

b. He cut at the rope for an hour.
그는 한 시간 동안 그 밧줄을 잘랐다.

57. a. He was gnawing his fingernails with impatience.
그는 초조하게 그의 손톱을 물어 뜯고 있었다.

b. The rabbits gnawed at the fence until they made a hole.
그 토끼들은 울타리에 구멍이 날 때까지 울타리를 갉작거렸다.

58. a. Fish nibbled the bait.
물고기는 그 미끼를 물어뜯었다.

b. Mice have been nibbling away at the woodwork again.
쥐들이 다시 그 목재품을 조금씩 물어 뜯고 있다.

59. a. He nipped his finger in the door.
그는 그의 손가락을 문에 끼었다.

b. The dog was nipping away at the post-man's heels.
그 개는 우편 배달부의 뒷축을 조금씩 물어 뜯고 있다.

56.a의 경우 자르는 동작의 결과로 the rope가 완전히 영향을 받았음을 나타낸다. 그러나 어떤 방법으로 이루어졌는지는 알 수 없다. 56.b는 한꺼번에 자른 것이 아니라 조금씩 조금씩 잘라 들어갔음을 at이 나타낸다. 57.~59.의 b.문장에도 at은 주어진 과정이 대상에 조금씩 점과 같이 영향을 미침을 나타낸다.

다음 60.에서는 밀거나 당김을 나타내는 동사가 실려있는데 이들 동사가 at과 같이 쓰이면 이러한 동사의 동작이 목적어의 전체에 미치는 것이 아니라 국부에 미침을 나타낸다.

60. drag, draw, heave, pull, push, shove, strain, tug, yank

위에 실린 동사의 타동사와 자동사 용법을 비교하면 다음과 같다.

61. a. He drew a heavy box out of a cupboard.
그는 무거운 상자를 찬장에서 꺼냈다.

b. He drew at the pipe while he considered what decision to make.
그는 무슨 결정을 내릴까 생각하는 동안 파이프를 빠끔 빠끔 빨았다.

62. a. Pull your chair up to the table.
너의 의자를 식탁에까지 끌어 당겨라.

b. Stop pulling at my shirt : I'm coming.
내 셔츠를 당기지 말아라 : 나 간다.

63. a. Please push the table nearer to the wall.
그 식탁을 벽에 좀더 가까이 밀어 주세요.

b. I pushed and pushed at the heavy box but could not move it.
나는 그 무거운 상자를 밀려고 했으나, 그것을 움직일 수가 없었다.

64. a. The doctor yanked out a tooth.
그 의사는 이 하나를 확 잡아 당겼다.

b. The baby yanked at the curtain.
그 아기가 그 커튼을 확 잡아 당기려고 했다.

60.~64.의 a문장에서는 목적어가 전체적으로 영향을 받아서 그 위치가 바뀌었다. 그러나 b문장에서는 목적어가 부분적으로만 영향을 받았기 때문에 전체의 위치는 그대로 있는 것으로 풀이된다.

3.3.4. of

다음 세 표현을 살펴보자.

65. a. I know him.
나는 그를 안다.

b. I know of him.
나는 그가 있음을 안다.

c. I know about him.
나는 그에 대해서 안다.

66. a. I heard him.
나는 그의 소리를 들었다.

b. I heard of him.
나는 그가 있음을 들었다.

c. I heard about him.
나는 그에 대해서 들었다.

67. a. He told me the story.
그는 나에게 그 얘기를 들려주었다.

b. He told me of the story.
그는 나에게 그 얘기가 있음을 들려주었다.

c. He told me about the story.
그는 나에게 그 얘기에 대해서 들려주었다.

65.a는 내가 어느 사람을 만나본 적이 있다든지, 같이 자랐다든지 하여 직접 알 때 쓰는 표현이고, 65.b는 어느 사람이 존재한다는 것을 알고 있을 때 65.c는 어느 사람에 대해서 이것 저것(이름, 나이, 모양, 키 등)을 알 때 쓰는 표현이다. 그러므로 65.a가 직접적인 앎을 표현한다고 하면 65.b.~c.는 간접적인 앎을 표현하는 것으로 볼 수 있다. 66.의 세 문장도 비슷하다. 66.a는 내가 그의 목소리나 발자국 소리를 직접 듣는 것이고, 66.b는 어떤 사람이 존재함을 66.c는 어떤 사람에 대해서 이것저것 간접적으로 들었음을 나타낸다. 67.a는 그가 나에게 얘기 자체를 들려준 것이고 67.b는 어떤 얘기가 있음을 67.c는 어떤 얘기에 대한 이것저것을 들었음을 나타낸다. 다음 표현에서도 of가 없으면 동작의 영향이 직접적이거나 물리적인 경우이고, of가 있으면 동작의 영향이 간접적이거나 추상적이 된다.

68. a. He approved the building plans.
그는 그 건축 계획을 승인했다.

b. He does not approve of wasting time.
그는 시간 낭비를 찬성하지 않는다.

69. a. I cannot admit you into the hall.
나는 너를 홀에 들여보낼 수가 없다.

b. The facts admit of no other explanation.
그 사실들은 다른 설명을 허용하지 않는다.

68.a는 그가 건축 계획을 승인하는 것이다. 즉, 그의 승인이 없으면

건축이 이루어질 수 없는 경우에 쓸 수 있는 표현이다. 이와는 달리 of가 있는 68.b는 시간 낭비를 승인하고 안하는 것이 아니라, 이것을 좋아하느냐 좋아하지 않느냐를 표현한다. 69.a는 어느 장소에 사람을 들여보내고 안보내고 하는 허가의 의미이다. of가 쓰인 69.b는 추상적인 장소에 추상적인 개체를 허용하느냐 안하느냐의 문제가 된다. 즉, 추상적인 경우를 나타낼 때 전치사가 필요하다.

3.3.5. on

전치사 on은 X on Y와 같이 쓰일 때 X가 Y에 닿아 있음을 나타낸다. 그런데 이 때 X는 Y의 전체에 닿는 것이 아니라 Y의 부분에 닿아 있다. 이러한 점에서 on은 over와 다르다. X over Y에서 over는 X가 Y의 전체에 닿거나 덮거나 하는 관계를 나타낸다. 전치사 on이 동사와 쓰여도 이의 기본 의미는 그대로 있는 것으로 보인다. 즉, 동사의 영향이 목적어의 전체에 영향을 미치는 것이 아니라 부분적으로 미침을 on이 나타낸다. 다음을 비교해 보자.

70. a. The hungry dog bit the piece off.
그 배고픈 개가 그 조각을 물어 뜯어냈다.

b. The hungry dog bit on the piece (*off).
그 배고픈 개는 그 조각을 물었다.

70.a는 어느 개가 고기 덩어리를 물어서 떼어낸 과정을 그린다. 즉, 그 고기 덩어리(목적어)가 전체에서 떨어져 나옴을 의미한다. 70.b는 고기 덩어리의 부분만이 영향을 받음을 on이 나타낸다. 그러므로 off가 함께 쓰일 수 없다.

다음의 짝진 문장도 70.a와 70.b 사이의 차이를 나타낸다.

71. a. He chewed food well.
그는 음식을 잘 씹었다.

b. The baby is chewing on the nipple.
그 아기는 젖꼭지를 씹고 있다.

72. a. The blow knocked me flat.
그 일격이 나를 납작하게 엎어지게 했다.

b. Someone knocked on the door.
누가 문을 두들겼다.

73. a. The horse pulled a cart.
그 말이 마차를 끌었다.

b. The weight of this parcel is pulling on my arms.
이 소포의 무게가 내 팔을 잡아당기고 있다.

74. a. He operated the machine.
그는 그 기계를 운전했다.

b. He operated on the man.
그는 그 남자를 수술했다.

75. a. He elaborated his proposal.
그는 그의 계획을 상술했다.

b. He elaborated on his proposal.
그는 그의 계획을 더 상세하게 했다.

76. a. He improved the plan.
그는 그 계획 전체를 개선했다.

b. He improved on the plan.
그는 그 계획을 좀더 개선했다.

75.a에서 주어는 그의 제안서 전체를 상술하고 75.b에서 주어는 이미 만들어진 제안서를 부분적으로 개선한다. 76.a에서 주어는 목적어 전체를 개선하고 76.b에서 주어는 이미 만들어진 목적어를 부분적으로 개선한다. 그리고 목적어가 추상적일 때에도 on이 쓰인다. 다음 짝진 문장을 비교해 보자. 추상적 관계는 구체적 관계보다 거리가 먼 것으

로 풀이된다 :

77. a. He entered the hall.
그는 홀에 들어갔다.

b. The new teacher entered upon his duties.
그 새 선생님은 그의 근무를 시작했다.

78. a. The enemy seized the fort.
그 적이 그 요새를 점령했다.

b. You have to seize on every chance of success.
너는 성공의 모든 기회를 포착해야 한다.

3.3.6. with

먼저 79.의 두 문장을 비교해 보자.

79. a. John fought Tom.
존은 톰과 싸웠다.

b. John fought with Tom.
존은 톰과 싸웠다.

79.a에서 Tom은 fought의 목적어로 쓰였으므로, 동사의 영향을 받는 것으로 풀이된다. 79.b에서는 Tom이 전치사 with의 목적어로 쓰였으므로 주어와 목적어는 대등한 힘을 갖는 것으로 풀이된다. 이러한 까닭에 결과를 나타내는 down이나 off는 79.′a에는 쓰일 수 있어도 79.′b에는 쓰일 수 없다.

79′. a′. John fought Tom (down/off).
존은 톰과 싸워서 이겼다/물리쳤다.

b′. *John fought with Tom (*down/*off).

동사 meet도 fight와 같이 쓰인다.

80. a. They met criticism.
그들은 비판에 대처했다.

b. They met with criticism.
그들은 비판을 받았다.

80.a는 그들이 비판을 받아넘기거나 비판을 극복했다는 뜻이고 80.b는 그들이 비판과 직면했거나 또는 이 비판이 받아넘길 수 있을 정도로 쉽지 않았다는 뜻이다. 이러한 차이는 criticism이 80.a에서는 동사의 목적어로, 80.b에서는 전치사 with의 목적어로 쓰인 데서 온다. 즉, 80.b에서는 동사의 영향이 criticism에 전적으로 미치지 못함을 의미한다.

이러한 의미 차이에 따라서 meet과 meet with의 공존 제한도 다르다. 주어가 목적어와 직면하여 이에 영향을 줄 수 있다고 생각될 때에는 meet, 그렇게 할 수 없다고 생각될 때에는 meet with가 쓰인다.

81. a. We met (all expenses/bills/demands/objections).
우리는 (모든 경비/계산서/요구/반대)를 대응했다.

b. We met with (misfortune/an accident/success/ kindness).
우리는 (불행/사고/성공/친절)에 마주쳤다.

81.a에서 주어는 목적어를 대응해서 처리할 수 있으나 81.b에서 목적어는 주어가 목적어를 처리할 수 없는 것이다.

다음에 주어진 짝진 문장도 위와 같은 방법으로 풀이될 수 있다 : a 문장에 쓰인 타동사의 목적어는 동사의 영향을 직접 또는 전체적으로 받고, b문장의 전치사의 목적어는 동사의 영향을 간접 또는 부분적으로 받는다.

82. a. We argued him (down/into buying the house.)
우리는 논쟁을 해서 그를 (꺾었다/그가 그 집을 사게 설득했다.)

b. We argued with him.
우리는 그와 논쟁을 했다.

83. a. He married her.
그는 그녀와 강제로 결혼했다.

b. He married with her.
그는 그녀와 결혼했다.

84. a. He kissed her.
그는 그녀에게 키스했다.

b. He kissed with her.
그는 그녀와 키스했다.

85. a. He advised them to be cautious.
그는 그들을 주의하라고 충고했다.

b. He advised with the committee members.
그는 위원회 구성원들과 상의했다.

86. a. We consulted the doctor.
우리는 그 의사의 진찰을 받았다.

b. We consulted with the doctor.
우리는 그 의사와 협의를 했다.

87. a. We finished the work.
우리는 그 일을 마쳤다.

b. We finished with him.
우리는 그와 관계를 끝냈다.

3.3.7. from

전치사 from과 같이 쓰이는 동사의 하나는 suffer이다. 이것이 타동사로 쓰이면 주어는 목적어를 직접 경험한다. 또 이 동사가 from과 쓰이면 from의 목적어는 고통의 원인이 된다.

88. a. He suffered (pain/adversity).
그는 (고통/역경)을 겪었다.

b. He suffered from (loss of memory/repeated stomach trouble).
그는 (기억 상실/반복되는 복통)으로부터 고통을 받았다.

c. The firm suffers from overorganization.
그 회사는 과대 조직으로 어려움을 겪는다.

3.3.8. to

다음을 비교해 보자.

89. a. She attained (fame/her hope/the object).
그녀는 (명성/희망/목적)을 달성했다.

b. She attained to (perfection/power/prosperity).
그녀는 (완전/권력/번영) 에 이르렀다.

89.a에서 주어는 목적어를 얻은 결과를 나타내고, 89.b에서는 주어가 목적어에 이르는 과정을 나타낸다. 즉, 89.b의 얻음이 더 많은 노력이 듦을 나타낸다. 이것은 주어의 영향이 목적어에 쉽게 미치지 않음을 나타낸다. 다음의 짝진 문장을 더 살펴보자.

90. a. They witnessed a strange change in her.
그들은 그녀에게 이상한 변화를 목격했다.

b. They witnessed to the events of the nights.
그들은 그날 밤의 사건을 증언했다.

90.a에서 witness는 주어가 목적어를 실제 현장에서 목격하는 것이고, 90.b에서 witness to-는 현장 목격을 토대로 어떤 사건을 증언함을 나타낸다. 즉, 증언이 사건의 묘사에 이르게 함을 witness to-가 뜻한다.

91. a. One swears the oath in court with the right hand on the Bible before giving the evidence.
증거를 제시하기 전에 성경에 오른손을 놓고 법정에서 선서한다.

b. I can swear to his statement (to its authenticity).
나는 그의 진술에 보증할 수 있다.

91.a에서 the oath는 실제 말로 된 것이어서 말로 표현할 수 있는 것이고, 91.b에서 his statement는 누가 맹세한 것이 아니라 누가 무엇을 맹세해서 이르게 된 결과이다. 다음도 마찬가지다.

92. a. He confessed his crime.
그는 그의 범죄를 고백했다.

b. He confessed to hating the king.
그는 그 왕을 미워함을 실토했다.

92.a에서는 그가 죄진 것을 직접 고백한 것이고, 92.b에서는 무엇을 자백해서 그가 왕을 미워함을 드러나게 한 것을 confess to-는 나타낸다.

다음에서는 타동사가 쓰이면 그 목적어가 구체적인 것이고, to가 쓰이면 그 목적어가 추상적이다. 다시 말하면, 구체적인 것은 가까운 곳에, 추상적인 것은 먼 곳에 있는 것으로 개념화 된다.

93. a. He attends (church / school / lectures).
그는 (교회 / 학교 / 강의)에 다닌다.

b. He attends to (work / the urgent matter).
그는 (일/급한 일)에 주의를 기울인다.

94. a. I saw the closed windows.
나는 닫힌 창문을 보았다.

b. I saw to closing the windows.
나는 창문을 닫도록 주의를 기울였다.

93.~94.의 a문장에서 attends는 주어 전체(몸)가 어느 장소에 가는 것을 나타내고, saw는 눈으로 어떤 창문을 봄을 나타낸다. b문장에서 attends to는 마음이나 정신이 어떤 일에 감을 나타내고, saw to도 어떤 과정이 일어나도록 감독함을 나타낸다.

다음으로 talk, shout, sing도 아래와 같이 두 가지로 쓰인다.

95. a. I will talk to your father.
나는 너의 아버지에게 말을 하겠다.

b. My wife talked me into buying a new car.
내 아내가 나로 하여금 그 차를 사게 설득했다.

96. a. He shouted to us to help him.
그는 우리에게 도와달라고 소리쳤다.

b. The crowd shouted down the unpopular speaker.
그 군중은 인기없는 연사에게 소리를 질러 내려오게 했다.

97. a. She sang to us.
그녀는 우리에게 노래를 불렀다.

b. She sang the baby to sleep.
그녀는 노래를 불러 아기가 잠들게 했다.

95.~97.의 a문장에서는 to가 쓰였는데 이 전치사의 목적어는 주어가 내는 소리가 가 닿는 사람이다. 그러므로 to의 목적어는 직접적인 큰 영향을 받지 않는다. 그러나 to가 없는 b문장에서는 목적어는 동사의 영향을 직접적으로 받는 것으로 생각된다. 95.b에서 주어는 목적어를 설득하여 무엇을 하게 했다. 96.b에서 주어는 목적어를 야유하여 하던 일을 중단하게 했다. 97.b에서 주어는 노래를 불러 아기를 잠들게 했다.

마지막으로, 영어에는 간접 목적어와 직접 목적어를 쓰는 동사가 있다. 다음이 몇 개의 예이다:

98. a. I taught Harry Greek.
나는 해리에게 희랍어를 가르쳤다.

b. I taught Greek to Harry.
나는 희랍어를 해리에게 가르쳤다.

99. a. I threw John a ball.
나는 존에게 공을 던졌다.

b. I threw a ball to John.
나는 공을 존에게 던졌다.

c. but he missed it / but it never reached him.
그러나 그는 그 공을 / 그러나 공이 그에게 가 닿지 않았다.

Harry가 98.a에서는 동사 바로 뒤에 오고, 98.b에서는 전치사 to 다음에 온다. 동사 바로 다음에 오는 98.a에서 Harry가 희랍어를 실제로 배웠다는 암시가 98.b보다 더 강하다. 이러한 차이는 99.c를 a와 b에 각각 연결해보면 차이가 있다. c는 a와는 양립되지 않으나 b와는 양립이 가능하다. 이로서 99.의 두 문장의 뜻이 같지 않음을 알 수 있다. 타동사의 목적어는 동사에 가까우므로 동사의 영향을 직접적으로 크게 받는 반면, 전치사의 목적어는 동사에서 거리가 있으므로 동사의 영향을 간접적으로나 부분적으로 받음을 나타내는 점에서 위의 두 문형은 그 뜻이 다르다.

4. 특수 문형

4.1. THERE－존재동사－NP

이 문형에 쓰인 there는 [ðər]로 약하게 발음되고, (강하게 발음되면 [ðɛər]가 된다) 의문문을 만들 때에는 이 there는 명사구 주어와 같다.

100. a. There is a cat in the kitchen.
부엌에 고양이 한 마리가 있다.

b. Is there a cat in the kitchen?
부엌에 고양이가 있느냐?

c. There is a cat in the kitchen, isn't there?
부엌에 고양이가 한 마리 있지요?

그러나 수의 일치는 be 동사 다음의 명사구에 의해서 결정된다.

101. a. There are several schools in this town.
이 읍내에는 몇 개의 학교가 있다.
b. There is only one university in this town.
이 읍내에는 대학교가 하나만 있다.

이 문형은 제시 구문(presentative) 이라 불린다. 제시 구문에는 다음과 같이 there가 쓰이는 것도 있고, 그렇지 않는 것도 있다.

102. a. Across the street is a grocery.
길 건너에는 식료품 가게가 있다.
b. Across the street there is a grocery.
길 건너에는 식료품 가게가 있다.

102.a에서는 there가 쓰이지 않았고, 102.b에서는 there가 쓰였다. there가 쓰이지 않은 102.a는 길 건너에 있는 식료품 가게를 실제나 비유적으로 눈앞에 제시할 때 쓰이는 구조이고, 102.b는 길 건너에 있는 식료품 가게를 청자의 의식속에 처음 제시(도입)하는 구문이다.

103. a.*As I recall, across the street is a grocery store.
b. As I recall, across the street there's a grocery store.
내가 회상하는 바로는 길 건너에 식료품 가게가 있다.

104. a. As you can see, across the street is a grocery store.
네가 볼 수 있는 바와 같이, 길 건너에는 식료품 가게가 있다.
b. *I can see that across the street there's a grocery store.
나는 길 건너에 식료품 가게가 있음을 볼 수 있다.

103.에서 as I recall은 마음속에 있는 것을 상기하는 것이므로 there가 있는 문장이 문법에 맞고, 104.a에서 as you can see는 물리적인 지각을 나타내므로 there가 없는 제시문이 더 적합하다. 104.b에서는 see가 눈으로 보는 것이 아니라 마음 속의 이해 과정을 나타내므로 there가 있는 구문이 더 적합하다. 이와 같이 there-제시 구문은 청자가 의식하고 있지 않다고 생각되는 개체를 화자가 청자의 의식속에 처음 도입

할 때 쓰이는 문형이다. 다음을 살펴보자.

105. a. Who's in the next room?
옆방에 누가 있느냐?
b. Sue and Mary.
수와 메리.
c. *There are Sue and Mary.

106. a. What's for supper tonight?
오늘 저녁은 무엇을 먹지요?
b. *Bread and beans.
c. There are bread and beans.
빵과 콩이 있어요.

105.a의 화자는 청자가 옆방에 누가 있다고 이미 생각하고 있으므로, there구문이 쓰일 수 없고, 106.a의 화자는 청자가 저녁에 무슨 음식을 먹을지 생각하고 있지 않다고 생각하므로 there-문형이 쓰여야 한다.

there-문형에 쓰이는 동사는 be동사 이외에도 출현이나 시작을 나타내는 동사가 쓰인다.

107. a. There began (*ended) a riot.
폭동이 시작되었다.
b. There was approaching (*departing) a strange procession.
이상한 행렬이 다가오고 있다.

또 there-문형에 쓰이는 의미상의 주어는 통상 비확정적(indefinite)인 것이다. 비확정적인 명사구는 화자는 알고 있으나 청자는 모르고 있는 개체를 가리킨다. 그러므로 비확정 명사구는 there 문형에 잘 쓰인다. 그러나 확정 명사구도 경우에 따라서는 there-문형에 쓰일 수 있다. 화자와 청자가 모두 알고 있는 개체는 확정 명사구로 표현된다. 주어진 특정한 상황에서 이것을 청자가 의식하지 않고 있을 수 있다. 확정 명사구라도 어느 시점에서 청자가 이것을 의식하고 있지 않다고 화자가 판단할 때는 이것을 there-문형에 쓸 수 있다.

108. a. Is there anyone coming to dinner?
누가 만찬에 옵니까?
b. Yes, there's Harry and there's Bob.
그래요, 헤리와 봅이 있지요.

109. a. Who of all our friends can we trust?
우리의 친구 가운데 누구를 우리가 믿을 수 있나요?
b. There's only John, I am afraid.
존뿐이라고 생각되는데.

108.~109.에서 화자는 청자가 해리와 봅을 또 존을 같이 알고 있지만 주어진 상황에서 청자가 이들을 의식하지 않고 있다고 생각할 때 there 문형이 쓰인다.

4.2. 주어가 배경인 문형

다음 문장을 살펴보면서, 이 문형을 이루는 성분의 특성을 살펴보자.

110. In the kitchen Mary chopped the onion on the chopping board with a knife.
부엌에서 메리는 양파를 도마 위에 놓고 칼로 잘게 썰고 있다.

위 문형에 쓰인 요소는 주 참여자와 그 외의 요소로 나눌 수 있다. 주 참여자는 행동을 생각해서 시작하는 주어인 메리와 메리가 하는 행동의 영향을 받는 피영향자인 목적어가 되겠다. 이것은 에너지의 근원인 주어에서 나온 힘이 피영향자에 가는 과정이다. 그밖의 요소로는 메리가 행동하는 데 쓰는 도구가 있고, 또 목적어가 놓여있는 위치가 있다. 그리고 전체 사건의 배경(부엌)이 있다. 위에서 살펴본 요소들의 짜임을 다음과 같이 도식적으로 나타낼 수 있다.

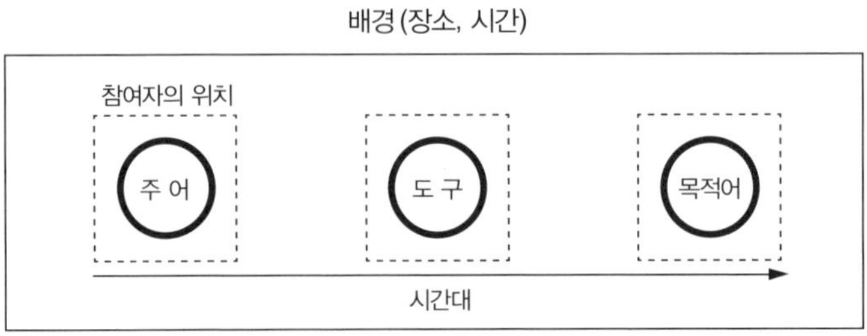

그림 9 : 과정의 참여자와 배경

전형적인 문형 구성에 있어서 문장의 주 참여자는 주어나 목적어의 문법 관계를 가지게 되고, 전체 배경이나 참여자의 위치는 전치사구로 보통 표현된다. 그런데 경우에 따라서는 배경이 주어로 쓰이는 예가 있다. 다음이 몇몇 예가 되겠다 :

111. a. This ring saw many exciting matches.
이 경기장은 많은 흥미로운 경기를 보았다.
b. Tuesday saw yet another surprising development.
화요일은 또 하나의 놀라운 진전을 보았다.
c. Fellini's new film features Yakov Malkiel.
펠리니의 새 영화는 야코브 말키엘을 주인공으로 한다.

111.a에서 원형 경기장은 경기가 일어나는 공간적 배경이고, 111.b에서 화요일은 어느 사건이 전개되는 시간적 배경이다. 111.c에서는 어느 배우가 출연하는 영화가 배경이 된다. 이러한 배경들이 111.에서는 문장의 주어로 쓰였다.

다음 두 문장을 비교하여 보자.

112. a. Bees are swarming in the garden.
벌들이 정원에 바글거리고 있다.
b.The garden is swarming with bees.
그 정원은 벌들로 가득 차 있다.

112.a의 bees는 주어이고, in the garden은 주어가 활동하는 배경이다. 112.b에서는 배경이 주어가 되고 bees는 전치사 with과 같이 쓰여서 배경에 담겨 있는 개체가 된다. 위의 두 문장은 다 같은 바탕을 가지고 있으나 서로 다른 부분이 모습으로 부각됨으로써 다른 문장이 된다. 위 두 문장은 공통의 바탕은 그림 10(a)이고, 문장 112.a는 그림 10(b)에 해당되고, 문장 112.b는 그림 10(c)에 해당된다. 그림 10(b)에서는 벌들이 현저한 것으로 되어있고, 그림 10(c)에서는 전체 배경이 현저하게 되어있다.

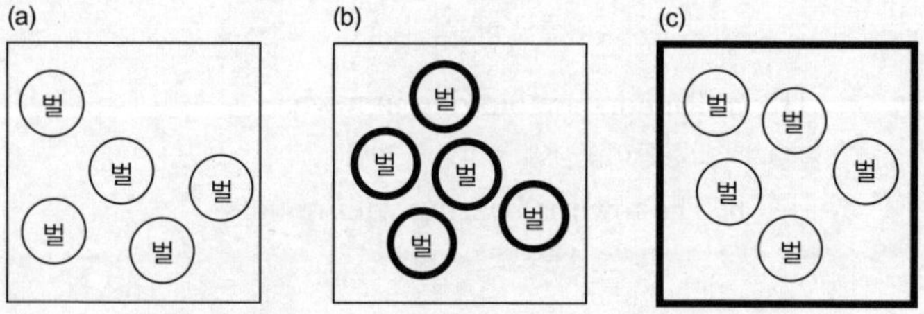

그림 10

아래의 짝진 문장들도 모두 공통의 배경을 가지고 있으나 모습으로 부각되는 부분이 서로 다르다:

113. a. Enthusiasm danced in his eyes.
열광이 그 눈에 춤을 추었다.
b. His eyes danced with enthusiasm.
그의 눈은 열광으로 춤을 추었다.

114. a. Diamonds dazzled in the setting.
다이아몬드가 세팅 속에서 눈부시게 빛났다.
b. The setting dazzled with diamonds.
그 세팅은 다이아몬드로 눈부시게 빛났다.

115. a. Fish abounds in the lake.
물고기가 그 호수에 많다.
b. The lake abounds with fish.
그 호수에는 물고기가 많다.

116. a. Wild music resounded the hall.
거친 음악이 홀에 울려 퍼졌다.
b. The hall resounded with wild music.
그 홀은 거친 음악으로 울려 퍼졌다.

117. a. Crowds bustled through the streets.
군중들이 북적대며 길을 지나갔다.
b. The streets bustled with crowds.
그 길은 군중들로 북적댔다.

118. a. Rumors are buzzing in town.
소문들이 읍내에 쫙 퍼지고 있다.
b. The town is buzzing with rumors.
그 읍내는 소문으로 시끄럽다.

119. a. Leaves swirled in the forest.
잎들이 숲속에서 휘날리었다.
b. The forest swirled with leaves.
그 숲이 잎들로 휘날리었다.

위에서 쓰인 b문장의 주어는 사건의 배경이고, 또 이 배경은 어느 정도 구체적이다. 그런데 이 배경은 다음에서와 같이 매우 도식적일 수도 있다 :

앞에서 우리가 살펴본 there-제시문의 there는 추상적인 배경이 된다. 다시 말하면 이 추상적인 배경은 우리의 의식 세계가 될 수 있다.

120. a. There are many dogs in this village.
이 마을에는 개들이 많다.
b. There's somebody at the door.
그 문에 누가 있다.

위에서 쓰인 there는 화·청자의 의식의 영역과 같은 매우 추상적이고 도식적인 배경을 나타낸다.

그리고 일기나 기후 동사와 같이 쓰이는 it도 환경(ambience)을 나타내는데, 이것 역시 배경을 나타내는 것으로 볼 수 있다. 이 배경은 어느 사람이 위치해 있는 전체적 배경을 나타낸다. 전체적 배경의 가장 좋은 후보가 될 수 있는 것으로 어느 일정한 날의 날씨나 시간이 되겠다.

121. a. How is it down there?
그 아랫쪽에는 날씨가 어떠한가?
b. It is fairly calm.
꽤 잠잠하다.

122. a. What's it going to be like?
날씨가 어떨까?
b. It's building up a quite a temperature already.
벌써 열을 쌓아 올리고 있다.

123. a. What time is it?
몇 시인가?
b. It's seven in the morning.
아침 일곱 시다.

124. It is summer down here.
여기는 여름이다.

날씨나 시간은 전체적 배경이 될 뿐만 아니라 이것은 어느 특정한 대화의 장소나 시간에서 명백한 것을 가리킨다. 그러므로 날씨와 시간이 아니라도 it은 특정한 배경에서 명백한 것을 가리킨다. 다음이 몇 개의 예가 되겠다.

125. a. I can't walk here. It's oozing oil all over.
나는 걸을 수가 없다. 여기 전체에 기름이 스며 나오고 있다.
b. Get away from here; it's too dangerous. Look at the way it's shooting sparks.
여기 오지 말아라. 이곳은 너무 위험하다. 이곳이 불꽃을 튀기고 있는 것을 봐라.

c. It's scary in the dark.
카캄한 곳이 무섭다.

d. I'm climbing down. It's too exposed up here.
나는 기어 내려가고 있다. 여기 위에는 너무 많이 노출이 된다.

명백한 배경이 되는 것으로 큰 행사 같은 것도 될 수 있다.

126. a. She has to stay in Seoul because it's her graduation.
그녀는 졸업식이기 때문에 서울에 머물러 있어야 한다.

b. Didn't you have your tennis game?
테니스 시합을 하지 않았느냐?

c. We couldn't get it because it was the annual Moose picnic.
무스 야유회 날이기 때문에 우리는 그것을 얻을 수가 없었다.

배경이 전체보다 적을 때에는 전치사구나 부사구로 명시가 될 수 있다. 즉 it이 나타내는 배경이 전체가 아니고 제한된 부문일 때에는 전치사구로 제한된다.

127. a. It's hot.
덥다.

b. It's hot in here.
이 안은 덥다.

128. It's her graduation next week.
다음 주가 그녀의 졸업식이다.

그리고 it이 to-부정사의 의미상 주어로 생각되는 문형도 실제 it은 to-부정사를 대신하지 않고 화맥에서 명백한 배경을 가리킨다 :

129. a. How is it in the library?
그 도서관 안은 어떠한가요?

b. It's hard to study.
(여기는) 공부하기 힘들어요.

c. *To study is hard.
공부하기가 힘들어요.

앞서 살펴본 바와 같이 it는 맥락에 의해서 명백한 것을 가리킨다. 그러므로 129.a에서는 어느 도서관의 전체 분위기를 가리킨다. 129.a에 대한 대답으로 129.b는 좋으나 129.c는 그렇지 않다. 129.b가 129.c에서 유도되는 것으로 보는 변형 문법에서는 이 기능의 차이를 설명할 수 없다. 변형문법에 의하면 129.b의 it은 to study가 외곽 도치되면서 비게 되는 자리에 들어가는 의미없는 요소이다. 의미가 없으므로 129.b가 쓰이든 129.c가 쓰이든 아무런 차이가 없어야 할 것이다. 그러나 실제로는 차이가 있다. 질문 129.a의 요지는 분위기를 묻는 것이므로 대답도 분위기에 대한 것이라야 한다. 그러므로 129.b가 적합하게 된다. 129.b의 to study는 목적을 나타내는 표현에 더 가깝다. 즉, 도서관의 분위기가 공부를 하기에는 힘들다는 뜻으로 풀이될 수 있다.

다음도 똑같이 풀이될 수 있다.

130. a. How is it in your room?
너의 방은 어떠냐?

b. It's hot to study.
(이곳은) 공부하기에 덥다.

c. *To study is hot.
공부하기가 덥다.

5. 형용사 문형

5.1. It–be–Adj–(of NP)–to V

이 문형은 다음의 예로 예시되어 있다 :

131. a. It was wise of Peter to go home.
피터가 집에 가는 것은 현명했다.
b. It was clever of Sally to say that.
샐리가 그렇게 말하는 것은 영리했다.
c. It was kind of you to say that.
네가 그것을 말하는 것은 친절했다.
d. It was stupid of John to do that.
존이 그것을 하는 것은 어리석었다.

위의 문장은 모두 부정사 구문이 나타내는 상황에 대한 화자의 개인적인 의견을 나타낸다. 131.a의 경우 피터가 집에 가는 것이 현명하다는 화자의 의견을 나타낸다. 그런데 화자가 하는 판단(wise)은 두 가지에 적용된다. 하나는 어떤 행동을 하는 행위자가 현명하다는 의견이고, 다른 하나는 행위자가 하는 행동이 현명하다는 뜻이다. 다시 말하면, 131.a의 wise가 수식하는 관계는 다음과 같다.

132. It was wise of [Peter] [to go home].

그러므로 이 문형에 쓰이는 형용사는 다음과 같이 사람과 행동을 동시에 수식할 수 있는 것이라야 한다.

133. a. John was wise/rash/kind…….
존은 현명했다/경솔했다/친절했다…….
b. The act was wise/rash/kind…….
그 행위는 현명했다/경솔했다/친절했다…….

어느 형용사가 사람만을 수식하거나 행동만을 수식할 경우에는 이 문형이 쓰일 수가 없다 :

134. a. *It is strong of you to have convinced them.
b. *It was only temporary of Mary to be ill.

134.a의 strong은 사람은 수식하나 행동은 수식하지 못하고, 134.b의

temporary는 행동이나 사건은 수식해도 사람은 수식하지 못한다. 그러므로 134.의 두 문장은 모두 문법에 맞지 않는다. 이 문형에 쓰이는 전치사 of의 목적어는 반드시 행위자를 가리켜야 한다 :

135 a. It was absurd of Karen to cry all night.
카렌이 밤새도록 우는 것은 우스운 일이었다.

b. *It was absurd of the lights to flash all night.

135.a에서 카렌은 행위자로 풀이될 수 있으나 135.b에서 the light는 행위자로 풀이될 수 없으므로, 이 문장은 비문법적이다. 다음도 마찬가지로 풀이된다.

136. a. It was foolish of Bruce to listen to them.
부르스가 그들의 말을 듣는 것은 어리석었다.

b. *It was foolish of Bruce to hear the story.

136.a의 listen to는 행위자를 요구하나 136.b의 hear는 행위자를 요구하지 않는다. 그러므로 136.b는 비문법적이다.

5.2. It-be-Adj-(for 수혜자)-(for 의미상의 주어)-to V

위의 문형은 다음 문장으로 예시된다.

137. a. It is dangerous for him to get angry.
그가 화를 내는 것은 위험한 일이다.

b. It was nice for John to come.
존이 오는 것은 친절한 일이었다.

c. It was important for her to leave now.
그녀가 그 때 떠나는 것이 중요했다.

d. It was simpler for him to solve it.
그가 그것을 해결하는 것이 더 쉬웠다.

이 문형의 특징은 for NP가 두 가지로 풀이될 수 있다는 점이다. 한 가지의 풀이는 for NP가 부정사의 의미상의 주어가 되는 경우이고, 또 한 가지는 for NP가 부정사로 그려진 상태에 영향을 받는 사람이다. 그러므로 137.a는 다음과 같이 그 두 가지 의미를 나타낼 수 있다:

138. a. It is dangerous [for him to get angry].
〔그가 화를 내는 것〕은 위험하다.
b. It is dangerous for him [to get angry].
〔화를 내는 것〕은 그에게 위험하다.

138.a는 그가 화를 내는 것은 위험하다는 뜻이고, b는 누군가가 화를 내는 것은 그에게 위험하다는 뜻이다. 그러므로 이 문형에서 부정사의 의미상의 주어와 부정사가 그리는 상황의 영향을 받는 사람이 다음과 같이 둘 다 표시될 수 있다 :

139. a. It would be unpleasant for us for it to rain now.
지금 비가 오는 것은 우리에겐 싫은 일일 것이다.
b. It is unpleasant for Agnes for her son to be out of work.
그녀의 아이가 실직하는 것은 아그네스에게 싫은 일이다.

이 문형에서 형용사 바로 다음에 오는 for NP는 다음 문장에 쓰인 경험자와 같다 :

140. a. The book is too difficult for her.
그 책은 그녀에게 너무 어렵다.
b. The work seems too easy for her.
그 일은 그녀에게 너무 쉽게 보인다.
c. Keeping quiet is impossible for her.
조용히 있는 것은 그녀에게 불가능하다.

139.에 쓰인 두 for NP의 성질이 다르다는 것은 몇 가지의 test로 구분될 수 있다. 첫째, [for NP to V] 전체가 문장의 머리로 이동되면 for NP는 의미상의 주어이고, for NP만 이동되면 이것은 수혜자로 풀이된다.

141. a. [For John to beat Bob] is not easy.
존이 봅을 이기는 것은 쉽지 않다.
b. [For Tom to leave now] is dangerous.
톰이 지금 떠나는 것은 위험하다.
c. [For Jim to keep calm] is tough.
짐이 가만있기는 어렵다.

142. a. For Harry, it is difficult to solve the problem.
해리에게 있어, 그 문제를 푸는 것은 어렵다.
b. For Phil, it is dangerous to leave now.
필에게 있어, 지금 떠나는 것은 위험하다.
c. For Jim, it is tough to keep quiet.
짐에게 있어, 가만있기는 어렵다.

141.에서 for NP는 부정사의 의미상의 주어이기 때문에 붙여서 발음된다. 142.에서 for NP는 부정사가 나타내는 과정의 수혜자이다. 또한 이 두 구조는 발음에 의해서도 구분된다. for NP가 의미상 주어인 경우에는 쉼(pause)이 형용사의 다음에 오나, 이것이 수혜자인 경우에는 for NP가 부정사 구문과 떨어져서 발음될 수 있다.

143. a. It is tough, [for Bill to keep quiet.] (의미상의 주어)
빌이 가만있기는 힘들다.
b. [It is tough for Bill], to keep quiet. (수혜자)
가만있기가 빌에게는 힘들다.

그러므로 이 문형의 특징은 명시되든 안되든 수혜자를 언제나 생각할 수 있는 점이다.

5.3. It-be-논평 형용사-(for NP)-to V

이 문형은 다음 문장으로 예시된다.

144. a. It is ridiculous for these flowers to be yellow.
이 꽃들이 노랑색인 것은 우스운 일이다.
b. It is logical for the meeting to last more than two hours.
그 모임이 두 시간 이상 계속되는 것은 논리적이다.
c. It is odd for him to say that.
그가 그것을 말하는 것이 이상하다.

위 문장에 쓰인 형용사는 부정사로 표현된 상황에 논평을 하는 구조이다. 이러한 구조에 쓰일 수 있는 형용사에는 다음과 같은 것이 있다 :

145. odd, peculiar, crazy, absurd strange, just, proper, customary

그리고 이 형용사들은 for NP를 두 개 허용하지 않는다 :

146. a. *It is common for Bob for the street to be crowded.
b. *It is ridiculous for Joan for the light to flash all night.
c. *It is logical for the dean for there to be no classes at 7 a.m.

6. 마무리

이 장에서는 영어문형을 동사의 특성에 따라서 여러 가지 각도에서 살펴보았다. 이 살핌 가운데 영어문형은 동사의 특성에 의해서 결정됨을 살펴보았다. 또 비슷한 문형 사이의 차이점도 살펴보았다. 여기서 밝힌 차이점들이 너무 미세하여 영어의 이해나 사용에 도움이 되지 않는다고 생각할지 모르나, 이러한 차이점을 무시하면 우리는 영어를 결코 바르게 이해하고 사용할 수 없을 것이다.

참고문헌

이기동, 2006. 인지문법에서 본 영어동사 사전. 서울 : 한국문화사.

이기동, 2005(3쇄). 인지문법에서 본 영어동사. 서울 : 경진출판사.

Anderson, Stephen. 1971. On the role of deep structure in semantic interpretation. FL 1: 387 – 396.

Bach, Emmon and Robert T. Harms. (ed.). 1968. *Universals in linguistic theory.* New York: Holt, Rinehart and Winston.

Bolinger, Dwight. 1968. Entailment and the meaning of structures. *Glossa*. 2: 119 – 127.

Borkin, Ann. 1973. To be and not to be. *CLS.* 9: 44 – 56.

Caramazza, Alfonso, and Ellen grober. 1970. Polysemy and the structure of the subjective lexicon. Georgetown University Round Tablen Conference. pp. 181 – 206.

Dixon, Robert M. W. 1976. Syntactic orientation as a semantic property. In McCawley 1976, pp. 347 – 362.

Dixon, Robert M. W. 1984. The semantic basis of syntactic properties. *BLS.* 10: 583 – 595.

Fillmore, Charles. 1971. Types of lexical information. In Steinberg and Jakobovits, eds. 1971. *Semantics: an interdisciplinary reader in philosophy and psychology.* pp. 370 – 392.

Fillmore, Charles. 1968. The case for case. In Bach and Harms, eds. *Universals in linguistic theory.* NewYork: Holt, Rinehart and Winston. pp. 1 – 88.

Fillmore, Charles. Verbs of Judging: an exercise in semantic description. In C. J. Fillmore and D. T. Langendoen, eds. *Studies in linguistic semantics.* NewYork: Holt, Rinehart and Winston. pp. 273 – 290.

Fraser, B. 1971. A note on spray paint case. *Linguistic Inquiry.* 2: 604 – 607.

Givan, Talmy. 1984. *Syntax: a functional typological introduction.* Vol.1. Amsterdam: John Benjamins.

Givan, Talmy. 1980. The binding hierarchy and the typology of complements. *Studies in language.* 4: 333 – 377.

Goldsmith, John. 1984. Causative verbs in English. CLS: *lexical semantics.* 117 – 130.

Green, Georgia M. 1974. *Semantics and syntactic regularity.* Bloomington: Indiana University Press.

Haiman, John. 1978. A study in polysemy. *Studies in language*. 2: 1 – 34

Hopper, Paul and Sandra Thompson. 1980. Transitivity in grammar and discourse. *Language.* 56: 251 – 299.

Hornby, A. S. 1975. (2nd edition). *Guide to patterns and usage in English.* Oxford:

Oxford University Press.

Kiparsky, Paul and Carol Kiparsky. 1971. *Fact.* In Steinberg and Jacobovits, eds. Semantics: and interdisciplinary reader in philosophy, linguistics, and psychology. pp. 345 – 369.

Jackendoff, Ray S. 1985. Believig and intending: two sides of the same coin. *Linguistic Inquiry.* 16: 445 – 460.

Jackendoff, Ray S. 1987. The status of thematic relations in linguistic the ory. *Linguistic Inquiry.* 18: 369 – 411.

Jeffries, Lesley, and Penny Wills 1984. A return to the spray paint issue. *Journal of Pragmatics* : 8: 715 – 729.

Jespersen, Otto. 1933. *Essentials of English grammar.* London: George Allen and Unwin, Ltd.

Joos, M. 1964. *The English verb: form and meaning.* Madison: University of Wisconsin Press.

Kilby, David. 1984. *Descriptive syntax and the English verb.* London: Groom Helm.

Leech, Geoffrey. 1971. *Meaning and the English verb.* London: Longman.

Lewis, Michael. 1986. *The English verb: an exploration of structure and meaning.* Hove: Language Teaching Publications.

McCawley, James D. 1976. *Syntax and semantics,* 7: *Notes from the linguistic underground.* New York: Academic Press.

Palmer, F. R. 1974. *The English verb.* London, Longman.

Riddle, Elisabeth. 1975. Some Pragmatic conditions on complementizer choice. *CLS.* 11: 467 – 474.

Ruhl, Charles. 1978. Alleged idioms with hit. *5th LACUS Forum.* pp. 93 – 107.

Ruhl, Charles. 1981. The verb kick. *8th LACUS Forum.*

Salkoff, Morris. 1983. Bees are swarming in the garden: a systematic synchronic study of productivity. *Language.* 59: 288 – 331.

Steinberg, Danny D. and L. A. Jakobovits (ed). 1971. *Semantics: an interdisciplinary reader in philosophy, linguistics and psychology.* Cambridge: Cambridge University Press.

Thompson, Sandra A. and Yuka Koide. 1987. Iconicity and indirect objects in English. *Journal of Pragmatics.* 11: 399 – 406.

Wierzbicka, Anna. 1982. Why can you have a drink when you can't *have an eat? *Language.* 58: 753 – 799.

Wierzbicka, Anna. 1988. *The semantics of grammar.* Amsterdam: John Benjamins.

Wierzbicka, Ann. 1987. *English speech acts verbs: a semantic dictionary.* New York: Academic Press.

Wierzbicka, Anna. 1986. The semantics of 'internal dative' in English *Quaderni di Semantica.* 1: 121 – 135.

제 5장 다의어 동사 의미

5 chapter
다의어 동사 의미

1. 이론적 바탕

영어에서 빈도수가 높은 기본 어휘에 속하는 낱말은 거의 모두 여러 가지의 뜻을 갖는다. 대표적인 예로 전치사를 들 수가 있는데, 대개의 전치사는 모두 여러 가지의 뜻을 가지고 있다. 이것은 사전을 찾아보면 쉽게 확인할 수 있다. 마찬가지로 영어에 쓰이는 대개의 동사는 여러 가지의 뜻을 가지고 있다. 특히 자주 쓰이는 동사일수록 더 많은 뜻을 갖는다. 그런데 사전에 실린 뜻을 찾아보면, 한 낱말 아래에 실린 하나의 뜻은 다른 뜻과 별 관련성이 없는 별개의 의미로 보인다. 동사 run의 의미를 사전에서 찾아보면 다음과 같다.

The Random House Dictionary (1980) : run

vi. 1. to go quickly by moving the legs more rapidly than at a walk. 2. to move or act quickly. 3. to flee or escape. 4. to make a quick trip or informal visit. 5. to go around without restraint. 6 to take part in a race or contest. 7. to be a candidate for election. 8. to migrate, as fish. 9. to ply between places, as a ship. 10. to move or pass freely or smoothly. 11. to creep or climb, as growing vines. 12. to unravel, as stitches or a fabric. 13. to flow, as a liquid. 14. to vary within a certain range. 15. to melt and flow. 16. to undergo a spreading of colors: materials that run when washed. 17. to operate or function. 18. to pass into or meet with a certain state or condition. 19. to amount or total. 20. to be stated or worded in a certain manner. 21. to extend in space or time. 22. to return persistently. 23. to be of a certain size, number, etc.

vt. 24. to move or run along (a route, path, etc.). 25. to perform or compete in by or as by running. 26. to bring into a specified state by running. 27. to drive (an animal) by pursuing. 28. to get past or through: to run a blockade. 29. to smuggle (contraband goods). 30. to publish, print, or make copies of. 31. to manage or conduct, as a business. 32. to be exposed to (a chance, risk, etc.). 33. to cause (a liquid) to flow. 34. to draw or trace, as a line. 35. to suffer from, as a fever.

위의 정의에서 볼 수 있는 바와 같이, 사전에 주어진 정의를 잘 살펴보아도 주어진 뜻 자체만으로는 여러 뜻 사이에서 관련성이 별로 보이지 않는다.

우리는 동사가 갖는 여러 뜻 사이에서 관련성이 있음을 전제로 하고, 이 관련성을 어떻게 하면 가장 잘 나타낼 수 있는가를 살펴보려고 한다. 이 장의 바탕이 되는 것은 Langacker가 개발해 오고 있는 인지문법인데, 이 문법에서는 의미를 다음과 같이 다루고 있다.

1. a. 자주 쓰이는 표현은 서로 관련된 의미의 망을 갖는다.
   b. 의미 구조는 인지 영역과 관련을 지어서 설명된다.
   c. 의미 구조는 배경에 모습을 부과함으로써 구조의 값을 끌어낸다.
   d. 의미 구조는 관습적 영상을 포함한다. 즉, 의미 구조는 특정한 방식으로 상황을 해석한다.

위의 네 가지 점을 간략하게 살펴보기로 하자.

1.1. 의미의 망

먼저 1.a를 명사 ring을 예로 들어서 생각해 보자. ring의 가장 원형적인 의미는 손가락에 끼는 반지다. 이 의미는 원형적이어서 제일 먼저 생각나고, 또 사전에도 통상 제일 먼저 실린다. 그런데 이 낱말은 코걸이를 가리키는 데도 쓰인다. 반지와 코걸이는 같은 점도 있고 다른 점도 있다. 같은 점은 둘 다 둥근 개체이고, 장식으로 쓰이는 점이다. 그러나 이들은 크기가 서로 다르다. 그러므로 코걸이는 반지의 의미가 확장된 것으로 볼 수 있다 :

2. 반지 —확장→ 코걸이

반지와 코걸이에서 다시 공통점을 추출할 수 있는데, 이 공통점은 둥근 모양의 장식물이다. 또 여기서 둥근 모양만 추출하고 장식 기능은 빼놓으면, 둥근 모양의 개념이 추출될 수 있다. 또 둥근 모양에서 둥근 면만 포착이 되고, 물체의 개념을 빼면 둥근 흔적의 개념이 추출되는데 이것도 ring으로 표현될 수 있다. 둥근 물체와 둥근 흔적으로부터 보다 추상적인 둥근 개체와 같은 도식이 나올 수 있다. 이것을 그림으로 나타내면 그림 1과 같다.

다음 그림이 보여주는 것은 ring이 나타내는 여러 의미는 별개가 아니라 서로 관련이 되어서 망 조직을 이루는 점이다. 그러면 이 망 가운데서 어느 것이 ring의 의미가 되는가? ring의 의미는 그림 1에서 가장 높은 추상적인 도식도 아니고, 망 속의 어느 하나의 의미에만 국한되는 것도 아니다. ring의 의미는 그림 1과 같은 전체 망상 조직과 동일시되어야 한다. 물론 이 가운데서 '반지'의 의미가 가장 원형적일 것이다. 그러나 원형적인 의미만이 ring의 의미는 아니다.

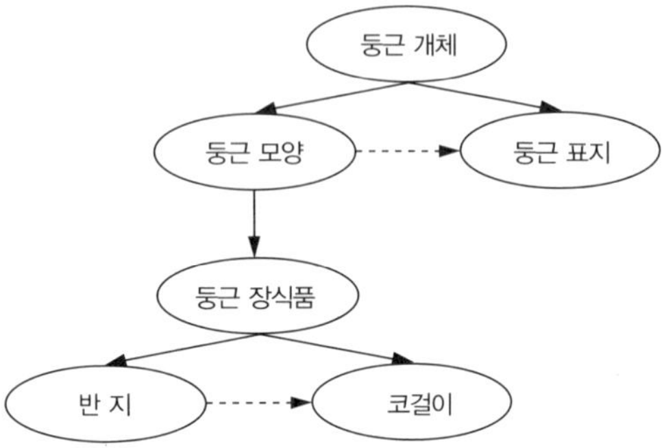

그림 1 : ring의 의미망

위에서 우리는 한 낱말이 여러 개의 의미를 가지고 있을 때 이들 의미는 서로 관련된 의미의 망을 이룸을 살펴보았다. 이것은 우리가 가지고 있는 인지 능력의 하나인 범주화와 관계가 깊다. 위에서 ring으로 살펴본 망 모형에서 각 마디는 주어진 낱말의 기성 의미를 나타내며, 두 마디를 연결하는 선은 마디 사이의 연결 성질을 나타낸다. 마디들은 범주화 관계에 의해서 연관지어진다. 범주화 관계에는 두 개의 기본 유형이 있는데, 이들은 도식 관계와 확대 관계이다. 도식 관계는 실선 화살표로 표시되고, 확대 관계는 점선 화살표로 표시되어 있다. 표기법 [A]→[B]는 [A]가 [B]의 도식임을 나타낸다. 그림 1에서 [둥근 장식]은 [반지]의 도식이 되고. [반지]는 [둥근 장식]의 실례가 된다. 바꾸어 말하면, [B]는 [A]의 실례가 됨을 나타낸다. [B]는 [A]와 양립이 가능하지만 [A]보다 더 상세하고 정교하다. 그래서 [B]에서 [A]로 볼 때는 추상화의 과정이다. 대조적으로, 의미 확대는 값에 있어서 어느 정도 충돌을 내포한다. [A]···[B]의 관계에서 [A]의 어떤 점은 억제되거나 변형이 되어서 [B]는 [A]의 범주의 구성원으로 받아들여진다.

전치사적 부사도 많은 의미를 가지고 있는 낱말 가운데 하나다. 예로, 부사로 쓰이는 out은 많은 의미를 가지고 있다. 이 전치사의 의미에 큰 관심을 가지고 있는 학자는 Lindner(1983)인데, 그분은 이를 out의 많은 예를 수집하여 이를 의미망 모형으로 분석하였다. 그 중 일부는 다음 예문을 포함하고 있다.

3. a. She went out.
그녀는 나갔다.

b. She picked out two pieces of candy from the jar.
그녀는 항아리에서 사탕 두 개를 꺼냈다.

c. Please smooth out the wrinkle.
주름을 펴서 없애 주세요.

3.a에서 out은 주어가 화맥에서 알려진 어떤 영역을 벗어난 과정과 그 결과를 나타낸다. 3.b에서는 주어가 한 동작의 결과로 사탕 두 개가 어떤 영역(예로, 사탕이 들어 있는 항아리)을 벗어나 있는 관계를 나타낸다. 이 두 문장에 쓰인 out은 엄격히 따지면 서로 다르다. 3.a에서 영역은 집, 학교, 나라와 같은 것이고, 3.b에서의 영역은 사탕과 같은 개체가 여러 개 들어 있는 항아리이다. 그러나 영역의 성질이야 어떻든 어느 개체가 주어진 영역을 벗어나는 점에만 초점을 맞추면 같은 관계로 볼 수 있겠다. 또 3.c에서 어떤 영역을 벗어나는 개체가 3.a~b에서와는 달리 개별적인 것이 아니다. 즉, 주름은 옷과 분리될 수 있는 것은 아니다. 그렇지만 우리는 어느 옷에 주름이 져 있다고 말할 수 있고, 또 펴지면 없어졌다고 말할 수 있다. 즉, 주름이 옷에 있다가 옷에서 떠나는 것으로 개념화 된다. 그래서 이 경우도 out으로 표현될 수 있다. 위에서 살펴본 세 가지의 경우는 다음 그림 2와 같이 도식적으로 나타낼 수 있다.

그림 2의 (a), (b), (c)는 여러 가지 실례에서 뽑아낸 도식이다. 또 (a), (b), (c)에서 상위 도식인 (d)를 만들 수 있고, 이 (d)가 다른 도식과 결합하면 또 하나의 도식이 생겨날 수 있다. 이 그림에서 볼 수 있는 바

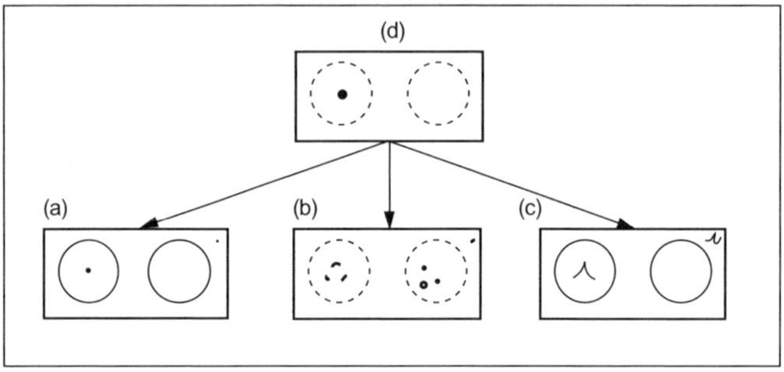

그림 2 : out의 의미망

와 같이, out은 여러 가지 뜻을 가지고 있으나 아무렇게나 흩어져 있는 것이 아니라 정연한 체계성을 가지고 있음을 알 수 있다.

명사 ring과 전치사적 부사 out을 통해 살펴본 의미망이 어떻게 이루어지는지 간단히 살펴보았다. 다음으로 동사의 의미가 어떻게 의미망을 이루는지 동사 run을 예로 들어서 살펴보자. run의 가장 원형적인 의미는 사람이 두 발을 가지고 빠른 속도로 움직이는 과정이다. 이 의미가 어린이가 아마 가장 최초로 습득하는 것이고, 중립적 맥락에서 활성화될 가능성이 가장 높은 의미일 것이다. 동물의 경우는 두 발이 아니라 네 발을 가지고 있다. 동물은 네 발을 써서도 빠른 동작으로 움직일 수 있다. 그러므로 이 경우도 동사 run의 두 발로 빨리 움직이는 의미가 확대되어 쓰이는 예로 볼 수 있다. 나아가서 run은 발이 아니라 바퀴를 써서 움직이는 데도 확대되어 적용된다 :

4. a. The car ran down the hill.
   그 차는 언덕 아래로 달려갔다.
   b. The bicycle ran up the hill.
   그 자전거는 언덕 위로 달려갔다.
   c. The train ran on.
   그 기차는 계속해서 달려갔다.

다시 run은 다리나 바퀴가 없이 어떤 개체가 빨리 한 장소에서 다른 장소로 움직이는 데도 적용된다. 이 의미는 다리나 바퀴의 차이는 무시하고 빠른 움직임에만 초점을 둔다.

5. a. The ship ran very fast.
   그 배는 매우 빠르게 달렸다.

   b. The tears ran down his face.
   눈물이 그의 얼굴을 타고 내려갔다.

   c. The oil runs out of the pipe into the water.
   그 기름은 파이프에서 물까지 흘러간다.

5.의 예가 보여주는 run의 과정은 빠른 속도와 장소 이동의 뜻을 가지고 있으나, 다음 6.의 과정에는 빠른 움직임은 있으나 장소 이동의 뜻은 없다 :

6. a. Don't touch the engine while it is running.
   엔진이 움직일 때는 손을 대지 마세요.

   b. The machine is run by electricity.
   그 기계는 전기의 힘으로 움직인다.

위에서 살펴본 run의 의미는 그림 3과 같이 도식적으로 나타낼 수 있다.

간추리면, 그림 3에서 [두발로의 빠른 움직임]은 [네발로의 움직임]으로 확대되고, 이 둘은 다시 [발로의 움직임]의 도식의 바탕이 된다. 이것은 다시 [바퀴로의 움직임]으로 확대된다. [발로의 움직임]과 [바퀴에 의한 움직임]은 다시 [장소 이동]의 도식을 낳고, 이것은 [제자리에서의 움직임]으로 확대된다. 이 두 움직임이 추상화되어 [빠른 움직임]의 개념을 낳는다.

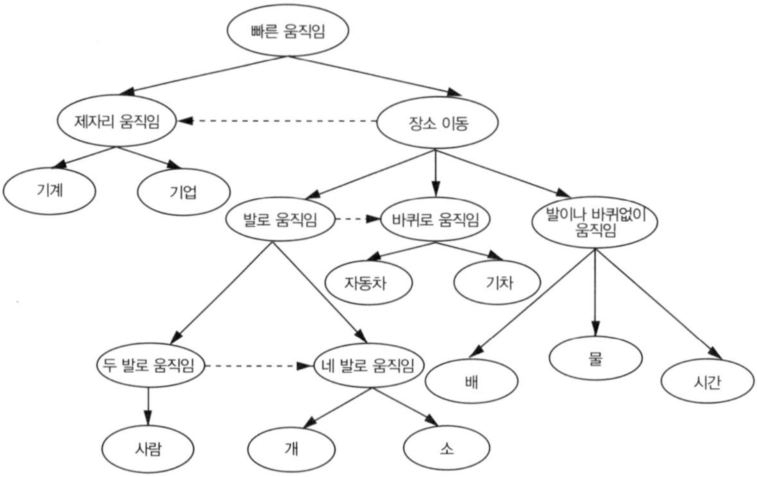

그림 3 : run의 의미망

아래에 이 장의 앞부분에서 열거된 Random House 사전에 실린 동사 run의 의미 몇 개를 이 장에서 제시된 망분석을 통해 살펴보겠다.

RH는 run의 뜻을 아무런 원칙 없이 열거했다. 이들은 망분석을 통하면 몇 개의 큰 단위로 나눌 수 있고 뜻 사이의 관련성을 보여줄 수 있다.

발을 써서 하는 움직임

발로 빠르게 움직임은 도망가거나(3), 심부름이나 방문(4) 그리고 달리기 시합을 나타낸다.(6) 이것은 선거와 같은 시합(7)에도 적용된다.

I had to run to catch the bus.
My son ofen runs errands for me.
John ran a race but only finished second.
Johnson didn't run for a second time.

바퀴를 써서 하는 움직임

The car ran off the road.
The train doesn't run on sunday.

The shuttle bus runs between the subway station and the hospital.

발이나 바퀴가 없이 움직임

발이나 바퀴 없이 움직임에는 액체, 기체, 소리의 흐름(13), 촛물이 흘러 내리는 과정(15)과 색깔이 번지는(16) 과정에도 적용된다.

액체 The hot water runs through the pipe.
Hot tap is running.
The tears ran down his face
My blood ran cold.
The baby's nose is running.
The butter will run if you put it near the fire.
The color ran when I washed this shirt.

기체 A gentle breeze ran through the trees.
소리 A buzz of exitement ran through the crowd.

물의 흐름은 물고기의 이동(8)을 나타내고 정기 여객선의 움직임은 항로를 따라 운행하는(9) 과정도 나타낸다. 시간은 움직이는 개체로 은유화된다.

변화의 영역

여객선은 항로를 따라 두 지점 사이를 오간다. 이 항로는 변화의 영역을 가리킨다.(23)

Apples are running large this fall.
These shoes ran $100 a pair.

시간

시간도 흐르는 것으로 개념화 된다.(21)

Two years ran by very quickly.

The musical ran for two years in Seoul.
My licence runs another year.
The contract runs until next year.

상태변화

상태는 장소로, 그리고 상태 변화는 장소 이동으로 은유화된다. 그래서 run은 상태 변화도(18) 나타낸다.

The well ran dry.
The supply is running short.

제자리에서 움직임

이 움직임은 기계나 조직체의 작동(17)이나 운영을 나타낸다.

The engine is running.
This machine runs on electricity.
The system is running very smoothly.

run은 또 한 지점(정도)에서 다른 지점에 이르는 과정(19)도 나타낸다.

RH 풀이의 나머지는 주관화로 풀이된다. 이동하는 개체는 선형을 이루면서 이동한다.

어떤 개체가 선형을 이룰 때(20)와 (12)에도 run이 쓰인다. 이 선형 자체는 움직이지 않으나 이것을 식별하기 위해서 관찰자의 시선이 선형을 따라 움직인다. 이것이 주관화이다.

주관화 :	The boundary runs to the south of the mountain.
↕	The path runs through the woods.
주관적 이동	The road runs along the railway.
	This hole in my tights is starting to run.

위에서 RH에 제시된 동사 run의 풀이를 망분석에 대입시켜 보았다.

1.2. 인지 영역

1.b에 의하면, 낱말의 의미는 인지 영역에 비추어서 특징지어진다. 어느 한 개념은 다른 개념을 전제로 한다. 그래서 이 전제된 개념이 주어진 어느 개념의 출현과 특징화의 기초를 제공해 준다. 예로, 직각 삼각형의 빗변(hypotenuse)은 직각 삼각형을 전제로 하고, 이것이 없이는 직각 삼각형의 빗변이 존재할 수 없다. 또 어느 낱말의 의미 기술에는 한 가지 인지 영역만이 관련되는 것이 아니라 몇 개의 영역이 관련될 수 있다. 예로, beep을 들 수 있다. 이것은 어느 정도 순수한 음조에 가까운 소리다. 그러므로 이 개념을 특징짓기 위해서는 시간과 공간 영역이 모두 포함된다. 또 flash는 짧고 강력하게 산발하는 빛 감각이다. 이 개념을 묘사하기 위해서는 시간, 색채, 공간 그리고 시각 영역 내의 확대 범위를 고려해야 한다. 위에서 예로 든 run의 경우는 어느 개체가 시간을 따라 장소를 바꾸는 과정을 나타내므로, 이 과정에는 시간과 공간 영역이 포함되며, 움직임의 방법도 고려되어야 한다.

여기서 우리가 살펴본 것은 낱말의 뜻은 낱말 자체만으로 정의될 수 있는 것이 아니라 우리의 인지 영역과 밀접하게 관련되어 있고, 그래서 이 인지 영역과 관련을 지어야만 낱말이 제대로 풀이될 수 있음을 살펴보았다. 이것은 어느 낱말의 관습적 의미값과 언어기술은 백과사전적 지식과 분리시켜서는 안됨을 시사한다. 형식 언어 이론에서는 언어 지식과 백과사전적 지식을 구별하려고 하지만, 이를 뒷받침할 수 있는 근거는 미약하다. 이 두 가지의 지식을 구별해야 한다고 하는 주장은 사실에 바탕을 둔 것이 아니라 방법론적인 고려에 바탕을 두고 있는 것으로 보인다. 형식 이론에서 언어 의미는 백과사전적의 의미와 분명히 구별되는 것으로 형식 이론에서 취급되고, 어떤 낱말의 의미는 이 낱말이 가리키는 물체나 과정에 대해서 화자들이 가지고 있는 방대하고 개방적인 지식이 아니라 이 지식의 극히 제한된 일부를 가리키는 것으로 취급된다. 그러므로 언어 지식과 언어 외적 지식 사이에는 분명한 경계가 그어질 수 있다고 생각된다. 이러한 견해의 문제점은 언어 사실이 위와 같은 주장의 타당성을 뒷받침해 주지 않고 있다는 점이다. 언어 지식과 언어 외적 지식 사이에 경계가 있다면 이것은 방법론적인 필요에 의한 것이지, 사실의 뒷받침을 받을 수 있는 것이 아니다. 이 장에서도 언어 지식과 백과사전적 지식은 구별할 수 없으며, 또 구별해서도 안되는 것으로 나타났다.

1.3. 바탕과 모습

1.c가 주장하는 것은 어떤 바탕에 모습을 부과하는 것이 낱말의 의미 분석에 중요하다는 점이다. 한 낱말의 바탕은 여러 인지 영역의 집합체일 수 있다. 예로 칼의 경우 이 바탕에는 칼의 기능, 모양, 다른 식기류에서 이것이 차지하는 위치 등이 포함될 수 있다. 이 바탕의 어느 부분이 특이한 수준의 현저성으로 높여져서 초점으로 부각되면, 이 부분이 모습이 된다. 모습은 낱말이 지시하는 바탕의 어떤 부분이라고 할 수가 있다. 앞에서 언급된 직각 삼각형의 빗변을 생각해 보자. 이 개념의 바탕은 직각 삼각형이고, 이 바탕 위에 현저하게 부각된 부분이 모습이며, '직각 삼각형의 빗변'은 이 부분을 가리킨다. 다음 그림에서 빗변은 굵은 선으로 표시되어 있고, 그 외의 바탕은 가는 선으로 표시되어 있다.

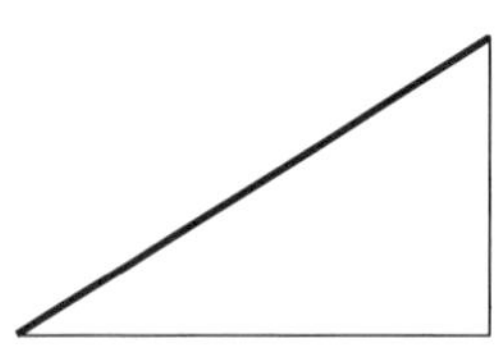

그림 4 : 직각삼각형의 빗변

어느 서술은 배경으로부터 특정한 모습의 부여를 통해서 구별이 가능한 보다 상위 개념을 유도한다. 그렇지만 어느 표현의 의미는 배경이나 모습에만 있는 것은 아니다. 이 양면 모두가 서술의 값에 중요하다. 예를 들면, 그림 4에서처럼 직각 삼각형의 빗변의 모습을 억제하면 결과는 더 이상 빗변 개념이 되지 않고 단순히 직각 삼각형 개념만 된다. 우리가 그림 4에서처럼 배경에서 모습을 억제하면, 나머지 두 선분은 직각 삼각형의 빗변으로 인식되지 않는다. 왜냐하면 직각 삼각형의 빗변은 직각 삼각형의 맥락에서만 존재하기 때문이다. 그래서 서술의 배경은 의도한 지시물의 성질과 정체를 확립하는 데 필요한 "틀(frame)"로 생각될 수 있다. 어떤 사람이 일련의 친족 관계에서 다른 어떤 사람과 특정한 방법으로 연관될 때 cousin이 된다. 어떤 한가한 기간은 어떤 공연을 중단할 때에만 intermission (막간)이 된다. 그리고 긴 물체의 끝만이 tip (꼭지)이 된다.

낱말 가운데는 같은 바탕을 갖지만, 모습이 다른 데서 서로 다른 의미를 갖는 낱말이 되는 예도 있다. 다음 예를 살펴보자.

7. a. You've been here long enough … please go now.
 너는 여기 충분히 오래 있었다. 자 이제 가거라.

 b. California is very far away.
 캘리포니아는 매우 멀리 떨어져 있다.

 c. By the time I arrived, she was already gone.
 내가 도착했을 때 그녀는 이미 가고 없었다.

이 낱말들 모두가 다의어이다. 그러나 각각의 경우 예시된 하나의 의미에만 주의를 국한시켜 보자. 동사로서 go는 "과정"을 지시한다. 즉, go는 일정한 기간 내에 연속적으로 일어나는 장소 이동의 과정을 형상으로 나타낸다(그림 5 (a) 참조).

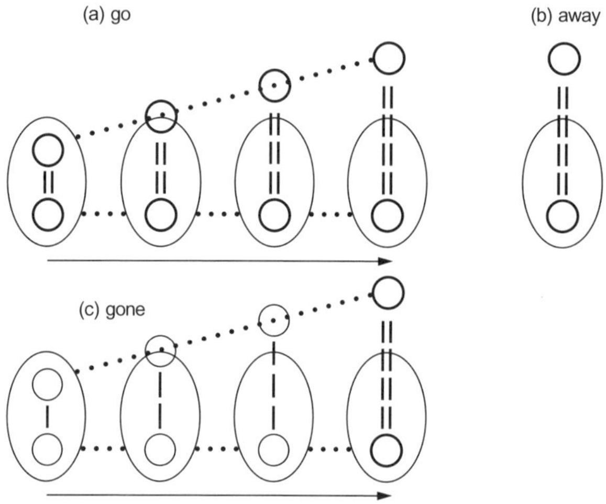

그림 5

그래서 그림 5 (a)에 있는 화살표가 보여주듯이 시간은 go의 바탕에 있는 하나의 영역이며 공간은 또 다른 하나의 영역이다. 그림 5 (a)는 이 과정이 이루는－최초와 최종이 포함된－연속적인 일련의 상태에서 네 개의 구성요소에 의한 상태만 명시적으로 보여준다. 두 개의 중요한 참여자가 간단하게 원으로 표시되어 있다. 그 중 하나는 움직이는 개체이고, 다른 하나는 지표(landmark)라고 부른다. 점선은 대응(correspondence)을 나타낸다. 대응이란 한 상태에서 다른 상태로 변하더라도 움직이는 개체는 동일함을 나타내며, 지표의 경우에도 마찬가지다. 각 상태 안의 움직이는 개체와 지표를 연결하는 굵은 점선은 go의 관계적 특징을 이루는 모습으로 드러난 상호 관계를 나타낸다. 다시 말하면, 이 관계의 특징은 지표 영역 내에서 움직이는 개체의 위치를 결정하는 인지적 작용이다. go의 최초 상태에서 움직이는 개체는 타원으로 나타낸 지표의 "영역(neighborhood)"안에 있다. 움직이는 개체의 위치는 시간의 경과와 함께 상태마다 변하여, 최종 상태에서는 움직이는 개체가 영역의 밖에 있다.

다음으로 away를 살펴보자. away는 동사가 아니다. 그래서 시간은 7.b에 쓰인 의미의 활성영역이 아니다. 7.b에서 away는 그림 5 (b)에 그려진 것과 같이 하나의 공간 형상을 모습으로 하고 있다. 이 형상은 go가 이루는 모습의 최종 상태를 이루는 형상과 같다는 점에 주목하자. go는 움직이는 개체를 지표의 밖에 위치시킨다. 그래서 go에 의해서 지시되는 과정은 away가 적절하게 묘사하는 위치 관계로 끝난다. 그러나 우리는 7.b와 같은 예로부터 이 관계가 이동체의 이동에 의해서 생기는 것으로 해석될 필요가 없다는 것을 알 수 있다. 아마 California는 이 문장을 논의하고 있는 기간 내에서도 정지 상태에 있을 것이다.

gone은 어떻게 설명할 수 있는가? 그림 5 (c)를 검토해 보면 gone과 away는 각기 다르지만 어떤 점에서 비슷하다는 것이 드러난다. gone과 away는 움직이는 개체가 지표의 영역에 있지 않는 어떤 위치 관계를 모습으로 갖는 점에서는 같다. 그러나 이 두 서술은 바탕이 다르다. away의 바탕은 공간 영역의 어떤 부분에 불과하지만, gone의 배경은 정확하게 말하자면 go의 모습인 과정이다. 다시 말하면 어떤 개체는 그의 위치가 가는(go) 과정의 한 실례에서 나와야만이 간 것(being gone)으로 정확하게 묘사될 수 있다. 그러므로 go와 gone은 같은 개념을 갖는다. 이 두 낱말의 차이는 과거분사 서술이 만드는 의미 공헌 여부에 있다. 과거분사 형태소는 도식적으로 나타낸 과정을 배경으로 취하고, 이 과정의 최종 상태를 모습으로 한다.

이러한 바탕/모습의 대조와 모습의 부여는 다의어 동사의 의미 기술에도 매우 중요한 것으로 드러난다. 동사 shoot을 예로 들어 보자 : 이 동사가 가리키는 과정에는 무엇을 쏘는 사람, 쏘는 도구, 쏘이는 물건, 쏘이는 물건의 이동 등이 바탕에 깔려있다. 이것을 도식적으로 나타내면 다음과 같다 :

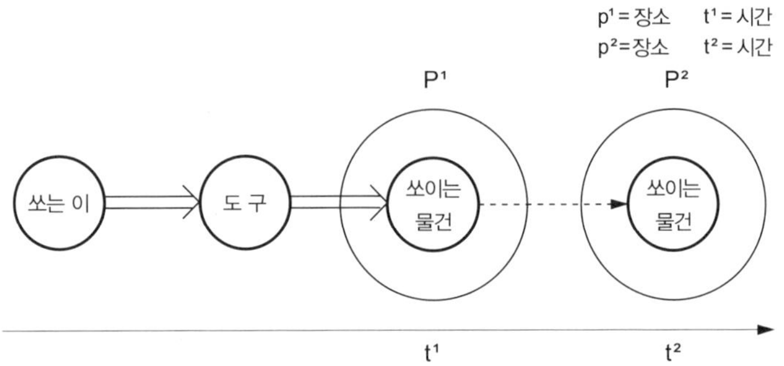

그림 6: shoot의 개념 바탕

그림 6이 나타내는 동사 shoot의 과정은 다음과 같다 : 쏘는 이가 쏘는 도구에 힘을 가하고, 이것은 다시 쏘이는 물건에 힘을 가하여, 이 물건이 빠른 속도로 P^1이라는 장소에서 어떤 경로를 통해 p^2라는 장소에 이르는 과정이다.

동사 shoot은 여러 가지의 뜻을 나타내는데, 어떤 특정한 뜻은 그림 6의 여러 개체 가운데 어느 부분이 모습으로 드러나느냐에 달려있다. 대표적인 경우를 몇 가지 살펴보면 다음과 같다. 먼저 다음에서는 shoot의 바탕 가운데 쏘는 이와 쏘는 도구만이 모습으로 드러나 있다 (그림 7 (a)참조).

8. He shot the gun (the pistol/the rifle.)
그는 (총/권총/소총)을 쏘았다.

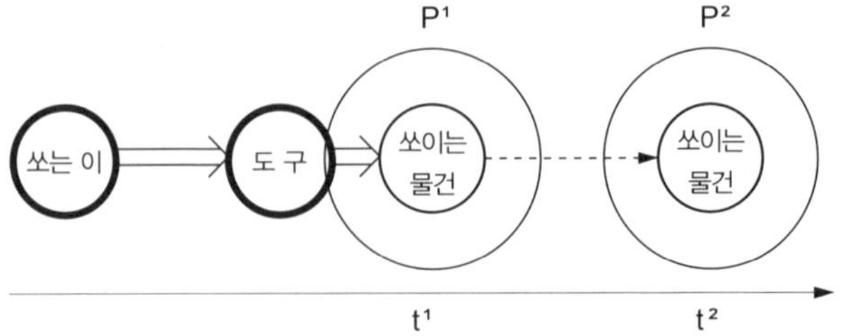

그림 7a

다음에서는 쏘는 이와 쏘이는 물건만이 모습으로 드러난 과정이다 : (그림 7(b) 참조)

9. a. The man shot an arrow.
그 사람은 화살을 쏘았다.

b. They shot away our ammunition.
그들은 우리의 실탄을 쏘아 댔다.

다음에서는 쏘이는 이와 쏘이는 물건이 가 닿는 목표(P^2)가 모습으로 드러나는 과정이다 : (그림 7 (c)참조)

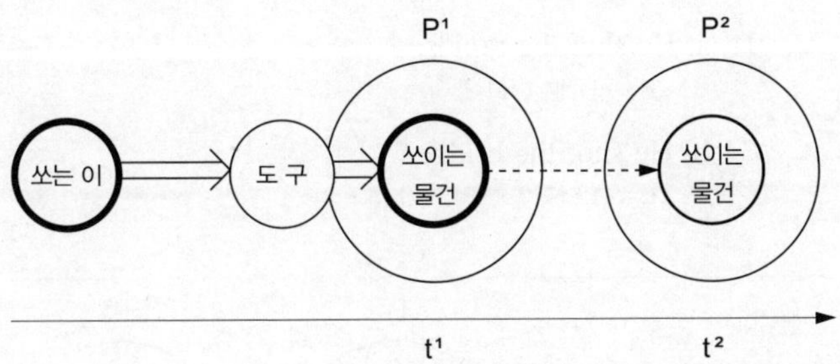

그림 7b

10. a. They shot down the enemy planes.
그들은 적기들을 쏘아 떨어뜨렸다.

b. He shot the robber dead.
그는 강도를 쏘아 죽였다.

c. He shot the woods behind the farm.
그는 농장 뒤에 있는 숲을 쏘았다

d. The judge was shot
그 판사는 총을 맞았다.

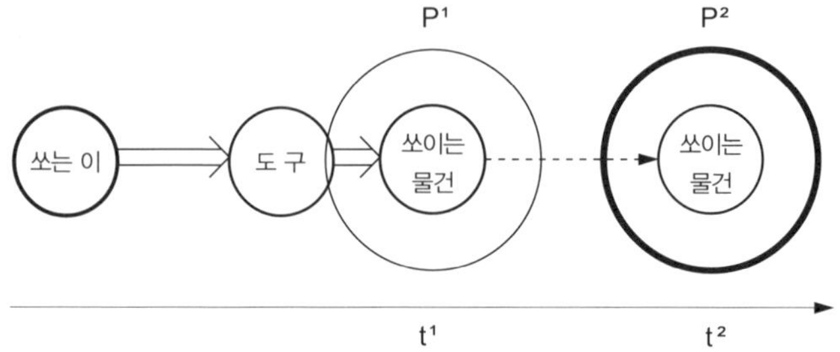

그림 7c

다음은 쏘는 이와 쏘는 물건이 동일한 개체로 풀이되는 경우이다. 즉, 쏘는 이와 쏘이는 물건이 같은 경우이다 : (그림 7(d) 참조)

11. a. He shot the rapids.
그는 급류를 타고 갔다.

b. He shot the bridge.
그는 그 다리를 빨리 지나갔다.

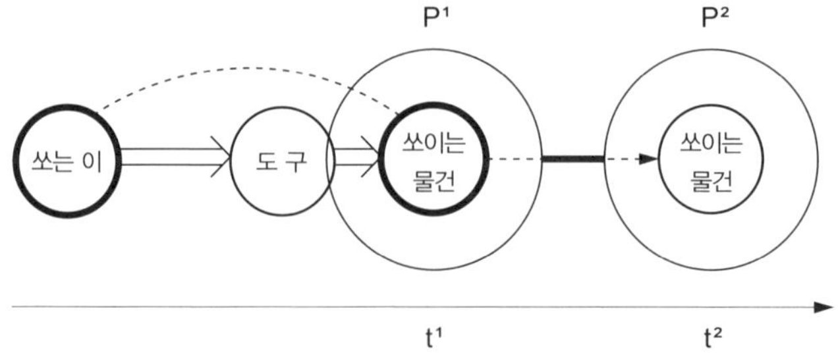

그림 7d

위 문장에서 주어 he는 움직이려는 생각과 행동을 하는 사람이고, the rapids와 the bridge는 주어가 움직이는 경로다.

다음에서는 장소 이동을 하는 쏘이는 물건만이 모습으로 드러난 과정이다 :

12. a. A star shot across the sky.
어떤 별이 하늘을 가로질러 갔다.

b. Tom began to shoot out.
톰은 쏜살같이 뛰어나가기 시작했다.

c. Buds shoot forth in spring.
싹들은 봄에 돋아난다.

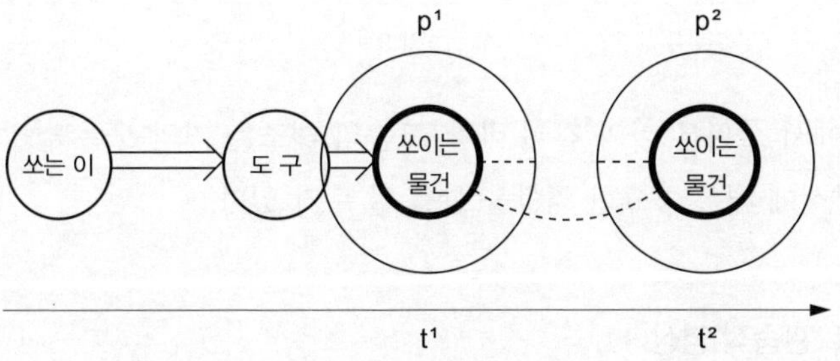

그림 7e

위에서 우리는 같은 바탕에서 모습으로 드러나는 개체에 따라 shoot에 여러 가지의 다른 뜻이 나타남을 살펴보았다. 이것은 한 형태 shoot에 여러 가지의 관련된 뜻이 있음을 나타낸다.

shoot과는 좀 다른 현상으로, 같은 바탕을 가지고 있으나 모습으로 드러나는 부분이 다르기 때문에 다른 형태의 낱말이 쓰이는 예가 있다. hub, spoke, rim이 여기에 해당하는 예가 되겠다. hub는 바퀴의 중심을 가리키고, spoke는 중심에서 바퀴 테로 뻗어있는 살을 가리키고, rim은 바퀴 테를 가리킨다. 다음 그림에서 볼 수 있는 바와 같이 이 세 낱말은 같은 바탕을 가지고 있으며, 이 바탕 가운데 다른 부분이 모습이 되면서 서로 다른 낱말이 된다.

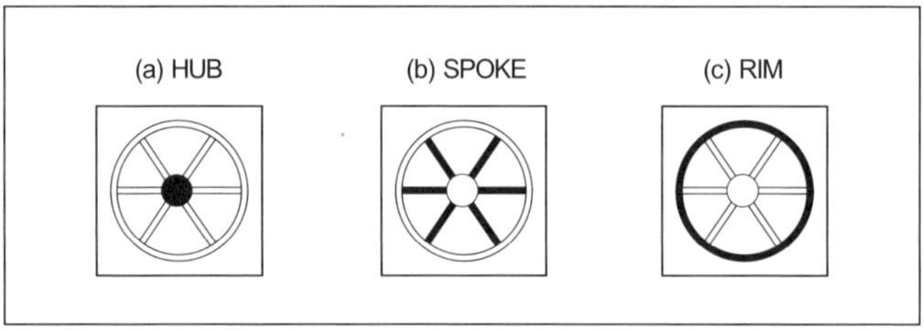

그림 8

위에서 살펴본 바와 같이 바탕/모습의 대조는 거의 모든 낱말의 의미 분석에 매우 중요한 역할을 함을 알 수가 있다.

1.4. 관습적 영상

인지 문법에서 '영상'이란 용어는 특정한 방법으로 쓰인다. 이 문법에서 영상은 주어진 상황을 여러 가지 각도에서 개념화 할 수 있는 우리의 능력을 말한다. 영상에는 여러 가지의 차원이 포함되는데, 넓게 보면 1.3에서 다룬 바탕/모습의 대조도 영상의 문제다. 바탕/모습 외에 영상의 차원에 드는 것으로는 어떤 상황이 해석되는 구체성의 수준, 낱말이 가리키는 대상의 규모 및 상황을 관찰하는 원근법 등이다. 먼저 구체성과 관련되는 영상을 살펴보자. 우리는 어떤 개체를 가리킬 때 여러 가지의 수준에서 개념화 할 수 있다. 어느 날짐승을 가리킬 때 우리는 이것을 다음 13.a와 같이 개념화 할 수 있고, 어느 포유 동물은 다음 13.b와 같이 개념화 할 수 있다 :

13. a. 생명체 – 동물 – 날짐승 – 제비
    b. 생명체 – 동물 – 젖먹이 짐승 – 개 – 진돗개

또 낱말이 가리키는 대상의 규모와 관련되는 영상과 관계되는 것으

로 bay와 cove가 있는데, 이들이 가리키는 지형은 거의 같으나, bay는 cove보다 규모가 더 크다. 동사의 경우 bite와 nibble을 비교 할 수 있다. 두 가지 모두 입으로 무엇을 물어서 뜯는 과정을 나타내는데, bite가 nibble보다 규모가 훨씬 크다.

원근법과 관계되는 것으로는 다음과 같은 예가 있다. 어느 소년 봅이 다른 소년 톰의 옆에 앉아 있는 관계를 생각하여 보자. 이 관계를 우리는 다음과 같이 두 가지의 방법으로 나타낼 수 있다.

14. a. Bob is sitting to the left of Tom.
    봅은 톰의 왼쪽에 앉아 있다.

    b. Bob is sitting to the right of Tom.
    봅은 톰의 오른쪽에 앉아 있다.

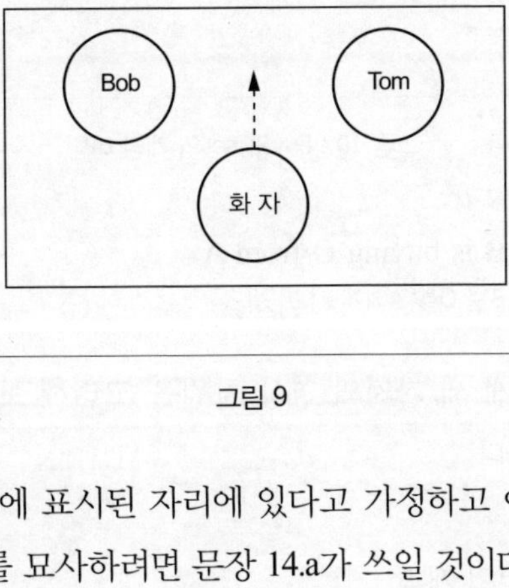

그림 9

화자가 그림 9에 표시된 자리에 있다고 가정하고 이 위치에서 톰에 대한 봅의 위치를 묘사하려면 문장 14.a가 쓰일 것이다. 그러나 화자는 자기의 실제 위치가 아닌 가상의 위치에서도 주어진 사건을 묘사할 수 있다. 이러한 가상의 위치 가운데 하나는 화자가 톰의 위치에 있다고 가정하는 것인데, 이때는 봅과 톰의 주어진 관계를 문장 14.b로 묘사될 것이다.

동사의 경우에도 원근법이 적용되는 경우가 많다. give 대 take,

borrow 대 lend, buy 대 sell 등의 짝진 동사는 같은 개념 상황을 묘사하지만 이들 짝진 동사는 관습적으로 정해진 원근법이 다르다. buy 대 sell의 경우를 간단히 살펴보자. buy 대 sell의 개념바탕은 어떤 물체(O)가 A라는 사람에게 있다가 A가 다른 사람 B로부터 돈을 받고 O를 B에게 주는 과정이다. 이것은 A의 관점에서는 15.a와 같이 묘사될 수도 있고, B의 관점에서는 15.b와 같이 묘사될 수 있다.

15. a. A is selling O to B.
A는 O를 B에게 팔고 있다.

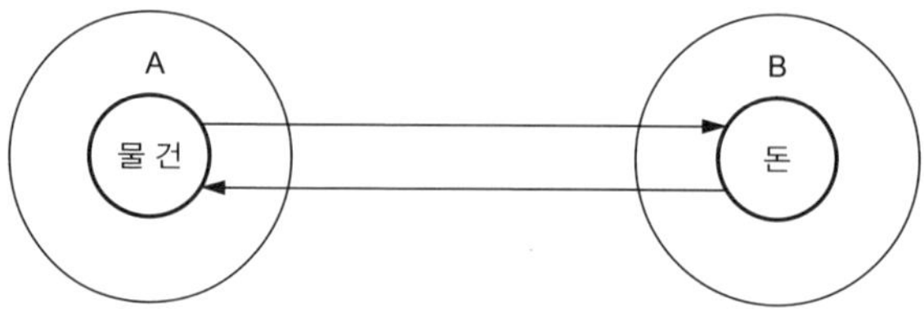

그림 10 : buy와 sell의 개념 바탕

b. B is buying O from A.
B는 O를 A에게 사고 있다.

위에서 간단하게 세 가지의 영상 차원을 고려해 보았지만, 그 외의 차원도 있을 것이다.

1.5. 행동과 사건의 개념

동사는 행동이나 사건과 관계되는데, 행동이나 사건을 개념화함에 있어서 우리는 두 가지의 모형을 생각할 수 있다. 하나는 당구공 모형이다. 이 모형에 의하면 세계는 개체로 구성되어 있고, 이들 개체의 어떤 것은 이리저리 움직이다가 다른 것과 상호 작용을 할 수 있다. 이렇게 움직이는 개체는 외부의 힘이 원인이 되거나, 내부의 힘이 원인이 되어 움직일 수 있다. 한 개체가 다른 개체에 접촉하여 힘을 가하면 접촉된 개체는 움직여서 다른 개체에 영향을 줄 수도 있다. 이것이 당구공 모형이다. 또 한 가지의 모형은 무대 모형이다. 우리의 주위에는 끊임없이 많은 일들이 일어나지만, 어느 주어진 순간에 우리의 주의는 어떤 제한된 영역에 한정된다. 즉, 몇몇의 참가자가 제한된 영역안에서 상호 작용을 하면서 일으키는 사건을 관객이 구경하는 모형이다. 이 두 모형을 도식화하면 다음과 같다 :

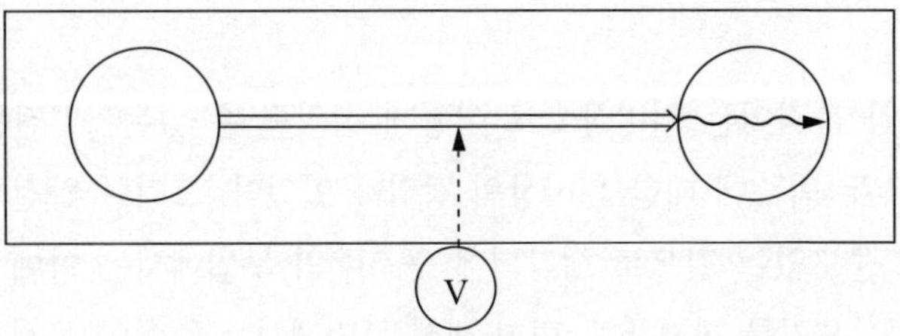

그림 11

이중 화살표는 에너지의 전달을 나타내고 둥근 원안의 꼬부랑 선은 내부 변화를 나타낸다. 사각형은 무대/배경이고, 이 무대 위에서 참가자들이 상호 작용을 하면서 사건이 전개되는데, 이것을 무대 밖에 있는 관찰자(V)가 보는 관계이다. 이와 같은 사건에 참가하는 참가자의 역할은 크게 다음과 같이 나누어 볼 수 있다. 그러나 다음 목록은 절대적인 것이 아니다 :

행 위 자 : 의도적으로 물리적 행동을 수행하면서 다른 물체와 접촉하게 되고 또 이 접촉을 통해서 에너지가 전달된다.

피영향자 : 외부에서 시작된 물리적 접촉으로 전달되는

에너지를 받고, 내적 변화를 겪는 참가자.

도　　구 : 행위자가 쓰는 통상 무정 개체로서 이 개체를 통해서 에너지가 행위자에게서 피영향자에게 전달된다.

경 험 자 : 정신 활동에 참가하는 개체.

위에서 간단하게 살펴본 것이 사건이나 행동의 개념이다. 그러나 이 것이 언어에 어떻게 표현되는가는 별개의 문제다. 다음에서는 표현과 관계되는 주어와 목적어의 개념을 살펴보겠다.

1.6. 주어와 목적어

주어와 목적어는 의미상으로 어떻게 정의될 수 있는가? 전통 문법에서 이 두 범주에 대한 의미상의 정의가 있었다. 그러나 완전하지 못하므로 쓸모없는 것으로 생각되어 구조주의 문법에서는 아예 이러한 개념조차 쓰기를 꺼려했다. 변형 생성 문법에서는 주어와 목적어를 구조와 관련된 개념으로 보고 있다. 즉, 이 두 개념은 구조만으로 파악될 수 있다는 주장이다. 그런데 이 두 개념이 기계적으로 구조에서 파악될 수 있겠느냐는 의문은 제쳐두고라도, 이렇게 구조적으로 정의된 개념이 실제 언어 이해에 얼마만한 도움이 되는가 하는 문제를 제기할 수 있다. 이 두 개념을 의미상으로 정의하기 위해서는 행동 고리와 에너지의 흐름이라는 개념이 필요하다. 어느 사건에는 참가자가 있고 이 참가자들 사이에 상호작용이 있으며, 이 상호 작용은 어느 참가자에서 시작된 에너지가 전달되면서 시작된다. 다음 경우를 살펴보자. 어느 사건에 행위자, 도구, 피영향자가 참여한다고 생각해 보자. 이때 에너지의 흐름은 그림 12(a)와 같이 나타낼 수 있다. 즉, 에너지가 행위자에서 시작되어 도구로 가고, 도구에서 피영향자로 간다. 이것이 에너지의 흐름이다. 그런데 어느 사건의 묘사에 이 참가자 모두가 나타나는 경우도 있지만 일부만 나타나는 경우도 있다.

그림 12(b)에는 행위자, 도구, 피영향자 모두 모습으로 드러나 있는데 이것은 다음 16.a의 문장으로 예시된다. 그림 12(c)에는 도구와 피영향자가 나타나 있는데 이것은 문장 16.b로 예시된다. 그림 12(d)에서는 피영향자만 나타나 있는데 이것은 16.c로 예시되어 있다 그림 12(e)에서는 행위자와 도구가 모습으로 들어 있는데, 이것은 문장 16.d로 예시되어 있다.

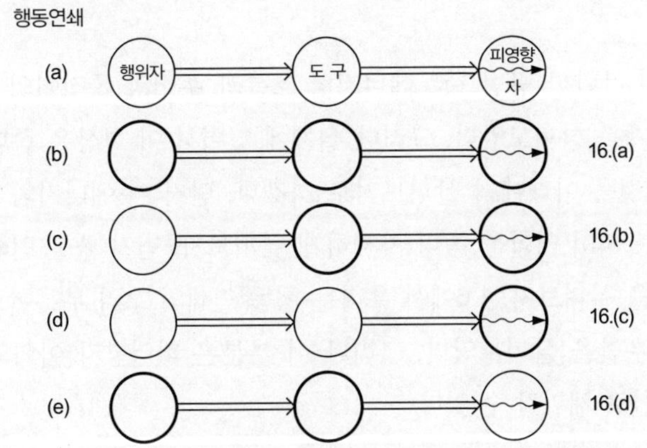

그림 12

16. a. John broke the glass with a hammar.
    존은 유리를 망치로 깨었다.
    b. The hammar broke the glass.
    그 망치가 유리를 깨었다.
    c. The glass easily broke.
    그 유리는 쉽게 깨졌다.
    d. John hit the hammar.
    존은 망치를 때렸다.

그림 12를 보면 주어와 목적어 선택에 대한 어떤 규칙성을 찾아볼 수가 있다. 에너지가 행위자－도구－피영향자로 전달된다고 생각할 때 흐름의 앞머리 쪽에 있는 것이 주어로 나타나고, 꼬리쪽에 있는 것이 목적어로 나타난다. 그리고 또 우리가 알 수 있는 것은 주어나 목적어는 특정한 의미격과 일치시킬 수 없다는 점이다.

그 예로 주어는 행위자, 도구, 또는 피영향자격이 될 수 있고, 목적어는 도구, 피영향자격이 될 수 있기 때문이다.

1.7. 복잡한 관계

위에서 간단한 방법으로 에너지의 흐름과 주어와 목적어의 선택에 대한 관계를 살펴보았다. 그러나 실체에 있어서 이 현상은 좀더 복잡한데, 이것을 아래에서 살펴보기로 하겠다. 먼저 이 에너지의 흐름에 나타나는 의미 역할을 좀더 자세하게 살펴보자. 먼저 행동 연쇄의 꼬리 부분을 살펴보자. 1.6에서 우리는 행동 연쇄의 꼬리 부분이 피영향자인 경우만을 살펴보았다. 그러나 이 부분은 피영향자 이외의 다른 의미 역할로 채워질 수 있다.

17. a. John threw **a rock**.
    존은 돌맹이 하나를 던졌다.

    b. Penelope tickled **his little sister**.
    피네러피는 그의 누이동생을 간지렀다.

    c. Henry severely injured **his opponent**.
    헨리는 그의 상대자를 심하게 상처입혔다.

    d. Flyod knocked **his opponent** against the rope.
    프리오드는 그의 상대자를 쳐서 로프에 넘어지게 했다.

위에 쓰인 목적어는 다음과 같은 점에서 서로 다르다.

a. a rock: 내부 변화는 없고 장소 이동만 받는다(mover).

b. his little sister : 감각이나 정서적인 영향을 받는다(experiencer).

c. his opponent: 피영향자이면서 동시에 경험자다.

d. his opponent: 피영향자이면서 동시에 장소 이동을 한다.

17.의 a와 b에서는 움직이는 개체와 경험자의 역할이 목적어에 추가되어야 함을 알 수 있고, c와 d에서 문장의 어느 요소는 하나 이상의 역할을 맡는 경우도 있음을 알 수 있다.

다음 예에서도 행동 연쇄 고리의 하나나 둘 이상의 부분이 하나의 참가자에 의해서 표현될 수 있음을 볼 수 있다.

18. a. Greg scratched the elephant's back with a rake.
그레그는 그 코끼리의 등을 갈퀴로 긁었다.

b. Greg scratched Sheila's back.
그레그는 쉬러의 등을 긁었다.

c. Greg scratched (his back).
그레그는 (자신의 등을) 긁었다.

18.a에는 행위자, 도구, 피영향자가 별개의 개체이나 18.b에서는 행위자와 도구를 하나의 개체가 맡고, 18.c에서는 행위자와 피영향자가 동일한 개체다.

또 다음과 같이 전체가 부분을 대신하는 경우도 있다.

19. a. Smeldy switched off the TV.
스멜디는 TV를 껐다.

b. The frightened bird flew wildly about the room.
그 놀란 새가 미친듯이 방 안을 날아다녔다.

19.a의 경우 Smeldy의 손가락과 TV의 스위치 둘 가운데 어느 것이나 도구로 풀이될 수 있으나, 19.a에서는 이것을 이렇게 별개로 하지

않고 전체로서 행위자와 한 개체로 나타낸다. 19.b에서 주어진 새는 행위자, 움직이는 자, 도구의 개념을 포함하고 있다. 이것은 언어상으로 하나의 개체로 표현되어 있으나 여러 개의 역할이 함께 포함될 수 있음을 보여준다. 여기서 볼 수 있는 바와 같이 어느 상호 작용 과정에서 몇몇 역할이 매우 현저하게 작용하지만 실제 개별적으로 언급이 안되는 경우도 있다(2.4. 참고).

다음으로, 타동사절로 모습이 나타난 모든 과정이 반드시 물리적 공간에서 전개되거나 에너지의 전이를 나타내지는 않는다. 즉, 타동사절은 비물리적 영역에도 확대 적용된다. 다음 20.에서는 사회적 상호 작용을 나타낸다.

20. a. They forced him to resign.
그들은 그를 강제로 사임하게 했다.

b. Erving persuaded her to clean the window.
어빙은 그녀를 창문을 닦게 설득했다.

c. I urged him to give up that crazy idea.
나는 그를 그 미친 생각을 버리도록 독려했다.

21. a. Judith sent a package to her niece.
쥬디스는 소포를 그녀의 조카딸에게 보냈다.

b. I gave that information to all his neighbors.
나는 그 정보를 그의 이웃 모두에게 주었다.

c. The bank transferred the deed to the new owners.
그 은행은 증서를 새 소유자에게 주었다.

21.에서 주어는 실질적인 물리 에너지를 방출하지 않지만, 각 경우의 주어는 목적어가 이동되게 하므로 추상적인 에너지의 출처로 간주될 수 있다.

다음 경우는 추상적인 의미로도 에너지의 전이가 포함되지 않는 경우이다 :

22. a. Several witnesses saw the accident.
    몇몇 증인이 그 사고를 목격했다.

    b. I noticed a rip in the fabric.
    나는 그 천에 찢어진 데를 보았다.

    c. She remembered her childhood.
    그녀는 어린 시절을 기억했다.

    d. I have carefully considered your offer.
    나는 너의 제안을 신중히 고려해 보았다.

하지만 22.에서 경험자인 주어는 정신적으로 목적어에게로 가서 이와 "접촉하는" 것으로 생각된다. 또 23.b와 같이 마음속에의 움직임도 타동사로 표현된다.

23. a. The boy climbed up to the top of the tree.
    그 소년은 그 나무 꼭대기까지 기어올라 갔다.

    b. From this point on, the path climbed very steeply.
    이 지점에서부터, 그 좁은 길은 매우 가파르게 올라갔다.

23.a의 climb은 주어가 수직으로 움직이는 과정을 나타낸다. 즉, 오름은 객관적으로 풀이되며 개념화의 내용에 내재한다. 23.b는 상태를 묘사한다. 실제로 이 상황속에서 움직이는 것은 아무 것도 없다. 이 문장이 나타내는 운동과 방향은 그 성질에 있어서 주관적이다. 이 경우 화자는 주어진 상황의 개념을 이루어 나가기 위해서 마음속에서 길의 아래쪽에서 위쪽으로 움직인다. 지금까지 우리는 인지 문법에서 의미를 어떻게 다루는가를 살펴보는 가운데, 이것이 또 영어 동사의 의미분석에 어떻게 적용되는지도 살펴보았다. 다음 소절에서는 실제 의미확장의 종류를 살펴보겠다.

2. 의미 확장

한 동사가 갖는 여러 의미 사이에서 찾아볼 수 있는 의미 관계를 100여 개의 동사를 써서 정밀 조사해 보았는데, 이 조사에서 얻은 결과가 아래 정리되어 있다 :

① **타동사→자동사** : 대부분의 타동사는 이에 상응하는 자동사가 있고, 대부분의 자동사에도 이에 상응하는 타동사가 있다. 그런데 여기서 문제로 생각되는 것은 타동사와 자동사 가운데서 어느 것을 더 기본적인 것으로 삼느냐 하는 것이 결코 쉽지 않았다는 점이다. 그런데 여러 사전을 조사해 보면 한 가지의 일관성을 찾아볼 수 있는데, 그것은 좀더 기본적인 것이 먼저 풀이되고, 덜 기본적인 것이 다음으로 풀이된다는 것이다. 동사 run의 경우 자동사의 풀이가 먼저 되고, 그 다음 타동사의 풀이가 되어 있다.

② **장소 표현→상태 표현** : 장소나 장소 이동을 나타내는 표현은 상태나 상태 변화를 나타내는 데 확대되어 쓰임을 볼 수 있다. 이것은 '상태는 장소이다'와 같은 은유에 의한 것으로 볼 수가 있는 데, 이러한 은유는 개념적인 유사성에 바탕을 두는 것으로 나타났다.

③ **완전동사→불완전동사** : 완전동사는 어느 과정이 시간에 따라서 일어나면서 동시에 변화가 있는 과정을 가리킨다. 반면에, 불완전 동사는 어느 과정이 시간 속에는 존재하지만 변화가 없는 과정을 가리킨다. 대부분의 동사는 아무런 형태 변화없이 이 두 가지로 모두 다 쓰일 수 있다.

④ **사역화** : 동사 가운데는 타동사 용법이 있고, 또 이에 상응하는 자동사 용법이 있으며 또 이 자동사에 상응하는 타동사 (사역동사)가 있다. 위의 네 가지를 다음에서 하나하나 살펴보기로 하겠다.

2.1. 타동사→자동사

대부분의 경우, 타동사에는 이에 맞서는 자동사가 있다. 그런데 이러한 자동사는 세 가지의 유형으로 분석될 수 있다.

동사 open을 예로 들어보자 : Fillmore의 격 문법에서는 이 동사가 다음과 같은 격틀을 갖는 것으로 풀이된다.

24. a. John opened the door with a key. [_____ A, I, O]
존은 그 문을 열쇠로 열었다.
b. The key opened the door. [_____ I, O]
그 열쇠가 그 문을 열었다
c. The door opened. [_____ O]
그 문이 열렸다.

24.a~b에 쓰인 open은 타동사이고, 24.c에 쓰인 open은 자동사로 볼 수 있다. 그런데 자동사로 쓰이는 open은 적어도 세 가지로 나누어 볼 수가 있다. 24.c에 쓰인 것은 단지 한 가지의 예에 지나지 않는다. 다음 두 문장을 비교하면 그 차이가 분명히 드러난다 :

25. a. The door opens easily.
그 문은 쉽게 열린다.
b. The door opened by itself.
그 문은 저절로 열렸다.

25.a에 쓰인 open의 경우 행위자가 암시되어 있으나, 25.b의 경우에는 행위자가 암시되어 있지 않다. 25의 두 문장의 주어는 모두 피영향자라는 점은 같으나, 행위자의 영향이 있느냐와 없느냐에 차이가 난다. 이것은 1.3에서 보여준 바탕/모습의 조직으로 설명이 가능하다. 행위자가 암시된 자동사를 중간형 자동사라고 하고, 행위자가 암시되지 않는 자동사는 능격 자동사라고 하겠다. 25.의 두 과정은 다음과 같이

나타낼 수 있다 :

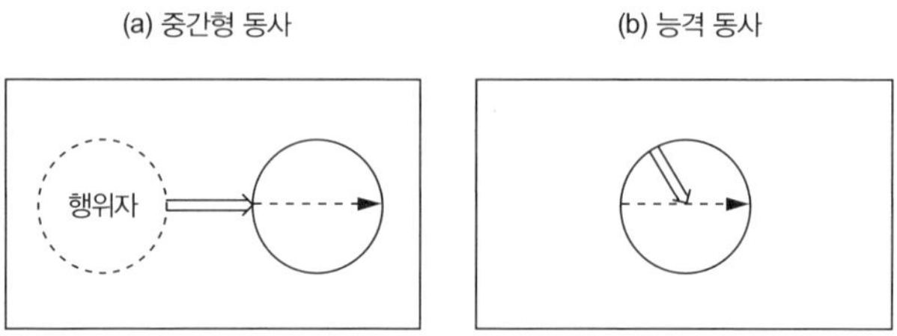

그림 13

그림 13(a)에서 행위자는 완전히 드러나 있지는 않으나, 이것은 open의 중간형 과정에 포함이 된다. 이러한 관계는 다음과 같은 예에서 더 확실하게 찾아볼 수 있다 :

26. The ice cream scoops easily.
그 아이스크림은 스꿉으로 쉽게 떠진다.

26.의 경우 행위자가 없이 아이스크림이 스꿉에 담기는 것을 상상할 수가 없다. 그런데 위와 같은 중간 자동사에 행위자가 드러나지 않는 이유는 이들 동사의 개념 바탕에는 행위자가 있긴 있으나 특정한 행위자를 가리키는 것이 아니라 '어느 누구라도' 행위자가 될 수 있기 때문이다. 즉, 중간 자동사의 주어는 동사가 가리키는 과정이 일어나게 하는 특성을 가지고 있기 때문에 어느 누가 하더라도 주어진 과정이 일어날 수 있음을 전제하는 동사다.

중간 자동사의 구문에는 부사가 반드시 쓰여야 하는 경우도 있고, 그렇지 않은 경우도 있다. 이러한 부사의 선택은 임의적이 아니라 의미에 의해서 결정된다. 다음을 살펴보자 :

27. a. The seat folds.
그 의자는 접힌다.

b. The car drives.
그 차는 움직인다.

27.a에는 아무런 부사가 쓰이지 않아도 되지만, 27.b에는 어떤 부사가 쓰여야 자연스러운 문장이 될 수 있다. 그 이유는 의자 가운데는 접어지는 것도 있고, 그렇지 않은 것도 있기 때문에 27.a는 아무런 부사가 없어도 필요한 정보를 전달한다. 그러나 27.b의 경우에는 모든 자동차는 움직이기 때문에 적절한 부사가 없이는 의미있는 정보를 전달할 수가 없다. 그러므로 다음과 같이 drive의 과정이 전제되지 않을 때는 부사없이도 쓰일 수 있다 :

28. I thought we were out of gas, but the car drives.
나는 우리가 기름이 떨어진 줄 알았는데, 그 차는 움직인다.

28.에서는 차에 기름이 없으면 차가 가지 않는다는 것이 전제되어 있기 때문에 위 문장에서는 부사 없이도 drive가 쓰일 수 있다.

중간 자동사에 쓰이는 부사에는 제약이 따른다. 이 자동사가 나타내는 과정에는 행위자가 암시되어 있긴 하지만, 이 과정을 가리키는 과정은 주어의 힘에 크게 좌우되지 않으므로 행위자와 관련된 부사는 잘 쓰이지 않는다 :

29. a. *This flashlight plugs in **expertly**.
이 회전등은 전문가처럼 꽂힌다.

b. *Red wine spots wash out **carefully**.
붉은 포도주 반점은 조심스럽게 씻긴다.

c. *Cotton irons **cautiously**.
무명은 조심스럽게 다려진다.

29.에 쓰인 부사는 행위자를 묘사하는 부사이므로 중간 자동사와 양립이 되지 않는다. 중간 자동사와 쓰일 수 있는 부사는 자동사가 가리키는 과정이 일어나는 동안이나 후에 나타나는 상태를 가리킨다.

30. a. The dog food cuts and chews **like meat**.
   그 개먹이는 고기같이 잘리고 씹힌다.

   b. Our 4-wheel drive handles **smoothly**.
   우리의 사륜 구동차는 부드럽게 조향된다.

또 과정의 수행성이나 용이성을 나타내는 부사도 중간 자동사와 잘 쓰인다 :

31. a. The truck drives **well**.
   이 트럭은 운전이 잘 된다.

   b. The salt pours **easily**.
   그 소금은 쉽게 부어진다.

거의 모든 타동사가 중간 자동사로 쓰일 수 있으나 지각, 이해 감정과 관련있는 동사는 이 문형에 잘 쓰이지 않는다 :

32. a. *Swallows (see/watch/hear) in summer.
   b. *Her papers (explain/understand/grasp/comprehend) well.

지각, 이해, 감정을 나타내는 동사는 특정한 정신 능력을 가지고 있는 사람을 전제로 하는데, 중간 자동사는 비특정적이고, 일반적인 행위자를 전제로 한다. 그러므로 지각, 이해, 감정을 나타내는 동사는 중간형에 쓰이지 않는다.

25.b에 쓰인 opened는 능격 자동사인데, 이것은 중간 자동사와 다음과 같은 점에서 구별된다. 첫째, 능격 자동사는 특정한 사건을 묘사한다. 그러나 중간 자동사는 주어의 특징상 누가 하더라도 동사가 가리키는 과정이 일어날 수 있는 경향을 나타낸다. 둘째, 중간 자동사에는 숨은 행위자가 있으나 능격 자동사에는 이런 행위자가 전제되지 않는다. 다음 두 문장이 위에서 기술한 차이를 예시해 준다 :

33. a. Suddenly the window broke.
   갑자기 그 창문이 깨어졌다.

b. Be careful! That window breaks easily.
조심해라. 저 창문은 쉽게 깨진다.

33.a에서는 주어진 창문이 행위자와는 관계없이 일어난 과정을 나타내고, 33.b에서는 숨은 행위자가 있어서 그 창문을 건드리면 이것이 쉽게 깨어지는 성질을 가지고 있음을 나타낸다.

위에서 중간 자동사와 능격 자동사를 살펴보았다. 다음에서는 또 한 가지의 자동사를 살펴보겠다. 동사 가운데는 타동사이면서 목적어가 생략되는 경우가 있다. 다음을 비교해 보자 :

34. a. Bob fell.
봅이 넘어졌다.

b. Bob ate.
봅이 먹었다.

c. Bob ate a big lunch.
봅이 점심을 많이 먹었다.

34.a의 fell은 순수한 자동사로서 주어만 있으면 완전한 문장이 된다. 그러나 34.b의 ate는 먹는 사람과 그가 먹는 물체가 필요하다.

그러나 34.b에서 이 먹는 물체는 30.c와는 달리 명시가 되지 않았다. 그러면 어떤 경우에 목적어가 생략되는가? 첫째, 어느 동사가 선택할 수 있는 목적어의 영역이 한정되어 있고, 그 가운데서도 전형적인 것이 있을 수 있는데 전형적인 것일수록 생략될 가능성이 높다.

35. a. Bob smokes (cigarettes / *cigars / *a pipe).
봅은 (시거렛트 / 여송연 / 파이프)를 피운다.

b. Bob drinks (alcohol / *water / *milk).
봅은 (술 / 물 / 우유)를 마신다.

35.에서 괄호 안에 든 목적어 중 *표가 없는 목적어는 생략이 가능하지만 *표가 있는 목적어는 생략이 안된다. 그러므로 동사가 너무 넓은

영역의 목적어를 허용하는 것이면, 목적어의 생략은 잘 허용되지 않는다. 즉, 목적어가 명시되지 않으면 다음 36.에서와 같이 알 수 없기 때문이다.

36. a. *Someone opened/closed.
    누가 열었다/닫았다.

    b. *She took/carried/gave/held.
    그녀는 집었다/운반했다/주었다/잡았다.

    c. *He made/built/fabricated.
    그는 만들었다/지었다/조립했다.

많은 경우에 목적어의 생략은 동사에 좌우된다.

아래에서는 비슷한 뜻을 가진 동사가 쓰였으나 a에서는 목적어 생략이 허용되나 b에서는 허용되지 않는다.

37. a. Bill smoked.
    빌은 (담배를) 피웠다.

    b. *Bill puffed.

38. a. Hemingway drank.
    헤밍웨이는 (술을) 마셨다.

    b. Hemingway *sipped/*guzzled

39. a. Tom wrote daily.
    톰은 매일 (~을) 썼다.

    b. Tom *composed/*drafted.

37.~39.에서 우리가 관찰할 수 있는 것은 기본 수준의 동사로서 그 목적어를 쉽게 식별할 수 있는 경우에 목적어가 생략된다. 생략된 목적어도 어느 개체의 전체를 가리키는 경우가 부분을 가리키는 경우보다 더 쉽게 생략이 허용된다 : 40.에서 생략될 수 있는 것은 자동차 전체다. 그러나 41.에서는 자동차의 부분이 목적어가 되어 있어서 이것이

생략되면 의도된 풀이를 전하기가 어렵다.

40. a. Tim let Bill drive (the car).
팀은 빌이 그 차를 운전하게 했다.

b. Tim let Bill steer (the car).
팀은 빌이 그 차를 조종하게 했다.

c. Tim let Bill brake (the car).
팀은 빌이 그 차의 제동을 밟게 했다.

41. a. I'll let Bill turn *(the wheel).
b. I'll let Bill rev *(his engine).
c. I'll let Bill floor *(the gas pedal).

동사 가운데는 이들이 갖는 목적어가 한정되어 있으나 경우에 따라서 목적어가 생략될 수 있는 것이 있고, 그렇지 않은 것이 있다.

42. a. John stubbed his toe. *John stubbed.
존은 그의 발가락을 채었다.

b. John barked his skin. *John barked.
존은 껍질을 벗기었다.

c. John pursed his lips. *John pursed.
존은 입술을 오므렸다.

42.에 쓰인 동사는 목적어의 생략을 허용하지 않으나, 43.에 쓰인 동사는 목적어의 생략을 허용한다.

43. a. Bill blinked/winked (his eyes).
빌은 눈을 깜박거렸다.

b. John shrugged (his shoulders).
존은 어깨를 으쓱했다.

c. Tom waved (his hand).
톰은 손을 흔들었다.

목적어가 생략된 자동사는 목적어보다는 과정 자체에 관심이 있을 때 쓰이는 문형이다.

2.2. 장소 표현과 상태 표현

언어에서 장소의 표현은 상태와 시간 표현의 형판 구실을 한다. 즉, 장소 표현은 상태와 시간 표현에 확대되어 쓰인다. 이 섹션에서 다루어지는 확장 관계는 은유(metaphor)이다. 은유는 두 개체 사이의 차이점은 숨기고, 같은 점만 부각시키는 수사법이다. 예로서『내 마음은 호수요』와 같은 표현에서 마음과 호수는 별개의 개체이다. 그러나 호수가 바람에 출렁이게 되듯이 마음도 외부의 영향에 쉽게 흔들린다. 이러한 공통점만 보고 이 두 개체를 동일시 한다. 그러면 은유는 어떤 경우에 쓰이는가? 은유는 추상적인 개체를 통해 이해하는 과정이다. 마음은 추상적인데, 이것을 구체적인 호수를 통해 이해한다.

장소는 구체적이고 상태는 추상적이다. 그래서 상태는 장소라는 개념을 통해 이해된다. 그래서 다음과 같은 은유가 있을 수 있다.

상태는 장소이다.
상태변화는 장소 이동이다.
변화의 첫 상태는 출발지이다.
변화의 마지막 상태는 목적지이다.

예로 타동사 keep이 어떻게 확대되어 쓰이는가를 알아보자 :

44. a. If your hands are cold, keep them in your pockets.
너의 손이 차면, 손을 호주머니에 넣어두어라.

b. They keep the lions at the zoo.
그들은 그 사자들을 동물원에 가두어 놓고 있다.

c. The weather kept us indoors.
날씨가 우리를 집안에 있게 했다.

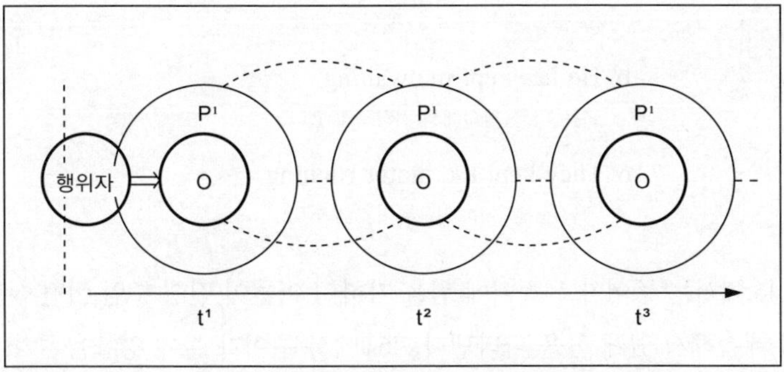

그림 14 : 동사 keep의 개념 바탕

44.에서 keep이 나타내는 과정은 다음과 같다 : 주어가 목적어에 영향을 주어서 이 목적어가 특정한 장소 안에 시간이 지나도 있게 하는 과정이다. 그림 14에서 어느 개체 O는 움직이려는 성향이 있는데 t^1시점에서 p^1에 있다. 행위자의 힘에 의해서 이 관계가 시간이 지나도 바뀌지 않는 과정을 keep이 나타낸다.

그런데 다음에서는 주어가 목적어를 두고 있는(keep) 곳이 장소가 아니라 상태이다. 이것은 언어 표현의 목적상 상태가 장소로 개념화되는 예로 볼 수 있다.

45. He keeps himself **in good health**.
그는 자신을 좋은 건강 상태에 유지시킨다.

44.a.의 in your pockets는 장소인데, 45.의 in good health는 상태이다. 상태는 장소와 엄격하게 보면 다르지만, 한 개체가 놓여있을 수 있는 장소라는 점에서는 같으므로, 서로 다른 언어 자원으로 표현되지 않고 장소 표현을 빌어서 표현된다. 그래서 그림 14의 장소 P^1대신에 상태 S^1으로 대치하면 상태 유지의 표현이 된다. 현재분사와 과거분사도 상태를 가리키므로 상태 표현에 흔히 쓰인다.

46. a. Please keep the fire burning.
그 불이 계속 타고 있게 해 주세요.

b. He has kept me waiting.
그는 나를 계속해서 기다리게 했다.

c. They kept the motor running.
그들은 엔진이 계속 돌아가게 했다.

46.에서는 주어가 목적어에 힘을 가하여 이들이 진행 중인 어떤 상태에 계속해서 있게 함을 나타낸다. 46.a에서 주어가 불에 영향을 주어서 이것이 계속 타고 있게 하는 상태를 그리고 46.b에서도 주어는 me에게 영향을 주어서 계속 기다리는 상태에 있게 함을 keep이 나타낸다. 다음에는 상태가 과거분사로 표현이 되어 있는데, 이것은 목적어가 어떤 과정의 마지막 부분에 와 있음을 나타낸다 :

47. a. They kept the door closed.
그들은 그 문이 계속 닫혀 있게 했다.

b. They keep their shoes cleaned.
그들은 그들의 신발이 닦여져 있게 유지한다.

47.a에서 주어가 문에 힘을 가하여 이 문이 어떤 과정의 마지막 상태(여기서는 닫힌 상태)에 있게 하는 과정을, 그리고 47.b에서는 주어가 신발이 닦인 상태에 있게 하는 과정을 keep이 나타낸다.

다음 48.a에서는 주어가 목적어로 하여금 불에 가지 못하도록 하는 상태를 유지시키고, 48.b에서도 주어는 목적어로 하여금 어느 과정에서 떨어져 있게 하는, 즉 어떤 과정이 일어나지 못하도록 하는 힘을 가하는 관계를 나타낸다.

48. a. He kept the baby from the fire.
그는 아기가 불에서 떨어져 있게 했다.

b. We kept the baby from going out.
우리는 아기가 밖으로 나가지 못하게 했다.

위에서 살펴본 현상은 동사 keep에만 국한되는 것이 아니라 거의 모든 동사에도 해당이 된다. 아래에서는 장소 이동을 나타내는 동사 drive의 예를 살펴보겠다. 동사 drive가 타동사로 쓰이면, 이것은 다음과 같은 과정을 나타낸다. A와 A, 그리고 O와 O를 잇는 점선은 이들이 장소는 바뀌어도 동일한 개체임을 표시한다.

주어(A)가 목적어(O)에 영향을 주어서 목적어가 어느 시점(t^1)에서 어느 장소(p^1)에 있다가 시간이 지나면서 다른 장소(p^2)로 가게 되는

동사 drive의 개념 바탕

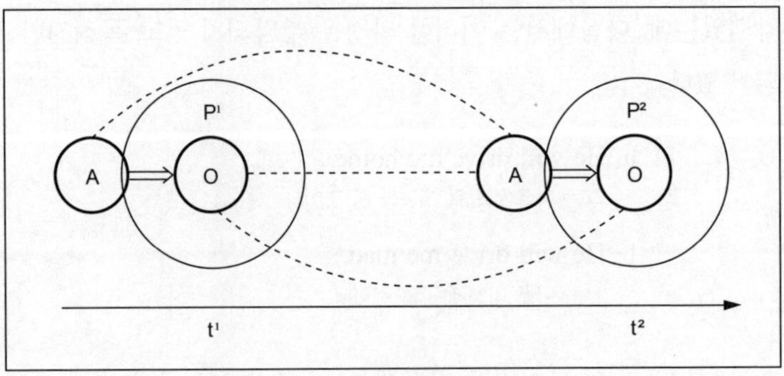

그림 15

과정을 나타낸다. 이때 주어도 목적어와 함께 움직인다. 다음 문장이 이 과정을 예시한다.

49. He drove the sheep to the shed.
그는 양들을 우리로 몰고 갔다.

49.에서 the sheep은 주어의 영향을 받고 헛간이 아닌 장소(p^1)에서 헛간(p^2)으로 장소 이동하는 과정을 나타낸다. 그림 15와 같은 장소 이동의 형판은 그대로 상태의 변화를 나타내는 데에 쓰인다. 이 그림에서 원래의 장소 P^1은 원래의 상태 S^1을 나타내고, 목적지인 P^2는 마지막 상태 S^2를 나타낸다. 주어가 목적어에 힘을 가하여 목적어가 한 상

태에서 다른 상태로 움직이게 되는데, 다음 50.에서 목적지는 동작이다. 즉, to V는 목적어가 움직여서 이르게 되는 상태가 동작임을 나타낸다. 다음에서 to complete the job이 이러한 상태 변화를 예시한다 :

50. His pride drove him to complete the job.
그의 자존심이 그로 하여금 그 일을 끝마치게 했다.

50.에서 주어인 his pride가 him에게 어떤 추진력을 가하여 him이 어떤 과정에 이른다. 50.에서 이 과정은 to complete the job이다. 49.와 50.에서는 한 상태에서 다른 상태로 이르는 과정이 전치사 to에 의해서 부각되었는데, 다음에서는 이러한 과정은 부각되지 않고 목적지만 부각되어 있다 :

51. a. He will drive me home.
그는 나를 집으로 태워다 줄 것이다.

b. He will drive me mad.
그는 나를 미치게 만들 것이다.

51.a에서 home은 목적어가 이동해 있을 목적지를 나타내고, 51.b에서의 mad는 목적어가 변해 있는 마지막 상태를 나타낸다.

위에서 우리는 장소 이동을 나타내는 동사 drive가 어떻게 상태 변화에 확대되어 쓰이는가를 살펴보았는데, 이러한 확대는 drive에만 국한된 것이 아니라, 장소 이동을 나타내는 거의 모든 동사에 해당되는 사실이다. 아래에 추가적인 예가 제시되어 있다.

52. a. He came **to** realize that he was mistaken.
그는 자신이 잘못했음을 깨닫게 되었다.

b. I can't get the car **to** move.
나는 그 차를 움직이게 할 수가 없다.

c. What led you **to** believe that I was ill?
무엇이 당신으로 하여금 내가 아프다고 믿게 했느냐?

d. They couldn't bring themselves **to** speak about the matter.
그들은 그 문제에 대해서 얘기할 생각을 가질 수가 없었다.

e. Something moved him **to** offer his help.
무엇인가 그의 마음을 움직여서 그가 도움을 제공하게 되었다.

52.에서는 전치사 to에 의해서 변화의 경로가 부각되어 있다. 그러나 다음에서는 전치사 to가 쓰이지 않았는데, 그 이유는 true, lame, gray, sore, speechless, asleep는 결과로 나타나는 상태만 부각시키기 때문이다 :

53. a. Your dream will come **true**.
너의 꿈은 실현될 것이다.

b. His horse fell **lame**.
그의 말은 넘어져서 절름발이가 되었다.

c. His hair is going **gray**.
그의 머리가 희어지고 있다.

d. He got his arm **sore**.
그는 그의 팔이 아프게 했다.

e. The insult left me **speechless**.
그 모욕은 나로 하여금 말을 잃게 했다.

f. He lay **asleep**.
그는 잠들어 누워 있었다.

위에서 우리는 장소와 장소 이동의 표현이 상태와 상태 변화의 표현에 확대되어 쓰임을 살펴보았다. 이것은 장소와 상태, 그리고 장소 이동과 상태 변화 사이에 유사성이 있음을 뜻하는 것으로 볼 수가 있다. 어떤 개체가 어떤 상태에 있음은 그 개체가 어떤 장소에 있음과 같은 것으로 볼 수 있고, 어떤 개체가 상태의 변화를 받는다는 것은 이 개체가 한 상태에서 다른 상태로 옮기는 과정으로 볼 수 있다. 그러므로 상태에 관련된 표현은 장소와 관련된 표현으로 묘사되는 것으로 보인다.

2.3. 객관적 묘사 → 주관적 묘사

화자가 어느 상황을 개념화 하는 방법은 크게 두 가지로 나누어 볼 수 있다. 한 가지는 그가 묘사하는 상황과 자신을 완전히 분리시키는 방법이다. 또 한 가지는 화자가 그가 개념화하는 상황 속에 자신을 위치시키는 방법이다. 이것을 시지각에 비유하면 다음과 같다. 첫째 방법은 어느 대상(O)을 어느 관찰자(S)가 O와 떨어진 곳에서 보는 관계이다. 이것을 그림으로 나타내면 다음 그림 16 (a) 와 같다 :

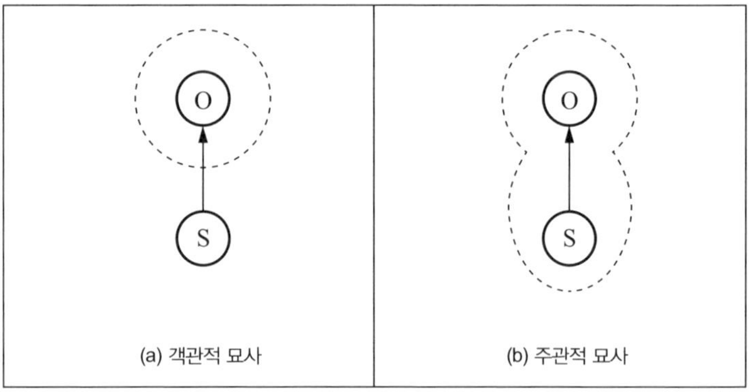

그림 16

그림 16(a)에서 O는 관찰자가 가장 잘 볼 수 있는 영역에 들어와 있다. 그러나 S는 이 영역에 포함되지 않는다. 그러므로 이 관계는 S가 O를 보는 관계이지, S가 O를 보는 관계를 S가 관찰하는 것은 아니다. 그림 16(a)의 관계에서 O는 객관적이고, S는 주관적이다. 관찰의 또 한 가지 방법은 S가 O를 보는 관계를 S가 관찰하는 방법이다. 이것은 그림 16 (b)와 같이 나타낼 수 있다. 그림 16(b)에서는 S는 서술의 범위안에 든다. 이것은 S가 O를 관찰하는 것이 아니라 S자신이 O를 보는 것

을 관찰하는 관계이다. 이 경우 O는 주관적이 되고 S는 객관적이 된다.

위에서 살펴본 시지각의 관계는 개념화로 쉽게 바꾸어서 생각할 수 있다. 그림 16의 관계에서 O는 상황이고, S는 화자에 비유될 수 있다. 이렇게 보면 그림 16(a)에서 화자는 자신이 표현하는 상황에 자신을 포함시키지 않는 관계이다. 이 경우 표현되는 상황은 객관적이고, 화자는 주관적이다. 그림 16(b)는 다르다. 이것은 화자가 묘사하는 상황에 화자가 자신을 포함시키는 관계로서, 이 때 주어진 상황은 주관적이 되고, 화자 자신은 객관적이 된다. 이러한 주/객관적 상황은 언어의 여러 면에서 나타나는데, 다음 예를 통해서 객관적 묘사와 주관적 묘사의 차이를 살펴보자.

54. a. A big wolf walked across the field, through the woods, and over the hill.
큰 늑대 한 마리가 밭을 가로 지르고, 숲을 지나 산 너머로 걸어갔다.

b. The music hall is across the square, through the alley, and over the bridge.
그 음악당은 광장을 지나고 또 골목길을 지나서 다리 너머에 있다.

c. There was a fire last night across the river, through the can yon, and over the mountain.
어제 저녁 강 건너편 계곡을 지나서 있는 산 위에 불이 났었다.

54.a는 객관적 상황의 묘사이다. 어느 늑대가 어느 밭을 가로질러서 숲을 지나 산을 넘어가는 과정을 관찰자가 멀리서 보는 과정의 묘사이다. 이 묘사에 화자는 포함되지 않는다. 그러나 54.b, c에서는 이러한 객관적 움직임은 포함되어 있지 않다. 즉, 주어나 그 밖의 이 문장 안의 명사구가 가리키는 개체는 실제로 움직이지 않는다. 그러나 이 두 문장에는 경로를 나타내는 전치사가 쓰인 것으로 보아서 어떤 움직임이 포함된 것을 직감적으로 느낄 수가 있다. 한 가지 설명은 화자가 주어진 상황에 자신을 투영시켜 주어의 위치를 계산하기 위해서 자신이 주어진 길을 마음속으로 지나가는 것으로 생각할 수 있다.

위 54.에서는 전치사에 의해서 주/객관적 움직임이 표현되었다. 그런데 다음에서는 주/객관적 움직임이 동사로 표현되어 있다 :

55. a. The tower **rises** steeply from the ground.
그 탑은 땅으로부터 가파르게 솟아있다.

b. The hills **roll** to the sea.
그 산은 바다까지 굽이쳐 간다.

c. The land **reaches** the river.
그 땅은 강에 이른다.

d. The cape **pushes** out into the sea.
그 갑만은 바다에 튀어나와 있다.

e. The river **bends** several times before reaching the sea.
그 강은 바다에 이르기 전에 몇 번 굽이친다.

f. The pillars **carry** the whole roof.
그 기둥이 전체 지붕을 떠받친다.

g. The water **comes** to the neck.
물이 목까지 차온다.

55.에 쓰인 동사는 원형적인 쓰임에 있어서 주어의 움직임을 나타내는 동사들이다. 그러나 위 문장의 주어는 움직이는 개체가 아니다. 그럼에도 불구하고 움직임 동사가 쓰인 것은 어떤 움직임이 위의 동사가 나타내는 과정에 관련된 것으로 볼 수 있다. 여기에 관련된 움직임은 화자의 시선이다. 55.a에서는 화자가 그의 시선을 탑의 낮은 곳에서 높은 곳으로 움직이고, 55.b에서는 그의 시선이 산에서 바다로 움직인다. 이러한 움직임이 있기 때문에 움직임 동사가 쓰였다. 위와 같은 방법으로 55.의 나머지 문장에서도 묘사되는 상황에 화자가 관여되고 있다.

55.에 쓰인 동사는 또 주/객관성 외에 동사의 완전성/불완전성과 관계가 된다. 동사의 쓰임은 크게 두 가지로 나누어 볼 수가 있다. 하나는 완전동사로서, 이것은 동사가 가리키는 과정이 시간과 함께 변화가

있는 과정을 가리킨다. 또 하나는 불완전동사로서, 이것은 동사가 가리키는 과정이 시간과 함께 변하지 않는 과정이다. 즉, 처음의 상태가 그대로 유지되는 과정을 가리킨다. 이 두 과정은 다음과 같이 도식적으로 나타낼 수 있다. 그림 17 (a)의 곡선은 변화를 나타내고, 그림 17 (b)의 직선은 무변화를 나타낸다. 완전동사의 경우, 과정의 한계가 분명하나 불완전동사의 경우 그 한계가 분명하지 않다.

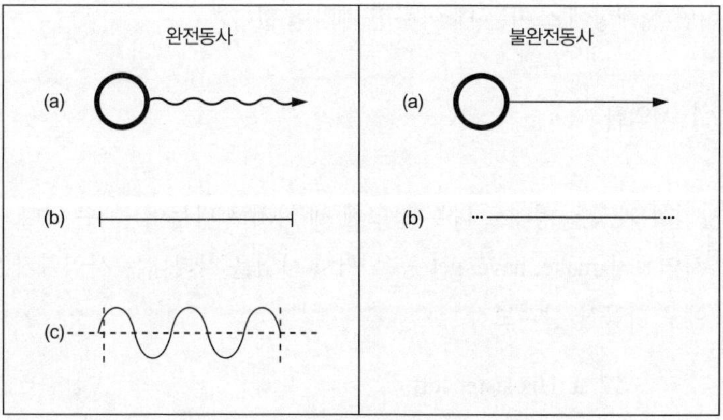

그림 17

다음 두 문장을 살펴보면서 동사의 완전성과 불완전성을 좀더 자세하게 검토해 보자 :

56. a. The sun rose at 6:30 in the morning.
태양은 아침 6:30에 떴다.

b. The mountain rises to the height of 29, 000m.
그 산은 29.000m의 높이까지 솟아있다.

56.a에서 rose는 태양이 수평선 아래에 있다가 시간이 지나면서 수평선 위로 올라오는 과정을 나타낸다. 태양의 위치는 시간이 지나면

서 변한다. 그러나 56.b에서 rises는 산의 위치나 높이가 시간이 지나면서 변하는 것이 아니다. 처음의 높이가 시간이 지나도 변하지 않고 그대로 유지되는 관계이다. 그러므로 56.에 같은 동사 rise가 쓰였지만, 그 쓰임은 같지 않음을 알 수 있다. 56.a에서 rise는 완전동사로 쓰였고, 56.b에서는 불완전동사로 쓰였다. rise가 완전동사로 쓰이면 이것은 현재형에 자유롭게 쓰이지 못한다. 현재형에 쓰일 때는 '습관'이나 '규칙성'과 같은 특별한 뜻으로만 쓰인다. 이와는 달리 rise가 불완전동사로 쓰이면 현재형에 쓰이는 데 아무런 제약이 없다.

2.4. 사역화

사역화 과정은 형태로 나누면 크게 세 가지로 나누어 볼 수 있다. 첫째, 사역동사 make, have, get 등을 써서 사역을 나타내는 사역화가 있다. 예로 다음을 살펴보자.

57. a. His sister left.
    그의 누이가 떠났다.

    b. He made his sister leave.
    그는 그의 누이가 떠나게 했다.

57.a의 left는 자동사이다. 여기의 주어는 자의적으로 떠난 것으로 풀이된다. 57.b에서는 사역동사 make가 쓰여서 his sister가 억지로 떠난 관계를 나타낸다.

둘째, 자동사와 사역동사의 형태가 다른 경우이다. 다음이 그 예가 되겠다.

58. a. The glass fell on the floor.
    그 유리잔이 바닥에 떨어졌다.

    b. He dropped the glass on the floor.
    그는 유리잔을 바닥에 떨어뜨렸다.

58.a에서 the glass는 저절로 떨어진 것으로 묘사된다. 그러나 58.b에서 주어의 영향 때문에 유리잔이 떨어지는 과정을 drop이 나타낸다.

셋째, 동사에는 아무런 변화없이 자동사, 타동사, 사역동사로 쓰이는 예이다. 동사 walk가 한 예가 되겠다.

59. a. The dog walked across the field.
그 개가 밭을 가로질러 건너갔다.
b. The boy walked the dog across the field.
그 소년이 그 개를 밭을 가로질러 걷게 했다.

59.a에서는 개가 스스로 걸은 과정을 나타내고, 59.b에서는 소년이 개를 걷게 하는 과정을 나타낸다. 59.a의 주어는 행위자(Agent)이다. 59.b에서는 59.a의 주어가 목적어로 나타난다. 목적어이지만 스스로 움직일 수 있는 힘을 갖는 개체이다. 또 59.b의 주어는 행위자이다. 다시 말하면 59.b에서 행위자는 둘이다. 이것은 다음과 같이 나타낼 수 있다.

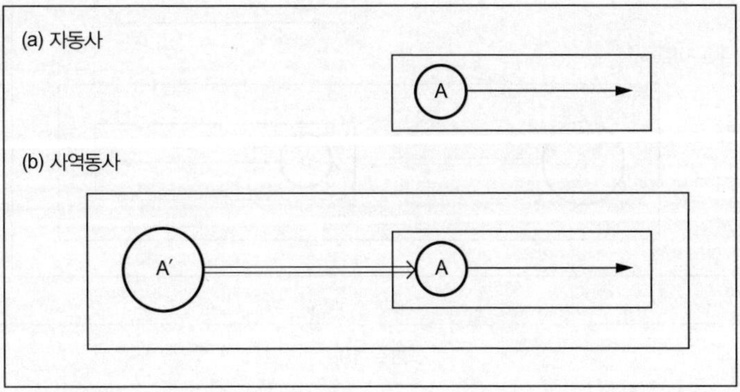

그림 18

그림 18 (a)에서 행위자는 스스로 움직이는 개체이다. 그러나 그림 18 (b)에서는 또 다른 행위자가 있어서 원래의 행위자에 힘을 가하여 움직

이게 하는 과정이다.

다음과 같은 경우 자동사의 주어는 행위자가 아니다. 즉, 주어에는 스스로 움직일 수 있는 힘이 없다.

60. His shirt caught on a nail.
그의 셔츠가 못에 걸렸다.

이러한 자동사는 다음과 같은 사역형에 쓰일 수 있다.

61. He caught his shirt on a nail.
그는 그의 셔츠가 못에 걸리게 했다.

61.에서 주어 he는 his shirt에 힘을 가하여 이것이 못에 걸리게 하는 과정을 나타낸다. 이러한 관계가 그림 19에 나타나 있다.

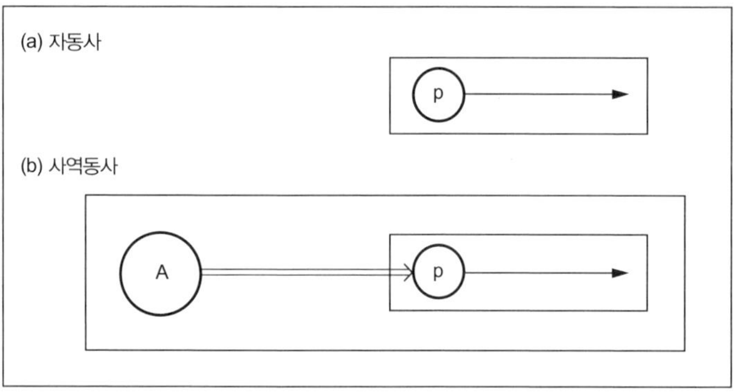

그림 19

자동사일 때에는 피영향자(patient)만 있다. 그러나 사역동사로 쓰이면 행위자가 더해져서 이것이 피영향자에게 힘을 가하는 과정을 나타낸다.

타동사 catch의 용법과 사역동사 catch의 용법을 다음과 같이 비교해 보자.

a. He caught his coat.
그는 그의 외투를 잡았다.

b. He caught his coat on a nail.
그는 그의 외투가 못에 걸리게 했다.

61.a는 떨어지거나 날아가는 외투를 그(he)가 잡았다는 뜻이고, 61.b에서는 주어가 외투를 직접 잡은 것이 아니라, 외투가 못에 걸리게 한 원인이 되었다.

2.5. 활성 영역(active zones)

관계술어는 두 개체를 포함하는데 이 두 개체는 통상 모습과 바탕의 관계를 갖는다. 모습은 바탕에 비해 작고 더 뚜렷하며, 또 이것은 바탕에 비해서 더 동적이다. 이 모습/바탕의 대조는 언어의 여러 국면에서 나타나는데 그 중 하나가 주어와 목적어에 반영된다. 주어는 모습에, 그리고 목적어는 바탕에 비유될 수 있다. 주어와 목적어가 상호 작용하는 관계 서술에서, 주어진 관계에 직접 참여하는 주어와 목적어의 하위 부분이 명시적으로 표현이 안되는 경우가 많다. 다음 예문을 살펴보면 이 점이 분명해진다 :

62. a. We all heard the violin.
우리는 모두 그 바이올린을 들었다.

b. Don't believe John.
존을 믿지 말아라.

c. I finally blinked.
나는 마침내 눈을 깜박거렸다.

62.a에서 우리가 들은 것은 바이올린 자체가 될 수 없다. 즉, 우리가 들은 것은 바이올린에서 나오는 소리다. 마찬가지로, 62.b에서 우리가 믿을 수 있는 것은 어느 사람 자체가 아니라 어느 사람에서 나오는 명

제다. 62.c에서 blink하는 과정에 직접적으로 포함되는 부분은 눈꺼풀과 그 주위의 근육, 신경 등이다. 그러나 blink의 주어로 표현된 것은 눈이 아니라 사람 전체이다. 이와 같이 어떤 관계에 직접적으로 참가하는 부분은 명시될 수도 있고, 그렇지 않을 수도 있다. 예로, 다음 표현에서 볼 수 있는 바와 같이 blink의 과정에 직접 참여하는 눈이 직접 명시될 수 있는 경우도 있고, 그렇지 않은 경우도 있다. 다음에서 보면, blink가 자동사로 쓰이면 눈이 직접 명시될 수 없으나, 타동사로 쓰이면 눈이 명시될 수 있다.

63. a. *My eyelid blinked.
    b. His left eye blinked.
    c. He kept blinking his eyes.
    d. He kept blinking his eyelid.

어느 한 개체는 여러 국면을 가지고 있으나 특정한 영역에 있어서 특정한 국면만이 상호작용을 하거나 특정한 관계에서 직접적인 역할을 한다. 이러한 개체의 국면을 주어진 영역이나 관계에 대한 그 개체의 활성 영역(active zone)이라고 부른다. 그러므로 62.a와 같은 과정에서 바이올린의 활성 영역은 바이올린에서 나오는 소리다. 바이올린 자체는 소리가 아니라 물체이다. 이것은 활성 영역과 모습이 일치하지 않는 예이다. 또 62.b와 같은 경우에, 존이 말한 것이 활성 영역이다. 그러나 이 문장에서는 활성 영역은 명시되지 않고 존의 이름만 명시되어 있다. 여기서도 활성 영역과 모습은 일치되지 않는다. 이 활성화 문제는 영상의 문제와 관계가 있다. 우리의 인지 능력 가운데는 어떤 주어진 상황을 여러 가지 각도에서 볼 수 있는 능력이 있다. 한 가지의 예로, 어느 과정의 바탕에는 여러 개의 개체가 상호 작용할 수 있는데 이 가운데 서로 다른 개체를 뽑아서 서로 다른 의미를 전달할 수 있다. 다시 62.a의 경우를 생각해보자. (62.a는 64.에 반복되어 있다.) 이의 바탕에는 듣는 사람, 듣는 사람의 활성화 영역, 바이올린, 바이올린에서 나오는 소리 등이 있다.

64. a. He heard the violin. (62.a)
그는 바이올린을 들었다.

b. He heard the sound of the violin.
그는 그 바이올린 소리를 들었다.

64.에 쓰인 두 hear의 차이는 영상의 문제로 귀결된다. 구체적으로 말하면, 주어진 같은 바탕에서 무엇을 주어나 목적어로 부각시키느냐에 따라서 위와 같은 두 가지의 표현이 나온다. 64.a에서는 소리를 내는 바이올린이 모습으로 드러나 있으나, 64.b에서는 바이올린에서 나는 소리가 모습으로 드러나 있다.

위에서 살펴본 바와 같이 모습과 활성 영역이 일치되지 않은 경우가 많은데, 이것은 전체가 부분보다 더 현저하기 때문에 이 현저성을 부각시키기 위해서 생기는 결과로 볼 수 있을 것이다. 그리고 위에서 살펴본 현상은 거의 모든 동사에 적용된다. 다음을 살펴보자.

65. a. He kicked the ball.
그는 그 공을 찼다.

b. He threw the ball.
그는 그 공을 던졌다.

c. He looked at the ball.
그는 그 공을 보았다.

d. He solved the problem.
그는 그 문제를 풀었다.

65.에 쓰인 각 문장의 활성 영역은 다르다. 65.a에서는 발이, 65.b에서는 손이, 65.c에서는 눈이, 그리고 65.d에서는 머리가 동사가 나타내는 과정에 직접 관여된다. 그러나 여러 개의 동사를 살펴보면 한 동사의 경우에도 맥락에 따라서 활성 영역이 다름을 알 수 있다. 다음 문장에서 주어가 가리키는 개체의 활성 영역이 a문장에서는 신체이고, b, c, d

문장에서는 머리 또는 감정이다.

66. a. The doctor felt my pulse.
그 의사는 나의 맥박을 짚었다.

b. The doctor felt a rain on his cheek.
그 의사는 뺨에 빗방울을 느꼈다.

c. The doctor felt the truth of her words.
그 의사는 그녀가 한 말의 진실을 느꼈다.

d. The doctor feels that we should go.
그 의사는 우리가 가야한다고 느끼고 있다.

66.a의 주어는 신체의 일부인 손으로 무엇을 만지는 것이고, b, c, d에서는 주어의 마음이 관여된다.

다음에서도 67.a, b에서는 주어의 신체가 동사의 과정에 직접 관여되나 67.c~f에서는 마음이 동사의 과정에 직접 관여된다.

67. a. He is holding a book in his hand.
그는 손에 책 한 권을 가지고 있다.

b. He is holding a pipe between his teeth.
그는 이 사이에 파이프를 물고 있다.

c. He holds a strange view on this question.
그는 이 문제에 대해 이상한 견해를 가지고 있다.

d. He holds that she is foolish.
그는 그녀가 바보스럽다고 생각한다.

e. The man holds the accused man to be guilty.
그 사람은 그 피고인이 죄가 있다고 생각한다.

f. He holds it his duty to pay the tax.
그는 세금을 내는 것이 그의 의무라고 생각한다.

손으로 무엇을 쥐고 있을 수 있듯이 마음으로 어떤 생각을 담아 둘 수 있다. 손과 마음은 어느 사람의 서로 다른 활성 영역이나 67.에서는 구별이 되어있지 않다.

다음 68.에는 동사 make가 쓰였다. 우리가 무엇을 만들 때는 신체의 일부를 써서 만들 수도 있지만 마음으로도 만들 수 있다. 그러나 다음에서는 신체와 마음은 명시적으로 구분이 되어 있지 않다.

68. a. He made a house out of stone.
    그는 돌로 집을 지었다.

    b. He made a boat out of wood.
    그는 나무로 배를 만들었다.

    c. He made nothing out of her words.
    그는 그녀의 말에서 아무것도 이해하지 못했다.

    d. He made the distance about 20 miles.
    그는 그 거리를 약 20마일로 보았다.

    e. How large does he make the audience?
    그는 청중이 얼마나 크다고 생각하느냐?

68.a~b에서는 주어가 신체의 일부를 써서 구체적인 물건이 생겨나게 하는 과정을, 68.c~e에서는 주어가 그의 마음을 써서 추상적인 것이 생겨나게 하는 과정을 그렸다.

3. 마무리

모든 낱말은 여러 가지의 의미를 갖는 다의어이다. 이 장에서 예로 든 run은 여러 가지의 의미를 갖는다. 그러나 이 여러 가지의 의미는 서로 관련성이 없는 별개의 의미가 아니라 서로 연관의 의미망을 갖는 것을 살펴보았다.

참고문헌

이기동, 1984. 다의어와 의미의 연관성. 인문과학. 52 : 17－46.

이기동, 1985. 낱말풀이의 개념상의 일관성. 국어학논총. 363－385.

이기동, 1986. 낱말의 의미와 범주화. 동방학지. 50 : 289－332.

이기동, 1987. 사전 뜻 풀이의 검토. 인문과학. 57 : 89－118.

이기동, 1988. 인지문법 소개(번역). 한글. 200 : 359－410.

이기동, 2006. 인지문법에서 본 영어동사사전. 서울 : 한국문화사.

이기동, 2005(3쇄). 인지문법에서 본 영어동사. 서울 : 경진출판사.
(An introduction to cognitive grammar by Ronald W. Langacker, Cognitive Science, 10 : 1－40.)

Bolinger, Dwight L. 1977. *Meaning and form*. London: Longman.

Brugman, Claudia. 1981. The story of over. Master's Thesis, University of California at Berkerley.

Fillmore, Charles J. 1968. The case of case. In Emmon Bach and Robert T. Harms, eds, *Universals in linguistic theory*, pp. 1－88. New York: Holt, Rinehart and Winston.

Givon, Talmy. 1979. *On understanding grammar*. New York: Academic Press.

Givon, Talmy. 1984. *Syntax: a junctional-typological introduction*. Vol. 1. Amsterdam: John Benjamins.

Hopper, Paul, and Sandra A. Thomson. 1980. Transitivity in grammar and discourse. *Language*. 56: 251－80.

Lakoff, George. 1989. *Women, fire and other dangerous things: what categories reveal about the mind*. Chicago: University of Chicago Press.

Langacker, Ronald W. 1982. Space grammar, analysability and the English passive. *Language*. 58: 22－80.

Langacker, Ronald W. 1982. *Remarks on English aspect* In Paul Hopper ed., *Tense- aspect: between semantics and pragmatics*. Amsterdam: John Benjamins.

Langacker, Ronald W. 1984. Active zones. *BLS*. 10 : 172－188.

Langacker, Ronald W. 1985. Observations and speculations on subjectivity. In John Haiman. ed, *Iconicity in syntax*. Amsterdam: John Benjamins.

Langacker, Ronald W. 1986. Abstract motion. *BLS*. 12: 455－471.

Langacker, Ronald W. 1987. *Foundations of cognitive grammar. Vol. 1* Stanford: Stanford University Press.

Langacker, Ronald W. A view of linguistic semantics. In Brygida Rudzka－Ostyn ed, *Topics in cognitive linguistics*. Amsterdam: John Benjamins.

Lindner, Susan. 1982. What goes up doesn't necessarily come down the ins and outs of opposites. *CLS*. 18: 305－323.

제 6 장 수동형(passive)

1. 형태소와 그 의미
2. 동사와 수동성
3. 덜 원형적인 수동태
4. 수동형의 기능
5. get 수동태
6. 마무리

6 chapter

수동형(passive)

이 장에서는 영어 수동형을 이루는 형태소의 의미와 그 기능을 살펴보기로 한다.

1. 형태소와 그 의미

능동태와 수동태 사이의 관계는 다음과 같이 공식화 할 수 있다.

1. 능동태 : 주어+동사+목적어
   수동태 : 주어+be+V-ed (by목적어)

능동태의 목적어는 수동태의 주어에 해당되고, 능동태의 주어는 수동에서 by의 목적어로 나타나기도 하고 나타나지 않기도 한다. 그리고 능동태의 동사는 수동태에서 be+V-ed의 형식으로 표현된다. 그러나 한 가지 주의할 점은 이의 공식화는 수동태가 능동태에서, 또는 능동태가 수동태에서 유도된다는 것을 의미하지 않는다. 많은 경우에 능동태는 있으나 수동태는 없고, 수동태는 있으나 능동태는 없는 경우가 있다. 1.의 공식은 두 구조의 차이점을 명시적으로 드러내기 위해서 쓰인 것이다. 아래에서는 먼저 수동태에 쓰이는 형태소의 의미를 하나하나 살펴보기로 하겠다.

1.1. 동사의 과거분사(V-ed)

영어 수동형은 be V-ed의 형태로 표현되는데, 이 형태는 다음과 같이 세 가지로 나누어 볼 수 있다. 먼저 다음 예문을 살펴보자.

2\. a. My ankle is all swollen.
내 발목이 온통 부었다.

b. Jane is gone.
제인이 가버렸다.

c. The pot is cracked.
그 항아리가 깨어졌다.

위 예문에 쓰인 동사는 자동사이고 이들 동사의 과거분사형(V-ed)은 자동사가 나타내는 과정의 마지막 부분에 초점이 주어진다. swollen은 swell이 나타내는 과정의 마지막 부분에 초점이 주어진다. 동사 swell과 이의 과거분사 형태소는 다음과 같이 나타낼 수 있다.

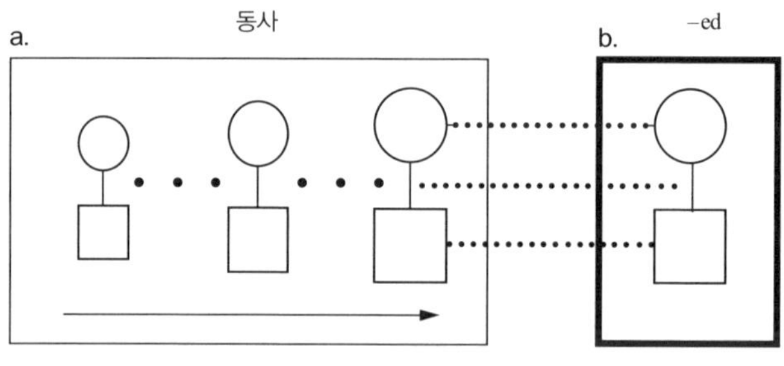

그림 1

동사 swell은 그림 1(a)가 보여주듯이 어떤 개체의 부피가 점점 커지는 과정을 나타내고, -ed는 이 과정의 마지막 부분에 초점이 주어진다.

위 그림에서 우리는 동사와 과거분사를 도식적으로 제시했다. 이 두 요소는 합쳐져서 합성구조를 이룬다. 이 합성은 과거분사의 도식을 대응선을 따라 동사 도식에 겹침으로 얻어진다. 다음 그림 2(c)가 합성구조이다. (a)와 (c)사이의 관계는 점선으로 표시되어 있고 그림 2(b)와 (c) 사이의 관계도 점선으로 표시되어 있다.

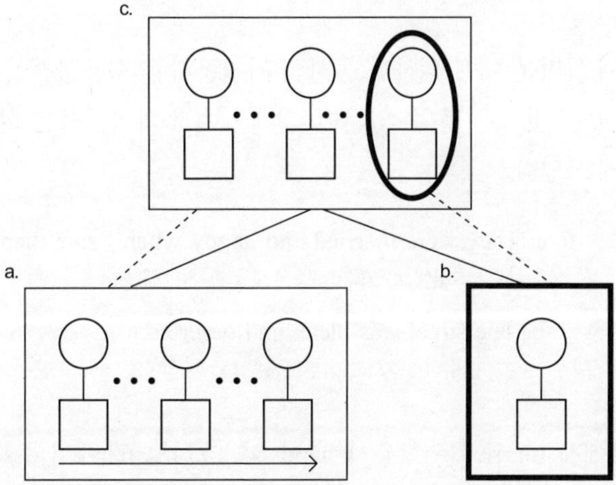

그림 2

위의 두 구조가 통합되면 swell의 전체 과정은 바탕이 되고, -ed가 나타내는 마지막 부분은 모습으로 나타난다. 2.에서와 같이 자동사와 함께 쓰이는 -ed를 과거분사1이라고 하자.

과거분사 형태소 -ed의 또 한 가지의 변이형은 다음 문장에서 찾아볼 수 있다.

3. They were married last year.
   그들은 작년에 결혼했다.
   그들은 작년에 결혼한 상태에 있었다.

위 문장은 두 가지의 뜻으로 풀이될 수 있다. 3.의 첫째 뜻은 과정을 나타내고, 둘째 뜻은 상태를 나타낸다. 다음도 두 가지로 풀이될 수 있다.

4. The glass is broken.
   그 잔은 부숴진다.
   그 잔은 부숴져 있다.

5. My bags are packed.
   내 가방은 꾸려진다.
   내 가방은 꾸려져 있다.

위에서 살펴본 예에 의하면 동사의 과거분사는 형용사적인 성질을 가지고 있는 것으로 볼 수 있는데, 실제 6.에서 과거분사는 형용사와 동등하게 쓰인다.

6. a. The were married and happy when I saw them.
      내가 그들을 보았을 때, 그들은 결혼해서 행복했다.
   b. The street was bleak and deserted.
      그 거리는 황량하고 아무도 없었다.

위 6.a에서 married는 형용사 happy와, 그리고 6.b에서 deserted는 bleak와 등위 접속되어 be 동사의 보어로 쓰였다.

나아가서 다음과 같은 경우에는 by-목적어의 표현을 덧붙일 수가 없다.

7. a. I was quite mistaken (*by him.)
      나는 굉장히 오해를 받았다.
   b. Your plan was very much interested in (*by them.)
      너의 계획은 많은 관심을 받았다.

아래 예문에 쓰인 동사는 타동사이고, 또 이 타동사와 쓰인 -ed는 이것이 자동사와 쓰일 때보다 좀더 복잡한 관계를 나타낸다 :

8. a. The car you bought is probably stolen.
      네가 샀던 차는 아마도 도난 당했다.
   b. The town is completely destroyed.
      그 읍내는 완전히 파괴되어 있다.

c. The paper is all torn up.
그 종이는 모두 찢어져 있다.

8.에서와 같이 타동사와 같이 쓰인 -ed를 과거분사2라고 하자. 이것은 과거분사1과 마찬가지로 타동사 과정의 마지막 부분에 초점이 주어진다. 그러나 과거분사1과는 달리 과거분사2는 이와 같이 쓰인 타동사의 주어와 목적어의 관계를 바꾼다. 다시 말하면 과거분사2는 타동사의 목적어가 주어가 되게 한다. 이 관계는 다음 그림 3와 같이 나타낼 수 있다.

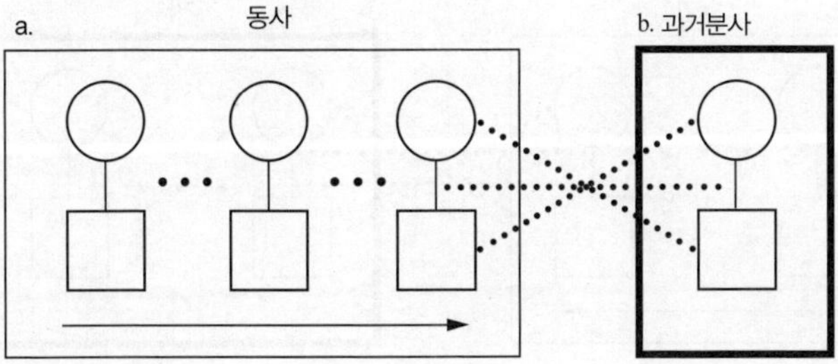

그림 3

그림 3에서 (a)부분은 타동사(예로steal)의 전체 과정을 나타내고, -ed는 주어진 과정의 마지막 부분에 초점을 두는 동시에 주어진 과정의 목적어가 주어로, 또 주어가 목적어로 되게 한다. 즉, 훔쳐진 물건이 모습으로 나타나게 한다. 이 관계는 대각선으로 된 점선이 표시한다.

다음 문장을 보면 두 가지 종류의 수동형을 읽을 수 있다 :

9. a. My feet was so burned that I can hardly move them.
내 발은 몹시 데어있었기 때문에 나는 발을 거의 움직일 수 없다.

b. My feet was burned as soon as I reached into the fire.
내 발은 내가 불에 들어가자마자 데었다.

9.a에서 was burned는 burn이 나타내는 과정의 마지막을 모습으로

드러내고 주어가 불에 데어 있는 상태를 나타낸다. 9.b에서 was burned는 주어가 있는 마지막 상태를 나타내는 것이 아니라 주어가 겪는 과정을 나타낸다. 다시 말하면 was burned는 9.a에서 결과를 나타내고, 9.b에서는 과정을 나타낸다. 그러므로 9.a에 쓰인 burned는 과거분사2의 실례이고, 9.b에 쓰인 burned는 다르게 특징지어져야 할 것이다.

9.b의 burned 로 대표되는 과거 분사 V-ed를 과거분사3이라고 한다면 이것은 다음과 같이 특징지어져야 할 것이다. 첫째, 과거분사3은 어떤

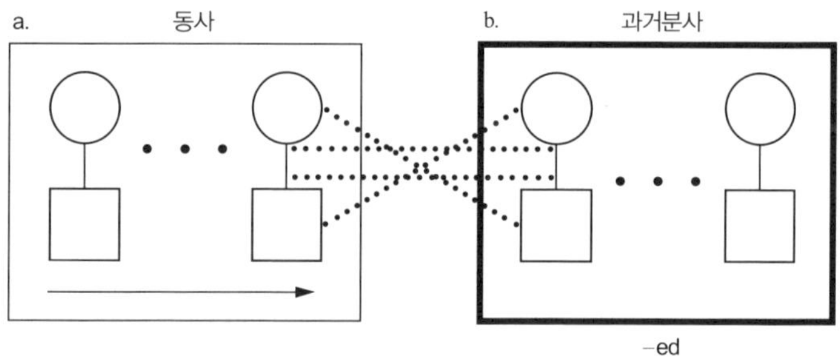

그림 4

동사의 마지막 부분에만 초점을 두는 것이 아니라 전 과정을 나타낸다. 그림 4에서 a와 b의 첫 상태가 대응되고, a와 b의 마지막 상태가 대응된다. 둘째, 과거분사3은 이와 같이 쓰이는 동사가 나타내는 과정의 주어와 목적어를 바꾸는 역할을 한다. 그림 4에서 대각선 점선이 이것을 표시한다. 셋째, 이것은 어느 과정의 전체의 주어와 목적어 관계를 바꾼다. 이러한 특징은 위 그림 4과 같이 도식적으로 나타낼 수 있다.

위에서 타동사와 과거분사3의 도식이 제시되어 있다. 이 두 요소도 합성이 되어 합성 구조를 이룬다.

이 합성은 과거분사3의 도식을 타동사 도식에 겹침으로 이루어진다.

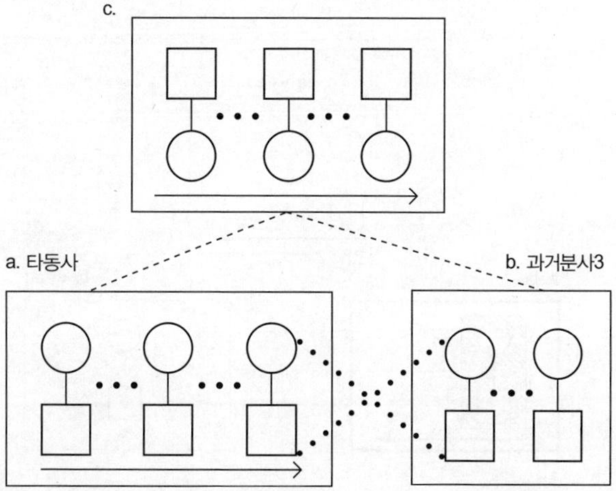

그림 5

1.2. be 동사

위에서 세 종류의 과거분사를 살펴보았다. 여기서 이들과 결합하는 be 동사의 의미를 살펴보자. be 동사는 통상 의미가 없는 형태소로 취급되었으나, 실제에 있어서는 추상적이긴 하지만 의미가 있다. 여기서는 이러한 추상적인 의미를 살펴보기로 하겠다. be 동사는 불완전과정을 나타내는 동사로서 어느 주어진 개체나 관계가 시간속에서 변화없이 존재하는 것을 나타낸다. 다음 문장10.에서 tall은 상태를 나타낸다. 상태는 점과 같은 것으로서 시간의 폭이 없다. be 동사가 tall과 결합되면 tall에 시간의 폭이 주어진다. 다시 말하면, tall이 나타내는 상태가 시간속에 계속됨을 나타낸다. 이것을 나타낸 것이 그림 6이다.

10. He is tall.

V-ed형이 나타내는 것도 상태이다. 상태이므로 시간의 폭이 없는 점

과 같은 것인데, 이것이 be 동사와 결합되면 시간의 폭이 더해진다.

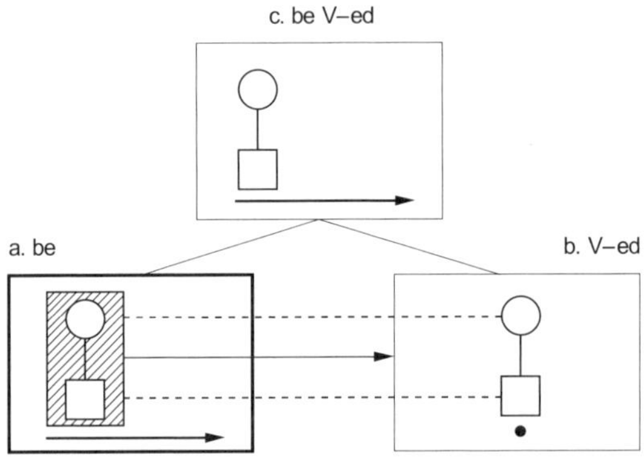

그림 6

1.3. 전치사 by

수동형에는 크게 두 가지가 있다. 능동형의 행위자에 해당되는 요소가 by NP로 표현되는 경우와 그렇지 않은 경우가 있다. 그리고 by NP에 쓰인 by에는 특별한 의미가 없이 기계적으로 쓰이는 것으로 변형문법에서는 취급되어 왔다. 그러나 by가 수동 구조에 쓰일 수 있는 것은 이것이 특정한 의미를 지니고 수동 구조와 양립할 수 있기 때문인 것으로 볼 수 있다. 다음 예문에 쓰인 by의 의미를 살펴보면, 수동형에 쓰이는 by는 의미가 없는 것이 아니라 수동형이 아닌 문장에 쓰이는 by와 의미상 관련성이 있음을 알 수 있다.

11. a. The villa is by the river.
    그 별장은 강가에 있다.

    b. That's fine by me.
    그것은 내가 볼 때는 좋다.

c. The painting is by Piccaso.
그 그림은 피카소에 의해서 그려졌다.

d. Bragging by them will not be tolerated.
그들의 허풍은 용납되지 않을 것이다.

11.a에서 by는 별장과 강 사이의 공간 관계를 나타내는데, 이 공간 관계는 다음과 같이 특징지어질 수 있다. X by Y에서 X는 Y의 영향권 안에 들어있다. 이렇게 보면 11.a에서 어느 별장은 어느 강의 영향권 안에 있음을 나타낸다. 이것이 좀더 구체적으로 풀이되면 별장이 강바람의 영향을 받는 곳에 있는 것 등으로 풀이될 수 있다. 이것을 도식적으로 나타내면 다음과 같다.

그림 7(a)에서 바깥 원은 Y의 영향권이고, 이 안에 X가 있는 관계이다.

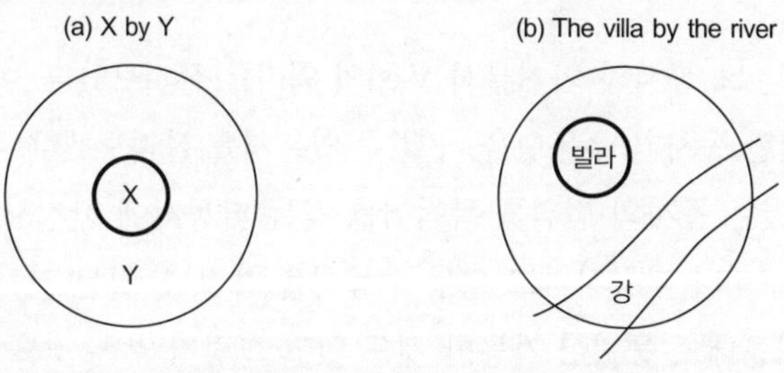

그림 7

11.b의 경우 That's fine은 X이고, 이러한 판단이 Y의 영향권 안에 있다는 것은 이 판단이 Y에 의한 것으로 풀이될 수 있다. 다시 말해서, 11.b에서 by가 나타내는 영역은 책임 영역이고, 이 영역에서 일어나는 어떤 판단은 Y에 의한 것임을 by가 나타낸다. 11.a에서는 X가 구체적인 개체이나 11.b에서 X는 추상적인 개체인 판단이다. 이 판단은 me의 영향이나 책임에 의해서 이루어진다. 11.c의 경우 X는 그림이고, 이 그

림이 Y(Piccaso)의 영향권 또는 책임 영역 안에 있다는 것은 Y가 이 그림을 그린 사람으로 풀이된다. 11.c에서 X는 그 바탕이 과정이고, 이것이 Y의 영향이나 책임안에 있음을 by가 나타낸다. 즉, 어느 그림이 Y에 의해서 그려졌다는 뜻이다. 11.d에서 X는 bragging하는 행위인데, 이것이 Y의 영향권 또는 책임 영역 안에 있다는 것은 Y가 이 행위를 하는 사람으로 풀이될 수 있다.

위에서 우리는 전치사 by가 추상적이지만 분명히 뜻을 가지고 있음을 살펴보았다. 마찬가지로 수동형에 쓰인 by도 추상적이긴 하지만 뜻이 있다고 볼 수 있다. 문장에 쓰인 하나하나의 요소는 모두 유의미한 요소이다.

2. 동사와 수동성

위에서는 be 동사와 과거분사 V-ed의 의미를 살펴보았다. 이 부분에서는 어떠한 동사가 수동형을 가질 수 있는지를 살펴보겠다. 수동형에 쓰일 수 있는 동사의 범위를 목적어를 갖는 타동사에 한정시켜 볼 수가 있다. 그러나 타동사라고 모두 수동형을 가질 수 있는 것이 아니다. 타동사 가운데 수동형이 가능한 것도 있고 그렇지 않은 것도 있다. 다음을 살펴보자.

12. a. Tom kicked the ball.
톰은 그 공을 찼다.

b. Tom resembles his father.
톰은 그의 아버지를 닮았다.

동사의 타동성 정도

《높다》	《낮다》
1. 접촉	거리/근접
2. 방향	장소
3. 역학	형상
4. 외적 반응	내적 반응
5. 속도와 움직임	움직임
6. 장소 이동	순열 위치
7. 유정 개체 사이의 상호 작용	배경안의 행동
8. 목표 지향	출처 지향
9. 접근	확장
10. 참가자들의 독립성	참가자들의 의존성
11. 비대칭 참가자	대칭 참가자
12. 참가자들의 최대한의 구분	최소한의 구분
13. 완전 행위	불완전 행위
14. 의사 소통상의 효과	비효과

표1

12.에 쓰인 두 동사 kick과 resemble은 목적어를 갖는 타동사다. 그러나 kick은 수동형이 있으나 resemble은 수동형이 있을 수 없다. 이 차이는 동사의 타동성 정도에 의해 결정되는데 타동성의 정도는 표1에 제시된 요소에 의해 결정된다.

표1의 내용을 요약하면 다음과 같다 : 두 개체 사이에 접촉이 일어나서 어느 개체가 영향을 받게 되는 사건은 두 개체가 서로 근접만 해 있는 관계보다 타동성이 높다. 외적 반응이 있는 사건은 내적 반응이 있는 사건보다 타동성이 높다. 어느 개체가 장소 이동을 하는 사건은 어느 개체가 특정한 위치에 있는 것보다 타동성이 높다. 유정 개체가 상호 작용하는 사건은 어느 한 유정 개체가 배경 안에서 홀로 행동하는 것보다 타동성이 높다. 이와 같이 어느 사건이 위 표의 왼쪽에 있는 요

소를 많이 가지면 가질수록 타동성이 높고, 따라서 수동화의 가능성도 높아진다. 또 어느 사건이 위 도표의 오른쪽에 있는 요소를 많이 가지면 가질수록 타동성의 정도도 낮아지고, 자연히 수동화의 가능성도 낮아진다. 이것은 타동사의 목적어의 있고 없음만을 가지고 수동형의 가능성을 예측할 수 없다는 뜻이 되겠다. 한 예로 다음을 살펴보자 :

13. a. The stranger approached me.
그 낯선 이가 내게 다가왔다.
(l was approached by the stranger.)

b. The train approached me.
그 기차가 다가왔다.
(*1 was approached by the train.)

13.의 두 문장은 모두 [NP–V–NP]로 특징지어질 수 있다. 그러나 13.a에는 상응하는 수동형이 있으나 13.b는 이에 상응하는 수동형이 없다. 이 차이는 주어의 성질과 이 주어가 목적어에 미치는 영향에 의해서 생겨난다. 만약 주어의 접근이 목적어에 영향을 준다고 생각되면 수동형이 있고, 주어의 접근이 단순히 형상적인 것이면 수동형이 없다. Bolinger(1979)가 제시한 다음 예들을 살펴보면 수동형의 주어는 영향을 받는 개체임을 알 수 있다.

14. a. The train neared the station.
그 기차가 역에 가까이 다가섰다.

b. *The station was neared by the train.

15. a. We neared the danger cautiously.
우리는 조심스럽게 그 위험에 접근했다.

b. The danger was neared cautiously.
그 위험은 조심스레 접근되었다.

14.에서 동사 near는 주어와 목적어 사이의 공간 관계가 좁혀짐을 나

타낸다. 그래서 14.a에 상응하는 수동형이 없다. 그러나 15.에서는 주어가 목적어를 성취하는 의미가 포함된다. 이러한 관계로 15.a는 수동형이 가능하다. 다음도 비슷한 방법으로 풀이되는 것을 알 수 있다.

16. a. The car entered the garage.
    그 차는 차고에 들어갔다.
    b. *The garage was entered by the car.

17. a. The thieves entered the garage.
    그 도둑들은 차고에 들어갔다.
    b. The garage was entered by the thieves.
    그 차고는 도둑들이 들었다.

16.에서 동사 enter는 주어가 목적어에 대해서 갖는 위치만을 나타내나, 17.에서는 주어가 목적어에 대해서 갖는 공간적 관계 외에 주어가 목적어에 영향을 주는 관계를 나타낸다. 이렇게 목적어가 주어에 의해서 영향을 받는다고 생각되는 경우에만 수동형이 가능하다.

다음에서는 by NP의 성질에 따라서 수동형이 가능할 수도 있고, 그렇지 않을 수도 있다. 18.a문장에서는 by NP가 주어에 영향을 줄 수 없기에 이 수동형은 불가능하며, b문장에서는 주어가 by NP에 의해서 영향을 받는 것으로 생각되기 때문에 수동형이 있다.

18. a. *The Pacific Ocean was sailed by my brother.
    b. The Pacific Ocean has been sailed by the mightest fleets in history.
    태평양은 역사상 가장 강한 함대에 의해서 항해된 적이 있다.

19. a. *The Capitol is visited by him.
    b. The Capitol is visited by many tourists every year.
    그 국회의사당은 매년 많은 방문객에 의해 방문된다.

20. a. *The city was left by the child.

b. The city was left by all its inhabitants.
그 도시는 모든 거주자가 떠났다.

21. a. *The army was deserted by private Henry.
b. The army was deserted by its commander-in-chief.
그 군대는 사령관에 의해서 버려졌다.

18.의 경우 어느 한 사람이 태평양을 항해한다고 해서 이 대양이 영향을 받는 것으로 생각할 수 없다. 그러나 막대한 군함들이 지나가고 나면 영향을 받는 것으로 생각할 수 있다. 또 국회의사당이 어느 한 사람의 방문으로는 영향을 받지 않으나, 많은 사람이 방문을 하면 영향을 받을 수 있다. 또 어느 사병 한 명이 탈영을 하더라도 군대는 영향을 받지 않으나, 사령관이 그렇게 하면 크게 영향을 받을 수 있다.

위에서 알 수 있는 것은 수동형의 유무는 동사의 성질이나 또는 동사가 거느리는 항(argument)의 수에 의해서 결정될 수 있는 것이 아니라 표 1에 제시된 여러 요소의 결합에 의해서 나타나는 결과로 볼 수 있다. 아래에서는 사건의 타동성이 낮아서 전형적으로 수동형에 쓰이지 않는 동사를 살펴보겠다.

22. a. The yard contains the swimming pool.
그 뜰은 수영장을 가지고 있다.

b. The Smiths have three daughters.
스미스씨에게는 세 딸이 있다.

c. He lacks confidence.
그는 자신감이 없다.

22.에 쓰인 세 문장의 주어는 모두 행위자가 아니다. 22.a에서 the yard는 사건의 참가자라기보다는 배경이고, 이 배경에 수영장이 있는 관계를 나타낸다. 이것을 그림으로 나타내면 다음과 같다. 네모는 배경이고, 타원은 배경속에 있는 개체이다.

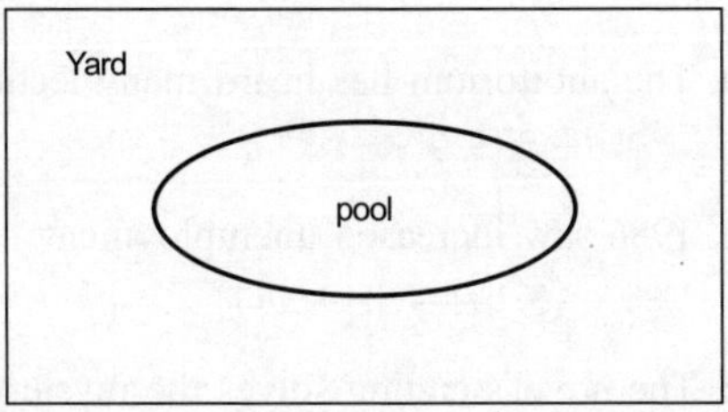

그림 8

22.b의 주어 the Smiths, 그리고 22.c의 주어 he도 추상적인 배경이고, 이 배경안에 어떤 개체가 있거나 없는 관계를 나타낸다. 그러므로 22.의 문장이 나타내는 사건은 타동성이 낮고, 따라서 수동형에는 잘 쓰이지 않는다.

다음도 위와 같은 이유로 수동형이 없다.

23. a. The package contained a present.
그 소포는 선물을 담고 있었다.

b. The bottle holds ten quarts.
그 병은 10쿼트를 담는다.

c. My sister lacks money.
내 누이는 돈이 없다.

d. This chapter includes other topics.
이 장은 다른 화제들도 포함한다.

23. a. *A present was contained by the package.
b. *Ten quarts are held by the bottle.
c. *Money is lacked by my sister.
d. *Other topics are included by this chapter.

다음 문장의 주어도 시간이나 공간적 배경이 된다. 그러므로 이들 문장은 타동성이 낮고, 따라서 수동 가능성도 낮다.

24. a. The auditorium has heard many lectures.
    그 강당은 많은 강의를 들었다.

    b. 1986 saw increased unemployment.
    1986년은 증가된 실업을 보았다.

    c. The novel's ending solves the mystery.
    그 소설의 마지막은 신비스러운 문제를 풀어 준다.

24. a. *Many lectures have been heard by the auditorium.
    b. *Increased unemployment was seen by 1986.
    c. *The mystery is solved by the novel'ending.

어느 동사는 위에서 살펴본 바와 같이 정적인 관계를 나타내는 상태동사로 쓰일 뿐 아니라 (예로 22.a의 contain), 다음에서와 같이 동적인 과정을 나타내는 데도 쓰일 수 있다. 이와 같은 경우에는 수동형이 가능하다.

25. a. The lake is contained by the dam.
    그 호수는 둑에 억제된다.

    b. The rioters were contained by the troops.
    그 폭도들은 군병력에 의해 억제되었다.

마음의 태도를 나타내는 동사 know, believe, mean 등이 나타내는 사건은 타동성이 낮다. 이들 동사의 주어는 행위자가 아니고 경험자이며, 또 이들 동사의 목적어는 개체성이 분명하지 않고 동사가 나타내는 과정의 영향을 받는 것도 아니다. 이런 점에서 이들 동사는 타동성이 낮아서 수동형에 쓰일 가능성은 낮다. 그러나 이들이 전혀 수동형에 안 쓰이는 것도 아니다. 주어와 목적어 외에 부정어, 부사, 양태부사 등이 수동 가능성에 다음과 같이 영향을 준다.

26. a. *The man next door is known by John.

b. The man next door is (not/no longer) known by John.
그 이웃 사람은 존에게 더 이상 알려지지 않았다.

c. The man next door is (completely/barely) known by John.
그 이웃 사람은 존에 (완전히/겨우) 알려져 있다.

d. The man next door should be known by John.
그 이웃 사람은 존에 의해서 알려져야 한다.

26.a는 자연스러운 문장이 아니다. 그러나 26.b~d는 보다 자연스러운 문장이다. 그 이유는 26.b에는 부정어, 26.c에는 부사, 26.d에는 양태동사가 쓰였기 때문이다. 또 행위자가 아닌 주어가 쓰인 다음 문장도 수동 가능성이 낮다.

27. a. Hard work made Bill a millionaire.
근면이 빌을 백만장자로 만들었다.

b. The answer struck John in a dream.
그 대답이 꿈 속에서 존에게 떠올랐다.

27.′ a. *Bill was made a millionaire by hard work.
빌은 근면으로 백만장자가 되었다.

b. *John was struck in a dream by the answer.
존은 꿈에 그 대답이 생각났다.

능동태로 표현될 수 있는 상황이 모두 수동태로 표현되지는 않는다. 수동태가 없는 경우는 다음과 같이 요약될 수 있다. 첫째, 과정이 아니라 상태를 나타내는 동사는 수동태에 쓰이지 않는다.

28. a. They have a nice house.
그들은 좋은 집을 가지고 있다.

b. He lacks confidence.
그는 자신감이 없다.

c. The dress becomes her.
그 옷은 그녀에게 잘 맞는다.

d. John resembles his father.
존은 그의 아버지를 닮았다.

둘째, 직접 목적어가 재귀대명사일 때도 이에 상응하는 수동태는 없다. 물론 다음 30.과 같은 문장은 있을 수 있다 :

29. a. John taught himself.
존은 자신을 가르쳤다.

b. *Himself was taught by John.

30. John was taught by himself.
존은 자신에 의해서 가르쳐졌다.

셋째, 동사의 의미가 대칭적일 때에도 수동태는 없다.

31. a. John married Susan.
존은 수잔과 결혼했다.

b. Susan married John.
수잔은 존과 결혼했다.

32. a. John resembles Chris.
존은 크리스를 닮았다.

b. Chris resembles John.
크리스는 존을 닮았다.

동사 marry는 31.에서 '주어가 목적어와 결혼하다'의 뜻이고, 이런 의미에서는 수동태가 없다. 그러나 marry의 뜻이 '주어가 목적어를 결혼시키다'이면 다음과 같은 수동태가 가능하다 :

33. John was married to Susan.
존은 수잔에게 결혼시켜졌다

31.의 marry와 32.의 resemble의 수동태가 어색한 것은 이들 동사는 주어와 목적어의 어순을 바꾸면 수동태의 뜻이 되기 때문이다.

넷째, marry의 경우와 마찬가지로 동사의 뜻에 따라 수동태가 있을 수도 있고 그렇지 않을 수도 있다. 아래에서 살펴볼 동사 turn의 경우를 보자.

34. a. He turned the page.
그는 그 페이지를 넘겼다.

b. He turned the corner.
그는 모퉁이를 돌았다.

34.a의 경우는 수동태가 있으나, 34.b의 경우는 수동태가 없다.

35. a. The page was turned.
그 페이지는 넘겨졌다.

b. *The corner was turned.

능동태의 목적어는 동사가 나타내는 동작의 영향을 받는다고 판단되면 수동태가 가능하고, 그렇지 않으면 수동태가 없다. 34.a의 목적어가 페이지면 이것을 넘기면 장소가 바뀐다. 그러나 34.b의 목적어인 길모퉁이는 이것을 누가 돈다고 이것이 영향을 받는 것이 아니다. 그래서 수동태가 불가능하다. 다음의 예도 마찬가지로 풀이된다.

36. a. A big bear approached me.
큰 곰 한마리가 내게 다가왔다.

b. The bus apporoached the bus stop.
그 버스가 정류장에 다가왔다.

큰 곰이 내게 접근하면, 나는 영향을 받는다. 그래서 이 경우는 수동태가 있다. 그러나 버스가 정류장에 다가온다고 해서 이 정류장이 어떤 영향을 받는다고는 보기 어렵다. 그래서 이 경우에는 수동태가 없다.

37. a. I was approached by a bic bear.
b. *The bus stop was approached by the bus.

3. 덜 원형적인 수동태

[동사+목적어]의 구조를 갖는 타동사만이 수동형을 가질 수 있는 것으로 간주된다. 그러나 타동사 외의 구조도 수동형이 가능하며, 이들 동사의 경우에도 수동형의 있고 없음은 앞에서 살펴본 의미상의 제약을 따른다.

3.1. 자동사+전치사+목적어

동사와 전치사의 구조가 타동사 같이 쓰여서 수동태를 갖는 예가 있다. 이 구조는 몇 가지의 하위 부류로 나누어 볼 수가 있다.

첫째, deal with, laugh at, rely on, approve of 와 같은 [동사+전치사] 구조는 거의 모든 경우에 수동태를 가질 수 있다.

38. a. The police dealt with the thief.
    그 경찰이 그 도둑을 다루었다.

    b. The thief was dealt with by the police.
    그 도둑은 경찰에 의해 다루어졌다.

39. a. The girls laughed at the boy.
    그 소녀들이 그 소년을 비웃었다.

    b. The boy was laughed at by the girls.
    그 소년이 소녀들에게 비웃음을 받았다.

둘째, 다음과 같은 [동사+전치사] 구조는 그 뜻이 추상적으로 쓰일 때 보다 쉽게 수동태로 쓰일 수가 있다.

40. a. The researchers went carefully into the problem.
    그 연구가들은 조심스럽게 그 문제를 조사했다.

    b. The researchers went carefully into the cave.
    그 연구가들은 조심스럽게 그 동굴 속으로 들어갔다.

40.a에 맞서는 수동태는 있으나 40.b에 맞서는 수동태는 없다 :

41. a. The problem was carefully gone into by the researchers.
    b. *The cave was carefully gone into by the researchers.

arrive at도 비슷하게 쓰인다.

42. a. They arrived at the same conclusion.
    그들은 같은 결론에 이르렀다.
    b. They arrived at the station on time.
    그들은 역에 제시간에 도착했다.

42.a의 수동태는 자연스러우나, 42.b의 수동태는 그렇지 못하다 :

43. a. The same conclusion was arrived at by them.
    b. *The station was arrived at on time by them.

셋째, [동사+전치사]의 구조에서 전치사가 분명히 장소의 뜻으로 쓰이는데도 수동태가 있을 수 있다. 다음 두 문장을 비교해 보자.

44. a. Someone sat on my hat.
    누군가가 내 모자 위에 앉았다.
    b. Someone sat on my chair.
    누군가가 내 의자에 앉았다.

위 두 문장의 수동태는 다음과 같다.

45. a. My hat was sat on by someone.
    b. *My chair was sat on by someone.

45.a는 가능하지만 45.b가 가능하지 않은 이유는 45.a에서 주어 my hat은 누가 앉으면 영향을 받지만(예로 쭈그러지지만), 45.b의 주어인 my chair는 누가 한 번 앉는다고 해서 영향을 받지 않는다. 즉, 수동태의 주어가 어떤 영향을 받는다고 생각될 때만 수동태가 가능하다.

다음과 같은 예가 위의 사실을 뒷받침해 준다. 46.과 47.의 a문장은 그 주어가 영향을 거의 받지 않는 것으로 풀이된다.

46. a. *The hill was walked up by John.
그 산은 존이 올라갔다.

b. The hill has been walked by generations of school children.
그 산은 몇 세대에 걸친 학생들이 오르고 있다.

47. a. *The city was left by Tom.
그 도시는 톰이 떠났다.

b. The city was left by half of its inhabitants.
그 도시는 주민의 반이 떠났다.

a에서 존 한 사람이 어느 산을 오른다고 해도 그 산은 영향을 받지 않는다. 그러나 몇 세대에 걸친 학생들이 계속 그 산을 오르면, 그 산은 영향을 받을 수도 있다. 그래서 46.a는 별로 좋지 않으나 46.b는 좋다. 47.에서도 어느 한 사람이 어느 도시를 떠난다고 하여 그 도시는 영향을 받지 않는다. 그러나 그 주민의 반이 어느 도시를 떠나면 그 도시는 영향을 받게 된다.

다음도 비슷한 방법으로 설명될 수 있다.

48. a. The flowerbed was walked over by the children.
그 화단은 아이들에 의해 온통 짓밟혔다.

b. *The flowerbed was walked over by ants.
그 화단은 개미들이 온통 걸어다녔다.

c. *The flowerbed was jumped over by the children.
그 화단을 아이들이 뛰어넘었다.

많은 아이들이 화단 위를 걸어다니면, 그 화단은 망가진다. 그러나 개미들이 화단 위를 아무리 걸어다니더라도 화단은 망가지지 않는다. 또 아이들이 어느 화단을 뛰어넘는다고 해서 그 화단이 망가지지 않는다. 그래서 48.a만 수동태로 자연스럽다.

위에서 살펴본 바와 같이 [자동사+전치사+목적어]의 구조는 전치사의 목적어가 어떤 영향을 받는다고 화자가 판단할 때에 수동형이 쓰인다. 아래에서는 전치사별로 수동형 가능성을 살펴보겠다. 다음 문장에는 자동사 live가 전치사 in과 같이 쓰였다.

49. a. My brother lived in Chicago.
    내 동생은 시카고에서 살았다.

    b. *Chicago was lived in by my brother.

50. a. Generations of immigrants have lived in Chicago.
    수 세대의 이민자들이 시카고에 살아왔었다.

    b. Chicago has been lived in by generations of immigrants.
    시카고는 수 세대의 이민자들이 살아왔었다.

49.b는 비문법적이나 50.b는 문법적이다. 이것은 49.b에서는 시카고가 영향을 받지 않은 것으로 판단되나, 50.b는 이 도시가 영향을 받은 것으로 판단되기 때문이다. 즉, 어느 한 사람이 시카고에 살았다고 해서 이 도시가 영향을 받기는 어렵다. 그러나 몇 세대에 걸친 이주자가 시카고에 살게 되면 이 도시의 특성에 영향을 줄 수가 있다. 다음에서는 자동사 sleep이 전치사 in과 같이 쓰였다 :

51. a. Queen Elisabeth slept in the bed.
    엘리자베스 여왕이 그 침대에서 잤다.

    b. The bed was slept in by Queen Elisabeth.
    그 침대는 엘리자베스 여왕이 잤다.

52. a. John slept in the bed.
    존이 그 침대에서 잤다.

    b. *The bed was slept in by John.

53. a. The flea-bitten dog slept in the bed again.
    그 벼룩에 뜯긴 개가 그 침대에서 다시 잤다.

b. The bed was slept in by the flea-bitten dog.
그 침대는 그 벼룩에 뜯긴 개가 잤다.

어느 침대에 유명한 사람이 자게 되면, 그 침대는 영향을 받게 될 수 있다. 즉, 그것은 유명해져서 값이 많이 나갈 수도 있다. 이렇게 생각될 때 sleep in은 51.b와 같이 수동형이 가능하다. 그러나 52.b에서와 같이 어느 평범한 사람이 어느 침대에 한 번 잤다고 해서 그 침대가 유명해질 수 있는 것은 아니다. 이렇게 생각되기 때문에 52.b는 문법에 맞지 않는 문장으로 간주된다. 또 벼룩이 있는 개가 어느 침대에서 자게 되면, 그 침대는 벼룩을 갖게 된다. 즉, 영향을 받는다. 그러므로 이 경우 53.b와 같은 수동형이 가능하다.

다음에서는 자동사 camp와 전치사 beside가 쓰였다.

54. a. My sister camped beside the lake.
내 누이가 그 호수 옆에서 야영을 했다.

b. *The lake was camped beside by my sister.

55. a. Nobody is to camp beside the lake.
아무도 그 호수 옆에서 야영을 할 수 없다.

b. The lake is not to be camped beside by anybody.
그 호수는 아무도 그 옆에서 야영을 할 수 없다.

호수가에 어느 한 사람이 야영을 해서 이 호수가 영향을 받지 않는다. 그러나 여러 사람이 이 호수가에 야영을 하게 되면 이 호수는 영향을 받을 수 있다. 그래서 54.b는 비문법적이지만, 55.b는 문법에 맞는 문장이다.

전치사 at은 정적인 상태를 나타내는 동사와 쓰이면, 이것은 어느 개체의 정적인 위치만을 나타낸다. 이러한 경우에는 수동형이 없다.

56. a. We (stay/reside/board) at the hotel whenever we are in Seoul.
우리는 서울에 있을 때마다 그 호텔에서 머문다.

b. *The hotel is (stayed/resided/boarded) at by us whenever we are in Seoul.

그러나 at이 동적인 동사와 쓰이면 at의 목적어는 어느 개체가 와서 닿는 목표가 된다. 이렇게 되면 at의 목적어는 영향을 받는 것으로 풀이될 수 있다. 다음 두 문장을 비교해 보자.

57. a. We (banged/beat/hammered) the door.
우리는 그 문을 두드렸다.

b. We (banged/beat/hammered) at the door.
우리는 그 문 (의 일부분)을 두드렸다.

57.a에 쓰인 동사는 타동사이고, 57.b에 쓰인 동사는 자동사로 전치사 at과 같이 쓰였다. 타동사가 쓰인 57.a에서는 목적어가 동사가 나타내는 과정에 크게, 그리고 전체적으로 영향을 받는다. 57.b에서는 at이 쓰여서 목적어가 부분적으로 영향을 받는다. 부분적이긴 하지만 목적어가 영향을 받는 것이므로, 57.b는 수동형을 가질 수 있다 :

58. The door was (banged/beaten/hammered) at by him.
그 문은 그에 의해서 두드려졌다.

다음에 쓰인 자동사는 장소 이동을 나타내는 동적인 동사이고, 이들 동사가 나타내는 움직임의 목표는 전치사 at으로 표현되어 있다.

59. The chairman was charged at by the youth.
그 의장은 그 청년에게 공격당했다.

그리고 전치사 at은 단순한 목표만을 나타내는 것이 아니라 움직임의 주체가 at의 목적어에 어떤 영향을 주려는 의도가 포함되어 있으므로, at의 목적어는 영향을 받을 가능성이 많다. 그러므로 59.에 쓰인 동사와 이와 비슷한 의미를 가진 동사는 쉽게 수동형의 뜻을 가질 수 있다. 59.에 쓰인 at의 의미는 to와 잘 대조가 된다.

60. a. He ran at the chairman.
그는 그 의장에게 덤볐다.

b. He ran to the chairman.
그는 그 의장에게 뛰어갔다.

60.a에서 the chairman은 주어의 공격 대상으로 풀이되고, 60.b에서 the chairman은 주어를 받아들이는 관계로 풀이된다. 그러므로 60.a는 수동형이 가능하다.

전치사 on은 두 개체가 닿거나 이어져 있는 관계를 나타낸다. 이의 원형적인 관계는 다음과 같이 나타낼 수 있다.

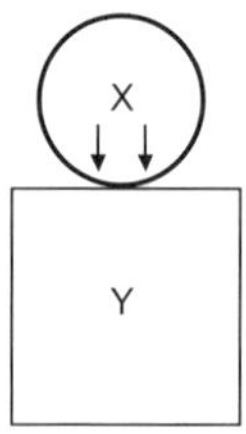

그림 9 : on의 기본 관계

X는 Y위에 접해 있다. X가 Y의 위에 닿아 있기 때문에 X는 Y에 영향을 줄 수 있다. 그러므로 on이 나타내는 관계가 두 개체가 닿아 있는 정적인 공간 관계가 아니고 X가 Y에 영향을 주는 관계이면 [자동사+on]의 구조는 수동형이 가능하다. 다음에서는 on이 나타내는 관계는 단순한 공간적인 관계이다. 그러므로 이들은 수동형이 없다 :

61. a. The river borders on the village.
그 강은 그 마을에 접해 있다.

b. *The village is bordered on by the river.

다음에서 on의 목적어는 사람이지만, 이것도 단순한 장소로 생각되기 때문에 수동형이 없다.

62. a. The answer dawned on the student.
그 대답이 그 학생에게 떠올랐다.

b. *The student was dawned on by the answer.

반면, 다음에 쓰인 on의 목적어는 모두 문장에 쓰인 동사의 동작에 영향을 받는 것으로 풀이될 수 있다. 그러므로 이들은 다음에서 볼 수 있는 바와 같이 수동형이 가능하다.

63. a. The narrow footbridge was run on.
그 좁은 인도교가 닳았다.

b. The grapes were walked on.
그 포도가 밟히었다.

c. The bed was jumped on by the children.
그 침대는 아이들이 그 위에서 뛰어서 흐트러졌다.

63.에서 인도교는 사람들이 많이 다녀서 닳을 수 있고, 포도는 짓밟혀서 못쓰게 될 수 있고, 침대는 흐트러질 수 있다. 이러한 결과가 동작에 의해서 생겨난다고 생각될 때는 수동형이 쓰인다.

다음 짝진 두 문장을 비교하면 수동형을 좌우하는 요인을 더 분명하게 찾아볼 수 있다 :

64. a. *He was landed on by a bit of dust.
그에게 먼지 하나가 앉았다.

b. He was landed on by tons of bricks.
그에게 많은 벽돌이 떨어졌다.

65. a. *The Queen Mary was alighted on by a butterfly.
b. The flower was alighted on by a butterfly.
그 꽃에 나비가 앉았다.

먼지 한 점이 누구에게 내려앉는다고 해서 그가 영향을 받지 않으며, 나비 한 마리가 어느 여왕에게 앉는다고 해서 그 여왕이 영향을 받지 않는다. 그래서 위의 a문장들은 모두 문법에 맞지 않는다.

그러나 무거운 벽돌이 여러 장 누구에게 덮치면 그 사람은 영향을 받고, 연약한 꽃에 나비가 한 마리 앉아도 이 꽃은 영향을 받을 수 있다. 그래서 위의 b문장은 수동형이 가능하다.

다음에서는 전치사 under가 쓰였다. under의 목적어가 영향을 받는다고 생각되는 경우에는 수동형이 있으나, 그렇지 않은 경우에는 수동형이 없다.

66. a. The dog walked under the bridge.
그 개가 다리 밑을 지나갔다.

b. *The bridge was walked under by the dog.

67. a. Generations of lovers have walked under the bridge.
수 세대의 연인들이 그 다리 밑을 걸어서 지나갔다.

b. The bridge has been walked under by generations of lovers.
그 다리는 수 세대의 연인들이 그 밑을 걸어서 지나갔다.

어느 개 한 마리가 어느 다리 밑을 걸어갔다고 해서 이 다리가 영향을 받지 않는다. 그러나 수세대에 걸친 연인들이 이 다리 밑을 지나면 이 다리는 낭만적이 될 수도 있다. 그러므로 66.b는 수동형이 불가능하나 67.b는 수동형이 가능하다.

전치사 up도 마찬가지다.

68. a. John ran up the stairs.
존은 그 계단을 뛰어 올라갔다.

b. *The stairs were run up by John.

69. a. So many people have run up these stairs, and the carpet is threadbare.
그 많은 사람들이 이 계단 위를 올라가서, 양탄자가 낡았다.

b. These stairs have been run up by so many people and the carpet is threadbare.
그 계단은 많은 사람들이 밟고 올라가서 양탄자가 낡았다.

어느 층계를 어느 한 사람이 올라갔다고 해서 이것이 영향을 받는 경우는 드물다. 그러나 여러 사람들이 오랫동안 어느 층계를 밟고 지나다니면 이 층계는 영향을 받을 수가 있다.

지금까지 [자동사+전치사+목적어] 구조의 수동화 가능성을 살펴보았다. [타동사+목적어]의 구조는 목적어가 동사의 영향을 받는다고 판단되면 수동형이 가능하다. 여기서 다룬 구조에 대해서도 같은 주장을 할 수 있다. 전치사의 목적어가 단순히 공간 관계의 참조점을 나타내는 것이 아니라, 어떤 영향을 받는 것으로 화자에 의해서 풀이되면 [자동사+전치사]의 구조는 수동형이 있을 수 있다.

그런데 전치사 가운데 off와 from이 쓰이면, 수동형이 거의 불가능하다. 그 이유는 이 두 전치사의 목적어는 출발 지점을 나타내기 때문에 도착 지점이나 목적지와는 달리, 영향을 받는 것으로 쉽게 풀이되지 않기 때문이다.

70. a. The child fell off the chair.
그 아이가 의자에서 떨어졌다.

b. *The chair was fallen off by the child.

71. a. The cat fell off the tree.
그 고양이가 나무에서 떨어졌다.

b. *The tree was fallen off by the cat.

72. a. The pilot came from China.
그 비행사는 중국에서 왔다.

b. *China was come from by the pilot.

73. a. The rider dismounted from the house.
그 기수는 말에서 내렸다.

b. *The house was dismounted from by the rider.

3.2. 이중 목적어 구문

다음 74.는 두 개의 목적어가 쓰인 이중 목적어 구문이다. 이에 상응하는 수동태는 75.의 두 가지가 있을 수 있다.

74. Ned gave Susan some rice.
네드는 수잔에게 쌀을 좀 주었다.

75. a. Susan was given some rice by Ned.
수잔은 네드에게서 쌀이 좀 주어졌다.

b. Some rice was given Susan by Ned.
약간의 쌀이 네드에 의해 수잔에게 주어졌다.

수잔이 주어가 되는 75.a의 수동태는 모든 사람이 좋은 문장으로 받아들이나, some rice가 주어가 되는 75.b의 수동태는 어떤 사람들은 좋은 문장으로 받아들이지 않는다. 그 이유는 74.에서 some rice는 새 정보이므로, 주제성이 낮아서 주어가 될 수 없기 때문이다. 이러한 사람들에게는 76.의 수동태인 77.을 더 좋은 문장으로 받아들인다. 그 이유가 76.에서는 수잔은 새 정보이고, some rice는 수잔보다 주제성이 높기 때문이다.

76. Ned gave some rice to Susan.
네드는 수잔에게 약간의 쌀을 주었다.

77. Some rice was given to Susan by Ned.
약간의 쌀이 수잔에게 주어졌다.

3.3. 동사 + 명사 + 전치사

다음 표현들은 [동사+명사+전치사]의 구조를 갖는다.

78. take notice of, make fun of, pay attention to,
take advantage of, take account of

78.과 같은 표현은 수동태를 두 가지 가질 수 있다. 다음을 예로 살펴보자.

79. They took no notice of him.
    그들은 그를 주목하지 않았다.

80. a. No notice was taken of him.
    아무런 주의도 그에게 주어지지 않았다.

    b. He was taken no notice of.
    그는 아무런 주의도 받지 못했다.

80.a는 take의 목적어인 no notice가 주어가 된 것이고, 80.b는 take no notice of 전체의 목적어가 주어가 된 수동태이다.

다음도 같은 방법으로 수동태가 두 가지이다.

81. She took advantage of him.
    그녀는 그를 이용했다.

82. a. Some advantage was taken of him.
    약간의 이용이 그에게서 취해졌다.

    b. He was taken advantage of.
    그는 이용을 당했다.

4. 수동형의 기능

능동형과 수동형의 의미상의 차이를 앞에서 살펴보았다. 그러면, 화자는 어떠한 경우에 능동형을 쓰지 않고 수동형을 쓰는가? 여기서는 이 문제를 살펴보기로 하겠다. 능동-수동사이의 선택은 여러 가지 요소와 관계가 있는데 그 가운데서 중요한 것으로는 관점의 선택, 정보 구조, 유정성 등이 있다. 여기서는 이들 요인을 차례대로 살펴보기로 하겠다.

4.1. 관점의 선택

어떤 상황이 있을 때 이것을 전달하는 방법은 여러 가지가 있을 수 있다. 어떤 사람이 가지고 있는 물건을 다른 사람에게 파는 일을 생각해 보자. 여기에는 파는 사람(S), 팔리는 물건(O), 사는 사람(B), 돈(M)이 관계가 된다.

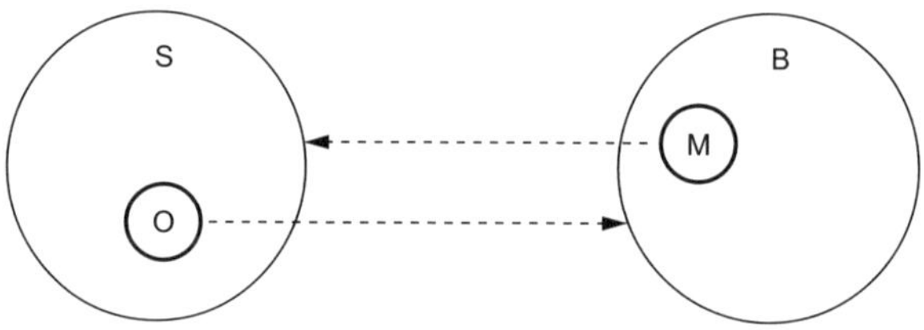

그림 10 : 팔고 사는 일의 개념 바탕

위 그림은 파는 사람(S)은 물건(O)을 내어놓고, 사는 사람(B)으로부터 돈(M)을 받는 상황을 그린다. 위의 관계를 언어로 표현하는 데는 적어도 다음의 두 표현이 있다.

83. John sold a book to Mary.
존은 메리에게 책 한 권을 팔았다.

84. Mary bought a book from John.
메리는 존에게서 책 한 권을 샀다.

83.과 84.에서 존은 물건을 가지고 있다가 파는 사람이고, 메리는 돈을 가지고서 사는 사람이다. 같은 객관적 상황이지만, 이것을 83.은 존의 관점에서, 84.는 메리의 관점에서 묘사하고 있다.

다음 표현도 같은 객관적 상황을 서로 다른 관점에서 묘사하고 있다.

85. a. Bill borrowed 10 dollars from Tom.
빌은 톰에게 10달러를 빌렸다.

b. Tom lent 10 dollars to Bill.
톰은 10달러를 빌에게 빌려 주었다.

86. a. John sent Bill a letter.
존은 빌에게 편지 한 장을 보냈다.

b. Bill received a letter from John.
빌은 존에게서 편지 한 장을 받았다.

위에서는 서로 다른 관점이 서로 다른 낱말(sell－buy; borrow－lend; send－receive)로 표현되어 있다. 그러나 같은 동사로도 서로 다른 관점을 표현할 수 있다. 예로, 고양이가 쥐를 쫓는 관계를 생각해보자. 다음 그림9에서 쥐와 고양이는 화살표 쪽으로 움직인다.

이 상황을 다음 87.a에서와 같이 고양이의 관점에서 묘사할 수도 있고, 87.b에서와 같이 쥐의 관점에서도 묘사할 수 있다 :

87. a. The cat chased the mouse.
그 고양이가 쥐를 쫓았다.

b. The mouse was chased by the cat.
그 쥐는 그 고양이에게 쫓기었다.

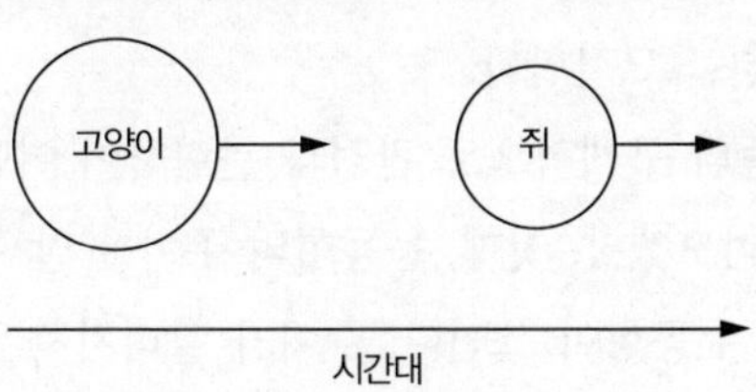

그림 11

보통의 경우, 우리는 사건을 묘사할 때 어느 사건의 에너지가 시작되는 쪽에서 상황을 묘사한다. **그림 9**의 상황에서 에너지는 고양이에게서 시작된다. 그러므로 87.a의 문장은 무표적(unmarked)이다. 87.b의 묘사는 에너지가 끝나는 개체에서 문장은 시작하므로 유표적(marked)이다. 87.a 같은 구조를 능동태라고 부르고, 87.b와 같은 구조를 수동태라고 부른다.

한 언어에 능동형과 수동형이 있는 것은 우연한 일이 아니고, 어떤 필요성이 있기 때문에 존재하는 것으로 볼 수가 있다. 위에서 살펴본 바에 따르면 능동/수동의 선택은 화자의 관점과 관계가 있다. 관점의 선택은 능동/수동에만 국한된 것이 아니라 다른 표현에도 관계가 되는데 한 가지 예로 come과 go를 들 수가 있다. come이 쓰이면, 화자는 주어진 사건을 목적지에서, 그리고 go가 쓰이면 화자는 주어진 사건을 출발지에서 보는 것으로 풀이된다.

88. a. He went to Seoul yesterday.
그는 어제 서울에 갔다.

b. He came to Seoul yesterday.
그는 어제 서울에 왔다.

위의 두 문장은 모두 같은 객관적인 상황을 묘사한다. 두 문장 모두 'he'가 서울이 아닌 어느 지역에서 서울로 옮겨간 사건을 나타낸다. 그러나 이 사건을 묘사하는 화자의 관점은 다르다. 88.a에서 화자는 목적지가 아닌 곳에서 주어진 사건을 묘사하고, 88.b에서 화자는 목적지에서 주어진 사건을 묘사한다.

다음에서는 좀더 구체적으로 관점과 관련하여 어떤 경우에 수동형이 쓰이는지 살펴보겠다. 첫째, 능동형의 주어를 알 수 없거나 알려져 있지 않을 때에 수동형이 쓰인다. 주어가 알려지지 않으므로, 주어의 관점을 택할 수 없다.

89. His father was killed in the war.
그의 아버지는 그 전쟁 중에 죽었다.

전쟁 중에 어느 사람이 죽었을 때, 그는 정확하게 누구에 의해서 죽었는지 알 수 없는 경우가 많다. 이런 경우 자연히 화자는 행위자의 관점을 취할 수가 없다.

둘째, 능동태의 행위자를 언급할 수 없거나 또 언급할 필요가 크게 없고, 언급되지 않더라도 일반 상식에 의해서 그 정체를 어느 정도 짐작할 수 있는 경우에 수동형이 쓰인다.

90. The store has been robbed several times.
그 상점은 여러 번 털렸다.

상점이 털린 경우, 턴 사람은 강도라는 정도는 알 수 있으나, 그 강도의 정확한 정체는 알 수 없다. 그러므로 이 경우에는 강도의 정확한 식별은 어렵다.

셋째, 행위자는 알려져 있으나 간단히 찾기 어렵거나 행위자의 식별이 대화상 크게 적절하지 않다고 생각될 때 수동형이 쓰인다.

91. The first electric railway was opened in 1890.
최초의 전기 철도는 1890년에 생겼다.

백과사전 같은 것을 찾아보면, 누가 전기 철도를 만들었는지 쉽게 알 수 있을 것이다. 그러나 그렇게 할 시간도 없고 또 그렇게 할 가치가 없을 때도 수동형이 쓰인다.

넷째, 맥락으로부터 행위자의 정체가 쉽게 파악될 수 있는 경우에도 수동형이 쓰인다.

92. a. He told us that his employer had fired him.
그는 우리에게 그의 고용주가 그를 해고했다고 말했다.

b. No reason had been given.
아무런 이유도 주어지지 않았다.

위 수동형 92.b의 언급되지 않은 행위자는 his employer임을 쉽게 추리할 수 있다. 또 경우에 따라서 행위자의 언급이 실례가 되는 수가 있으므로, 이것을 피하기 위해서도 수동형이 쓰인다.

93. a. This is another difficulty which must be mentioned.
이것도 꼭 언급되어야 하는 또 하나의 어려움이다.

b. Enough has been said about it.
그것에 대해서는 충분히 얘기가 되었다.

다섯째, 앞선 문장과의 연결을 자연스럽게 해야 할 경우 :

94. William Faulkner wrote a number of books. He was awarded the Nobel Prize for literature in 1949.
윌리엄 폴크너는 많은 책을 썼다. 그는 1949년 노벨문학상이 수여되었다.

94.에서 앞 문장의 주어가 Faulkner이다. 뒷 문장을 능동태로 하면 Faulkner 이외의 개체가 주어가 된다. 가능하면 연결된 문장에서는 같은 개체를 주어로 하는 것이 문장의 연결을 자연스럽게 한다. 그래서 94.의 둘째 문장은 수동형으로 표현되어 있다.

4.2. 정보 구조

능동형의 주어에 해당되는 참가자가 전치사 by의 목적어로 나타나는 수동형을 긴 수동형이라 부르고, 이것이 나타나지 않은 수동형을 짧은 수동형이라 부르자. 이 두 종류의 수동형이 실제 쓰이는 빈도수를 보면, 짧은 형이 긴 형보다 훨씬 많이 쓰이는데, 대략적으로 짧은 형과 긴 형의 빈도수는 4:1쯤 되는 것으로 조사되어 있다. 여기서는 by-목적어가 쓰이는 긴 수동형의 쓰임을 살펴보겠다.

우리는 위에서 수동형에서 행위자가 언급되지 않은 경우를 살펴보았다. 많은 경우에 행위자는 맥락이나 문맥에서 추리될 수 있기 때문에 언급할 필요가 없음을 살펴보았다. 다시 말하면 언급할 필요가 없기 때문에 표현이 안되는 것으로 볼 수 있다. 또 이것은 긴 형에서 행위자가 표현되는 것은 이것을 언급할 가치가 있기 때문인 것으로 볼 수가 있다.

이러한 사실은 문장의 정보 구조와 밀접한 관계가 있다. 정보는 구정보와 신정보로 나누어 볼 수가 있다. 구정보는 화자가 판단할 때 청자가 이미 의식하고 있는 것으로 생각되는 정보이고, 신정보는 화자의 판단에 청자가 아직 의식하지 못하는 정보이다. 실제 대화에서 쓰인 어느 발화문의 내용 모두가 신정보인 경우는 드물고, 대개의 경우는 어느 구 정보에 새 정보가 더해지는 것으로 볼 수 있다. 예로 다음 문장을 살펴보자 :

95. The dog chased the mouse.
그 개가 그 쥐를 쫒아갔다.

96. a. The dog chased **something**.
b. The dog **did something**.
c. **Something happened**.

문장 95.에서 mouse에 억양 곡선이 주어지는 식으로 읽혀지면 96.에 표시된 바와 같이 크게 세 가지로 구 · 신정보를 나누어 볼 수 있다. 96.a에서는 청자는 개가 무엇을 쫒아갔다는 것은 알지만 무엇을 쫒았는지는 모른다고 화자가 생각하는 경우이다. 96.b는 청자는 개가 무엇을 했다는 것은 알지만 무엇을 했는지 모른다고 화자가 생각하는 경우이다. 즉, did something에 맞서는 chased the dog가 신정보가 된다. 96.c는 청자는 화자가 전달하려는 내용을 전혀 모른다고 생각하는 경우이므로 96.문장 전체가 새 정보가 된다. 위와 같은 차이는 다음 물음과 연관시켜 보면 분명히 나타난다.

97. a. What did the dog chase?
It chased the **mouse**.

b. What did the dog do?
It **chased the mouse**.

c. What happened?
The dog chased the mouse.

위에서 우리가 주목할 수 있는 것은 신 · 구정보가 나타나는 위치이다. 구정보는 문장의 앞쪽에, 신정보는 문장의 뒤쪽에 나타난다. 그러므로 능동형과 수동형의 차이는 이러한 정보 구조의 차이에 있다. 다음 두 문장을 비교해 보자 :

98\. a. The dog chased the mouse.
b. The mouse was chased by the dog.

위의 두 문장의 명제 내용은 같다. 그러나 이 내용을 표현하는 정보 구조는 다르다. 98.a에서는 the dog이 구정보이고, the mouse가 새정보이다. 그러나 98.b에서는 the mouse가 구정보이고, the dog가 새정보이다. 이러한 차이는 다음과 같은 물음과 연결시켜보면, 잘 드러난다 :

99\. What did the dog chase?

위 물음에서 the dog chased something은 주어진 정보이다. 이것을 주어진 정보로 갖는 것은 98.의 두 문장 가운데 a문장이다. b문장의 주어진 정보는 the mouse was chased이다. 이것은 물음의 주어진 정보와 일치하지 않는다. 그러므로 99.의 대답에 적합한 것은 98.a의 문장이다. 반대로 다음 물음의 대답으로는 98.b의 문장이 더 적합할 것이다.

100\. What was the mouse chased by?

문장에서 대개의 경우 정보가 구정보－신정보의 순서로 나타나기 때문에 문장의 주어는 대부분 (대명사, the+명사 등과 같은) 확정 명사구이다. 그러므로 다음과 같은 문장이 있을 때, 문장의 주어가 확정적인 문장(b와 c)이 그렇지 않은 문장(a와 d)보다 훨씬 사용 빈도수가 낮다.

101. a. A young girl threw the bomb at him.
한 젊은 소녀가 그 폭탄을 그에게 던졌다.

b. The young girl threw a bomb at him.
그 젊은 소녀가 그 폭탄을 그에게 던졌다.

c. The bomb was thrown at him by a young girl.
그 폭탄은 한 젊은 소녀에 의해 그에게 던져졌다.

d. A bomb was thrown at him by a young girl.
한 폭탄이 한 젊은 소녀에 의해 그에게 던져졌다.

타동사의 목적어는 확정 명사구나 비확정 명사 구조로 표현된다. 수동형의 경우, 행위자가 by로 표현되는 경우 거의 90%가 비확정적이다. 영어에서 비확정성은 다음에서 볼 수 있는 바와 같이 부정관사 a나, 관사 없이 쓰인 단수명사나 복수명사형으로 표현된다.

102. a. He was beaten to death by an angry rioter.

b. These lessons can be multiplied to cover almost theentire range of human activity, because science is itself a contemporaneous living thing made by men for man'sedification and entertainment.

c. Although or because so much has been written about democracy, for or against democracy, in these times, the concept itself is still beset by serious confusions.

d. The beautiful things and the joys of life have been showered on you: you have succeeded in everything, and you have been surrounded by love and friendship.

e. This day, devoted to the memory of Robert Frost, offers an opportunity for reflection which is prized by others and even by poets.

이렇게 by에 의해서 도입되는 명사구가 지시하는 개체는 대화에서 크게 세 가지의 기능을 한다. 첫째, 이 명사구는 대화상에서는 주제가 아니므로 한 번 언급되고 나서 다시 언급되지 않는 개체를 가리킬 수 있다. 다음을 살펴보자 :

> 103. My mother had been arrested by the Gestapo though she was over 80. She had endured her imprisonment with patience and courage. Then the excitement and happiness of liberation had been too much for her. A few days after her return to this house, where she used to live with us, she had died of a heart attack.

위 단락에서 the Gestapo가 by에 의해서 도입되었다. 그러나 이 단락의 주제는 my mother이므로, the Gestapo는 재언급이 되지 않는다. 반대로 다음 단락에서는 by에 의해서 도입된 명사구는 이것이 도입되는 시점부터 새 주제가 된다.

> 104. The only problem assumed by Chinese philosophers to be of any importance is: how shall we enjoy life? Without seeking perfectionism, or straining after the unattainable, Chinese philosophers take poor, mortal human nature as it is and ask simply how shall we organize our life that we may work peacefully, endure nobly, and live happily?

The only problem은 앞 단락에서 계속되어 온 주제이다. 이 문장의 by에 의해서 도입된 Chinese philosophers는 이 시점부터 이 단락의 새 주제가 된다. 다음 단락에서도 by의 목적어는 새 주제가 된다.

> 105. I was never home as a kind. I was always roaming around. I was born out of wedlock so I was raised by my grandfather, who was very hard with me at times. But he was a strong influence because he was very politically oriented in his own oppressed way.

둘째, by에 의해서 도입되는 명사구는 강조를 받을 수가 있다. 문장의 뒷자리는 통상 새 정보가 오는 곳이다. 새 정보는 화자, 청자로 하여금 귀담아주기를 바라는 정보이다. 그러므로 이 자리에 오는 정보는 중요하거나 강조를 받는 정보가 될 수 있다. 위 단락에서 my grandfather는 새 주제가 되면서 동시에 강조를 받는 요소이다.

4.3. 유정성(animacy)

마지막으로 화자로 하여금 수동형을 쓰게 하는 요인 가운데 하나는 사건 참가자의 유정성 정도이다. 어느 사건에 유정적인 참가자와 무정적인 참가자가 있을 때, 영어에서는 유정적인 참가자가 주어로 쓰이는 경향이 강하다. 그 결과 다음에서 a문장보다는 b문장이 더 많이 쓰이게 된다.

106. a. A report in the paper disturbed him.
그 신문에 난 기사가 그의 마음을 괴롭혔다.

b. He was disturbed by a report in the paper.
그는 그 신문에 난 기사 때문에 괴로웠다.

위의 disturb와 비슷하게 쓰이는 동사에는 다음과 같은 것이 있다.

107. a. I am annoyed with the professed friend of the college.
나는 자칭 대학의 옹호자들에게 화가 났다.

b. We are appalled by the magnitude of the solution.
우리는 그 해결의 크기에 경악했다.

c. There are some who are exhilarated by the changes.
그 변화에 유쾌해진 사람들도 있다.

d. My son was profoundly influenced by friendships.
내 아들은 그 우정에 크게 영향을 받았다.

5. get 수동태

수동태에서 동사 be가 쓰일 자리에 동사 get이 쓰일 수가 있다.

108. a. The child was punished.
그 아이는 벌을 받았다.
b. The child got punished.
(기분 나쁘게도) 그 아이가 벌을 받았다.

그러나 두 표현의 의미는 같지 않다. Be 동사가 쓰일 때는 지시된 상황이 객관적으로 묘사되고, get 동사가 쓰이면 지시된 상황에 대한 화자의 태도가 포함된다. 그러므로 108.a는 아이가 벌을 받는 일을 객관적으로 묘사하고, 108.b는 아이가 벌을 받은 것에 대한 화자의 태도(화, 실망, 유감)가 포함된다. 다음을 비교해 보자 :

109. a. A house can be built of stone, brick, or clay.
집은 돌, 벽돌이나 진흙으로 지어질 수 있다.
b. A shoddy house like that can get built in 10 days.
겉만 번듯한 집은 10일 이내에 지어질 수 있다.

객관적인 묘사가 요구되는 109.a에서 get이 쓰일 수 없으나, 화자의 태도를 나타내는 shoddy같은 형용사가 쓰인 109.b에서는 get이 쓰일 수 있다.

다음 짝진 문장의 차이도 위에서 살펴 본 차이와 마찬가지다. 즉, get-수동태에는 보고된 사건에 대한 화자의 태도가 들어 있다.

110. a. The ball was lost.
그 공은 없어졌다.
b. The ball got lost.
그 공은 없어져 버렸다.

111. a. Both his parents were killed in an accident.
그의 양쪽 부모는 사고로 죽었다.
b. Both his parents got killed in an accident.
그의 양쪽 부모는 사고로 죽어버렸다.

112\. a. The eggs were broken.
그 달걀들은 깨어졌다.
b. The eggs got broken.
그 달걀들은 깨어져 버렸다.

6. 마무리

이 장에서 우리가 살펴본 것은 수동형 문제는 간단한 문제가 아니라는 점이다. 일반적으로 타동사 구문은 수동형으로 만들어질 수 있다고 생각되었다. 하지만 타동사가 쓰인 문장이라도 상응하는 수동형이 없을 수 있고 자동사라도 특정한 전치사가 쓰이면 이에 상응하는 수동형이 있다. 수동형의 유무는 타동사의 목적이나 전치사의 목적어가 주어진 과정의 영향을 받느냐 그렇지 않느냐에 달려 있다. 나아가서 한 언어에 능동형과 수동형이 있는 것은 기능상에 필요가 있기 때문에 존재하는 것을 살펴보았다.

참고문헌

Bolinger, Dwight. 1977. *Meaning and form*. London: Longman.

Bolinger, Dwight. 1975. On the passive in English. *The First LACUS FORUM* 1974. Columbia, South Carolina: Hornbeam Press, Incorporated. pp. 57–80.

Chafe, Wallace L. 1976. Givenness, contrastiveness, definiteness, subjects, topics and point of view. In Li (ed.), *Subject and to pic*, New York: Academic press. pp. 25–55.

Givon, Talmy. 1984. *Syntax: a functional-typological introduction. Vol.* 1. Amsterdam: John Benjamins Publishing Company.

Givon, Talmy. 1979. *On understanding grammar*. New York: Academic Press.

Hopper, Paul and Sandra Thompson. 1980. Transitivity in grammar and dis course. *Language*. 56: 251–299.

Jespersen, Otto. 1933. *Essentials of English grammar*. London: George Allen and Unwin Ltd.

Kilby, David. 1984. *Descriptive syntax and the English verb*. London: Groom Helm.

Lakoff, Robin. 1971. Passive resistance. *CLS. 7:* 149–162.

Langacker, Ronald W. 1982. Space grammar, analysability and the English passive. *Language.* 58: 22–80.

Langacker, Ronald W. 1987. *Foundations of cognitive grammar: theoretical prerequisites*. Stanford: Stanford University Press.

Langacker, Ronald W. and Pamelo Munro. 1975. Passives and their mean ing. *Language.* 51: 789–830.

Rice, Sally Ann. 1987. Towards a cognitive model of transitivity. Ph. D. dissertation, at UCSD.

Shibatani, Masayoshi. 1985. Passives and related constructions. *Language.* 61: 821–848.

Sidney, Greenbaum, and Randolph Quirk. 1990. A student's grammar of the *English language*. London: Longman.

van Ek, Jan A. and Nico J. Robat. 1984. *The student's grammar of English.* Oxford: Basil Blackwell Limited.

van Oosten, Jeanne. 1985. The nature of subjects, topics and agents. a cognitive explanation. Indiana University Linguistics Club.

제 7장 구절동사 (phrasal verb)

1. 들어가는말
2. 구절동사의 개관
3. 전치사적-부사
4. 구절동사에 쓰이는 동사
5. 신조 구절동사
6. 의미의 고정화
7. 두 개 이상의 전치사적-부사가 쓰인 예
8. 마무리

7 chapter

구절동사(phrasal verb)

1. 들어가는 말

영어에는 '숙어' 또는 '2어(two-word)동사' 또는 '구절동사'라 불리우는 표현 단위가 있다. 예로 find out, warm up 등이 이러한 단위에 포함된다. 이러한 단위가 숙어라고 불리워지는 이유는 이 단위를 이루는 구성 성분의 의미가 전체 의미에 반영되지 않는다고 생각되기 때문이다. 이 장의 목적은 숙어로 불리워지는 이들 단위가 구성 성분의 의미와는 전혀 관계가 없는 새로운 의미를 가지게 되는지, 아니면 구성 성분의 의미가 반영되는지 그리고 반영된다면 어느 정도 어떻게 반영되는지를 살펴보는 데 있다. 그리고 위와 관련된 문제로서 이 구절 동사와 [동사+전치사] 구조와의 차이, 구절동사와 단순동사와의 차이, 신조 구절동사 및 판에 박힌 표현의 문제를 다루게 된다.

2. 구절동사의 개관

2.1. 구절동사

이 소절에서는 구절동사의 특성을 살펴보는 한 가지의 방법으로 이것을「동사+전치사」구조와 비교하고, 또 다른 단순동사와 비교한다.

2.2. 구절동사와 [동사+전치사] 구조

영어의 동사 문형 가운데는 동사와 불변사가 함께 쓰여서 구절 동사를 이루는 것이 있다. 이 구절동사는 동사와 전치사가 함께 쓰여서 이루는 [동사+전치사] 구조와 형태상 비슷한 점이 있으므로 먼저 이 둘을 구별해 보자.

다음에서와 같이 구절동사에 쓰이는 불변사는 대부분이 전치사로도 쓰인다.

1. a. He ran up the hill from the station.
   그는 역에서부터 산 위로 달려갔다.
   b. He ran up the list of the figures.
   그는 목록의 숫자를 합산했다.

1.의 두 문장에는 모두 up이 쓰였다. 그러나 이 up의 기능은 두 문장에서 서로 다른데 1.a의 up은 전치사이고, 따라서 run은 자동사이다. 1.b의 up은 부사로서 the list of the figures를 지배하지 않는다. 그러므로 1.b에서 동사 run은 타동사이다. 이와 같은 근본적인 차이는 다음에서 분명히 드러난다.

첫째, 전치사인 1.a의 up은 이의 목적인 the hill 앞에서만 쓰이지만 1.b의 up은 the list of the figures의 뒤에서도 쓰일 수 있다. 1.b의 up과 같이 부사로 쓰이는 것은 [전치-부사]라고 부르겠다. 이것은 원래는 전치사인데 부사로 쓰임을 나타내기 위한 이름이다.

2. a. *He ran the hill up from the station.
   b. He ran the list of the figures up.

둘째, 대명사가 쓰이면 통상 전치사는 그 앞에 쓰이나, 부사의 경우는 대명사의 뒤에 쓰인다.

3. a. He ran up it. (the hill)
그는 그것 위로 뛰어 갔다.

b. He ran it up. (the list)
그는 그것을 합산했다.

그러나 위와 같은 현상은 구절동사와 「동사+전치사」의 구조를 갈라 주는 절대 기준으로 생각되기도 하지만, 실제에 있어서 이것은 절대적인 것이 아니다. 대명사가 강조를 받고 강하게 발음되는 경우에는 부사라도 대명사의 앞에 올 수도 있다 :

4. a. You will never take in her.
너는 그녀를 절대로 속일 수 없다.

b. We could put up him.
우리는 그를 재울 수 있다.

c. I bade them take away you.
나는 그들에게 너를 데리고 가라고 명령했다.

통상 문장의 마지막 자리에서 전치사는 강세를 받지 않으나, 부사는 강세를 받는다 :

5. a. He's not the person I was looking at.
그는 내가 보고 있던 사람이 아니다.

b. He's not the person I was looking **up**.
그는 내가 찾고 있던 사람이 아니다.

그러나 두 개의 전치사가 대조되는 경우에는 전치사도 강세를 받을 수 있다. 또 두 개의 대명사가 and로 접속될 때는 이들은 전치사적 부사의 뒤에 올 수 있다 :

6. a. This is the hill he ran **down**, not the hill he ran **up**.
이것이 그가 내려간 언덕이지, 그가 올라간 언덕이 아니다.

b. Bring along him and her.
그와 그녀를 데리고 오너라.

그리고 전치사 가운데는 강조되는 경우가 아니라도 마지막 자리에서 강세를 받을 수 있는 것이 있다.

7. He's not the person I was looking **after**.
그는 내가 돌보고 있던 사람이 아니다.

위에서 살펴본 바와 같이 구절동사와 [동사+전치사] 구조는 비슷한 점이 많으므로, 강세라든지 문맥의 도움이 없으면 적어도 두 가지의 뜻으로 풀이될 수가 있는 경우가 있다. 다음 8.의 예를 살펴보자 :

8. a. The man flew in the plane.
b. The man flew [in the plane].
그 사람은 그 비행기를 타고 왔다.

c. The man [flew in] the plane.
그 사람도 그 비행기를 조종해서 왔다.

첫째 뜻 8.b는 주어가 비행기의 승객으로서 어느 비행기를 탔다는 뜻이다. 둘째 뜻 8.c는 주어가 조종사로서 어느 비행기를 비행장으로 조종해 왔다는 뜻이 되겠다. the plane 대신에 대명사 it을 쓰면 다음과 같이 표현된다 :

9. a. The man flew in it.
그 사람은 그것을 타고 왔다.

b. The man flew it in.
그 사람은 그것을 조종하고 왔다.

9.의 두 문장을 the plane을 수식하는 관계절로 만들면 다음과 같다 :

10. a. This is the plane he flew in ____.
b. This is the plane he flew ____ in.

10.a에서 빈자리는 전치사의 목적어가 오고, 10.b에서 빈자리는 동사의 목적어가 온다.

위에서 살펴본 바와 같이 구절동사에 쓰인 동사가 타동사인 경우에 전치-부사는 동사 뒤나 목적어 뒤에 올 수 있다. 이들 어순은 정보 가치에 의해 결정된다. 정보 가치가 높은 요소는 문장의 맨 뒤로 가는 경향이 있다. 그래서 대명사와 같이 이미 언급되어서 정보의 가치가 별로 없다고 생각되는 요소는 동사 뒤에 나타나고, 정보 가치가 있다고 판단되는 요소는 문장의 마지막 자리에 나타난다.

다음 문장에서 목적어는 문장의 끝에 쓰여서 전치사구나 관계절로 수식을 받는다. 이러한 명사구는 화자가 판단할 때 청자가 어떤 지시물을 식별하는 데 어려움을 갖게 될 것임을 미리 짐작하고, 주어진 지시물의 묘사를 자세하게 하는 것으로 볼 수 있다.

11. a. He picked up a wallet with 10 dollars in it.
그는 10달러가 들어있는 지갑을 주었다.

b. He called up the woman who was going out.
그는 나가고 있는 그 여자를 전화로 불렀다.

c. They found out who I was.
그들은 내가 누구인지 알아내었다.

대명사는 통상 이미 언급된 개체를 가리키므로, 정보 가치가 적다. 그래서 [대명사+전치-부사]의 순서로 나타나는 것으로 볼 수 있다. 대명사가 아니라도, 정보 가치가 크지 않는 명사 things, both, nothing, matter, business 등은 전치-부사의 왼쪽에 나타나는 경향이 있다.

12. a. Let's talk things over.
사정을 토의해 봅시다.

b. He took the matter up with his boss.
그는 그 문제를 사장과 논의했다.

2.3. 전치사와 전치사적 부사의 관계

구절동사는 움직임을 나타내는 동사와 다음 13.에 실린 어느 하나의 불변사와 결합된 형태를 가리킨다. 13.에 실려있는 불변사는 모두 장소 이동과 그 결과의 뜻을 공통적으로 담고 있다. 그래서 움직임의 뜻을 갖는 동사 pull, push, get, move, run 등은 전치사적 부사와 같이 쓰여서 구절동사를 이룰 수 있으나, 움직임의 개념이 포함되지 않는 동사들- remain, love, hate, hear, see 등은 구절 동사에 쓰이지 않는다. 만약 hear 나 see가 다음에 실린 전치사적 부사와 쓰이게 되면 이들 동사의 의미는 상태적인 것이 아니라 동적인 개념과 관련되는 것으로 볼 수 있다.

13. 전치사적 부사
    a. about, across, along, around, by, down, for, in, off, on, out, over, through, under, up.
    b. aside, away, back, forth.

위의 불변사 가운데는 13.a와 같이 전치사와 부사로도 쓰이는 것이 있고, 13.b와 같이 부사로만 쓰이는 것이 있다. 구절동사에 쓰이는 전치-부사는 원래 전치사의 목적어가 생략되어 쓰이는 것으로 볼 수가 있다. 다음 예로 14.a에는 off의 목적어 the table이 나타나 있지만 14.b에는 전치사 off의 목적어가 명시되지 않았다. 그러나 문맥이나 세상일의 지식으로부터 생략된 내용을 쉽게 파악할 수 있는 경우이다. 이와 같이 목적어가 없이 쓰이면 off는 부사이다. 다음을 살펴보자.

14. a. He has knocked the glass off the table and broken it.
    그는 유리잔을 쳐서 식탁에서 떨어지게 하여 깨었다.

    b. I had put the glass safely on the table but the cat jumped up and knocked it off.
    나는 그 유리잔을 식탁 위에 안전하게 놓아두었는데 고양이가 뛰어 올라가서 그 잔이 (식탁에서) 떨어지게 했다.

14.a에서는 off가 전치사로 쓰여, 그 목적어 the table이 명시되어 있다. 그러나 14.b에서는 off의 목적어는 명시되어 있지 않으나 문맥으로 봐서 목적어는 the table임을 알 수가 있다. 다음에서도 문맥에서 전치-부사의 암시된 목적어를 헤아려 낼 수 있다.

15. a. He came to the water and jumped in
    그는 물에 다가와서 뛰어들었다.
    b. He came to the table and crawled under.
    그는 식탁까지 와서 그 밑으로 기어들어갔다.
    c. He caught up with the parade and walked behind.
    그는 시위 행진에 다가와서 그 뒤에서 걸었다.

15.a에서 the water가 in의 목적어로, 15.b에서는 the table이 under의 목적어로, 그리고 15.c에서는 the parade가 behind의 목적어로 풀이될 수 있다.

다음에서는 화맥이나 세상일의 지식으로 암시된 목적어를 헤아려 낼 수 있다.

16. a. He pulled the door to (the jamb).
    그는 문을 (문설주까지) 끌어당겼다.
    b. The play was so popular that they had it over (the time limit).
    그 연극은 인기가 좋아서 (공연기간을) 연장했다.
    c. She looked at us laughingly and walked off.
    그녀는 웃으면서 우리를 보고는 걸어가 버렸다.

16.a에서 to의 목적어는 문설주로, 16.b에서는 over의 목적어는 처음 설정된 공연 기간으로, 16.c에서는 off의 목적어는 화자가 있던 장소로 풀이될 수 있다.

전치사적 부사가 쓰인 구절동사는 다음과 같이 두 종류의 목적어를 가질 수 있다.

17.a. She brushed the lint off the suit.
그녀는 솔질해서 그 보푸라기를 양복에서 쓸어내렸다.

b. She brushed off the lint.
그녀는 그 보푸라기를 (그 양복에서) 쓸어내렸다.

c. She brushed off the suit.
그녀는 양복을 손질해서 (보푸가리 등을) 쓸어내렸다.

17.a문장은 실보푸라기가 양복에 묻어있는 것을 솔로 털어내는 과정이다. 즉, 옷에 붙어 있던 실보푸라기가 양복에서 털어져 나오는 관계를 off가 나타낸다. 이것은 off의 전치사적 용법이다. 17.b에서는 off의 목적어가 명시되지 않았으나 이 목적어는 실보푸라기가 붙어있는 옷임을 맥락상 헤아려 낼 수 있다. 17.c에서는 off의 목적어로 생각되는 것(the suit)이 brushed의 목적어로 쓰였다. 17.c에서 the suit는 전체로서 부분을 나타내는 환유적 표현이다. 즉, 옷과 먼지의 관계에서 brush라는 동사가 나타내는 과정이 언급되어 있으므로 옷만 언급해도 먼지나 실보푸라기가 추리될 수 있기 때문이다.

환유

여기서 살펴본 현상을 환유라고 한다. 환유는 어떤 경우 명사의 지시물이 이와 관련된 다른 것으로 바꾸어지는 과정이다. 예로서 '손'이라는 낱말은 팔과 연결되어 있는 신체 부분을 가리킨다. 그러나 '일손이 모자란다.'와 같은 표현에서 '사람'을 가리키게 된다. '식구'도 먹는 입을 가리키지만 '식구가 많다.'와 같은 표현에서 가족의 구성원을 가리킨다. 이것은 부분으로 전체를 가리키는 수사법이다.

환유 가운데는 전체가 부분을 가리키는 예도 있다. '철수는 영희를 좋아한다.'에서 좋아하는 과정에 참여하는 것은 철수의 '마음'이다. 한

편 '철수는 영희보다 키가 크다.'에서 '철수'는 철수의 '몸'을 가리킨다. 이와 같은 환유법은 언어에 보편적으로 쓰이는 수사법이다.

위와 비슷하게 쓰이는 예로는 다음이 있다 : 아래 18.c와 19.c문장의 목적어는 전체로서 부분을 나타내는 것으로 볼 수 있다.

18. a. I wiped the dirt out of the sink.
나는 때를 싱크대에서 닦아 내었다.

b. I wiped the dirt out.
나는 때를 닦아 내었다.

c. I wiped out the sink.
나는 싱크대를 닦아 내었다.

19. a. We flushed the dirt down the floor of the garage.
우리는 때를 차고 바닥에서 물로 씻어 내렸다.

b. We flushed the dirt down.
우리는 먼지를 씻어 내렸다.

c. We flushed down the floor of the garage.
우리는 차고 바닥을 씻어 내렸다.

18.에서 wipe가 나타내는 과정에는 씻는 사람, 씻기는 그릇, 씻겨 나가는 개체가 있는데, 18.a에서는 이 세 참가자 모두가, 18.b에서는 씻는 사람과 씻겨 나가는 물건이, 그리고 18.c에서는 씻는 사람과 씻기는 그릇만 표현되어 있다. 그러나 the sink는 실제 씻겨 나가는 일이 없으므로 실제 씻겨 나가는 것은 설거지대에 묻거나, 붙어 있는 찌꺼기로 추리될 수 있다. 19.c에서도 목적어가 the floor이지만 씻겨 내려가는 것은 바닥에 깔려 있는 먼지나 때같은 것임을 알 수가 있다.

2.4. 구절동사와 단순동사의 비교

어느 동사가 전치사적 부사와 쓰이지 않고 홀로 동사만 쓰일 때와 구절동사의 구조에 쓰일 때와의 차이를 여기서 살펴보겠다. 어떤 동사의 경우에는 전치사적 부사가 쓰이든 안쓰이든 그 공기제한은 마찬가지인 경우가 있다. 다음에 쓰인 bolt (down)와 drink (down)는 그 공기제한(cooccurence restriction)이 마찬가지이다.

20. a. The hungry boy bolted his food.
그 배고픈 소년이 그의 음식을 급히 먹었다.

b. The hungry boy bolted down his food.
그 배고픈 소년이 그의 음식을 꿀꺽 삼켰다.

21. a. Drink your medicine.
너의 약을 마셔라.

b. Drink down your medicine.
너의 약을 마셔서 꿀꺽 삼켜라.

어떤 동사의 경우에는 단순동사와 구절동사 사이의 공기 제한이 다를 수도 있다.

22. a. The bell chimed. (*The girl chimed.)
그 종이 울렸다.

b. The girl chimed in on the discussion.
그 소녀가 토의에 끼어들었다.

23. a. She answered me.
그녀는 나에게 대답했다.

b. She answered back to me.
그녀는 나에게 말대꾸를 했다.

위에서 살펴 본 20.~21. 문장의 경우 단순동사와 구절동사 사이에는 공기 제한에 차이가 없다. 그러나 그 의미는 전혀 다르다. 그 이유는 전치사적 부사의 의미가 방향과 결과를 나타내기 때문에, 구절동사는 자연히 결과의 의미를 내포한다. 어느 동사가 나타내는 과정은 여러 가지로 나누어 볼 수가 있다. drink가 나타내는 과정에는 누가 무엇을 마시기 시작하는 부분, 마시고 있는 부분, 또 다 마셔서 마신 것이 위에서 내려가 있거나, 그릇이 비어있는 부분 등이 있다. 전치사적 부사는 어느 동사가 나타낼 수 있는 과정의 마지막 부분에 초점을 둔다. 22.~23.도 전치사적 부사(in과 back)은 과정의 마지막 부분에 초점을 둔다.

예로서 다음 두 표현을 비교하여 보자.

24. a. She ate our bread.
그녀는 우리의 빵을 먹었다.

b. She ate up our bread.
그녀는 우리의 빵을 다 먹었다.

up이 24.a에는 쓰이지 않았으나 24.b에는 쓰였다. up이 쓰인 24.b는 그녀가 우리 빵을 다 먹어서 조금도 남지 않았다는 뜻을 나타낸다. 그러나 up이 쓰이지 않는 24.a에는 이러한 뜻은 있을 수도 있고, 그렇지 않을 수도 있다. 이와 같은 차이는 명령문에서 더욱 뚜렷하게 나타난다.

25. a. Don't eat our bread!
우리의 빵을 먹지 말아라!

b. Don't eat up our bread!
우리의 빵을 다 먹지 말아라!

25.a는 우리의 빵을 먹지 말라는 명령이고, 25.b는 우리의 빵을 다 먹지 말라는 명령이다.

다음으로, 단순동사와 구절동사 사이에는 큰 공기 제한과 의미 차이가 있는 경우를 살펴볼 수 있다 :

26. a. They usually box her ears as punishment.
그들은 벌로서 그녀의 귀를 때린다.

b. Please box up my gift.
내 선물을 상자 안에 잘 넣어 주세요.

27. a. They cracked the case with the hammer.
그들은 그 상자를 망치로 부수었다.

b. He really cracked up at my jokes.
그는 내 농담에 배꼽을 쥐었다.

보통 자동사로 쓰이는 동사가 전치사적 부사와 쓰이면 타동사로 쓰이는 예도 있다:

28. a. He slept off the effects of the drug.
그는 잠을 자서 그 약의 영향을 없앴다.

b. She looked up her name in the phone book.
그녀는 그 여자의 이름을 그 전화번호 책에서 찾았다.

c. The students laughed off the failure.
그 학생들은 그 실수를 웃어 넘겼다.

28.에 쓰인 동사 sleep, look, laugh는 자동사로 쓰이나 전치사적 부사와 쓰이면 타동사가 된다.

많은 경우에 구절동사에 쓰이는 동사는 명사에서 전성된 것이 있는데 동사만으로 쓰이지 않고, 전치사적 부사와만 함께 쓰인다.

29. a. Sympathy welled up in her.
동정심이 그녀의 마음속에 솟아 올랐다.

b. They cordoned off the ramp.
그들은 비상선을 쳐서 경사로를 차단했다.

well은 명사로 '샘'을 뜻하고, cordon은 명사로 '비상 경계선'을 뜻한다. 또 다음에서와 같이 타동사 가운데에는 구절 동사로 쓰이면 자동사가 된다.

30. a. The severed leg grew back.
그 잘린 다리가 다시 자라났다.

b. She caught on quickly.
그녀는 재빨리 이해를 했다.

c. The unhappy couple split up.
그 불행한 부부는 헤어졌다.

3. 전치사적-부사

위에서 우리는 「동사+전치사」 구조와 단순동사를 구절동사와 비교하면서, 구절동사의 특성을 몇 가지 살펴보았다. 다음에서는 전치사적 부사의 특성을 좀더 상세하게 살펴보겠다.

3.1 특성

전치사적 부사는 다른 부사와 구별이 되는데 이것을 다른 부사와 비교해 봄으로써 좀더 명확하게 알아낼 수 있다. 전치사적 부사는 다른 종류의 부사, 예로서 양태부사나 시간부사와는 달리 그 위치가 보다 자유롭다. 다음을 살펴보자.

31. a. *He built well the fire.
b. He built up the fire.
그는 불을 확 피웠다.

32. a. *She stitched carefully the rip.
b. She stitched up the rip.
그녀는 찢긴 부분을 완전히 기웠다.

33. a. *I bought yesterday the stocks.
b. 1 bought up the stocks.
나는 그 증권을 다 샀다.

보통 부사는 동사와 목적어 사이에 쓰일 수 없으나, 전치사적 부사는 31.~33.에서 볼 수 있는 바와 같이 이러한 위치에서도 자유롭게 쓰인다.

의미상으로 전치사적 부사는 공간속의 이동과 그 결과를 나타낸다. 예로서, away의 경우 어느 개체가 주어진 어느 기준점에서 멀어져 나가서 그 결과로 원래의 위치에서 떨어져 있는 결과를 나타낸다. 이것을 그림으로 나타내면 다음과 같다.

그림 1

그림 1의 E는 어느 개체인데 away는 이것이 주어진 장소 p^1을 벗어나서 원래의 장소인 p^1에서 멀어져 있는 결과를 나타낸다. 또 다른 한 예로, up을 살펴보아도 이의 뜻은 공간상의 이동과 그 결과를 나타낸다. up은 어느 개체가 기준이 되는 개체를 낮은 곳에서 위쪽으로 움직이는 방향과 이러한 방향으로 움직여 있는 결과를 나타낸다. 그림 2에서 E는 수직선을 기준으로 보면 위로 점차로 움직여서 처음보다 높은 위치에 있다.

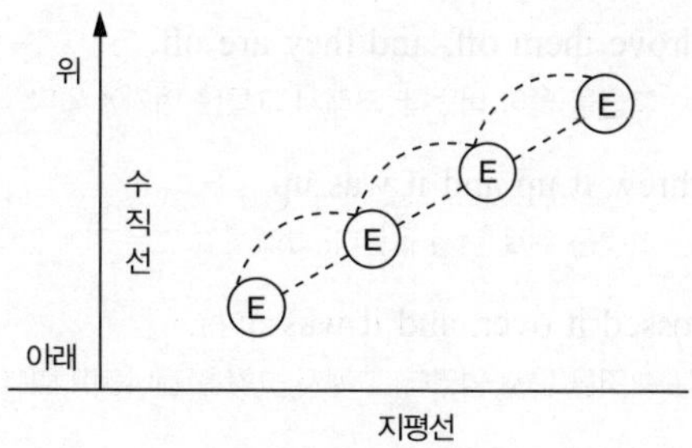

그림 2

그러므로 전치사적 부사는 방향만을 나타내는 다음과 같은 부사와는 구별된다. 다음 34.에 쓰인 부사는 방향만을 나타내는데 이들 부사는 동사와 목적어 사이에 나타나 있기 때문에 문법에 맞지 않는다. 그런데 전치사적 부사 up은 31.b에서와 같이 동사와 목적어의 사이에 나타날 수 있다.

34. a. *He tossed upward the ball.
    그는 그 공을 위쪽으로 던졌다.
    b. *She pulled downward the blinds.
    그녀는 차양막을 아래쪽으로 당겼다.

구절동사에 쓰이는 전치사적 부사는 방향과 결과의 의미를 가지고 있으므로 유사 동사와 명령문에 쓰일 수 있다. 35.a에 실린 것은 명령문에 쓰일 수 있으나, 35.b에 실린 것은 움직임의 뜻이 포함되어 있지 않으므로 쓰일 수 없다 :

35. a. Out! Back! Away with you! Down! Over!
    Head up! Toes out!
    b. *With! *To! *Toward! *against! *upward!

전치사적 부사에 결과의 의미가 있음은 다음과 같은 표현에서도 찾

아 볼 수가 있다 :

36. a. I drove them off, and they are off.
나는 그들을 쫓아 버렸다. 그래서 그들은 여기에 없다.

b. I threw it up and it was up.
나는 그것을 위로 던져 올렸다. 그래서 그것은 위에 있다.

c. I tossed it over, and it was over.
나는 그것을 던져 넘겼다. 그래서 그것은 건너편에 있다.

d. I turned the light on, and it was on.
나는 불을 켰다. 그래서 불이 켜져 있다.

e. I turned the light off, and it was off.
나는 불을 껐다. 그래서 불이 꺼져 있었다.

위에서 and 다음에 오는 전치사적 부사는 목적어가 새로이 위치해 있는 결과를 나타낸다.

3.2. 의미의 투명성

동사와 전치사적 부사로 이루어지는 구절동사는 구성 요소의 의미상의 투영도에 따라서 다음과 같이 몇 가지로 분류된다.

첫째, 구절동사에 동사와 전치사적 부사의 의미가 모두 뚜렷이 반영된 예가 되겠다. 예로서, 다음 문장에 쓰인 go와 out은 각각의 뜻을 갖는다 :

37. He went out an hour ago.
그는 한 시간 전에 나갔다.

동사 go는 어느 개체가 어떤 기준점에서 멀어지는 움직임을 나타내고 out은 어느 개체가 어떤 영역의 안에서 밖으로 움직이는 방향과 결과를 나타낸다. 그러나 다음에 쓰인 go out은 'stop being popular'의 뜻으로 쓰였는데, 이때에는 go나 out의 장소 이동의 뜻은 찾아볼 수가 없다.

38. The long skirt went out after a short season of popularity.
긴 스커트는 짧은 인기 기간이 지난 다음 곧 유행이 지났다.

38.에서와 같이 go out이 나타내는 전체의 의미에 이것을 이루는 부분의 의미가 반영되지 않는다고 생각되는 예들은 통상 관용어라고 불리워지고 있다. 37.과 38.로 예시되는 두 극단 사이에는 다음과 같은 중간 단계에 있는 예도 있다.

39. a. Drink your medicine.
너의 약을 마셔라.
b. Drink your medicine down.
너의 약을 다 마셔라.

39.b에서는 동사의 의미는 분명하나 down의 의미는 분명하지 않는 것으로 생각되는 예이다.

이러한 현상을 두고 학자들마다 그 분류가 다른데, 아래에서 Fraser와 Kennedy의 분류를 살펴보겠다. Fraser는 위와 같은 현상을 정리하기 위해서 구절동사를 다음과 같이 분류하고 있다.

[1] 동사+부사 조합
[2] 동사+불변사 조합 (관용어)
a. 체계적 결합
b. 비체계적 결합

전치사적 부사가 구절동사에 의미를 기여하는 것으로 판단될 때에는 Fraser는 이것을 부사라 부르고, 그렇지 않을 때에는 불변사(particle)라 부르고 있다. 그리고 의미 기여의 기준은 동사와 쓰이는 전치사적 부사가 장소 이동을 나타내는 뜻으로 쓰이느냐 아니면 그렇지 않느냐에 달려 있다. 전치사적 부사에 장소 이동의 뜻이 분명하면, 이것은 부사이고 그렇지 않으면 불변사로 간주된다.

Fraser는 다시 동사-불변사의 결합을 체계적 결합과 비체계적 결합의 두 가지로 나누고 있다. 체계적 결합은 동사에 일관성 있는 의미 변화를 가져오는 것으로, 이에 대한 예는 bolt down, swallow down, drink down이다. 비체계적 결합에서 불변사는 동사에 체계적인 의미 변화를 가져다 주지 않는 것으로 생각되며, 비체계적 결합은 굳어버린 형태로 간주된다. figure out, look up 등이 그 예가 되겠다. 요약하면 Fraser의 분류는 구절동사에서 동사와 결합되는 전치 부사의 의미 기여에 의존하는데, 이 때 의미는 전치사적 부사가 갖는 문자 그대로의 의미인 장소 이동의 의미이다. 이러한 장소 의미가 구절동사에 반영되면, 전치사적 부사는 의미를 기여하는 것으로 생각되어 부사로 판단되며, 그렇지 않고 전치사적 부사가 비유적으로 확대되어 쓰이면 의미 기여가 없는 것으로 판단된다. 그러나 Fraser가 불변화사라고 분류한 것도 분석에 따라서는 모두 체계적인 것으로 나타날 수 있음을 Lindner가 보여주고 있다. 또 부사와 불변사 사이의 차이는 절대적인 것이 아니라 이들은 연속 변차선을 이룸을 보여주는 학자들이 있다.

Kennedy와 Bolinger 같은 학자들은 전치사적 부사의 장소 이동의 뜻과 이들의 비유적인 뜻은 서로 완전히 다른 것이 아니며, 비유적인 뜻도 장소 이동의 뜻과 관련되어 있음을 지적한다. 예로서 Kennedy(1920 : 23－5)는 up을 장소의 의미가 강한 것부터 약한(비유적) 의미로 쓰인 예를 다음과 같이 제시하고 있다 : up의 의미로 가장 흔한 것은 '위로의 움직임'인데, 다음 a에 쓰인 up은 거의 필요가 없을 정도로 동사 자체에 '위로'의 의미가 있다.

a. bank up　　flame up
heave up　　spring up
swell up　　kick up

다음에서는 '위로'의 의미가 숨어있기는 하지만, 이것은 양이나 정도의 증가를 나타내는 비유적인 의미로 쓰인 예이다 :

b. add up　　blow up　　call up
chalk up　　cheer up　　cough up

다음에 쓰인 up은 '앞으로' 또는 기준점으로의 접근을 나타낸다.

c. back up　　pull up　　jog up
move up　　drive up

다음에 쓰인 up은 어떤 위치나 표준에 이르는 움직임을 나타내고, 행위의 완료를 암시한다.

d. connect up　　fetch up　　bring up
join up　　lead up　　match up

다음에 쓰인 up은 무엇을 현저하게 만드는 내용을 갖는다.

e. look up　　open up　　show up
speak up　　strike up　　think up

다음에 쓰인 up은 조임과 완성의 의미를 갖는다.

f. bind up　　bottle up　　buckle up
fasten up　　lock up　　screw up

다음에 쓰인 물체는 연결시키거나 집합시키는 의미를 갖는다.

g. collect up　　double up　　gather up
heap up　　bundle up　　stock up

다음에 쓰인 up은 완료를 나타낸다.

h. beat up　　black up　　clean up
dust up　　fix up　　mix up (Kennedy 23-35)

이밖에 전치사적 부사의 의미를 찾아볼 수 없는 예도 많다고 Kennedy는 말한다. 위의 구절동사가 열거된 차례는 전치사적 부사가 장소 이동의 뜻에서 확대되어 점점 비유적으로 쓰인 순서를 나타낸다고 Kennedy는 주장하고 있다. Kennedy는 up이 갖는 여러 의미를 충실하게 나열하면서, 이들 의미에는 장소 의미가 내포되어 있다고 보고 있다. 그러나 왜 up이 이렇게 주어진 많은 뜻을 가지게 되었는지를 밝히지 못하고 있다.

Bolinger(1971 : 92－102)는 전치사적 부사의 장소 이동의 의미와 비유적인 의미는 연속변차선을 이루며, 이들은 서로 관련이 되어있음을 주장하면서 up의 의미를 다음과 같이 제시하고 있다.

첫째, up은 '위로'의 방향 의미를 갖는데, 이러한 방향은 '완성'의 비유적 의미와 연관을 갖는다. 이러한 의미의 연관성은 우리의 경험에서 나오는 것으로 그는 보고 있다. 예로, 컵에 물을 채우면 수면이 점점 높아지다가 가장자리에 오면 물의 오름은 멈춘다. 이러한 관계에서부터 up은 멈춤과 완성의 의미로 확대된다.

또 한 가지 확대의 예로서, 멀리 있는 사람이 가까이 오면 점점 커져 보인다. 이러한 관계에서 up은 접근의 의미를 나타내게 된다.

40. a. He filled up the glass.
그는 그 잔을 채웠다.

b. He came up to me.
그는 나에게 다가왔다.

c. Pull up a chair and join the game.
의자를 끌어당겨서 게임에 들어오세요.

위에서 살펴본 예를 바탕으로 Bolinger는 up의 의미를 크게 다음과 같이 다섯 가지로 나누고 있다(p.99).

ⓐ 직접적이거나 비유적인 방향의 의미
ⓑ ("위"로 올라오는 것은 보인다와 같은) 확장된 방향의 의미
ⓒ 결과 상태로 나타나는 완성의 의미
ⓓ 완료나 시작과 같은 완성의 의미
ⓔ 높은 강도를 취하는 의미에서의 완성의 의미

위의 다섯 의미가 다음에 예시되어 있다:

41. a. The work piled up.
일이 쌓였다.

It holds up under stress.
그것은 압력 아래에서도 버틴다.

b. Has he turned up yet?
그는 나타났습니까?

He grew up.
그는 자랐다.

c. It shriveled up.
그것은 완전히 오그라졌다.

The ice broke up.
그 얼음은 완전히 깨어졌다.

d. He clammed up.
그는 입을 꼭 다물고 있었다.

The rain let up.
비가 그쳤다.

e. They revved up.
그들은 엔진의 회전 속도를 높였다.

He speeded up.
그는 속도를 높혔다.

요약하면, Fraser는 구절동사에 쓰이는 불변사는 뜻이 있는 것도 있고 없는 것이 있다고 생각하고 있다. 그러나 Kennedy와 Bolinger는 Fraser와는 다른 생각을 가지고 있다. Kennedy는 up이 갖는 여러 가지 의미 사이에는 관련성이 있음만을 암시하고 있는데 반해, Bolinger는 한 낱말이 갖는 여러 의미는 우리의 경험에 의해서 관련성이 맺어짐을 보여주고 있다. 다음 소절에서 우리는 Kennedy와 Bolinger가 가지고 있는 생각이 Lindner에 의해서 좀더 체계적으로 연구되어 있음을 살펴보겠다. Lindner는 불변화사(이 책에서 말하는 전치사적 부사이다.)가 갖는 여러 의미 사이에는 관련성이 있음을 인지문법의 틀을 써서 체계적으로 보여주고 있다.

3.3. 망(network)모형에 의한 의미 분석

잘 검토해 보면, 전치사적 부사의 뜻은 방향과 은유적 의미로 분명히 갈라지는 것이 아니라, 이 두 극단 사이는 많은 연속변차로 이어지는 것으로 볼 수 있으며, 또 각각의 전치사적 부사의 뜻은 여러 개가 있고 서로 다르게 보이지만 서로 관련되어 있음을 볼 수 있다. 이러한 관계를 가장 잘 보여주는 연구가 Lindner의 연구이다. 그분은 박사 학위 논문에서 전치사적 부사 out과 up의 의미를 체계적으로 다루고 있다. 이 두 전치사적 부사 각각은 여러 가지 서로 다르게 보이는 의미를 가지고 있으나, 이들 의미는 공통점에 따라서 몇 개의 도식으로 무리지어질 수 있고, 또 이들 도식은 다시 상위 도식으로 무리지어질 수 있음을 설득력 있게 보여주고 있다. 다음은 out의 도식을 나타내는 그림이다.

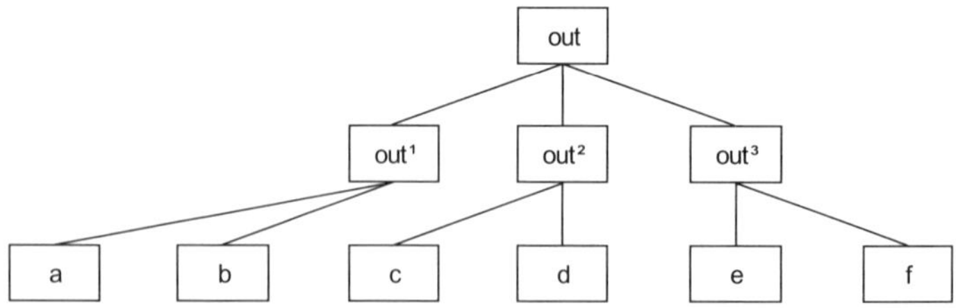

그림 3

이것이 의미하는 바는 다음과 같다. a, b에서 공통점을 뽑아서 만든 것이 도식 out1이고, c와 d에서 공통점을 뽑아서 만든 도식이 out 2이다. 또 e와 f에서 공통점을 뽑아서 만든 도식이 out3이다. 도식(out[1], out[2], out[3])는 이들을 이루는 실례보다 더 추상적이다. 왜냐하면, 어느 도식에는 이것을 이루는 실례의 차이점은 무시되고 공통점만 포착하기 때문이다. 위의 세 도식은 다시 상위 도식(out)으로 묶어질 수 있다. 이렇게 보면, out은 여러 가지의 의미를 가지고 있으나 하나의 망을 이루는 것으로 볼 수 있다. 여기서 out1의 실례를 한 번 살펴보기로 하겠다.

42. a. She went out.
그녀는 나갔다.

b. The branch sticks out.
그 가지가 삐쭉 나온다.

c. The tunnel goes out.
그 터널은 밖으로 나간다.

out은 두 개체 사이의 관계를 나타내는 관계어이다. 전통 문법에서 전치사는 선행사와 목적어를 갖는다고 설명된다. 여기서 소개되는 전치사적 부사 out도 관계어로서 선행사와 목적어가 있다. 선행사는 바탕-모습의 대조에서 모습에 해당하는 것이고, 목적어는 통상 명시되지는 않으나 암시되는 것으로 바탕에 해당된다. 42.에서는 이동체의 대표적인 성질을 세 가지 보여준다. 42.a에서 이동체는 어느 사람이 움직인 자취이고, 42.b의 이동체는 자취가 아니라 실물이다. 42.c의 이동체는 빈 공간이다. 이와 같이 42.의 이동체 각각은 다르지만, 어느 것이든 어떤 정해진 구역 안에서 밖으로 나가 있는 관계를 나타낸다. 다음 43.에서는 지표의 여러 성질을 볼 수가 있다.

43. a. The cat clawed its way out (of the bag).
그 고양이가 발톱으로 자루를 뚫어서 (자루) 밖으로 나갔다.

b. Pour that coffee out.
그 커피를 쏟아 부어라.

c. Pluck the feather out.
그 깃털을 뽑아라.

d. The dog dug the bone out.
그 개는 그 뼈를 파내었다.

e. Wash this dirt out.
이 때를 씻어 내어라.

f. There are rocks in the sand; sift them out.
모래에 큰 돌이 있다: 체로 쳐서 돌을 가려 내어라.

g. Cut out that picture and save it.
그 그림을 오려 내어서 간직해라.

h. Pound out the dents.
움푹 들어간 곳을 펴내어라.

43.에 암시되거나 명시된 바탕은 다음과 같다. 43.a에서 지표는 사방이 둘러싸인 자루와 같은 입체적 개체이고, 43.b의 지표는 한쪽이 열린 컵과 같은 입체적 개체이다. 43.c의 지표는 전체적으로는 평면적인데, 그 일부에 이동체가 꽂혀있는 관계이다. 43.d의 지표는 이동체를 덮고 있는 땅이다. 43.e의 지표는 천과 같은 개체이다. 43.f의 지표는 모래와 돌이 이루는 무더기나 더미이다. 43.g의 지표는 이동체가 오려져 나오는 전체이다. 43.h의 지표는 fender이다.

위에서 살펴본 out의 관계는 공간에 적용되는 것이다. 그러나 이 공간 관계는 비공간 관계에도 확대되어 쓰이는데, 다음에 몇 가지의 예가 주어져 있다 :

44. a. She always picks out the most expensive clothes.
그녀는 언제나 가장 비싼 옷을 고른다.

b. In telling the story, she left out the part about Korea.
그 얘기를 하면서, 그녀는 한국에 대한 부분은 빼놓았다.

c. He rents out his house at the beach.
그는 해변에 있는 그의 집을 빌려준다.

d. The new play came out on Broadway.
그 새 연극이 브로드웨이에서 상연되었다.

e. He threw out a few suggestions.
그는 몇 가지의 제안을 내어 놓았다.

44.a의 지표는 싼 옷과 비싼 옷이 함께 있는 영역이다. 이것은 돌과 모래가 섞여있는 영역에서 돌을 골라내는 것이나 마찬가지이다. 44.b의 지표는 이야기인데, 이야기는 처음과 끝으로 한계가 지어지는 영역이 있는 것으로 볼 수 있다. 이 영역 안에 무엇을 넣을 수도 있고 이 안에 들어가야 할 것을 넣지 않거나 이 영역 밖으로 무엇을 뺄 수 있다. 44.c의 지표는 주어의 소유 영역이다. out은 주어가 소유는 집이 소유 영역 밖으로 나가 있음을 나타낸다. 44.d의 지표는 사유 영역이다. 연극이 공연된다는 것은 이것이 개인 영역에서 대중의 영역으로 나감을 나타낸다. 44.e의 지표는 사람의 마음속이다. 마음속에 있는 것이 밖으로 나가는 관계를 out이 나타낸다.

위에서 살펴본 바와 같이, out의 전형적인 의미는 어느 이동체가 지표의 영역에서 벗어나 있는 관계인데, 이것은 다른 추상적인 관계를 나타내는 형판으로 쓰인다. 그러므로 전치사적 부사가 관용적인 용법으로 쓰일 때에도 그 뜻은 비유적으로 확대되었지만, 그대로 있는 것으로 볼 수 있다.

이렇게 보면 전치사적 부사의 뜻이 구체적이냐 추상적이냐를 이야기할 수 있어도, 전치사적 부사의 뜻이 있느냐 없느냐를 따지는 것은 합당한 일이 못됨을 알 수가 있다. 마찬가지로 어느 전치사적 부사의 쓰임이 구체적인 장소 이동과 관련되느냐, 추상적인 상태 변화와 관계되느냐를 물을 수 있으나, 이 둘은 연속변차선을 이루기 때문에 어느 지점에서 이분이 될 수 있는 성질은 아니다.

4. 구절동사에 쓰이는 동사

구절동사에 쓰이는 동사 가운데는 find와 같이 자체의 뜻이 어느 정도 분명한 것도 있고, get과 같이 자체의 뜻이 불분명한 것도 있다. get과 같이 뜻이 분명하지 않는 경우, 이러한 동사에는 뜻이 없는 것으로 취급되어 왔다. 그래서 get over가 'overcome'의 뜻으로 쓰이면, 이 뜻은 get이나 over의 어느 쪽에서도 끌어낼 수 없다고 판단되어 관용어(idiom)로 간주된다. 여기서 우리는 get을 예로 들어 이 동사의 뜻을 자세히 살펴보겠다. 이 동사의 뜻은 장소 이동을 나타내는 구체적인 뜻이 있고, 이것은 상태 변화를 나타내는 형판 구실을 함을 알아보자. 먼저 다음 예를 살펴보자.

45. a. Can you get the nail in the wall?
너는 그 못을 벽에 박을 수 있니?

b. Can you get the nail out of the wall?
너는 그 못을 벽에서 뺄 수 있니?

c. You can get only six books out of the library.
너는 도서관에서 책을 여섯 권만 가지고 나갈 수 있다.

d. I will get the truth out of the prisoner if it takes all night.
나는 온 밤이 걸리더라도 그 죄수로부터 진실을 받아내겠다.

e. You won't get much income out of the book.
너는 그 책에서 많은 수입을 얻을 수가 없을 것이다.

f. A lighter bicycle will get you over the distance so much more easily.
가벼운 자전거는 너를 그 거리를 훨씬 더 쉽게 지나게 해 줄 것이다.

g. We finally got the new law through Parliament.
우리는 마침내 그 새 법을 의회를 통과시켰다.

h. This old car may not run very well, but it gets you to work.
이 낡은 차는 잘 구르지는 않으나, 그래도 너를 일터에 데려다 준다.

동사 get이 나타내는 사건의 바탕에는 행위자(Agent), 행위자의 영향을 받는 피영향자(Patient), 피영향자의 원래의 위치(Source), 피영향자가 움직인 다음의 위치(Goal)가 있다. 행위자가 피영향자에 힘을 가하면 피영향자는 p^1에서 p^2로 움직인다.

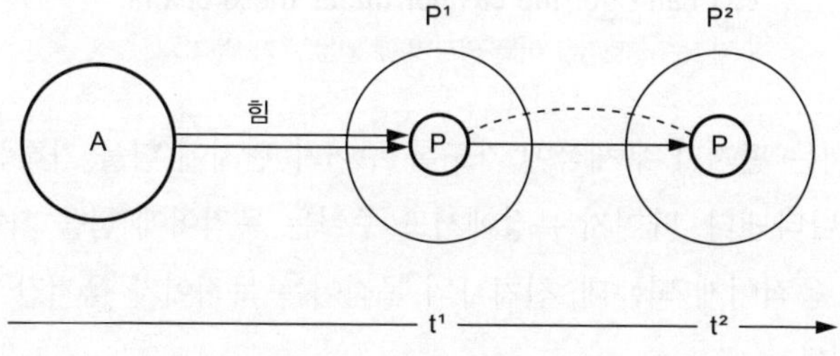

그림 4

이 바탕에 있는 것 가운데 get의 쓰임에 따라서 어떤 것은 모습으로 드러나고, 어떤 것은 모습으로 드러나지 않고 바탕에 깔려있다. 아래에서 바탕에 있는 참가자와 배경이 어떻게 서로 다르게 나타날 수 있는지 살펴보자.

다음 문장에서는 행위자, 피영향자, 근원이 부각되어 있다.

46. a. He got his hand off the knob.
그는 그의 손을 손잡이에서 떼었다.

b. He got the nail out of the wall.
그는 못을 벽에서 빼었다.

46.a에서는 주어(A)가 그의 손(P)에 힘을 가하여 그의 손이 손잡이(p^1)에 붙어 있다가 떨어져 있게 옮겨 놓는 과정을 get이 나타낸다. 46.b에서도 주어가 못에 힘을 가하여 못이 벽에 꽂혀있는 상태에서 빠져있게 되는 과정을 get이 나타낸다.

다음 문장에서는 행위자, 피영향자, 목표가 모습으로 드러나 있다.

47. a. He got the letter to the post.
그는 그 편지를 우체국에 보냈다.

b. The car will get you to work.
그 자동차는 너를 일터에 데려다 줄 것이다.

c. I can't get the cleaner under these chairs.
나는 소제기를 이들 의자 밑에 넣을 수가 없다.

47.a에서는 편지가 우체국에 가도록 주어가 편지에 힘을 가하는 과정 get이 나타낸다. 나머지 문장에서도 주어는 목적어에 힘을 가하여, 목적어가 움직이게 되는데, 전치사의 목적어는 목적어가 옮겨간 목표를 나타낸다.

위의 관찰을 토대로 보면, 동사 get은 다음과 같은 과정을 나타낸다: 주어가 목적어에 영향을 주어서, 목적어가 어느 한 장소에서 다른 장소로 움직이는 과정을 나타낸다. 위와 같은 관계는 다음과 같이 조금씩 변이가 되어 나타날 수 있다. 아래 에서 주어 'I'는 경험자와 목표의 역할을 포함한다.

48. a. I did not get your last name.
나는 너의 성을 듣지 못했다.

b. I did not get your meaning.
나는 너의 뜻을 이해하지 못했다.

c. I got his joke.
나는 그의 농담을 이해했다.

위에서, 첫째로 주목할 수 있는 것은 피영향자가 추상적인 개체인 점이다(소리, 뜻, 농담). 둘째로 주목할 수 있는 점은 주어가 경험자이면서 동시에 피영향자가 이르는 목표가 된다. 예로서, 48.a의 경우 주어 I는 경험자이면서 동시에 your last name이 이르게 되는 목표이다. 다음 그림 5에서 A와 p^2가 동일함은 점선으로 표시되어 있다.

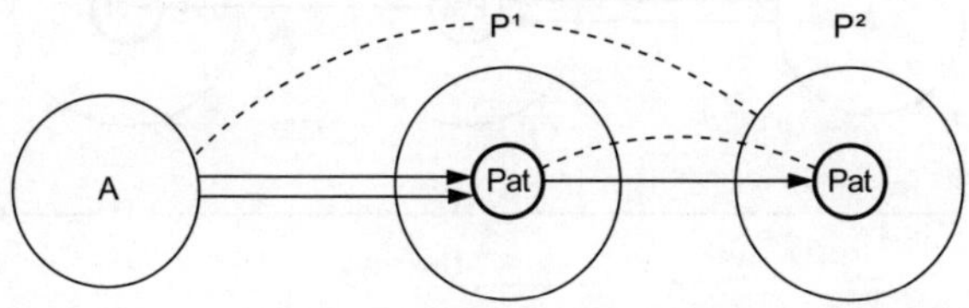

그림 5

다음은 행위자와 피영향자가 분리되지 않고, 이 두 개념이 주어에 다 포함되어 있는 예의 문장이다.

49. a. We got there at eight.
우리는 그 곳에 8시에 도착했다.

b. When did you get here?
너는 언제 여기에 왔는가?

c. He got about a great deal.
그는 이곳저곳 많이 다닌다.

d. When did you get back from the country?
너는 시골에서 언제 돌아왔느냐?

위 문장에서 주어는 움직임을 계획하고 또 동시에 실행하여 움직이는 사람이 되어 있다. 구체적으로 49.a의 경우, we는 움직임을 계획하고 실제 움직이는 사람이다. 49.b의 경우도, you는 움직임을 계획하고 이것을 실행하는 사람이다. 나머지 두 문장에서도 행위자와 피영향자가 동일하다.

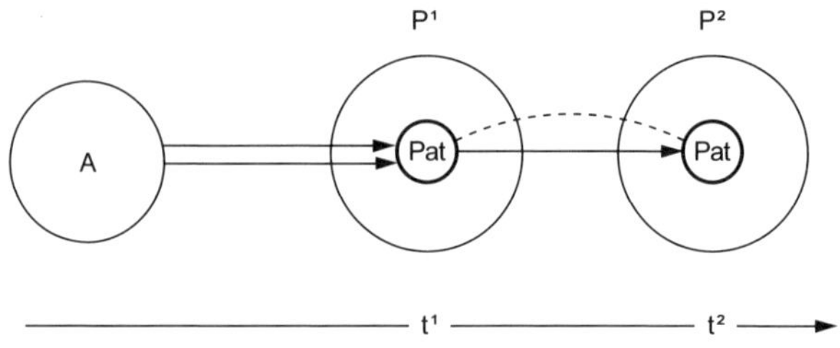

그림 6

지금까지 살펴본 get은 어느 개체의 장소 이동을 나타내는 과정이다. 이러한 장소 이동을 나타내는 관계는 어느 개체의 상태 변화를 나타내는 예에도 확대 적용된다. 즉, 주어가 목적어에 힘을 가하여 이 목적어가 한 상태에서 다른 상태로 옮겨가게 하는 과정을 get이 나타낼 수 있다. 이것은 즉 **그림 4**의 근원과 목표가 공간속의 장소가 아니라 어느 물체가 들어갈 수 있는 상태로 풀이된다.

50. I can't get the car (to go/going/gone).
나는 그 차를 (가게/가고 있게/가버리게) 할 수가 없다.

50.에서 주어 I는 the car에 영향을 주어서 괄호 안에 있는 상태에 이르게 하는 과정을 get이 나타낸다. to go는 자동차가 go의 과정을 시작하게 되는 상태를 나타내고, going은 자동차가 움직이는 과정 가운데 있는 상태를 나타내고, gone은 자동차가 go가 나타내는 과정의 끝 부분에 있음을 나타낸다. 이것은 개략적으로 다음과 같이 나타낼 수 있다 :

51. a. to go : 자동차 ———▶ 과정

b. going : • • • 자동차 / 과정 • • •

c. gone : 과정 ├———┤ 자동차

다음에서는 보통 목적어가 들어가는 새 상태를 형용사가 나타낸다.

52. a. I must get the children ready for school.
나는 아이들이 학교 갈 준비를 시켜야 한다.

b. I must get the breakfast ready.
나는 아침을 준비해야 한다.

c. He got his arm sore.
그는 팔을 아프게 했다.

다음 문장에서는 행위자와 피영향자의 개념이 주어에 함께 들어 있는 경우이다. 즉, 어느 상태에 이르게 의도하는 개체와 이 상태에 이르는 개체는 같다 :

53. a. These women got talking.
이들 부인들이 말을 하기 시작했다.

b. They soon got to be friends.
그들은 곧 친구가 되었다.

c. They got drunk / tired / excited.
그들은 (취했다 / 지쳤다 / 흥분했다).

d. The food is getting cold.
그 음식이 차가워지고 있다.

다음에서는 목적어는 사람을 가리키고, 주어는 사람에게 영향을 줄 수 있는 개체를 가리킨다.

54. a. Her tears got me.
그녀의 눈물이 나를 감동시켰다.

b. It really got me.
그것은 정말 나의 신경을 건드렸다.

c. That gets me.
저것이 나를 성가시게 했다.

54.에서 get의 목적어는 목표인데, 이것은 사람이므로 감정적인 영향을 받는 것으로 풀이된다. 위에서 우리는 get에 장소 이동을 나타내는 기본적인 과정을 설정하고, 이것이 어떻게 변이되는가를 살펴보았고, 또 나아가서 장소 이동의 개념은 상태 변화의 형판이 됨을 살펴보았다. 이러는 가운데 get의 뜻은 pull, push, drag, draw와 같이 뚜렷하지는 않으나 엄연히 존재함을 살펴보았다. 아래에서는 get이 전치사와 전치사적 부사가 쓰이는 예를 살펴보기로 하겠다 :

4.1. get+(목적어)+전치사

get의 기본 의미는 장소 이동이므로, 이 동사는 구절동사를 이루는 거의 모든 전치사적 부사와 함께 쓰임을 알 수가 있다. 다음에서는 동사 get이 타동사로 쓰이면서 장소 이동의 뜻을 갖는 전치사와 같이 쓰이는 예를 살펴보겠다.

55. a. They got their hands off the car.
그들은 손을 차에서 떼었다.

b. I can't get my boots off my swollen foot.
나는 장화를 부은 발에서 벗길 수가 없다.

c. His story is not original. He got it out of a book.
그의 이야기는 독창적인 것이 아니다. 그는 그것을 어느 책에서 베꼈다.

d. You won't get much out of your book.
너는 많은 것을 너의 책에서 얻을 수 없을 것이다.

위에서 쓰인 get은 타동사로 쓰였다. 이 동사는 주어의 힘에 의해서 목적어가 장소 이동을 하는 과정을 그린다. 55.a~d에서는 출발지나 근원이 부각되어 있다.

다음에 쓰인 get은 자동사로서 주어의 장소 이동을 나타낸다.

56. a. He got in the car and drove away.
그는 차에 들어가서 자동차를 몰고 갔다.

b. Get on my shoulder and have a look over the fence.
내 어깨 위에 올라와서 울타리 너머를 한 번 보아라.

c. The boy was unable to get over the wall.
그 소년은 벽을 넘을 수가 없었다.

d. The fat man couldn't get through the door.
그 뚱뚱한 남자는 그 문을 지날 수가 없었다.

e. Where did you get to?
너는 어디에 도착했니?

56.a~d에 쓰인 전치사구는 주어가 움직여서 새로 차지하는 목적지를 나타낸다. 동사 get이 장소 이동을 나타낼 때도, 전치사의 목적어는 비유적으로 확대되어 쓰일 수 있다. 다음을 살펴보자.

57. a. He got out of the deep hole.
그는 그 깊은 구덩에서 나왔다.

b. He got out of (the habit of smoking/debt/practice).
그는 (담배 피우는 습관/빚/관행)에서 벗어났다.

57.a에서 out of의 바탕은 구체적인 장소이다. 그러나 57.b에서의 바탕은 추상적인 개체이다. 추상적이긴 하지만 모습(주어)이 빠져있을 수 있는 것으로 생각되는 개체이다. 다시 말하면 습관이나, 빚, 관습은 모습이 그 속에 있는 것으로 풀이된다. 다음도 마찬가지로, 58.a의 바탕은 구체적이고 58.b의 바탕은 추상적이다.

58. a. He got over (the wall/the road).
그는 (그 벽/그 길)을 넘어갔다.

b. He got over (the trouble/the problem).
그는 (그 어려움/그 문제)를 극복했다.

58.a문장의 바탕은 구체적인 장소로서 주어(모습)가 이들 바탕의 한 쪽에서 다른쪽으로 넘어간다. 58.b문장의 바탕은 추상적인 개체이다. 그러나 어려움이나 문제는 벽이나 길과 같은 장애물로 관습적으로 개념화되는 개체이다.

4.2. get+(목적어)+전치사적 부사

동사 get이 전치사적 부사와 같이 쓰여서 구절동사를 이룰 때에도 동사와 전치사적 부사의 의미는 그대로 식별될 수 있음을 위에서 살펴보았다. 다음에서는 get이 타동사로 쓰인 예를 살펴보자.

59. a. You'd better get the tree down.
너는 그 나무를 베어버리는 것이 좋겠다.

b. I knew this case is too small. I can't get all my clothes in.
나는 이 상자가 너무 작다는 것을 안다. 나는 그 속에 내 옷을 다 넣을 수가 없다.

c. The driver got the passengers off.
그 운전수는 손님들을 내렸다.

d. I will get some clean sheets out.
나는 깨끗한 시트를 꺼내겠다.

e. You have to get the tree up by its root.
너는 그 나무를 뿌리로 뽑아 올려야 할 것이다.

위 문장에 쓰인 전치사적 부사는 전치사와는 달리 목적어가 없다. 그러나 우리는 세상지식이나 문맥에서부터 명시되지 않은 목적어를 추리해 낼 수 있다. 59.a에서는 중력에 의한 수직선이 down의 바탕이다. 그래서 down은 주어가 나무에 힘을 가하여, 이 나무가 서 있었던 상태에서 넘어진 상태로 되게 한다. 59.b에서 in의 바탕은 첫 문장에서 끌어낼 수 있다. 즉, 상자가 in의 바탕이다. 59.c의 off의 바탕은 운전수가 운전하는 버스와 같은 차량이 되겠다. 59.d에서 out (of)의 바탕은 이불이나 요를 넣어두는 장소가 되겠다. 59.e에서 up의 바탕은 중력에 의한 수직선이 기준이 되고, 이것은 the tree가 땅속에서 땅 위로 올라오는 과정과 그 결과를 나타낸다.

위에서는 비교적 구체적인 장소 이동을 나타내는 구절 동사의 예를 들어 놓았다. 그러나 어느 경우이든 좀더 추상적인 의미로 확대되어 쓰일 수 있다. get down의 예를 들어보자.

60. a. Did they get the enemy plane down?
그들은 적 비행기를 추락시켰느냐?

b. She got down every word he said.
그녀는 그가 말하는 모든 낱말을 적었다.

c. This wet weather is getting me down.
이 습한 날씨가 나를 안절부절하게 한다.

60.a에서는 비행기가 공중에서 땅으로 내려오는 관계를 down이 나타낸다. 60.b에서는 소리를 타고 공중에 있는 말이 종이 위에 놓이게 되는 비유적인 과정을 down이 나타낸다. 60.c에서 me '나의 기분'을 뜻하고 이것은 기분이 수은주와 같이 위－아래로 움직일 수 있는 것으로 비유된다. 위로 움직임은 기분이 좋아짐을 아래로 움직임은 기분이 낮아짐을 나타낸다. 여기서는 기분을 낮게 한다는 의미이다.

다음에서 get과 out이 쓰였다.

61 a. I will get some money out.
나는 돈을 좀 꺼내겠다.

b. He got out a few words in spite of his fear.
그는 두려움에도 불구하고 몇 마디 말을 꺼내었다.

c. We got two players out.
우리는 두 선수를 퇴장시켰다.

61.a에서 get out은 은행과 같은 구체적인 장소에서 구체적인 돈을 꺼내는 과정을 나타낸다. 61.b에서 바탕은 사람의 마음이고, 이 바탕에서 나오는 것은 보다 추상적인 소리, 즉 낱말이다. 61.c에서 바탕은 운동 경기이고, 이러한 경기로부터 두 선수를 나오게 하는 과정을 get out이 나타낸다. 즉, 암시된 바탕은 경기이고, 이 경기에서 누구를 나오게 한다는 것은 이들이 경기를 못하게 한다는 뜻이다. 위의 세 경우에서 out이 적용되는 영역이 다르지만 공통적인 뜻을 가지고 있음을 알 수가 있다.

다음에서는 get이 자동사로 쓰인 예를 살펴보자.

62. a. Get back. The roof is falling.
뒤로 물러가거라. 지붕이 내려앉고 있다.

b. The cat climbed the tree, but couldn't get down.
고양이가 그 나무에 올라갔으나, 내려올 수 없었다.

c. How many passengers get out at the last stop?
몇 명의 승객이 지난 정류장에서 내렸나?

d. I shall be glad to get in.
나는 들어가게 되면 기쁠 것이다.

e. The plane got off safely.
그 비행기는 무사히 이륙했다.

f. How can we get over? The traffic is so busy.
어떻게 건너갈 수 있을까? 교통이 너무 복잡하다.

g. I tried to phone you, but I couldn't get through.
나는 너에게 전화를 하려고 노력했으나, 연결이 되지 않았다.

h. The hill is so steep that the old car cannot get up.
이 산은 너무 가파르기 때문에 이 낡은 자동차가 올라갈 수가 없다.

동사 get의 기본적인 의미는 장소 이동이므로, 공간 관계를 니다내는 관계부사와 자유롭게 쓰인다. 위에서는 일반적인 뜻을 갖는 동사 get을 예로서, 이 동사에도 뜻이 있고, 또 이 뜻은 구절동사에도 있음을 살펴보았다. 이러한 주장은 get 뿐만 아니라 put, make 등의 동사에도 그대로 적용될 수 있다.

5. 신조 구절동사

동사 가운데는 전치사적 부사와 쓰여서 비슷한 뜻을 나타내는 것이 있는데, 이들 동사 사이에는 어떤 의미상의 공통점이 있는가? 위에서 우리는 각각의 전치사적 부사는 여러 개의 서로 관련된 뜻을 가지고 있음을 살펴보았다. 그러면 어떤 특정한 뜻을 갖는 전치사적 부사와 결합되는 동사들 사이에는 어떤 의미상의 공통성이 있을 수 있는가? 다음과 같은 예를 살펴보면, 그 대답은 자명한 것으로 보인다 :

63. a. bolt, drink down, gulp down, swig down, swallow down.
b. beat up, churn up, mix up, shake up, stir up.
c. roll out, spread out, draw out.
d. give out, hand out, lend out, pass out, throw out.

63.a에서 down은 음식물이 아래로 내려가 있는 결과를 나타내고 down과 같이 쓰인 동사는 음식을 먹는 방법을 나타낸다. 그러므로, down이 가리키는 상태를 불러 일으킬 수 있는 과정을 나타내는 동사는 down이 같이 쓰일 수 있다고 볼 수가 있다. 63.b에서 up은 어떤 개체가 들떠있는 상태를 가리키고, 동사는 이러한 상태를 자아내는 과정

을 나타낸다. 63.c에서 out은 어떤 개체가 원래보다 길어지거나 넓혀져 있는 상태를 나타내고, 동사는 이러한 상태를 자아내는 과정을 가리킨다. 모든 경우 전치사적 부사가 나타내는 결과를 가져올 수 있는 과정을 나타내는 동사는 주어진 전치사적 부사와 같이 쓰인다.

그러나 여기에는 약간의 제약이 있는데, 주로 음운과 관련된 제약이다. 구절동사 구조에 쓰이는 동사는 주로 단음절 동사이다. 뜻이 거의 비슷한 동사의 경우 단음절은 전치사적 부사와 자유롭게 쓰이나, 이 음절이나 그 이상의 음절로 된 동사는 구절동사에 잘 쓰이지 않는다 :

64. a. The general (clouded/*confused) up the issue.
그 장군은 그 쟁점을 모호하게 만들었다.

b. The chemist (mixed/*combined) up the solutions.
그 화학자가 용액을 섞었다.

c. She will (fix/*rectify) up the error in the book.
그녀는 그 책의 잘못을 고칠 것이다.

위와 같은 제약은 있기는 하나, 영어에 있는 구절동사는 그 수가 한정되어 있는 것이 아니라 언제나 새로운 것이 만들어질 수 있다. 이러한 가능성은 현존하는 구절동사의 구성 도식이 형판이 되어, 이 형판에 따라 새로운 구절동사가 만들어져 나올 수 있다. 예로 black out을 들어보자. 이것은 무엇을 검게 칠하여 보이던 것이 안 보이게 되는 과정을 나타내는데, black은 이러한 과정을 나타내고, out은 이러한 상태 변화의 결과를 나타낸다.

또 한 예로, white out은 무엇을 희게 칠하여 보이던 것이 안보이게 하는 과정과 그 결과를 나타낸다. 이러한 구체적인 실례가 이보다 추상적인 다음과 같은 도식을 만들 수 있는 바탕이 된다. 다음 **그림 7**에서 (a)와 (b)는 구체적인 실례이고, (d)는 이러한 실례로부터 추출된 보다 추상적인 도식이다. 이 도식은 실례들에서 찾아볼 수 있는 점에만 초점을 맞추고, 틀리는 점은 무시하여 얻어진 것이다.

그림 7의 (c)와 같은 도식은 새로운 표현의 해석이나 인가에 쓰일 수가 있다. 예로서, 어느 간판에 적힌 글자를 누가 페인트를 칠해서 안 보이게 했다고 하자. 이것을 표현하기 위해서 어느 화자는 paint out이라는 표현을 생각할 수 있다. 이 표현은 전에 쓰인 적이 없으므로 새롭게 만든 표현이다. 그런데 이 표현이 위 그림의 도식과 일치된다고 생각되면 화자는 이 표현을 쓸 수가 있을 것이다. 또 이러한 새 표현을 듣는 화자도 그림 7(c)와 같은 도식이 그의 언어 지식의 일부가 되어 있으면 처음 듣는 표현이라도 이해할 수가 있을 것이다. 이러한 식으로 다음과 같은 표현도 생겨났을 것이다 :

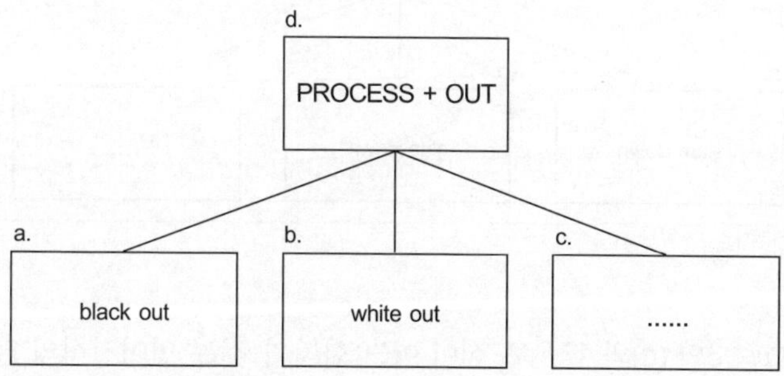

그림 7

65. chalk out, crayon out, ink out, pencil out 등……

이러한 도식은 다른 전치사적 부사에 대해서 마찬가지로 생각할 수 있는데, 여기서는 또, down에 대해서 살펴보자. down의 한 의미는 자유롭게 움직이던 물건이 고정되어 있는 상태를 나타낸다. 그러므로 이러한 결과를 가져올 수 있는 동사는 down과 쓰일 수 있다 :

66. nail down, fasten down, bolt down, hold down, gum down, stick down, clam down

gum down 이나 glue down과 같은 표현으로부터 그림 8(d)와 같은 도식을 추출할 수가 있다 :

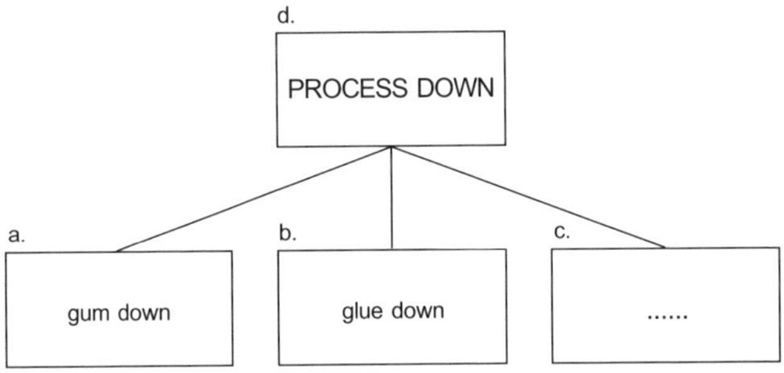

그림 8

위 그림 8의 (d)와 같은 도식이 어느 화자가 갖는 언어지식의 일부가 되어 있으면, 그는 nail down, bolt down과 같은 표현을 필요하면 만들거나, 또 처음으로 듣게 되더라도 이해할 수가 있을 것이다.

전치사적 부사 over가 쓰인 다음 예를 보자. board over는 널판지같은 물건으로 다른 물건의 전체를 덮는 과정을 나타낸다. 이러한 실례나 이와 비슷한 실례는 다음과 같은 도식을 낳을 수 있다 :

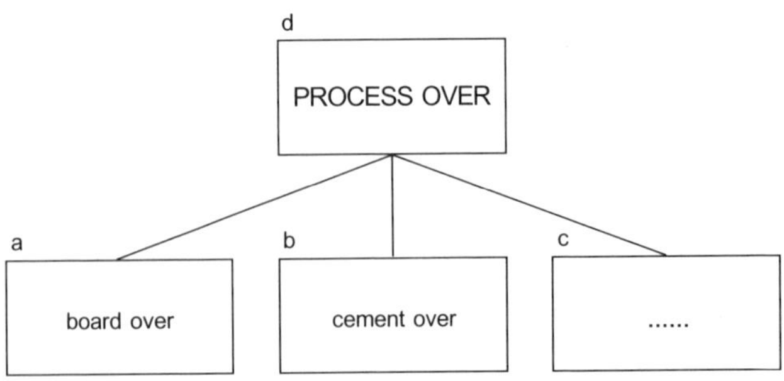

그림 9

이러한 도식으로부터 화자는 다음과 같은 실례를 만들거나 이해할 수 있다 :

67. glass over, morter over, wall over

위에서 살펴본 몇 가지의 예에서, 영어 모국어 화자는 실례에서 어떤 구성 도식을 뽑아내고, 이 구성 도식을 써서 새로운 구절동사를 만들어 내거나 이해할 수 있음을 살펴보았다. 그러므로 구절동사는 그 수가 고정되어 있는 것이 아니라 언제나 필요에 따라서 새 표현이 만들어질 수 있는 창의적인 면도 있다.

6. 의미의 고정화

두 요소가 결합되어 좀더 큰 단위를 이루게 되면, 이 큰 단위는 두 요소의 뜻만으로 풀이할 수 없는 특수한 뜻을 가지게 된다. 이러한 과정을 의미의 고정화라고 부르겠다. 다음 두 표현을 살펴보자 : wheel－chair와 push－chair. wheel－chair의 특징은 큰 바퀴가 달린 의자이다. 그러나 큰 바퀴가 달린 모든 의자가 wheel－chair는 아니다. 이런 낱말이 처음 생겨났을 때에는 바퀴가 달린 모든 의자를 이 낱말로 지시했을 수도 있다. 그러나 이 낱말의 지시는 좁아져서 오늘 날에는 환자들이 쓰는 바퀴 달린 의자에 그 지시가 국한된다. 그리고 push chair는 미는 의자로서 아기들이 사용하는 의자를 가리키는 의미로 그 의미가 좁혀져 있다. 또 한 예로 trousers－suit의 뜻을 살펴보자. 이 낱말은 바지가 있는 양복을 가리킨다. 그러나 바지가 있는 모든 양복이 trousers－suit는 아니다. 이 옷은 여자가 입는 양복을 가리키는 데에 쓰인다.

명사유래 전성동사의 뜻에도 이러한 뜻의 축소화를 살펴볼 수 있다. 명사 bag은 동사 bag으로도 쓰인다. 동사 bag으로 쓰일 때 이것은 무엇(X)을 자루에 넣다의 뜻이다. 그러나 이때 X는 아무것이나 되는 것이 아니라 사냥물이나 노름판에서 딴 돈이라야 된다. 즉, bag이 동사로 쓰일 때 들어갈 수 있는 물건에는 제약이 생긴다. 또 다른 예로서 명사 corner는 동사 corner로도 쓰이는데, 동사로 쓰인 corner는 일반적으로 '누가 무엇을 구석에 몰아넣다'의 뜻인데, 실제에는 '무엇이 도망을 가지 못하도록 구석에 몰아넣다'의 뜻으로 고정된다.

의미의 고정화는 위에서 살펴본 복합명사나 전성어에서 뿐만 아니라 파생어에서도 쉽게 찾아볼 수 있다. 어미 -er은 동사에 붙어서 어떤 행동을 하는 사람이나 어떤 행동을 하는데 쓰이는 도구들 나타낸다. push와 -er로 이루어진 pusher의 의미를 살펴보면 다음과 같이 특수화되어 있다.

a. a person who uses every means and effort to gain success for himself.
b. a person who pushes unlawful drugs.
c. a small tool for pushing food onto a spoon meals, used by a child who is too young to handle a knife and fork.

(a)와 (b)는 사람을 가리키나, 그 의미가 특수한 곳으로 가서 고정되어 있음을 알 수가 있다. 즉, 노력가나 마약을 억지로 파는 사람이 pusher이다. (c)의 의미는 도구를 가리키나, 음식을 미는데 쓰이는 도구이다. 위에서 pusher는 그 지시가 특수한 상황에 고정됨을 알 수 있다. 이러한 의미의 특수화는 몇 개의 예에 국한된 것이 아니고, 거의 모든 파생어에서 찾아볼 수 있다(예 : looker, mover).

구절동사도 예외일 수는 없다. take X in의 경우를 살펴보자. 이것이 구체적인 뜻을 나타낼 때에는 '누가 X를 밖에서 안으로 가져 오는' 과정을 나타낸다 :

68. a. Take the washing in. It's raining.
빨래를 안으로 가져 가거라. 비가 온다.

b. When all the letters have been opened, take them into the director.
편지를 모두 열어서 감독에게 가져가거라.

c. Please take the children in. It's too cold in here.
아이들을 데리고 들어가세요. 여기는 너무 추워요.

take in은 좀더 좁은 뜻으로 고정되어 쓰일 수 있다. 예로서 이 구절동사의 주어는 영리를 목적으로 어떤 일감이나 사람을 받아들이는 의미를 가질 수 있다. take in이 이러한 뜻으로 쓰이는 경우, 그 어순은 보다 덜 자유롭게 되는 경향이 있다. 이렇게 뜻이 특수화 될 때에 전치사적 부사는 동사 바로 뒤의 위치로 굳어지는 경향이 있다. 그래서 문장에서 in은 동사 바로 다음에 나타나는 경향이 있다 :

69. a. Mrs. Gardner has taken in washing for many years now.
가드너부인은 여러 해 동안 세탁물을 받아들이고 있다.

b. Some of the local people take in students to add to their income.
이 지방 사람들의 몇 명은 그들의 수입을 늘리기 위해서 하숙생을 받아들인다.

구절동사가 특정한 뜻으로 고정되어 쓰이게 되면, 의미는 물론 음운과 동사면에서 변화가 나타나는데 그 몇 가지는 다음과 같다 : 첫째, 자주 쓰이는 고정형에는 모음이 생략되는 경우가 있다 :

70. a. go on ⇒ gwan
b. get up ⇒ gddap
c. go away ⇒ g'way

둘째, 자주 쓰이는 고정형에는 어미가 전치사적 부사의 다음에 쓰이는 경우가 있다 :

71. a. going over the exercises ⇒ go overing the exercise
b. setting aside the rule ⇒ set asiding the rule

이러한 과정에 의해서 생겨난 말로 doff (do off)와 don(do on)이 있다 :

72. a. do off ⇒ dooff
    b. do on ⇒ don

동사면에서 고정화는 두 가지로 나타나는데, 첫째는 전치사적 부사의 이동과 관계가 된다. 구절동사에 쓰인 동사와 전치사적 부사의 뜻이 장소 이동을 나타내는 경우에는 전치사적 부사가 문장의 앞으로 이동될 수 있다.

73. a. Down they sat.
    그들은 앉았다.
    b. Away he flew.
    그는 멀리 날아갔다.
    c. On they came.
    그들은 계속해서 왔다.

그러나 전치사적 부사가 비유적으로 확대된 의미로 쓰이면 문두로 이동이 불가능하게 된다 :

74. a. He broke down. ⇒ *Down he broke.
    b. He gave up. ⇒ *Up he gave.

둘째, 구절동사가 비유적으로 확대되어 쓰이게 되면 동사와 전치사적 부사 사이에 부사의 삽입이 어렵게 된다. 다음 75.에서는 부사가 동사와 전치사적 부사 사이에 들어올 수 있으나, 76.에서는 그렇지 못하다. 75.에 쓰인 부사는 장소 이동의 뜻을 나타내고, 76.에 쓰인 동사는 전치사적 부사가 비유적으로 확대되어 쓰여있다 :

75. a. They clattered noisily on.
    그들은 시끄럽게 소리를 내면서 계속해서 움직였다.
    b. The cat purred contentedly away.
    그 고양이는 만족스럽게 계속해서 가르렁거리는 소리를 내었다.
    c. The troops marched briskly in.
    그 군대는 활발하게 행군을 하면서 들어갔다.

d. The plane soared thunderously off.
그 비행기는 천둥같은 소리를 내면서 이륙했다.

76. a. *He caught quickly on. (understand)
그는 빨리 이해했다.

b. *The troops fell briskly in. (form ranks)
군대가 활발하게 대열을 지었다.

구절동사에 쓰인 동사가 타동사일 때에도 비슷한 결과를 볼 수가 있다 : 77.에서는 구절동사가 구체적인 장소 이동의 뜻을 나타내고, 78.에서는 이들이 비유적인 뜻으로 쓰였다. 일반부사는 동사와 부사 사이에 77.에서와 같이 쓰일 수 있으나, 78.에서는 쓰일 수 없다.

77. a. The money he gave happily away.
그 돈은 그가 기분좋게 주어버렸다.

b. The problem he thought steadily through.
그 문제는 그가 끈질기게 곰곰이 생각했다.

78. a. *The subject he brought angrily up.
그 문제는 그가 성이 나서 제기했다.

b. *The information he handed gladly over.
그 정보는 그가 기꺼이 건네주었다.

c. *The form he filled quickly out
그 서류를 그가 빨리 메꾸었다.

구절동사의 고정화가 최대로 진행되면, 전치사적 부사가 동사 바로 뒷자리에서만 나타난다.

79. a. He put up a good fight.
그는 멋진 싸움을 한 판 벌였다.
cf. *He put a good fight up.

b. He let out a yell.
그는 큰 소리를 한 번 내질렀다.

cf. *He let a yell out.

어느 구절동사가 장소 이동의 뜻과 비유적으로 확장된 뜻으로 둘 다 쓰일 수 있을 때, 전치사적 부사가 동사의 바로 다음에 오면 비유적인 뜻으로 풀이되는 경향이 있다.

80. a. They cut short the conversation.
그들은 대화를 중단했다.

b. They cut the stick short.
그들은 막대기를 짧게 잘랐다.

81. a. Why did the manager let off this employee?
왜 그 지배인은 이 고용인을 해고했는가?

b. Why did the manager let this employee off?
왜 그 지배인은 이 고용인을 내보냈는가?

82. a. They covered up the crime.
그들은 그 범죄를 감추었다.

b. They covered the body up.
그들은 몸을 완전히 감쌌다.

그러나 모든 구절동사가 위와 같이 행동하는 것이 아니다. 다음에 쓰인 구절동사는 직설과 비유 양쪽으로 다 쓰이나 전치사적 부사가 나타나는 위치에는 제약이 없다.

83. a. He heaved up his breakfast
그는 아침을 토했다.

b. He heaved his breakfast up.
그는 아침밥을 토했다.

84. a. He heaved up the load of coal.
그는 석탄 한 바리를 끌어 올렸다.

b. He heaved the load of coal up.

7. 두 개 이상의 전치사적-부사가 쓰인 예

다음에서 볼 수 있는 바와 같이 두 개 이상의 전치사적 부사가 쓰이는 구절동사도 있다.

85. a. We hurried on through.
우리는 계속해서 (~을) 빨리 통과했다.

b. The cat crawled back in under.
그 고양이가 되돌아서 안으로 들어와서 (~의) 밑으로 기어갔다.

c. Come on back up over.
계속해서 뒤로 와서 위로 건너와라.

위와 같이 전치사적 부사가 여러 개 쓰이는 경우, 맨 나중 것이 결과 상태를 가리키고, 그 앞의 것은 방향을 가리키는 것으로 보인다. 85.a에서 on은 동작의 계속을 나타내고, through는 주어가 어떤 입체적인 지표를 다 통과했음을 나타낸다. 그리고 전치사적 부사가 여러 개 쓰일 때에는 이것은 도상적(iconic)이다. 즉, 전치사적 부사의 순서는 동작의 순서를 나타낸다. 85.b에는 세 개의 전치사적 부사가 쓰였는데 이것은 주어인 고양

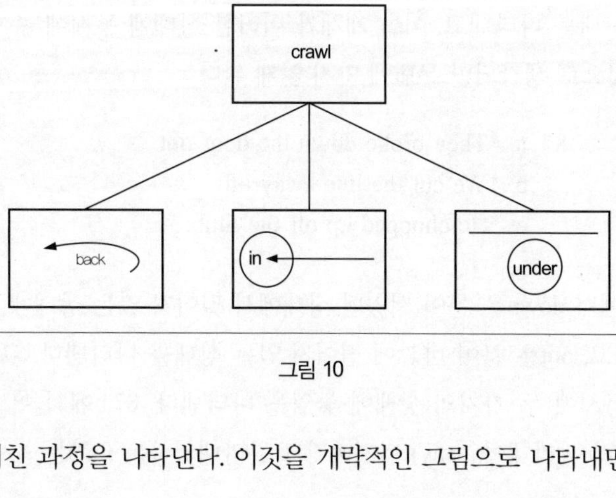

그림 10

이가 거친 과정을 나타낸다. 이것을 개략적인 그림으로 나타내면 그림

10과 같다. 구불한 선은 고양이의 움직임을 나타낸다. 85.b에서는 back in under가 쓰였는데, 이것은 그림 9의 b와 같이 나타낼 수 있다.

back은 고양이가 처음왔던 길과 반대되는 방향을 나타내고, in은 고양이가 어떤 구역안에 들어옴을 나타내고, under는 그 안에 있는 어떤 물건의 아래에 있게 됨을 나타낸다. 이렇게 보면 여러 개의 전치사적 부사의 순서는 이론상 다음과 같이 여러 가지가 있을 수 있다 :

86. a. Come back up through over.
뒤로 돌아 올라와서 (무엇을) 지나 건너와라.

b. Come back through up over.
뒤로 돌아 (무엇을) 지나 위로 와서 건너와라.

c. Come back through over up.
뒤로 돌아 (무엇을) 지나 (무엇을) 건너서 위로 와라.

86.a의 경우, 청자는 오던 길을 되돌아서 밑에서 위로 올라와서 어떤 장애물 속을 지나서 또 다시 어떤 장애물을 건너와야 한다. 86.b에서 청자는 먼저 방향을 바꾸고, 장애물을 지나서 아래쪽에서 윗쪽으로 오르면서 무엇을 넘어와야 한다.

그러나 다음에서와 같이 두 개의 전치사적 부사가 한 개체의 서로 다른 상태를 나타내고, 어느 개체가 이러한 상태에 동시에 존재할 수 없는 것으로 생각되면 문법에 맞지 않게 된다.

87. a. *They broke down the door out.
b. *We cut the line away off.
c. *He chopped up off the limb.

87.a에서 down은 문이 서있던 상태에서 떨어져 있는 상태에 있음을 나타내고, out은 문이 바깥에 떨어져 있는 상태를 나타낸다. 그러므로 문이 동시에 두 가지의 상태에 놓임을 나타낸다. 87.b에서 어느 선을 어디에서 잘라내어(away) 던져버리고 잘라내었다는 (off)는 뜻이 한꺼

번에 한 물제에 적용되어 있기 때문에 이 문장은 이상하다.

전치사적 부사는 다음에서와 같이 접속사 and로 연결될 수 있다. 이것은 두 가지의 종류로 나누어 볼 수 있는데, 하나는 다음과 같이 사건의 순서를 나타낸다.

88. a. They came up and out.
그들은 위로 올라와서 밖으로 나왔다.

b. They walked out and away.
그들은 밖으로 나와서 멀리 걸어갔다.

c. They climbed over and down.
그들은 기어서 건너와서 내려갔다.

또 하나는 다음과 같이 중복을 강조하는데 쓰인다.

89. a. He wrote it over and over
그는 그것을 반복해서 썼다.

b. They went on and on.
그들은 계속해서 갔다.

c. It soaked them through and through.
그것은 그들을 속속들이 적시었다.

d. The bird flew up and up.
그 새는 위로 위로 날아 올라갔다.

e. It fell down, down, down.
그들은 아래로 아래로 떨어졌다.

f. They flew away and away.
그들은 멀리 멀리 날아갔다.

두 개의 전치사적 부사가 어느 직접 목적어와 관련하여 쓰이면, 이들 전치사적 부사는 같은 장소에 나타나는 경향이 있다. 다음 90.~92.a문장에서는 두 전치사적 부사가 서로 곁에 있어서 문법에 맞으나, b문장에서는 이들이 떨어져 있어서 비문이 된다.

90. a. 1 tried to push back in the catchbolt in.
나는 그 빗장을 다시 안으로 밀었다.

b. *1 tried to push back the catchbolt in.

91. a. Bring on over your friend.
너의 친구를 데리고 건너 오너라.

b. *Bring on your friend over.

92. a. They brought back home the children.
그들은 아이들을 도로 집으로 데리고 왔다.

b. *They brought back the children home.

8. 마무리

구절동사는 관용어나 숙어로 생각하여 동사+전치부사를 한 낱말로 그대로 외워야 하는 것으로 간주되어 왔다. 이 장에서 구절동사의 분석을 통해 구절동사를 이루는 동사와 전치부사는 의미가 있고, 구절동사의 뜻은 이 두 요소의 합에 의해서 이루어지는 것을 보았다. 이렇기 때문에 이미 쓰이고 있는 구절동사에 새로운 뜻이 생겨날 수 있고, 전에 쓰이지 않았던 새 구절동사가 생겨날 수 있다.

구절동사에도 창의적인 면이 있음을 알 수 있다.

참고문헌

이기동, 2004 .영어구절동사, 서울 : 교문사.

이기동, 2012(3판), 영어전치사 연구. 서울 : 교문사.

Bolinger, Dwight. 1961. *The phrasal verb in English*. Cambridge. Mass: Harvard University Press.

Brugman, Claudia. 1981. Story of Over. MA thesis, the University of California, Berkerly.

Fraser, Bruce. 1976. *The verb-particle combination in English.* New York: Academic Press.

Haiman, John. 1980. Dictionaries and encyclopedias. Lingua. 50: 329−357.

Hill, L. A. 1968. *Prepositions and adverbial particles: an interilm classification, semantic, structural and graded.* London: Oxford University Press.

Kennedy, Arthur G. 1920. *The modern English verb-adverb combination.* (Stanford Publications in Language and Literature. Vol. 1. No. 1.) Stanford: Stanford University Press.

Legum, St. E. 1968. The verb particle constructions in English: basic or derived: BLS. 4: 50−62.

Langacker, Ronald W. 1981. The nature of grammatical valence. In *Topics in cognitive grammer.* ed. by Brygieda Rudzka-Ostyn. Amsterdam: John Benjamins Publishing Company.

Langacker, Ronald W. 1987. *Foundations of cognitive grammar.* Stanford: Stanford University Press.

Lindner, Sue. 1983. A lexico-semantic analysis of English verb particle constructions with *out* and *up*. IULC.

Lindner, Sue. 1982. What goes up doesn't necessarily come down: the ins land out of opposites. CLS. 18: 305−323.

Live, Anna. 1965. The discontinuous verb in English. Word. 21: 428−451.

Nagy, William. 1974. Figurative patterns and redundancy in the lexicon. Ph. D. dissertation, University of California, San Diego.

Palmer, Frank R. 1965. *A linguistic study of the English verb.* London: Longman.

Talmy, Leonard. 1977. Rubber-sheet cognition in language. CLS. 13: 612−628.

Wood, F. T. 1955. *Verb−adverb combination: the position of the adverb.* English Language Teaching.

[Dictionaries]

Collins Cobuild. 1989. *Dictionary of phrasal verbs.*

Benson, Morton, Evelyn Benson; and Robert Ilson. 1986. *The BBI Combinatory*

Dictionary of English: a guide to word combinations. Amsterdam: John Benjamins.

Courtney. Rosemary. 1983. *Longman dictionary of phrasal verbs.* London: Longman.

Cowie, A. P. & R. Mackin. 1975. *Oxford dictionary of current idiomatic English.* London: Oxford University Press.

Fowler, W. S. 1978. *Dictionary of idioms.* London: Nelson.

Heaton. J. B. 1965. *Prepositions and adverbial particles.* London: Longman.

Hill, L. A. 1968. *Prepositions and adverbial particles.* London: Oxford University Press.

Hornby, A. S. O. 1974. *Oxford advanced learner's dictionary of current English.* London: Oxford University Press.

Longman dictionary of contemporary English. 1978. London: Longman

Longman dictionary of English idioms. 1979. London: Longman.

Taya–Polidori, Junko. 1989. *English phrasal verbs in Japanese.* London: Edward Arnold.

Turton, Nigel D., and Martin H. Manser. 1985. *The student's dictionary of phrasal verbs.* London: Macmillan.

Whitford & Dixson. ____. *Handbook of American idioms.* ____. : ____.

Wood, Frederick. 1967. *English prepositional idioms.* London: Macmillan Press Ltd.

Wood, Frederick. 1964. *English verbal idioms.* Washington Square Press.

제 8 장 전통문법과 인지문법

1. 들어가는말
2. 인지문법의 개요
3. 타동성
4. 마무리

8
chapter
전통문법과 인지문법

1. 들어가는 말

이 글의 목적은 Jespersen의 Modern English Grammar on Historical Principles (MEG) (1965) 제 3권에서 취급된 동사에 관련된 사항을 인지문법의 틀 속에서 살펴보는 데 있다. 제 3권은 18장으로 구성되어 있고, 그 가운데 타동성과 관련되는 것으로는 제 11장 Nexus: 주어; 제 12장 목적어; 제 13장 목적어나 전치사를 수반하는 동사; 제 14장 이중 목적어; 제 15장 수동태의 주어; 제 16장 타동성 등이 있다. 그러나 이 장에서는 위의 모든 것을 다루지 않고 주어(12장), 목적어(13장), 타동성(16장)에 주의를 국한시키겠다. 이중 목적어와 수동태의 주어는 지면 관계로 제외시켰다. 이 장은 다음과 같이 짜여져 있다. 첫째, Jespersen의 내용을 인지문법의 틀 속에서 살펴보는 것이 목적이므로, 인지 문법을 간략히 개괄해 소개한다. 둘째, 소개된 인지문법을 통해서 Jespersen의 연구를 주어, 목적어, 타동성을 중심으로 재검토한다. 여기에서 제 3권 가운데 11장에서 16장까지를 이 연구의 주제로 삼는 것은, 이 부분에서 다루어진 내용이 인지문법의 틀 속에 쓰이는 모습 교체의 개념으로 묶여질 수 있기 때문이다.

2. 인지문법 개요

인지 문법에서는 의미 단위, 음운 단위, 상징 단위, 이 세 가지의 단위만 인정한다. 상징 단위는 의미와 음운 단위의 연합에 존재한다. 어휘부, 형태부, 통사부는 연속 변차선상에 있으며, 어느 것이든 상징 단위로 기술이 가능하다. 이 문법은 내용 요구 조건을 주장하고 있다. 의미와 음운은 언제나 짝을 이루어야 하는 조건으로, 소리는 있으나 의미가 없는 그러한 단위는 설정하지 않는다.

인지 문법은 언어 사용자의 다음과 같은 능력을 가정한다:

(i) 개념화는 구조가 지어진다; (ii) 음운 연속을 지각하고 발음한다; (iii) 개념 구조와 발음 구조 사이의 상징적 연합을 세운다; (iv) 한 구조를 다른 구조를 범주화하는 데에 쓴다. (v) 어느 상황을 서로 다른 수준에서 생각한다; (vi) 여러 구조 사이에서 서로간의 유사성을 찾는다; (vii) 서로 다른 구조들의 국면에서 대응점을 찾는다; (viii) 간단한 구조를 결합하여 복합 구조를 만든다; (ix) 어느 장면에 모습/바탕의 조직을 부여한다; (x) 생각하는 상황을 여러 가지 대체 방법으로 풀이한다.

인지 문법의 의미에 대한 기본 가정은 다음과 같다:

(i) 의미는 개념화 (또는 정신 경험)으로 새로운 개념, 감각 경험, 맥락 지식 등을 포함한다. (ii) 고정화된 표현은 다의어이다. 즉, 이러한 표현은 의미망으로 제시될 수 있는 복합 범주를 형성하는 관련된 다양한 의미들을 갖는다. (iii) 한 표현의 의미는 하나나 그 이상의 인지 영역과 관련하여 기술된다. 어떤 종류의 경험, 개념, 개념 복합체, 지식 체계 등이 표현의 기반으로서 동원되는 인지 영역으로 기능할 수 있

다; (iv) 한 표현의 의미는 개념 내용에만 있는 것이 아니라, 관습적 영상을 포함한다. 관습적 영상이란 인지 영역에 의해 불러들여진 내용을 구성하고 풀이하는 특정한 방법을 포함한다.

기본 문법 범주(품사)는 도식적으로 정의되며, 단순히 표현의 내용만을 고려하지 않고 풀이까지 포함한다:

(i) 명사는 물건을 모습으로 나타낸다; (ii) 형용사, 부사, 전치사, 부정사, 분사는 비시간 관계를 모습으로 나타낸다. 이러한 관계는 모습 관계가 하나의 상태로 줄어들 수 있느냐 없느냐에 따라서 단순하거나 복합적일 수 있다; (iii) 동사는 과정을 모습으로 드러낸다. 과정은 시간 속에 진행되는 복합 관계로 정의된다.

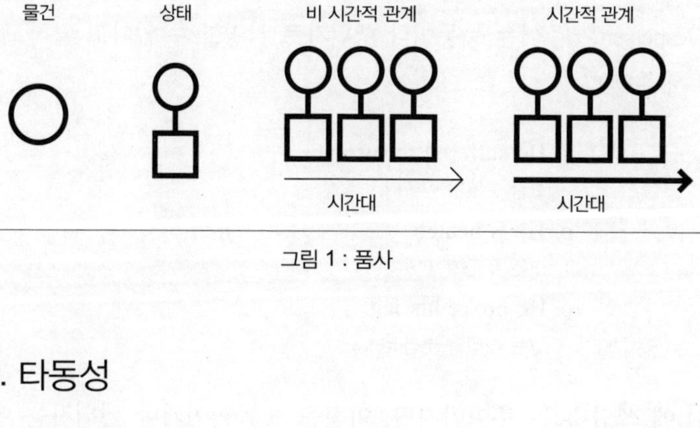

그림 1 : 품사

3. 타동성

Jespersen의 문법의 특징은 많은 자료를 수집하여, 수집된 자료를 통해 일반화를 추출하는데 있다. 제 3권도 마찬가지로 각 절마다 많은 예가 제시되고, 적절한 일반화가 주어져 있다. 그러나 일반화들은 개별적으로 되어 있어서 이들 사이에 통일성이 없는 것으로 판단되고, 또 일반화에 대한 설명이 아쉬운 점이 있다. 예로서 MEG 3권에도 많은 일반화가 제시되어 있으나 통일성은 제시되지 않았다. 이 장을 통해서 이러한 점을 보충해 보고자 한다. 인지 문법에서 보면, 이 책의 11장에서 16장 사이에 제시된 현상들은 모습교체(Profile shift)의 개념으로 통일성 있게 기술될 수 있음을 볼 수 있다.

3.1. 주어

주어와 관련하여 다음 네 가지를 주로 다루고 있다: (1) 주어의 정의; (2) The path is easy to find에서 주어의 식별; (3) 특정한 동사와 관련된 교체현상이 그러하다.

3.1.1. 주어의 정의

Jespersen은 주어는 능동이나 행위자로 설명할 수 없다고 말하고, 다음 예를 든다.

1. a. He suffered torture.
   그는 고문을 받았다.
   b. He is beaten.
   그는 두들겨 맞았다.
   c. He broke his leg.
   그는 다리가 부러졌다.

1.에 쓰인 he는 주어이지만, 이것은 능동적이거나 행위자는 아니다. 행위자라기보다는 과정의 영향을 받는 피영향자로 보인다. 그러므로 주어는 어떤 특정한 의미역(sementic role)과 항상 연관되는 것이 아니다. 동사 break의 주어는 다음과 같이 행위자, 피영향자 도구 등이 주어로 쓰일 수 있다. 주어와 격의미 사이의 관계는 Fillmore (1966, 1977)에 논의된 바 있다.

2. a. He broke the glass. (행위자)
 b. The glass broke. (피영향자)
 c. The hammer broke the glass. (도구)

그러면 무엇이 문장의 주어로 쓰이는가? 인지 문법에서는 문장의 주어 선택은 무표적인 경우 힘의 흐름으로 설명된다. 동사의 개념 바탕에는 참여자가 있고, 이 참여자들은 힘의 흐름의 방향에 따라 나열될 수 있다고 본다 Langacker (1991, 217). 어느 동사의 참여자에 행위자, 도구, 피영향자가 있다고 할 때, 이것은 다음 그림 2와 같이 나열된다. 화살표는 힘의 흐름을 나타낸다.

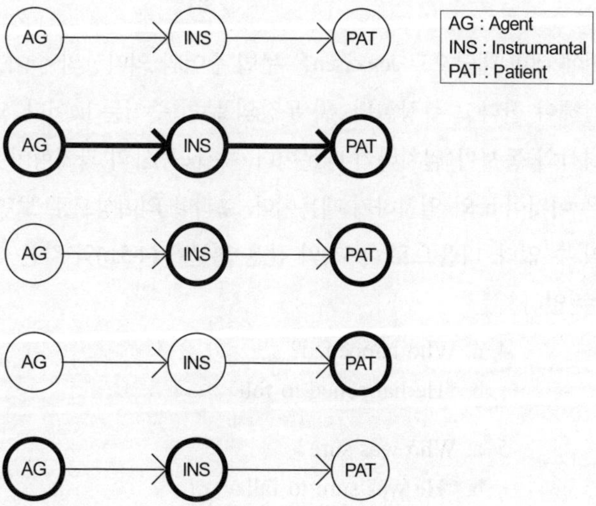

그림 2 : 힘의 흐름(energy flow)과 주어선택

행위자에서 나온 힘이 도구에 전달되고, 도구에 전달된 힘은 다시 피영향자에게 전달된다. 무표적인 문장의 주어 선택은 힘의 흐름선에서 맨 왼쪽에서부터 선택된다. 행위자가 있으면 행위자가 주어가 되고,

행위자가 없으면 행위자 다음에 있는 도구가 주어로 선택된다. 도구가 없으면 마지막 피영향자가 주어로 선택된다. 이렇게 보면 주어는 특정한 의미 역할과 관계가 없음이 분명하다.

3.1.2. 문법 주어와 의미상의 주어

Jespersen은 다음 예문에 대해서 주어가 무엇이냐를 묻는다.

3. a. He happened to fall.
그는 우연히 넘어졌다.
b. He was sure to fall.
그는 틀림없이 넘어지게 되어 있었다.

이에 대한 대답으로 Jespersen은 문법 주어와 의미상의 주어를 나누어서 생각해야 한다고 주장한다. 위 문장의 문법 주어는 he이다. 왜냐하면 이 대명사와 동사가 일치하기 때문이다. 즉, be동사의 과거형이 was가 쓰인 것은 이것이 he와 일치하기 때문이다. 그러나 의미상으로 보면 he만이 주어일 수 없다. 다음으로 (4-5.a)와 같은 질문에 (4-5.b)와 같은 대답을 끌어낼 수 없다.

4. a. Who happened?
b. *He happened to fall.

5. a. Who was sure?
b. *He was sure to fall.

의문사 who가 아니라 what이 쓰이면 3.에 있는 두 문장은 대답이 될 수 있다.

6. a. What happened?
무엇이 일어났지요?
b. He happended to fall.
그가 우연히도 넘어졌어요.

7. a. What was sure?
   무엇이 확실한가요?
   b. He was sure to fall.
   그가 넘어질 것이 확실합니다.

이러한 점에 비추어서 Jespersen은 문법 주어 외에 의미상의 주어를 설정한다. 그러면 인지 문법에서는 이것을 어떻게 취급하는가? happen의 주어는 시간 속에 일어나는 과정이라야 한다. 그러므로 happen의 주어로 쓰일 수 있는 것에는 accident, event, increase와 같은 과정 명사이다.

8. a. The increase happened last year.
   그 증액은 작년에 있었다.
   b. The events happened in my late twenties.
   그 사건은 나의 20대 후반에 있었다.
   c. The accident happened and many lives were lost.
   그 사고가 일어나서 많은 사람이 죽었다.

increase, event, accident는 어떤 장소와 시간 속에 일어나는 과정을 가리킨다. 과정에는 참여자가 있다. 주요 참여자로는 이동체와 지표가 있다. 이것을 도식화하면 그림 3과 같다:

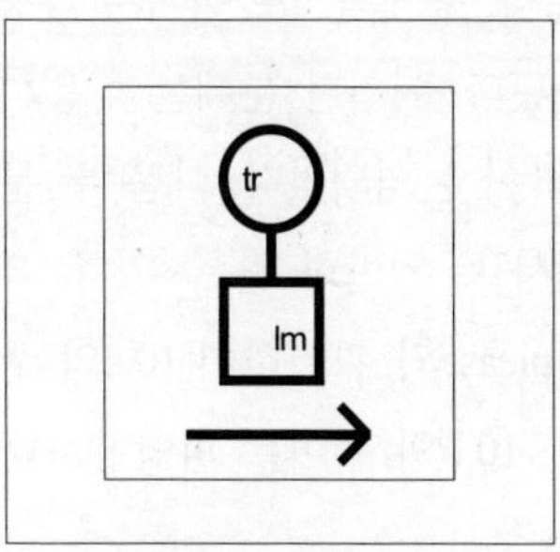

그림 3 : 사건 구조

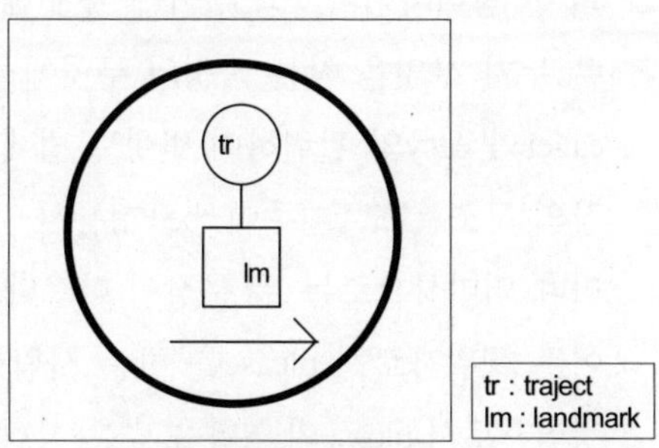

그림 4 : 명사화된 사건

사건은 개체가 아니지만 언어 표현상 개체화 될 수 있고 개체화 된 것이 사건 명사이다. 그림 4는 사건을 명사화한 것인데. 이것은 사건과 마찬가지로 여러 가지의 부분으로 되어 있다. 이 가운데 어느 하나가 부각되고 나머지는 바탕에 깔려 있을 수 있다. 예를 들어 sure를 도식화 한 그림 5를 참조해 보면 다음과 같다. 그림 5b에서는 전체가 부각되고, 그림 5c에서는 동그라미로 표시된 이동체(행위자나 경험자)가 부각되고, 그림 5d에서는 네모로 표시된 지표가 부각되어 있다. Jespersen이 제시한 문장 3.b에서 he는 그림 5c의 이동체에 해당된다. he는 문법 주어이면서 동시에 어떤 동사와 주어 관계에 있다. 이것은 그림 5c에서 분명해진다. he는 독자적으로 제시된 것이 아니라 어떤 과정의 한 참여자로 제시되어 있다. 그러므로 3.b에서 he는 전체 문장의 주어이면서 fall의 주어가 된다. 이것을 그림 5c가 적절하게 표현하는 것으로 볼 수 있다. 한편 그림 5d에서 지표가 부각되는 것은 다음 9.과 같은 문장의 주어를 설명할 수 있다.

9. The path is difficult to find.
그 길은 찾기 어렵다.

9.의 주어는 문장의 주어인 동시에 의미상으로 to find의 목적어의 역할을 한다. 그림 5d에서 작은 네모는 독자적인 개체가 아니라 과정의 한 참여자이며 9.의 주어가 이에 해당된다. 구체적으로 여기서 과정은 누가 무엇을 찾는 과정의 무엇에 해당된다. 이러한 문제는 형용사 eager와 easy와 관련하여 변형 문법에서 많이 논의되었다. 다음 두 문장의 구조는 모두 [주어+be+형용사+부정사]로 일반화 될 수 있다. 그러나 의미상으로는 두 문장이 다르다. to please와 관련하여 10.a의 주어는 행위자로서 please를 하는 사람이고, 10.b의 주어는 피영향자나 경험자로서 please의 영향을 받는 사람이다.

10. a. John is eager to please.
존은 열렬히 즐겁게 하려고 한다.

b. John is easy to please.·
존은 즐겁게 하기가 쉽다.

변형 문법에서는 10.a의 주어는 내포문의 주어에서 상승되고, 10.b의 주어는 내포문의 목적어에서 상승되는 것으로 분석한다. 그러나 인지 문법에서는 이러한 변형 기제를 쓰지 않고, 주어진 차이를 설명한다. 다시 3.b문장 (아래 11.에 다시 제시되어 있음)을 살펴보자.

11. He is sure to fall.

형용사 sure는 확실성의 척도 상에 어느 개체가 확실한 쪽에 있음을 나타낸다. 이것을 그림 5와 같이 나타낼 수 있다.

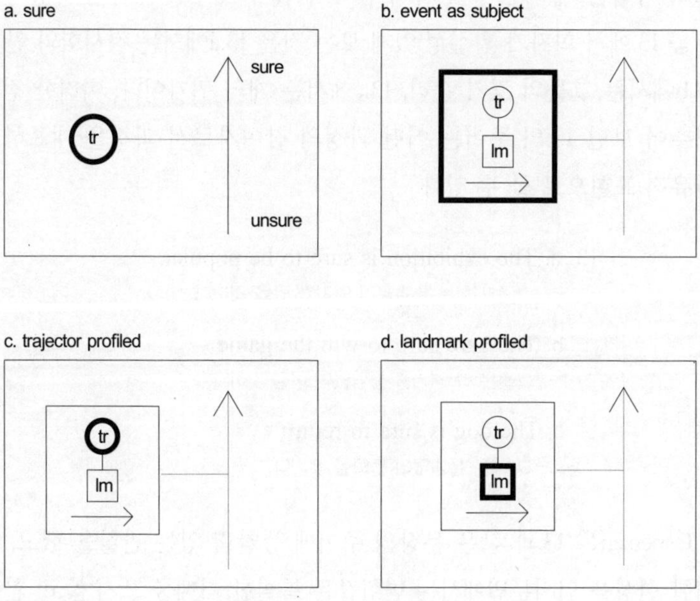

그림 5 : sure

그림 5의 개체는 두 가지로 나누어 볼 수 있다. 첫째, 다음 12.에서 확

신을 갖는 것은 주어이다. 주어는 that-절의 내용이나 전치사 about이나 of의 목적어의 내용에 대해서 확신을 갖는다.

12. a. He is sure that these figures are right.
그는 이 수치들이 맞다고 확신한다.

b. He is sure about the facts.
그는 그 사실에 대해서 확신을 갖는다.

c. He is sure of the answer.
그는 그 대답에 확신을 갖는다.

둘째, 그림 5a의 개체는 다음과 같이 과정이 될 수 있다. 다음 13.에서 확신을 갖는(sure) 것은 주어가 아니고 화자이며, 화자가 확실하다고 생각하는 개체는 주어 자체가 아니라, 주어가 포함되는 과정이다. 다음 13.에서 화자가 확실성 있게 보는 것은 13.a에서는 전시회의 인기, 13.b에서는 그들의 경기 승리, 13.c에서는 개의 귀가이다. 이러한 점에 비추어 보면 13.의 주어는 어떤 과정의 참여자로서 과정을 대표하는 환유적 표현으로 볼 수 있다.

13. a. The exhibition is sure to be popular.
그 전시회는 틀림없이 인기가 있을 것이다.

b. They are sure to win the game.
그들은 그 경기를 틀림없이 이길 것이다.

c. The dog is sure to return.
그 개는 틀림없이 돌아올 것이다.

Jespersen은 13.과 같은 문장의 주어에 통찰력 있는 관찰을 했고, 이러한 현상을 인지문법에서는 변형같은 특별한 기제를 쓰지 않고, 환유적인 현상으로 보면서 체계적으로 다루고 있다.

환유란 명사의 지시 대상을 바꾸는 수사법이다. 환유에는 두 가지가 있다. 한 가지는 전체가 부분을 가리키는 경우이다. 『온 마을이 그를 환영했다』에서 TV는 TV에 부착된 스위치를 가리킨다. 환유의 또 한가지에는 부분이 전체를 가리키는 경우이다.

『일손이 필요하다』에서 손은 손을 가진 사람을 가리킨다. 『식구가 많아』에서 식구는 먹는 입이 아니라 먹는 사람을 가리킨다. 10.a에서 주어는 누가 누구를 기쁘게 하는 과정을 가리키고, 10.b에서 목적어는 누가 누구를 기쁘게 해 주는 과정을 가리키는 환유이다.

3.1.3. 주어 교체

Jespersen은 주어가 다음과 같이 교체적으로 나타나는 현상을 제시하고 있다. 다음 14. 문장에서 장소와 개체가 두 가지 다른 방법으로 교체적으로 표현되어 있다. 14.a에서는 장소가 주어가 되고 그 속에 있는 개체는 전치사구로 표현되어 있다. 반대로 14.b에서는 개체가 주어가 되고, 장소는 전치사구로 표현되어 있다. Jespersen은 이러한 현상을 관용적 조합 (idiomatic combinations)으로 본다. 즉, 그는 이 표현들을 불규칙적인 표현으로 보고 있다. 그러나 실제 이 표현은 흔히 볼 수 있는 표현이다. Salkoff (1983)에서는 이러한 교체 현상이 많이 제시되어 있다. 그리고 이 교체 현상도 인지 문법의 모습교체(profile shift) 현상의 하나로 볼 수가 있다.

14. a. The garden swarms with bees.
    그 정원은 벌들로 와글와글하다.

    b. Bees swarms in the garden.
    벌들이 정원에 와글거린다.

15. a. This stream abounds in fish.
    이 시냇물은 물고기가 많다.

    b. Fish abound in this stream.
    물고기가 이 시냇물에 많다.

14.의 swarm의 개념바탕에는 어떤 장소와 그 속에 들끓는 많은 개체가 있다. 이것을 도식화하면 그림 6과 같다. 그림 6의 개념 바탕에는 바깥 큰 원으로 제시된 바탕이 있고 작은 원으로 표시된 개체가 있다. 그림 6a에서 개념 바탕의 두 개체는 교차적으로 부각될 수 있다. 그림 6b와 같이 장소가 일차적인 모습으로 부각되면 14.a 문장이, 그림 6c와 같이 개체가 일차적인 모습으로 부각되면 14.b 문장이 된다. 이것은 같은 객관적 상황을 서로 다른 각도에서 볼 수 있는 우리의 능력을 반영하는 것으로 볼 수 있다.

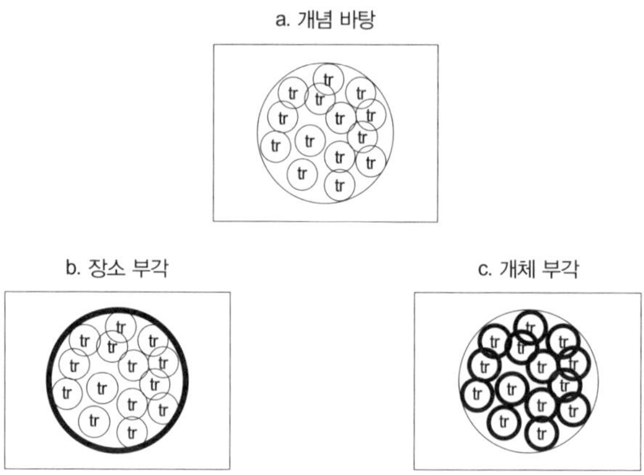

그림 6 : swarm

3.2. 목적어

동사의 목적어는 통상 다음과 같이 정의되고 있으나, 이 정의가 적용되는 경우도 있지만 적용되지 않는 경우도 많음을 Jespersen은 지적한다. 먼저 아래에 제시된 정의는 16.의 예에는 적용될 수 있으나, 17.의 예에는 주어진 정의의 어느 것도 적용되지 않는다. 아래 정의는 목적어를 의미나 의미역으로 정의하려는 것인데, 이것은 주어를 의미상으로나 의미역으로 정의하기 어려운 점과 마찬가지이다.

정의: The person or thing to which something is done.
the receiver of the action
the thing directly affected by the action

다음 목적어는 동사가 나타내는 과정의 영향을 받거나 생겨난다. 그러므로 위의 정의가 적용된다.

16. a. They murdered the chief.
그들은 그 두목을 살해했다.

b. John bought a house.
존은 집을 한 채 샀다.

c. The child broke his playthings.
그 아이는 자신의 장난감을 부수었다.

d. The girl is plucking flowers.
그 소녀는 꽃을 꺾고 있다.

그러나 다음 목적어는 위의 정의가 적용되지 않는다. 17.a의 경우 사람이 달을 보았다고 해서 달이 영향을 받는다고 생각하기 어렵고, 누가 어느 장소를 떠났다고 해서 그 장소가 직접적인 영향을 받는다고 생각하기 어렵다.

17. a. The boy saw the moon.
그 소년은 그 달을 보았다.

b. They left London.
그들은 런던을 떠났다.

c. She showed courage.
그녀는 용기를 내보였다.

Jespersen은 목적어를 정의하기가 어렵다는 점은 지적하고 있으나,

목적어가 어떻게 정의되어야 하는지에 대한 대안은 내어놓지 않고 있다. 대신 그는 목적어를 몇 가지로 나누어서 검토한다. 첫째, 목적어를 일반 목적어 (ordinary objects)와 결과의 목적어 (objects of result)로 나누고 있다. 이 두 종류의 목적어는 다시 하위분류가 된다. 다음에서는 먼저 결과의 목적어부터 살펴보기로 한다.

3.2.1. 결과 목적어

결과의 목적어는 다시 네 가지로 나누어서 다루고 있다:

1. 일반 결과
2. 동사+one's way
3. 동족 목적어
4. 자동사의 목적어

첫째, 다음 문장의 목적어는 동사가 가리키는 과정을 거쳐서 생겨나는 개체이다. 이러한 목적어를 결과의 목적어로 부르고 있다. 다음 18.에서 목적어는 동사가 가리키는 과정이 시작되기 전에는 존재하지 않았으나, 과정이 끝나면 생겨나는 개체이다. 어느 집을 짓기 전에는 집이 존재하지 않으나, 집짓는 과정이 성공적으로 끝나면 그 결과로 집이 생겨난다.

18. a. John has built a house.
    존은 집 한 채를 지어 놓았다.

    b. The people elected a king.
    그 국민들은 왕을 선출했다.

    c. The girl painted flowers.
    그 소녀는 꽃들을 그렸다.

d. The dress maker made the dress.
그 양장사는 그 드레스를 만들었다.

Jespersen은 이러한 목적어는 그 자체는 별로 중요하지 않지만 주어진 어느 동사의 목적어가 결과의 목적어도 될 수 있고 그가 말하는 일반 목적어 (ordinary object)가 될 수 있다는 점을 지적하고 있다. 다음은 Jespersen이 제시한 몇 개의 예이다.

19. a. I dug the ground.
나는 그 땅을 팠다.

b. I dug a grave.
나는 무덤 하나를 팠다.

20. a. He bored a plank.
그는 널판지를 뚫었다.

b. He bored a hole in the plank.
그는 그 널판지에 구멍 하나를 뚫었다.

21. a. He painted the wall.
그는 그 벽을 페인트칠 했다.

b. He painted a flower on the wall.
그는 그 벽에 꽃 하나를 그렸다.

19.a에서 목적어는 파기 전에 이미 있는 개체이고, 19.b의 목적어는 파고 나서 생기는 개체이다. 이와 같이 19.−21.의 a문장의 목적어는 과정이 시작되기 전에 이미 있는 개체이고, 19.−21.b문장의 목적어는 동사가 가리키는 과정의 결과로 생겨나는 개체이다. 그러므로 위 예문들의 a와 b문장의 목적어는 그 성질이 다르다. 개념 바탕의 참여자들이 선택적으로 부각되어 19.의 a문장이나 b문장이 된다. 19.a에서는 파는 이와 파이는 땅이 부각되었고, 19.b에서는 파는 이와 파여서 생겨나는 개체가 부각되었다. 이러한 현상은 결과의 목적어를 갖는 동사에 국

한되지 않고, 여러 동사에서 찾아 볼 수 있는 현상이다. 이러한 현상을 인지문법에서는 다음과 같이 모습교체(profile shift)으로 설명하고 있다. 동사 dig를 예로 들어보자. 이 동사의 개념 바탕에는 파는 이, 파는데 쓰이는 도구, 파이는 땅, 파서 생겨나는 개체가 있다. 이것을 도식적으로 나타내면 **그림 7a**와 같다 : 그러므로 결과의 목적어는 특수한 현상이 아니고, 영어의 여러 동사에서 찾아볼 수 있는 일반적인 현상이라고 하겠다.

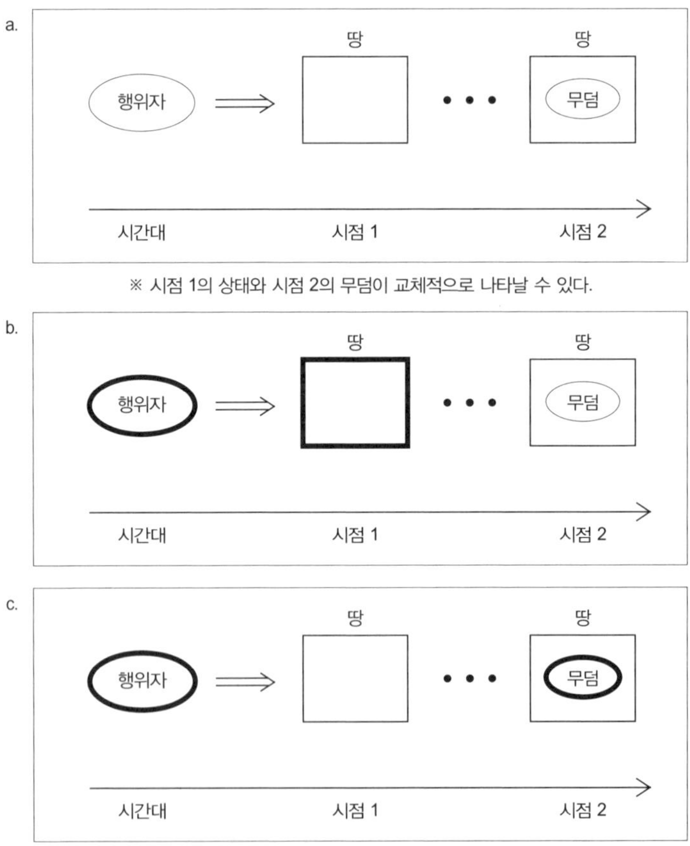

그림 7 : dig

Jespersen은 다음에 쓰인 one's way를 결과의 목적어로 보고 있다. 이것은 뒤에서 살펴볼 동사 교체현상의 한 예에 지나지 않는다. 어느 동사에서도 이러한 다의적 현상을 찾아볼 수 있다. 동사 teach의 예를 들어보면 동사 teach의 개념 바탕에는 가르치는 이 가르치는 과목, 학생, 학년, 반 등이 있다. 개념 바탕에 있는 어느 것이든 동사 teach의 목적어로 쓰일 수 있다.

22. a. He teaches math.
그는 수학을 가르친다.

b. He teaches school students.
그는 학생들을 가르친다.

c. He teaches kindergarten.
그는 유치원생을 가르친다.

d. He teaches sixth graders.
그는 6학년을 가르친다.

e. He teaches a small class.
그는 작은 반을 가르친다.

두 번째 유형의 결과의 목적어로 Jespersen은 [V+one's way]의 구조를 제시한다. 다음이 몇 개의 예가 된다.

23. a. He groped his way.
그는 더듬어서 길을 찾아갔다.

b. I scrambled my way through the evergreens.
나는 기어서 상록수 사이를 지나갔다.

c. He reasoned his way to conclusions.
그는 생각해서 그 결론에 이르렀다.

d. He staggers his way to the porch.
그는 비틀거리면서 현관까지 갔다.

e. He worked his passage to America.
그는 일하면서 미국까지 갔다.

위에서 주어는 동사가 나타내는 행동을 통해서, 길을 찾거나 만들어 가기 때문에 결과의 목적어로 보고 있다. Jespersen은 이 유형을 특별한 경우(special case)로 보고 있으나, 실제로 이 유형은 매우 생산적인 표현이다. 영어의 거의 모든 동사가 이 구조에 쓰일 수 있기 때문이다(Jackendoff. 1992참조). 인지 문법은 이 유형을 위해서 새로운 장치를 필요로 하지 않는다. 기존의 장치를 써서 자연스럽게 기술할 수 있다. 동사와 one's way는 다음과 같이 결합되는 것으로 분석될 수 있다.

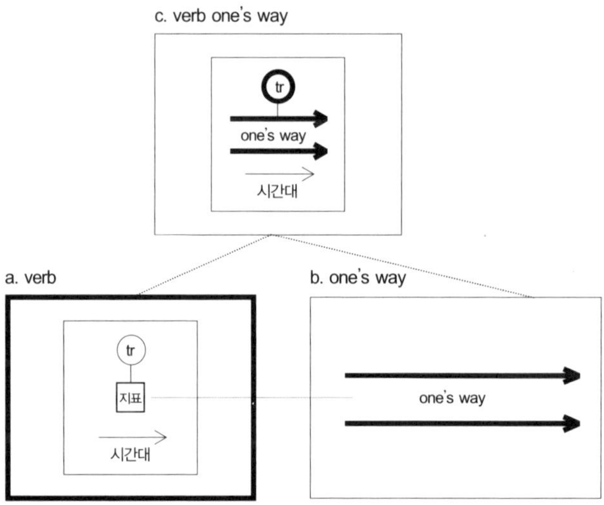

그림 8 : verb one's way

그림 8a는 동사를 나타내고, 그림 8b는 one's way를 나타낸다. 그림 8에서 동사의 지표와 one's way가 대응된다. 이 대응점을 기준으로 두 구조를 포개고 명시점을 합치면 합성 구조 8c가 도출된다. 이 구조가 의미하는 바는 이동체가 시간을 따라서 길을 만들어 가는 것으로 풀이 될 수 있다.

셋째 유형의 결과의 목적어는 동족목적어이다. Jespersen은 아래

24.에 쓰인 목적어는 만들어져서 생겨나는 것이기 때문에 이들을 결과의 목적어로 본다. 다음이 몇 개의 예가 되겠다.

24. a. The king lived a life of excile.
그 왕은 망명생활을 했다.

b. He has fought a good fight.
그는 좋은 싸움을 했다.

c. I dreamed a dream.
나는 꿈을 꾸었다.

d. I never saw a man die a violent death.
나는 어떤 사람도 난폭하게 죽는 것을 보지 못했다.

넷째 유형의 결과 목적어는 다음에서와 같이 목적어는 동사가 나타내는 행동이나 과정의 결과로 표출되는 개체이다. 예를 들어 동사 smile의 경우, 이의 개념 바탕에는 미소 짓는 사람, 그의 얼굴, 얼굴에 나타나는 표정이 있다. 주어는 미소로 얼굴에 영향을 주어서, 어떤 표정이 나타나게 한다.

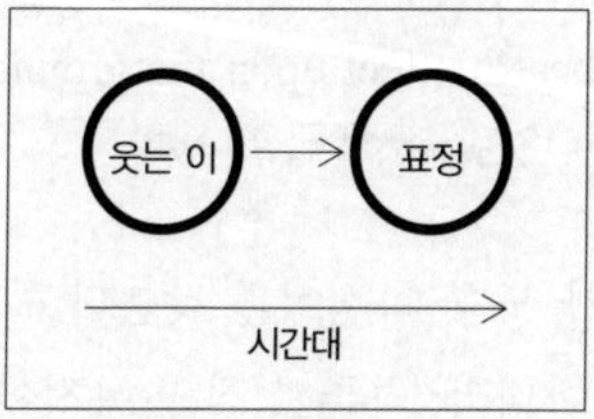

그림 9 : smile satisfacation

위의 그림은 smile의 개념 바탕 가운데 웃는 이와 웃음으로서 나타내는 표정이 부각되어 있다.

25. a. He smiled his happiness.
그는 미소를 지어서 행복을 표현했다.

b. She smiled her thanks.
그녀는 미소를 지어 감사를 표시했다.

3.2.2. 일반 목적어 (Ordinary Objects)

3.2.2.1. 도구 목적어

일반 목적어의 한 종류로 도구 목적어를 Jespersen은 제시한다. 도구 목적어란 어떤 과정에 이용되는 개체이다. 이렇게 보면 Jespersen이 제시한 다음 목적어는 도구 목적어로 보기가 어려운 경우이다. 26.의 목적어는 도구라기보다는 동사의 영향을 받는 피영향자로 볼 수 있기 때문이다.

26. a. She nods her head.
그녀는 그녀의 머리를 끄덕인다.

b. The dog wags its tail.
그 개는 꼬리를 흔든다.

c. He beat his feet upon the ground.
그는 그의 발을 땅에 쿵쿵 디뎠다.

그러나 어떤 동사가 도구 목적어를 갖는다고 하여 언제나 도구 목적어만 취하는 것이 아니라, 다른 성질의 목적어와도 쓰일 수 있다고 Jespersen은 지적하고 있다. 필자는 이를 살펴보기 위해 27.−28.의 b예문을 보충하기로 한다. 27.에서 a의 동사 wipe의 목적어는 Jespersen이 말하는 도구이고, over의 목적어는 장소이다. 이와는 반대로 27.b의 동사의 목적어는 장소이고, with의 목적어는 도구이다. 이러한 교체 현상을 아래 그림 10과 같이 동사 wipe로써 제시해 보면 모습교체으로 볼 수 있다.

27. a. James wiped his napkin over his mouth.
제임스는 냅킨을 써서 입을 닦았다.

b. He wiped his mouth with his napkin.
그는 그의 입을 냅킨으로 닦았다.

28. a. He slapped a cane against his leg.
그는 지팡이를 그의 다리에 톡톡 쳤다.

b. He slapped his leg with a cane.
그는 그의 다리를 지팡이로 톡톡 쳤다.

그림 10a는 wipe의 개념 바탕이고 10b는 개념 바탕에 있는 요소 가운데 행위자와 도구가 일차적으로 부각되고 10c에서는 행위자와 장소가 일차적으로 부각되어 있다.

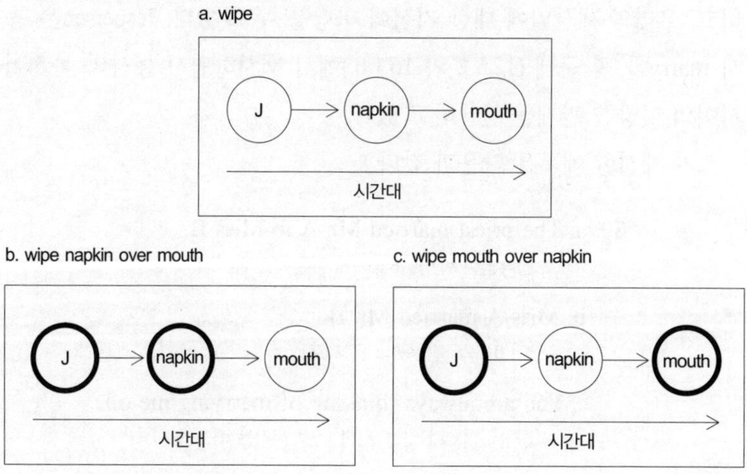

그림 10 : wipe

3.2.2.2. 동사와 목적어 사이의 의미 관계

29. The examples already given show how different the notional relations may be between a verb and its object.

Jespersen은 29.에서 동사와 그 목적어 사이의 의미관계는 매우 다를 수 있음을 보여주고 여러 개의 동사 (enter, walk, spring, sail, pass, weigh)을 예시했다. 이와 관련하여 우리가 생각해 보아야 할 문제는 다음 것이다 : 동사와 목적어 사이의 관계는 Jespersen이 지적하는 바와 같이 다양하다. 그러나 예측을 할 수 없을 정도로 다양한가? 아니면 예측을 할 수 있는 방법이 있는가? 이에 대한 대답은 예측이 가능하다는 것이다. 이 예측은 동사의 개념 바탕을 설정함으로써 가능하다. 어느 개체나 과정의 개념 바탕은 언어 지식에만 국한되는 것이 아니고, 우리의 세상일에 대한 지식에 바탕을 두고 있다. Jespersen은 동사 marry를 몇 군데 (12.5.2 와 16.1.6.)에서 제시하면서 동사와 목적어 사이의 다양한 관계를 언급하고 있다.

그가 제시한 예문은 다음과 같다 :

30. a. The priest married Mr. A to Miss B.
그 신부님이 A씨를 B양에게 결혼시켰다.

b. Miss A married Mr. B.
A양이 B씨와 결혼했다. (강제로)

c. You are always thinking of marrying me off.
아버지는 언제나 나를 시집 보낼 생각을 하고 있다.

d. He married with the daughter of a jew.
그는 유태인 딸과 결혼했다.

e. He must have married when he was quite a young man.
그는 아주 젊었을 때 결혼했음이 틀림없다.

f. she married into rich family.
그녀는 부잣집에 시집갔다.

위와 같은 다양성은 동사의 개념 바탕을 찾아보면, 그 이유를 알 수 있다. 동사 marry의 개념 바탕에는 두 가정 (A와 B)가 있고, 각 가정에는 부모가 있고, 결혼을 할 사람 (a와 b)가 있다. 또 결혼에는 두 사람의 결혼을 성사시키는 주례(p)가 있다. 이 개념 바탕에 있는 참여자가 선택적으로 부각되면 30.의 문장들이 나온다. marry의 개념 바탕은 개략적으로 다음 그림 11a와 같이 나타낼 수 있다. 그림 11b는 주례와 결혼할 두 사람이 부각된 예이다. 그림 11의 나머지 그림은 결혼 개념 바탕에 있는 참여자들이 선택적으로 부각된 예이다.

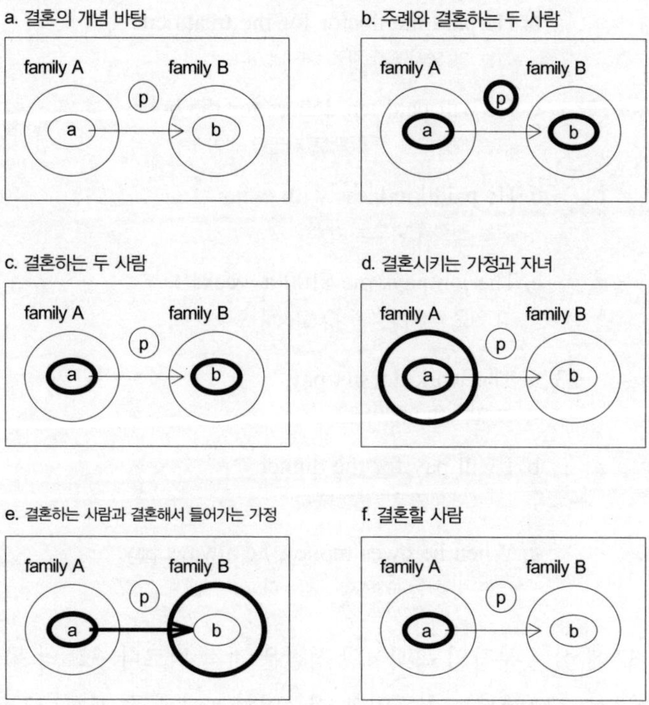

그림 11 : marry

이 그림은 다음과 같이 요약될 수 있다.

31. b: 주례가 a를 b에게 결혼시킨다.
c: a와 b부각
d: 가족 A와 a 부각
e: 결혼하는 사람과 결혼해서 들어가는 가정
f: 결혼하는 한 사람만 부각

또 한 예로 동사 pay는 다음과 같이 쓰인다. Jespersen는 이 동사를 간단하게 제시하고 있다. 그러나 실제에 있어서 pay는 marry만큼 복잡하다.

32. a. He paid the bill.
그는 청구서를 지불했다.

b. He paid the doctor for the treatment.
그는 그 의사에게 치료비를 내었다.

c. He will paid ten dollars for the book.
그는 10달러를 책 값으로 지불할 것이다.

d. He paid kindness with evil.
그는 친절을 악으로 갚았다.

e. The job pays me $100 a week.
그 일은 나에게 매주 100달러를 준다.

33. a. The work doesn't pay.
그 일은 별 이익이 없다.

b. I will pay for the dinner.
나는 저녁 값을 지불하겠다.

c. When he owes money, he always pay.
그는 빚을 질 때 언제나 갚는다.

위 32.에 실린 문장의 목적어의 성질은 각각 다르다: 32.a의 목적어는 청구서, 32.b에서는 청구인과 청구인이 A에게 준 개체, 32.c에서는 지불 액수와 지불 대가에 해당하는 개체, 32.d에서는 갚는 개체와 주는 개체, 그리고 32.e에서는 갚는 개체, 청구인과 액수가 같이 쓰였다. 33.에는 pay가 자동사로 쓰였다. 그러나 33.의 주어는 서로 다르다. 33.a에서는 일, 그리고 33.b에서는 사람이 주어가 되어있다. 위와 같이 동사 pay는 여러 가지 종류의 목적어와 쓰일 수 있음을 볼 수 있다. 이러한 현상도 pay의 개념 바탕을 설정할 수 있는데, 아래 그림 12a는 pay의 개념 바탕이다. pay의 개념 바탕에는 주는 이 A와 받는 이 B가 있다. A는 B에게서 m을 받고 그 대가로 t를 지불한다. 화살표는 두 개체 각각이 전달되는 방향을 나타낸다.

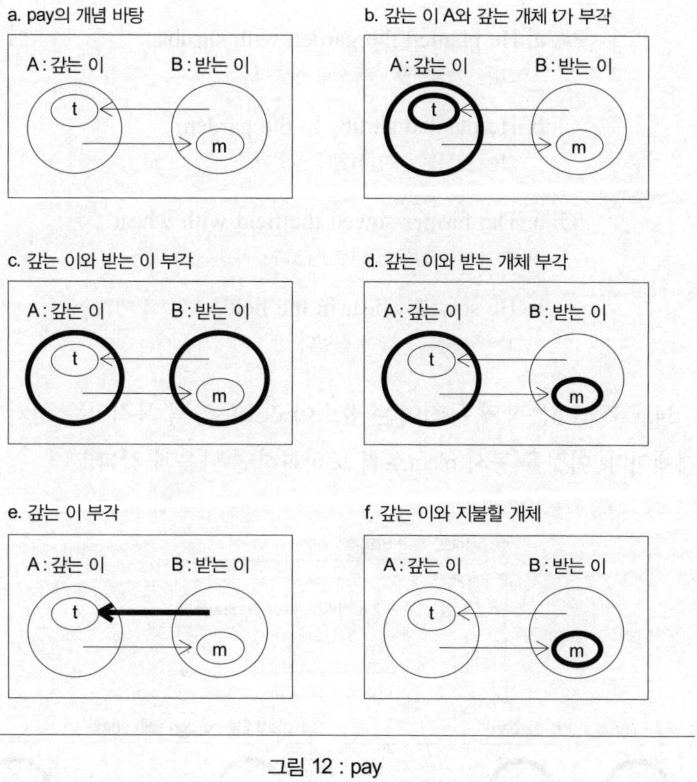

그림 12 : pay

위에서 우리는 동사의 개념 바탕에서 동사의 통사적 성질을 파악할 수 있음을 살펴보았다. 이것은 다시 비슷한 개념 바탕을 가진 동사는 비슷한 성질을 보여줄 것임을 예측하게 한다. 그래서 Jespersen이 낱낱으로 제시한 동사들을 개념 바탕을 기준으로 묶으면 동사 사이의 규칙성이 드러날 것이다. pay와 비슷한 개념 바탕을 갖는 동사에는 give, buy, sell 등이 있다. 또한 예로서 동사 plant와 sow를 살펴보자. 이 두 동사의 개념 바탕에는 심는 사람, 심기는 개체, 심기는 장소가 있다. 다음에서 볼 수 있는 바와 같이 이 동사의 목적어는 심기는 개체나 심기는 장소가 될 수 있다. 이러한 예들은 동사의 개념 바탕이 같으면 비슷한 교체 현상을 보여줌을 알게 한다.

34. a. He planted the garden with shrubs.
그는 그 정원을 관목으로 심었다.

b. He planted shrubs in the garden.
그는 관목들을 그 정원에 심었다.

35. a. The farmer sowed the field with wheat.
그 농부는 밭을 밀씨로 심었다.

b. He sowed wheat in the field.
그는 밀씨를 그 밭에 심었다.

34.－35.의 a문장의 목적어는 장소이고, b문장의 목적어는 심겨지는 개체이다. 이것을 동사 plant로써 도식화하면 다음과 같다:

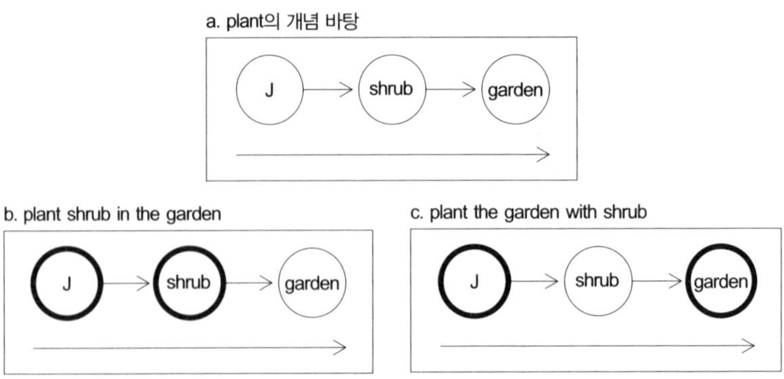

그림 13 : plant

Jespersen은 다음과 같은 예를 제시하면서 어느 동사는 타동사로 쓰이지만 그 의미가 전혀 다를 수 있음을 보여주고 있다.

36. a. He entered the house.
그는 집에 들어갔다.

b. He entered his name in the list.
그는 그의 이름을 명단에 넣었다.

37. a. He passed the bridge.
그는 그 다리를 지났다.

b. He passed round the picture.
그는 그 그림을 돌렸다.

36.의 a와 b문장에는 같은 동사가 쓰였고, 두 문장 모두 [주어+동사+목적어]의 타동문 구조이다. 그러나 두 문장은 성질이 다르다. 36.−37.의 주어는 목적어에 들어가거나 지나간다. 36.−37.의 b문장은 a문장과는 달리 사역의 뜻을 갖는다. 즉, 주어가 목적어를 어떤 장소에 들어가거나 지나게 만든다. 36.의 두 문장을 살펴보자. 36.a는 그림 14와 같이 나타낼 수 있고, 36.b는 그림 15과 같이 나타낼 수 있다.

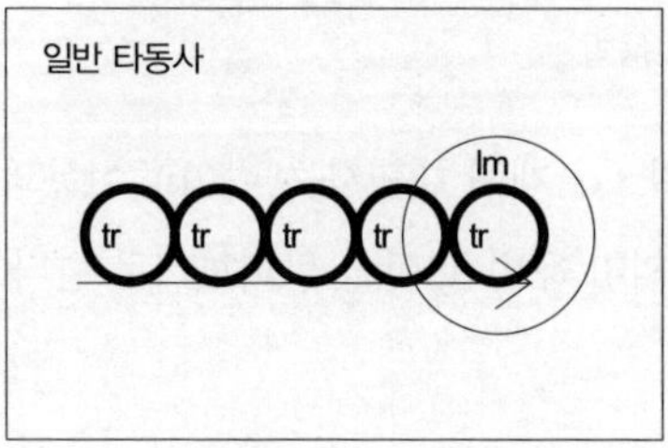

그림 14 : enter

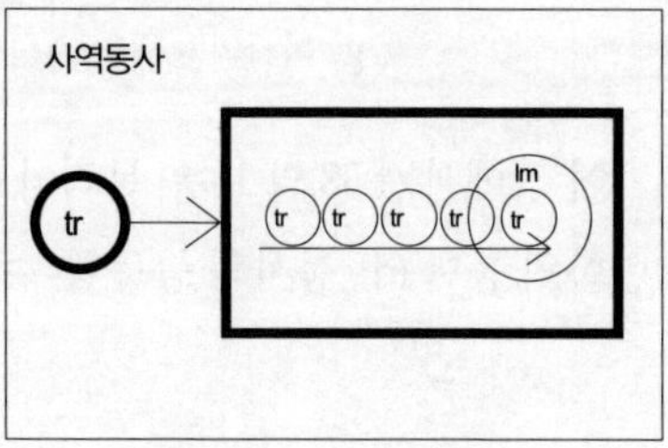

그림 15 : enter(causative)

그림 14에서 주어는 자체의 힘으로 집에 들어간다. 그림 15에서 이름은 자체의 힘으로 목록에 들어가는 것이 아니라 주어 (행위자)의 힘에

의해서 들어간다. 이러한 의미에서 그림 15은 사역형이라고 할 수 있다. 이에 따르면 37.a의 주어는 다리를 지나고, 37.b의 주어는 목적어를 돌아가게 한다. 그러므로 같은 형태의 동사라도 일반동사로도 쓰이고 사역동사로도 쓰인다. 그래서 의미의 차이가 생긴다.

3.3. 타동사가 자동사로 쓰이는 현상

동사는 통상 자동사와 타동사로 분류된다. 그러나 실제에 있어서 영어 동사는 거의 다 두 품사로 쓰일 수 있다고 Jespersen은 주장한다. 타동사 용법과 자동사 용법 가운데 어느 것이 기본적이고 어느 것이 파생된 것인지 구별하기가 어렵다고 말하면서 Jespersen은 타동사와 자동사 양쪽으로 쓰이는 동사의 종류를 다음 8가지로 제시하고 있다.

38. a. 보통 목적어 생략
    b. 재귀 대명사 생략
    c. 상호 대명사 생략
    d. 이동과 변화의 동사
    e. 명사에서 파생된 동사
    f. 사역과 시동 동사
    g. 동사의 능동형-수동의미 용법

이 장에서는 38.의 보통 목적어 생략 (a), 재귀 대명사 생략 (b), 이동과 변화의 동사 (d), 동사의 능동형-수동 의미 용법 (g)만을 살펴보기로 한다.

3.3.1. 보통 목적어 생략

목적어와 같이 쓰이는 동사가 목적어가 없이 쓰이는 예를 Jespersen은 다음과 같이 두 가지로 제시하고 있다.

39. a. He played/wrote/answered well.
그는 잘 연주했다/썼다/대답했다.

b. She paints/draws.
그녀는 유화를 그린다/그림을 그린다.

39.에 쓰인 동사들은 자동사로 쓰여서 목적어가 명시되지 않았다. 그런데, 이 표현들은 두 가지로 분류되어 있다. 두 가지로 분류한 이유는 다음과 같다: 39.a에 쓰인 play, write, answer등은 목적어가 될 수 있는 것이 그 수가 많기 때문에 맥락으로 추측이 가능한 경우에만 자동사로 쓰일 수 있다고 Jespersen은 주장한다. 반대로 39.b에 쓰인 paint와 draw는 함께 쓰일 수 있는 목적어가 한정될 수 있기 때문에 맥락의 도움이 없이도 자동사로 쉽게 쓰일 수 있다고 한다. 이것은 언어 기술이 맥락이나 세상일의 지식과 밀접하게 연관되어 있음을 보여주는 예이다.

3.3.2. 재귀 대명사 생략

Jespersen은 몇 몇 동사는 아래 40.처럼 재귀 대명사를 목적어로 취하기도 하지만 목적어 없이 자동사로 쓰일 수 있음을 다음 41.−43.로 보여주고 있다. 그러나 의미에는 차이가 있어서, 재귀 대명사가 목적어로 쓰인 표현은 주어의 의지나 노력의 뜻이 포함되어 있다고 Jespersen은 주장하고 있다. 그러면 이러한 차이는 어디에서 오는 것일까? 이러한 차이도 모습교체으로 설명이 된다. 구체적으로 동사 prove의 개념바탕은 그림 16과 같이 설정될 수 있다.

40. a. I rest myself.
나는 자신을 쉬게 했다.

b. I dress myself.
나는 자신에게 옷을 입힌다.

c. I wash myself.
나는 자신의 몸을 씻긴다.

d. I shave myself.
나는 자신에게 면도를 한다.

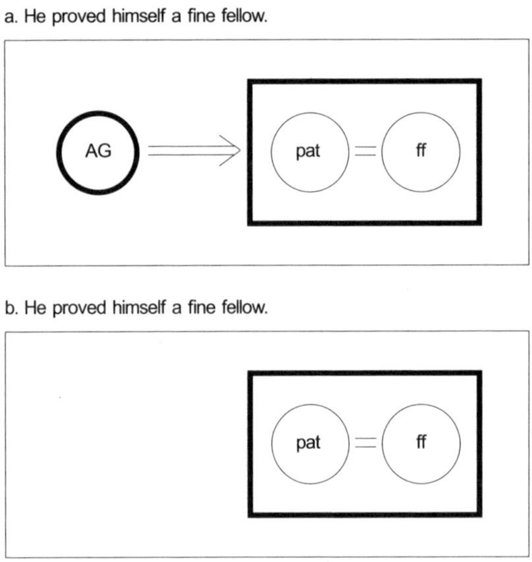

그림 16 : prove

위의 개념 바탕에는 행위자, 피영향자, 그리고 피영향자의 정체가 있다. prove가 재귀 대명사를 목적어로 취하는 41.a의 경우, 어느 사람을 주체와 객체로 나누어서 주체가 객체에 힘을 가하여 객체가 어떤 정체성을 갖게 된다. 여기에서 Jespersen이 말하는 노력과 의지의 뜻이 생긴다. 재귀 대명사 없이 쓰인 41.b의 경우, 주어는 행위자가 아니라 피영향자이고 이것이 어떤 정체성을 갖게 된다.

41. a. He proved himself a fine fellow.
그는 좋은 사람임을 보여주었다.

b. He proved a fine fellow.
그는 좋은 사람으로 판명되었다.

42. a. He recovered himself.
그는 애써 자신을 회복시켰다.

b. He recovered from his illness.
그는 자신의 병에서 회복했다.

43. a. You must prepare yourself for all emergencies.
여러분은 모든 종류의 비상사태에 대해 자신을 준비시켜야 합니다.

b. You must prepare for all emergencies.
여러분은 모든 비상사태에 대비해야 합니다.

3.3.3. 장소 이동과 상태 변화 동사

장소 이동 동사는 상태 변화도 나타내는데 이 두 동사 사이의 관계를 여기서 검토해 본다. 다음을 살펴보자.

44. a. He moved/rolled a stone.
그는 돌 하나를 움직였다.

b. The stone moved/rolled.
그 돌이 움직였다.

45. a. He rolled a stone.
그는 돌 하나를 굴렸다.

b. The stone rolled.
그 돌은 굴렀다.

46. a. He broke the ice.
그는 그 얼음을 깨었다.

b. The ice broke.
그 얼음은 깨어졌다.

47. a. He boiled the water.
그는 그 물을 끓였다.

b. The water boiled.
그 물은 끓었다.

Jespersen은 장소 이동이나 상태 변화를 나타내는 동사를 다음과 같이 타동사나 자동사로 쓰임을 보여주고 있다. 44.−45.에 쓰인 동사는 장소 이동을, 46.−47.에 쓰인 동사는 상태 변화를 나타낸다. 그러나 Jespersen은 이러한 현상을 제시할 뿐, 두 표현 사이의 관련성에 대해서는 명시적인 언급을 하지 않는다.

인지 문법에서는 이러한 현상도 모습교체으로 다룰 수 있다. 앞서 언급한 바와 같이 동사에는 개념 바탕을 설정할 수 있고, 이 개념 바탕에는 참여자들이 있다. 이 참여자들은 선택적으로 선택되어 같은 바탕 위에 서로 다른 모습을 제시한다. 예로서 동사 move의 개념 바탕은 다음 그림 17과 같이 도식적으로 설정할 수 있다. 이 바탕에는 행위자, 피영향자, 출발지, 목적지, 경로 등이 있다. 행위자가 피영향자에 힘을 가하여, 피영향자는 출발지에서 목적지로 움직인다. 이것이 타동사 move이다.

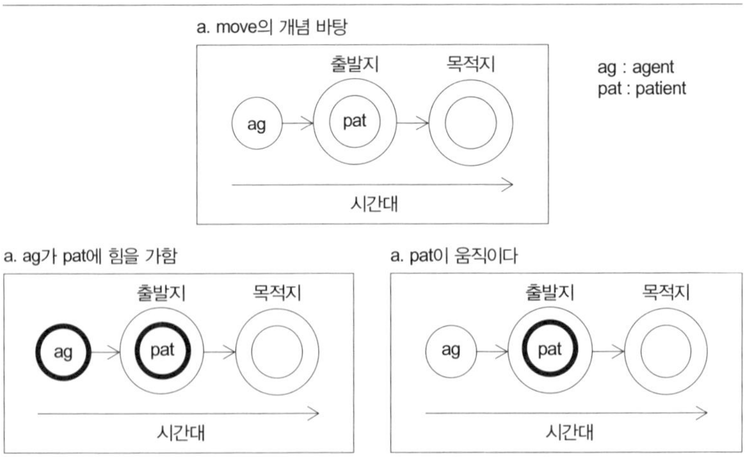

그림 17 : move

다시 말하면, 타동사의 경우 행위자와 피영향자가 모습으로 들어나고, 자동사의 경우 피영향자만이 모습으로 드러난다. 자동사의 경우, 피영향자가 외부의 힘을 받지 않고 저절로 어떤 과정을 겪게 되는 것으로 개념화 된다. Jespersen이 44.−47.에 제시한 모든 동사의 쓰임은 위에서 살펴본 모습교체으로 설명될 수 있다. 46.a에서 쓰인 동사 break는 이동 동사가 아니고 상태 변화를 나타내는 동사이다. break의 개념 바탕에는 행위자와 피영향자가 있다. break의 과정에 의해 피영향자는 온전한 상태에서 깨어진 상태가 된다. 이러한 상태 변화는 장소 이동 표현에 바탕을 두고 있다. 그림 17의 출발지와 목적지 대신에 온전한 상태와 깨어진 상태로 바꾸면 상태 변화의 개념이 된다.

3.3.3.1. 명사 유래 동사 (Verbs from Substansive)

명사 유래 동사의 하나인 benefit도 주어 교체 현상을 보여준다.

동사 benefit의 개념 바탕에는 이익, 이익을 주는 개체, 그리고 이익을 받는 개체가 있다. 이것을 다음 그림 18과 같이 도식적으로 나타낼 수 있다.

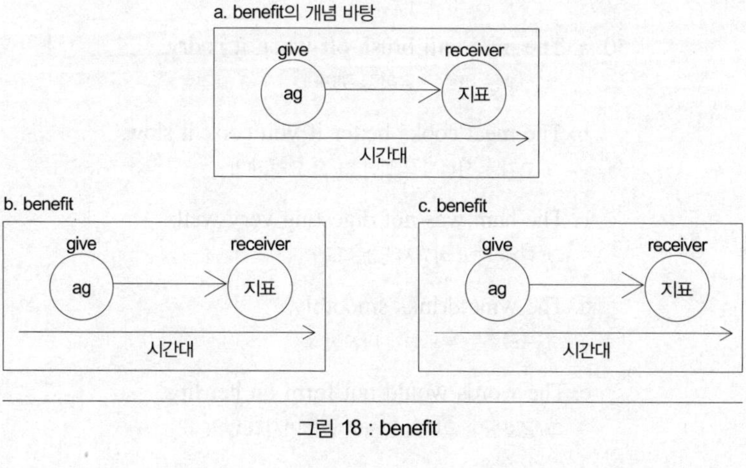

그림 18 : benefit

위의 개념 바탕에서 이익을 주는 개체가 가장 현저한 것으로 부각되면 48.a의 문장이 생성되고, 이익을 받는 개체가 가장 현저한 것으로 부각되면 48.b의 문장이 생성된다. 49.에 쓰인 profit도 마찬가지로 모습교체 현상으로 설명될 수 있다.

48. a. The railway benefits the community.
그 철도는 그 지역사회에 이익을 준다.
b. The community benefits from this railway.
그 지역사회는 이 철도로부터 이익을 본다.

49. a. The wind profits nobody.
그 바람은 아무에게도 이익이 되지 않는다.
b. He profited by the war.
그는 그 전쟁으로 이익을 봤다.

3.3.4. 능동형-수동의미 동사 (Activo-passive Use of some Verbs)

다음 문장에 쓰인 동사는 그 형태는 능동형이지만 그 의미는 수동적이다. 이러한 동사를 Jespersen는 능동형-수동의미 동사로 부르고 있다. (이 책의 4장에서 이러한 동사를 중간형 동사로 부르고 있다.)

50. a. The mud will brush off when it is dry.
그 진흙은 마르면 털어질 것이다.
b. The meat cooks better if you cook it slow.
그 고기는 천천히 익히면 더 잘 요리된다.
c. The ham was not digesting very well.
그 햄은 잘 소화되지 않는다.
d. The wine drinks smoothly.
그 포도주는 부드럽게 마셔진다.
e. The words would not form on her lips.
그 낱말들이 그녀의 입술에 만들어지지 않았다.

Sweets(NEG 249)는 이 유형의 동사를 다음과 같이 특징짓고 있다.

> "Their grammatical subject is logically their direct object... the subject not being expressed because of its indefiniteness but this evidently is neither a good description nor an explanation of the phenomenom."

Sweets는 Jespersen이 말하는 능동형-수동 의미 동사를 다음과 같이 정의한다. Sweets의 주목할만한 점은 능동형-수동의미 동사의 쓰임에 주어의 존재를 가정하는 점이다. 즉 주어는 있으나 비확정성 때문에 밖으로 표현되지 않는다는 주장이다. 그러나 Jespersen은 이 주장을 받아들이지 않는다. 잘 살펴보면 Sweets의 주장이 옳음을 알 수 있다.

이 유형의 동사에 대해서 Jespersen은 Sweets와 다른, 거의 납득할 수 없는 주장을 하고 있다. 첫째, Jespersen은 이 유형의 동사는 수동형과 그 뜻이 거의 비슷하다고 주장한다. 예로서 51.a는 주어가 옷을 입는 습관을 나타내는 반면, 51.b는 주어가 옷을 입고 있는 상태를 나타낸다. 그러므로 51.의 두 문장은 그 뜻이 전혀 다르다고 할 수 있다. 52.의 두 문장도 그 뜻이 다르다. 52.a에서는 옷이 저절로 마르고, 52.b에서는 행위자가 암시되어 있다.

51. a. He dresses elegantly.
    그는 옷을 우아하게 입는다.

    b. He is dressed elegantly.
    그는 우아하게 옷을 입고 있다.

52. a. His shirt dried in the sun.
    그의 셔츠가 햇볕에 말랐다.

    b. His shirt was dried in the sun.
    그의 셔츠는 햇볕에 말려졌다.

이와 같은 능동형-수동의미 동사 용법은 그 의미가 다름을 Bolinger (1997: 17)가 설득력있게 주장하고 있다.

Jespersen은 다음에 쓰인 동사를 형태는 능동형이지만 의미는 수동형과 거의 같기 때문에 activo-passive 용법으로 부르고 있다. 예를 들어 53.a에서 동사 cut은 능동형이지만, 그 의미는 수동형이다.

그러면 능동형-수동의미 용법에서 행위자는 있는가, 없는가? Sweets는 행위자가 있으나 그 행위자는 비확정적이라고 했다. 그러나 Jespersen은 이것을 받아들이지 않는다. 다음 예 53.에서 행위자는 명시되지 않았다. 그러나 이들 표현에는 행위자가 암시되어 있는 것으로 보아야 한다. 왜냐하면, 53.a의 경우, 고기가 외부의 힘이 없이 저절로 잘리는 것이 아니라, 누군가가 자르려고 하면 부드럽게 잘린다는 뜻이다. 53.b에서 과학 논문이 저절로 읽히는 것이 아니라, 누군가가 읽으면 쉽게 읽힌다는 뜻이다. 53.c에서 숫자들이 저절로 합해지는 것이 아니라 누군가가 합하려고 하면 합해진다는 뜻이다. 53.d에서 가방이 저절로 안 닫기는 것이 아니라, 누군가가 닫으려고 하면 닫기지 않는다는 뜻이다. 이렇게 보면 53.의 과정에는 Sweets가 말하는 비확정 주어가 숨어 있는 것으로 볼 수 있다.

53. a. The meat cuts tender.
그 고기는 연하게 잘린다.

b. The scientific paper reads like a novel.
그 과학 논문은 소설같이 읽힌다.

c. The figure will not add.
그 숫자는 더해지지 않을 것이다.

d. The suitcase would not lock.
그 옷가방은 잠겨지지 않는다.

행위자가 숨어있는 능동형-피동의미 동사는 행위자가 없는 동사와 구별된다. 다음 두 문장에 같은 동사 cut가 쓰였다. 그러나 두 표현에는 차이가 있다. 54.a는 위에서 살펴본 숨은 행위자가 있다. 그러나 54.b는 숨은 행위자가 없다. 이 경우는 행위자와 같은 외부의 힘이 없이 저절로 잘리는 것으로 풀이된다. R.W. Langacker (1991: 229; Van Oosten 1977, 1986, Felbaum (1985))는 이 두 유형을 중간 동사와 능격 동사로 구별한다. 그는 이 두 동사의 차이를 다음과 같이 나타내고 있다.

54. a. The meat cut easily. (중간동사)
그 고기는 쉽게 잘렸다.

b. The line cut without any apparent cause. (능격동사)
그 줄은 어떤 분명한 이유없이 잘렸다.

문장 54.a에서는 행위자와 피영향자가 부각되었고, 54.b에서는 피영향자만이 부각되었다. 그러면 54.a와 54.b는 같은가? 다른가?

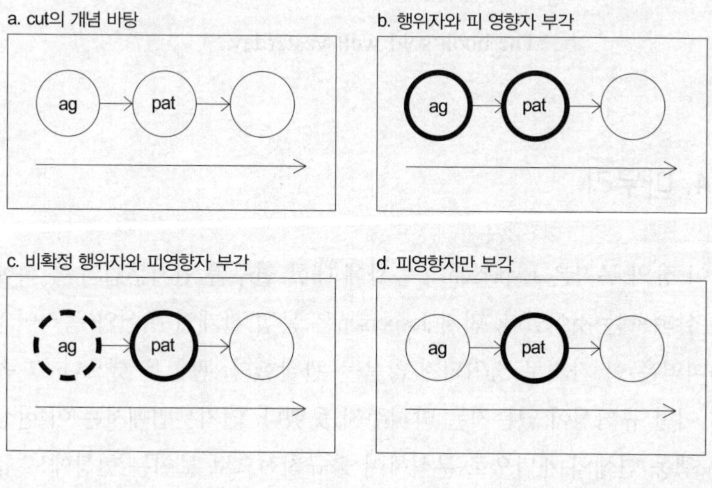

그림 19 : cut

그림 19a는 cut의 개념 바탕으로, 그 속에는 행위자, 피영향자, 피영향자의 첫 상태, 중간 상태, 마지막 상태가 있다. 타동사 용법의 경우,

개념 바탕의 행위자와 피영향자가 부각된다. 능격 동사 용법의 경우 피영향자만이 부각된다. 이 경우 피영향자는 외부의 힘을 받지 않고, 잘리는 과정을 겪는다. 중간 동사의 경우, 행위자와 피영향자가 부각되지만, 행위자는 타동사 용법에서처럼, 뚜렷한 현저성을 받지 않는다. 중간 동사의 현저성은 Sweets가 주장한 것처럼 비확정적이다. 이 경우 행위자는 특정한 사람이 아니라 "어느 누구든" 행위자가 될 수 있다. 이러한 차이를 반영하기 위해서 **그림 19c**에서는 행위자를 점선으로 표현하고 있다. 그러므로 중간형 동사는 어떤 특정한 시간에 일어나는 사건을 기술하는 데 쓰이는 것이 아니라, 어떤 개체의 속성을 표현하는데에 쓰인다. 이러한 차이가 있기 때문에 다음 55.a문장은 좋은 문장이나, 55.b문장은 그렇지 못하다.

55. a. The book sells well.
그 책은 잘 팔린다.

b. *The book sold well yesterday.

4. 마무리

이 장의 목적은 Jespersen의 동사에 대한 연구를 인지문법의 틀 속에서 살펴보는 것이었다. 먼저 Jespersen은 문법 관계인 주어와 목적어의 의미역은 한 가지로 정의되지 않음을 관찰했다. 관찰은 했으나 그 속에 어떤 규칙성이 있는지는 밝혀주지 못했다. 인지문법에서는 이 현상을 행동 연쇄의 개념으로 분석하여 불규칙적으로 보이는 현상에도 규칙성이 있음을 보여준다.

둘째, Jespersen이 관찰한 주어와 장소 표현의 교체 현상은 인지문법에서는 같은 현상을 서로 다른 각도에서 볼 수 있는 우리의 인지 능력으로 설명한다.

셋째, Jespersen이 관찰한 목적어와 장소 사이의 교체 현상도 인지문법은 같은 상황을 서로 다른 각도에서 볼 수 있는 우리의 인지 능력으로 설명한다. 구체적으로 이 인지 능력은 행동 연쇄 속에 있는 참여자의 모습 교체로 설명하고 있다. 넷째, Jespersen은 타동사가 자동사로 쓰는 네 가지 경우를 관찰하고 있다. 먼저 타동사가 목적어 없이 쓰이는 경우 동사의 의미뿐만 아니라 세상 지식과 관계가 있음을 관찰하고 또 재귀대명사의 쓰이고 안 쓰임에 차이가 있음을 관찰했다. 이것은 인지문법은 주어를 주체와 객체로 나누어 보는 우리의 능력으로 설명한다.

마지막으로 Jespersen의 능동형-수동 의미 동사를 관찰했다. 인지문법은 이 유형의 동사를 중간동사와 능격동사로 구분하고, 중간동사는 그 주어가 숨어 있는 현상으로 설명한다.

이 장을 통해서 우리가 얻은 정보는 다음과 같다 :

Jespersen은 동사의 여러 가지 현상을 제시하고 있으나, 이 관찰에 대한 설명이 없다. 인지문법은 이 현상에 대한 설명을 하고 있다.

참고문헌

Back, E., and Robert T. Harms. (eds). Universals in Linguistic Theory. New York:Holt, Rinehart, and Winston.

Bolinger, Dwight D. 1977. Meaning and Form. London: Longman.

Felbaum, C. 1985. Adverbs in Agentless Activies and Passives. CLS 21: Part 2, 21-31.

Fillmore, Charles. 1968. The case for case. In E. Back, and Robert T. Harms (eds), 120-133.

Jackendoff, Ray S. 1992. Babe Ruth hommered his way into the hearts of America. In T. Stowell, and E. Wehrli (eds). 155-1`78.

Jespersen, Otto. 1961 (reprinted). A Modern English Grammar on historical Principles. London: George Allen and Unwin Ltd. Part III: Syntax. Second Volume.

Langacker, Ronald W. 1991. Concept, Image and Symbol. Berlin: Mouton de Gruyter.

Langacker, Ronald W. 1987. Foundations of Cognitive Grammar. Volume 1: Theoretical Prerequisite. Stanford: Stanford University Press.

Langacker, Ronald W. 19

Salkoff, M. 1983. Bees are swarming in the garden. Language 59: 288-346.

Stowell, T., and E. Wehrli (eds). 1992. Syntax and Semantics 26. New York: Academic Press.

Van Oosten. 1977. Subjects and Agenthood in English. CLS 13: 459-471.

한글색인

ㄱ

ㄴ

ㄷ

ㅁ

ㅂ

ㅍ

ㅎ

영문색인

A

B

C

D

F

G

H

I

K

L

M

N

O

R

S

T

U

W

저자 소개

저자는 연세대학교 영어영문학과에서 27년 가르치고 2006년에 정년 퇴임을 했다. 퇴임과 동시에 명예 교수로 있다.

저자는 평생 언어 연구에 몰두해 오고 있다. 서울대학교 사범대학에서 영어 교수법을 공부했고 하와이 대학교에서 이 분야의 석사 학위를 취득했다. 이어서 언어학 박사 과정을 밟았다. 저자는 이 과정에서 배운 이론을 실제 언어 기술에 적용했다.

태평양 마이크로네시아에 있는 쿠사이에 섬의 원주민들이 쓰는 말을 연구하여 이 언어의 문법을 체계화하여 책을 썼고 사전도 만들었다. 이 연구는 세계 유일한 업적이다.

다음으로 영어와 우리말을 연구했다. 먼저 저자는 영어의 동사, 형용사, 그리고 전치사를 연구하여 4권의 책을 펴냈다. 우리말도 연구하여 이것을 영어로 써서 한 권의 책을 펴냈고 외국인이 우리말을 배우는 데 쓰이는 한국어 교재도 만들었다.

영어 교수법과 언어학 지식을 바탕으로 검인정 영어 교과서를 4번 집필했다. (교문사, 지학사, 웅진 출판사, 능률 영어) 또 초등학교 교과서도 집필했다. (대한교과서 주식회사)

저자는 한국영어교육학회, 한국언어학회, 그리고 국제인지언어학회 편집이사를 맡았으며 한국인지언어학회 회장을 맡았었다.

저자는 말에 대한 호기심과 사랑을 가지고 평생 살아오고 있다. 저자의 연구 결과로 많은 분들이 영어를 정확하게 배우게 될 것이다.

이기동

서울대학교 사범대학 (영어전공) 졸업
미국주립 하와이대학교 대학원 (석사: 영어교수법)
미국주립 하와이대학교 대학원 (박사: 언어학)
하와이대학교 부설 아시아 태평양 언어학 연구소 연구원
한국영어교육학회, 한국언어학회, 국제인지언어학회 편집이사
한국인지언어학회 회장 역임
연세대학교 영문학과 교수 역임
연세대학교 명예교수

영어동사의 인지문법

A cognitive Grammar of the English verb

1판 1쇄 발행 _ 1992년 7월 5일
1판 9쇄 발행 _ 2011년 10월 10일
2판 3쇄 발행 _ 2020년 7월 25일

저　　자 • 이 기 동
발 행 인 • 정 현 걸
발　　행 • 신 아 사
인　　쇄 • 토탈프로세스
출판등록 • 1956년 1월 5일 (제9-52호)
주　　소 • 서울특별시 은평구 통일로59길 4 (2F)
전　　화 • 02)382-6411 • 팩스 02)382-6401
홈페이지 • www.shinasa.co.kr
E- MAIL • shinasa@daum.net

ISBN 978-89-8396-832-6 (93740)

정가 18,000원